U0532975

地势坤,君子以厚德载物。

大唐兴衰三百年

The Rise and Fall of the Tang Dynasty

著 —— 士承东林

—— 5 ——

From the Recovering Two Capitals to the Disaster at Fengtian

从收复两京
到奉天之难

贵州出版集团
贵州人民出版社

图书在版编目（CIP）数据

大唐兴衰三百年 . 5，从收复两京到奉天之难 / 士承东林著 . -- 贵阳：贵州人民出版社，2024.7
ISBN 978-7-221-17881-7

Ⅰ . ①大… Ⅱ . ①士… Ⅲ . ①中国历史 - 唐代 - 通俗读物 Ⅳ . ① K242.09

中国国家版本馆 CIP 数据核字（2023）第 166675 号

DATANG XINGSHUAI SANBAI NIAN 5: CONG SHOUFULIANGJING DAO FENGTIANZHINAN

大唐兴衰三百年 5：从收复两京到奉天之难

士承东林　著

出 版 人	朱文迅
策划编辑	董懿德
责任编辑	李　康
装帧设计	人马艺术设计·储平
责任印制	蔡继磊

出版发行	贵州出版集团　贵州人民出版社
地　　址	贵阳市观山湖区中天会展城会展东路 SOHO 公寓 A 座
印　　刷	北京盛通印刷股份有限公司
版　　次	2024 年 7 月第 1 版
印　　次	2024 年 7 月第 1 次印刷
开　　本	700 毫米 ×980 毫米　1/16
印　　张	27
字　　数	472 千字
书　　号	ISBN 978-7-221-17881-7
定　　价	58.00 元

如发现图书印装质量问题，请与印刷厂联系调换；版权所有，翻版必究；未经许可，不得转载。

目 录

第一章
离别与重逢 _001

第二章
争议的英雄 _015

第三章
计中之计 _040

第四章
血战！相州！ _058

第五章
李光弼 _081

第六章
重演 _111

第七章
尘埃落定 _131

第八章
谁主沉浮 _154

第九章
忠臣诀：各自的落幕 _181

第十章
李豫的奋斗 _209

第十一章
指定幸存者 _234

第十二章
看不见的敌人 _258

第十三章
绝处逢生 _284

第十四章
惊天之变 _297

第十五章
殉道 _314

第十六章
意外之外 _342

第十七章
重启 _367

第十八章
革新 _382

第十九章
崩溃 _396

第二十章
明理之人 _411

第一章
离别与重逢

  李亨内心深处感到十分矛盾，他还从没感觉如此矛盾过。矛盾的原因在于，他既不愿李泌就此离开自己，又希望李泌能够趁早走开。

  作为朋友，李亨是十分舍不得李泌的。他记得很清楚，在自己几乎一无所有、无所适从的时候，是这个人及时出现，帮助自己驱除了前方的重重迷雾，确定了通往胜利的正确道路。从灵武到凤翔，再到重返长安，前进的每一步都少不了此人的出谋划策。可以说，没有他，就没有李亨如今如日中天般的威望，以及现在的巨大成功。这份功劳，这份情谊，李亨终其一生也不会忘记。

  然而，作为皇帝，李亨是巴不得李泌立刻消失的。因为李泌实在是太聪明、太能干，也太厉害了。此人对事情的判断简直到了半仙的级别，但凡他说没问题，就一定没问题；只要他讲要出事，就一定会出事。从政事到军事，李亨想到的，他也想到了；李亨没有想到的，他也想到了。而且他想得比李亨更远，也更清楚。现在眼看着叛军不行了，国家就要和平了，这么一个深谙权谋之术，又同广平王走得很近的人，难保他不会搞阴谋政变，在将来的某一天狠狠地将自己一军。

  当然，更重要的是，最让李亨苦恼的两个问题，他已经从李泌那里得到了解答。

  第一个问题，自然是对平叛大将的封赏问题，说得再具体点，就是对屡立战功的郭子仪和李光弼的封赏问题。

  这二人如今都已是宰相级别了，且位至三公，爵封国公（郭子仪为司徒、代国公，李光弼为司空、魏国公）。等到攻克两京，平定叛乱之后，朝廷根本没有更高的官职可以用来赏赐这二人了，总不能让李亨说"我下去，你们上来"，或像某些不靠谱的电视剧里演的那样，封这两人为太子吧。

当李亨提及他对郭子仪、李光弼的这点担心时，李泌先跟皇帝讲了一下历史。

汉魏以来，国家虽然搞了郡县制来治理百姓，但仍会赏赐给功臣相应的爵位，并分封土地，让他们能将这些传之子孙，而这种做法也延续了下来，直到北周和隋朝还沿用着。但是在大唐建立之初，由于尚未真正占领关东地区，所以当时所封的那些爵位都只是虚有其名，对于"食实封"的人也不过是定期发给一些丝绸、布帛罢了。到了贞观年间，太宗皇帝有意恢复古制，但因大臣们意见分歧很大而作罢，所以自此以后，大唐对于有功人员大多是直接赏赐官职了。

李亨听了点点头，然后不禁发问："这和我问的问题有啥关系呢？"

看来中学生水准的李亨很难跟得上博导级层次的李泌的思路啊。

好在李泌算是一个很有耐心的老师，他耐着性子对自己刚才说的那一大段话作出了一个观点性的总结："古代的君主是把官位授予有才能的人，而用爵位来赏赐有功人员。"

看着李亨依旧一头雾水的样子，李泌决定说得更直白一点：

"拿官职赏赐给功臣会有两个坏处：一是任非其才，会耽误政事；二是权力过大，会难以控制。所以，那些居于高位的功臣便不会替子孙后代做长远打算，往往是趁大权在握之时，想方设法谋取私利，无所不为。陛下您设想一下，如果昔日安禄山能拥有一个方圆百里的封国，他会倍加珍惜，希望能传给自己的子孙，就不会谋反了。"

说到这里，李泌终于亮出了自己的意见：

"等到天下太平之后，可分封爵土，赏赐功臣，即便一个人的功劳再高，封国再大，也不可能超过二三百里，这与如今的小郡规模相似，朝廷岂会难以控制？而且这样一来，对于功臣来说也是好事，因为那是他们可以传至万代的家业啊！"

这个方法李亨实在是做梦也没有想过，但仔细听来，这的确是可以让朝廷和功臣实现双赢的法子，于是这一难题算是找到了一个还不错的解决思路。

不过，第二个难题就没这么容易圆满处理了，因为这涉及家庭伦理及父子关系问题，且这个家庭还是大唐的第一家庭。

九月二十九日，广平王收复长安的捷报送达凤翔，上报给李亨的那一刻，李亨实在是难掩激动，于是一激动，他就即刻派自己的贴身太监啖庭瑶前往成都向太上皇报捷。

人派出去了，心也平静了下来，李亨却又隐隐约约觉得有什么地方不对，但又不确定是哪里不对，于是他赶忙命人快马赶往长安，把随军前往的李泌召了回来。

见到李泌回来了，李亨的心就安定了一半，他马上开口告知了李泌自己当时所做的一切——遣使入蜀、撰写表章，以及奏表的内容。

当得知李亨在奏表中写道，在迎请太上皇回来后，自己将返回东宫，恢复原来的臣子身份时，李泌的脸色突然变得很难看，他当即打断还在滔滔不绝的皇帝，急切地问道："现在奏表还能追回来吗？"

李亨如实回答道："啖庭瑶已走远了啊。"

"太上皇肯定不会回来了。"

李泌不由得叹息了一声。

李亨被吓到了，他赶忙追问原因。

李泌答道："普通臣子做到七十岁就要致仕了，如今陛下年富力强且立下大功却不肯继续做皇帝，而要劳烦年事已高的太上皇来处理全天下的事务，这样于情于理，太上皇都不可能答应啊！"

因为涉及第一家庭的私密，李泌的这番话说得有些隐晦，可能大家不太容易理解，那我就来翻译一下：你现在收复了两京，威望正高，却提出不做皇帝让太上皇回京复位，这很容易让太上皇觉得是在引蛇出洞，而不敢回来啊！

李亨听到这里有些慌了，兄弟永王意图割据江南那样的情况还好说，昭告天下表明他是谋反，灭掉就成，但如果是老爹李隆基打算就此割据剑南，那可咋整，总不能出兵讨伐吧。要是日后的某一天，自己在蜀地的某个弟弟突然拿了份所谓的诏书或遗诏出来，宣称自己当年是逼君篡位，皇位来得不合法，由此号召天下人讨伐自己，那种局面就更难收拾了。

李亨想了半天，终于不敢继续想下去了，只好以无比期待的眼神看向李泌："那该怎么办？"

李泌想了一下，回复道："现在，就请陛下下令由群臣联名再上一道奏表，奏表中详尽追述当时马嵬驿苦留陛下、灵武百官劝陛下登基以及如今陛下成功收复长安之事，再诚恳表述陛下日夜思念父皇，渴望旦暮问安，故而请求太上皇尽快回京，以成全陛下的一片孝心。这样的话就可以了。"

这是一道极为重要的奏表，它关系着李亨的皇位，关系着平叛大计，关系着大唐所有百姓的安宁。

所以，李亨一脸肃穆地注视着李泌，诚挚地发出了邀请："朝中文臣虽众，但此文唯先生可写。"

于是李泌从李亨手上接过了笔，开始奋笔疾书，为了一个最重要的理由——苍生。

李泌写完了，然后呈给李亨。

李亨看了一会儿，就开始哭：

"朕原本是一片诚心，想要归还皇位，现在听了先生之言，才知道朕大错特错了啊！"

不论是真心，还是在作秀，走上这条路的人，都永远不可能再回头了。

于是李亨当即命令另一位贴身太监携新的奏表赶往蜀地，而后，就与李泌一起饮酒，大醉同眠。

将近一个月后，啖庭瑶先从成都回来了，他带回了李隆基的口谕："回京就不必了！如有孝心，把剑南一道给我奉养用，这就可以了。"

李亨最担心的情况还是发生了，太上皇这是要非武装割据蜀地了。听到这一回复后，李亨是寝食难安，忧心忡忡，但又无计可施。

好在数日后，后面派去的太监也回来了，而且带回了新的消息。

先是太上皇那边的真实情况：太上皇接到陛下请求返回东宫的奏表后，彷徨不安，饭都吃不下，看起来是无论如何都不想返回长安。

幸运的是，还有"但是"。

"但是，等到看过了群臣的奏表，太上皇显得非常高兴，下令进膳奏乐，并亲自下诏定下了启程的日期。"

李亨终于也跟着大喜，他赶忙派人把李泌召来，刚一见面就赞许道："这都是爱卿的功劳啊！"

李泌没有当即谢恩，而是趁机恳求离去，于是就有了前面所说的李亨陷入矛盾的那一幕。

其实这不是李泌第一次提出要走了，早在他帮皇帝写完那道创造奇迹的奏表的几天后，李泌就曾向李亨提出了辞职的请求。因此二人还有过一段极为著名的谈话，包括《资治通鉴》在内的众多史书都详细记录了当时天下最有权势的人与天下最聪明的人所说的每一句话。

李泌说：

"臣如今已经报答了陛下的恩德，可以重新恢复闲人之身，这实在是一件令人高兴的事情啊！"

李亨说：

"朕与先生这许多年来一起历经忧患，如今正要安享太平，先生为何这么快就要走呢？"

李泌说：

"臣有五条理由使我不能留在陛下身边，希望陛下准许臣离开，好让臣能够逃过一死。"

奇了怪了，难不成还有人要谋害你？李亨马上追问道：

"先生说这话是什么意思？"

李泌不慌不忙地展开说：

"这五不可留是：臣跟随陛下的时间太长了；陛下对臣太过信任了；陛下对臣太好了；臣的功劳太大了；臣的事迹也太过离奇了，因此，臣便不能再待在陛下身边了。"

李亨无语了，这五条理由，他完全无法反驳，只得说：

"朕突然觉得有些困了，我们赶紧休息吧，此事可改日再议！"

李泌没有正面接这个茬儿，而是接着说：

"陛下今日与臣同榻而眠，尚且不同意臣的请求，来日在御案之前又岂能答应？陛下不许臣走，就是要杀臣！"

李亨听得有点激动了，突然超大声地说：

"想不到爱卿你竟会如此怀疑朕，像朕这样的人怎么可能会杀你？你真是把朕当作勾践了吗？"

李泌依旧十分平静，他不卑不亢地说：

"正因为陛下不杀臣，臣才会请求离开；如果陛下生了杀心，臣岂敢再说一句话！况且，杀臣的不是陛下您，而是我刚才说的那五不可。陛下一向对臣很是厚爱，但即便如此，臣尚且有许多事情不敢出面进谏，那等到安定之后，臣就更不敢再说什么话了。"

李亨越发不开心了，他沉默了很久，才缓缓地说：

"你这是在怪朕没有听从你北伐范阳的策略吗？"

李泌很坚决地说：

"不是。臣所不敢言的是建宁王李倓之事。"

李亨这下也感慨不已，幽幽地说：

"建宁王李倓是朕心爱的儿子，生性果敢英武，朕在艰难之时，他曾立下过功劳，朕岂能不知！但可惜他后来受小人蛊惑，想要加害他的兄长，意图篡夺皇储之位，朕为了江山社稷，不得已才杀了他，爱卿难道真的不知道其间的原委和朕的苦衷吗？"

李泌很明确地回答说：

"建宁王如果真有此心，广平王理当会对他心生怨恨，然而，广平王每次和臣谈及此事，总会痛哭，称李倓是被冤枉的。臣今日是下决心一定要辞别陛下，这才敢跟陛下谈及此事啊！"

李亨并不相信，依旧坚持地说：

"你有所不知，他曾在深夜潜伏于广平王的府邸外，意图行刺。"

李泌也坚定地说：

"这都是出自奸人之口的污蔑之词！像建宁王这样孝顺友爱又聪明智慧的人，岂会做出这种事来！况且，陛下当初打算任命建宁王为元帅，臣却请求任用广平王。建宁王如果心存不轨，肯定会非常怨恨臣，可是，他却觉得臣是一片忠心，此后还对臣更加亲近了，就从这一点，陛下就能看出建宁王的真心了。"

李亨沉思良久，最终恍然大悟，他终于明白了事情的真相。两行悔恨的泪水一下子突破他的眼眶，流了下来。此时此刻，他就是一个痛失爱子的父亲，整个人似乎瞬间苍老了十几岁。

"先生说得对。可是事情已经过去了那么久，朕只能既往不咎。好了，朕不想再谈及此事了。"

"臣之所以提及此事，并非要追究陛下过去的失误，只是希望能让陛下引以为鉴，防患于未然啊！"

至此，李泌终于说到了这次谈话的重点。

"昔日天后有四个儿子，长子是太子李弘，天后想自己称帝，忌惮李弘聪明，就毒死了他，而立了次子雍王李贤。李贤内心深感忧愁恐惧，就写下了一首《黄台瓜辞》，希望能借此令母后醒悟，但天后不听，李贤最终也死在了黔中。这首《黄台瓜辞》是这样写的：'种瓜黄台下，瓜熟子离离。一摘使瓜好，再摘使瓜稀。三摘犹自可，摘绝抱蔓归。'如今陛下已经一摘了，请千万别再摘了啊！"

这话把李亨说得一愣，他赶忙说道："怎么会有这回事？你把这首诗抄下来，朕会把它当作座右铭，时刻警醒自己！"

李泌拒绝了："陛下只须记在心里就可以了，何必表现在外面呢？"

李泌知道，现在的皇帝陛下一定是非常之尴尬，但是，他必须这么做。因为随着广平王立下了收复两京的大功，张淑妃已经生出了猜忌之心，在散播流言，想要将广平王置于死地。在临走前，就让我再为这个饱经苦难的国家、为广平王再多做一些力所能及的事情吧。

李亨接受了李泌的相关建议，但是那一天并未批准李泌离开，所以等到了十月，他才又一次申请离职。

李泌去意已决，叛乱似乎也将迅速平定，于是李亨在再次挽留不成的情况下，才批准了李泌的离职申请。

就这样，李泌返回了衡山隐居。于他而言，这的确是件好事，因为当时李辅国和朝中的中书令崔圆其实已经盯上了他，正在找机会下手。

但现在没有再出手的必要了。无论是崔圆还是李辅国都很清楚一件事，那就是自大唐开国以来，不管你是哪家皇亲国戚，还是什么猛将才子，包括牛哄哄的李太白，如果离开了朝廷，在三五年内没能回到朝廷重新来过，这人慢慢就会被皇帝丢到脑后，然后就可以被直接扫进历史角落的垃圾堆了，一百多年间，从没有人打破这一局面。

可谁也没想到，他们恰好遇到了一个打破者。

六年后，李泌又回来了，而且变得更为传奇。当然，他经历三起三落，终成四朝元老的故事将是我们后面讲述的重点。

李泌潇洒地走了，挥一挥衣袖，没有带走一片云彩。但并非所有人都能像他这样来去从容，即便是李隆基也没能做到。

在回长安的路上，李隆基的内心其实是很纠结的。他很清楚前往长安意味着什么。如无意外，他将失去现有的特权，从此被置于李亨的全面监控下，再逐渐失去自由。触景伤情的长安宫殿中可以想见的未来只有痛苦、思念、孤独与惆怅，但李隆基依然选择了回来。

这不仅因为李隆基向来是个言而有信、重视承诺的人，更重要的是，他知道只有这样才能更好地凝聚全国的民心，让朝廷能把主要精力用在尽快平定战乱上，早日还老百姓一个太平天下。

这已经是这位七十多岁的老者所能够想到并做到的最后一件大事了。也只有如此，他心中的悔恨才能稍微得到平复。

至德二载（757年）十一月二十二日，太上皇李隆基一行在六百多名亲兵的保护下抵达凤翔。为了避嫌，太上皇早命令他的侍从与士兵将随身携带的所有兵器都交给当地的政府相关机构保管，然后开始了等待。

李隆基等待的是皇帝派来的迎接队伍。

事实证明，李亨的办事效率还是很高的，更何况是太上皇幸蜀归来这样重要而有意义的事情，自然更不敢怠慢，于是三千名精锐骑兵很快出现在了凤翔城下。

这怎么看都不像是前来迎接的，倒像是来执行重要犯人的押解任务的。

李隆基的部分亲信难免发出了这样或那样的抱怨。

只有太上皇本人没多说话，他只讲了三个字："快走吧！"

十二月三日，太上皇在三千精骑的严密护卫下来到了咸阳。这一回才终于像点样子了，李亨放下繁杂的政事，亲自带上仪仗队赶往望贤宫接驾。

他一马当先，向着太上皇所在的望贤宫南门楼跑来。更引人瞩目的是，皇帝陛下此番前来居然没有穿龙袍，而是一身轻便朴素的紫衣，且行动极为恭敬，远远地望见门楼，即跳下马来，接着就是一路小跑，跑到楼前，然后就是一套虽好久不做，但做起来依旧如行云流水般顺畅的动作——跪地叩头。

太上皇见状，赶忙快步从楼上下来，一把抱住了他许久不见的儿子。

按照我国的传统，这一抱是必需的，一来表示亲近，相当于很久不见，我很想你；二来体现亲热，意味着时间虽长，大家变化虽大，但不把你当外人，以后该怎样还怎样。

而拥抱完后，如果再有一段"执手相看泪眼"，父子互相搀扶着登上门楼，向围观群众致意的一幕，那就更完美了。

但这样的场景并没有顺利出现，因为抱住李亨后，太上皇开始了痛哭。

最开始只是默默流泪，但渐渐地泪水就止不住了，不由自主地就抽泣起来，泣不成声。

想必此时，李隆基的心情很是复杂，可谓百感交集吧，悔恨、自责、委屈、欣慰，压抑了一年多的情感终于在此时此刻全部以痛哭的方式宣泄了出来。

李亨真切地感受到了老父亲抑制不住的哽咽，他多年来的怨怒与愤恨在这悲切的哭声中瞬间化为乌有。他一下子伏在父亲身下抱住李隆基的双脚，跟着痛哭流涕，悲不自胜。

随后，李隆基挥挥手，命人拿来黄袍，亲自给李亨披在身上，李亨见状赶忙又跪倒在地，郑重叩头，坚决推辞。

"天意、人心都已归属于你，能让朕安享晚年，就是你的一片孝心。"

说着，李隆基坚决地把那件寓意特殊的衣服交给了李亨。

这绝不仅仅是一个关于穿什么颜色衣服的问题，而是一个具有非常重要政治意义的举动，这表明了李隆基对新皇帝合法地位的承认以及确认，更重要的是，这是当众确认，有广大官员、士兵及群众作人证的，比什么传位诏书、传国玉玺都更具说服力和传播性。

李亨实在推辞不过，最终"勉为其难"地接过了他熟悉的特殊工装，然后当众穿在了身上。

周围观看的父老百姓由此发出了热烈的欢呼，并向新老两位皇帝叩拜，山呼万岁。

我并不否认，这一幕有点假，甚至于会让部分人感到不适，但封建社会历来如此，相信大家通过书籍、影视也对历史上的这套把戏看得多了，所以，更要习惯。这一套不演是不行的，毕竟大家还各有所需，李隆基不认认真真走完程序，退休后的养老生活估计难有着落；李亨不恭恭敬敬演完这场戏，回去之后估计悬着的心也难以放下。

就这么凑合着演一场吧。这之后李亨才可以安心地做皇帝，李隆基才可以放心地回宫里，说来也算得上是双赢。

不管我们对这套把戏如何不屑、如何鄙视，反正李隆基父子俩终于完成了权力的所有交接，李亨终于能继往开来，大胆地继续前进了。

不过，迈步前行之前，必须先处理一些重要的历史遗留问题。

其中最主要的一项内容就是投降安禄山的那群大臣的处置问题。

由于当年唐朝看上去垮得很快、很彻底，皇帝带头跑了，丢失了大片领土，所以投降叛军寻求下岗再就业的朝廷官员是很多的，从三省到六部，从中央到地方，成群结队的，虽说还有相当一批跟着安庆绪一道跑路了，但光是留在长安和洛阳没来得及跑的降官，就有数千人之多。光是整理名单、建立档案就要花费不少时间。

但就算再麻烦，这项工作还是要做的，而且还要认真做、仔细做，不然不仅无法"惩前毖后，治病救人"，更不能起到震慑和警醒的伟大教育意义。

十一月初，一应准备工作就绪，正式动手。

李亨下令设立特别法庭，由礼部尚书李岘、兵部侍郎吕諲出任特别法庭法官（详理使），与御史大夫崔器一起审理降官。

最先被拉上来审的，是降贼的高官，比如前宰相陈希烈，一把年纪了居然不知廉耻，上赶着跑去投降了安禄山，也搞了一个宰相来做，实在是可恶至极。还有张说的儿子张钧、张垍（驸马）就更没有节操可言了，身为皇亲国戚，居然率先迎降叛军，真乃大逆不道，所以对这批人，大家的态度比较一致——全都拉出去砍了。

但接下来的，就有分歧了，因为名单上的这批虽也是降贼的高官，但情况稍有不同，他们是作战失败被俘后，没扛过叛军的威逼利诱，这才接受伪职的，比如前河南尹达奚珣就是这种情况，虽说被迫当了宰相，但连班都没上过，从未给叛军卖过命，只不过挂了个名，也要杀吗？

在这一问题上，负责审讯的三位主官意见出现了严重的分歧，其中，吕諲和崔器是一派的，他们本着一视同仁的态度，主张通通杀掉。因为就在一个月前，李亨曾想要处死一百余名被俘虏的叛军士兵，虽说后来根据大臣的建议，将这些人赦免了，但崔器等人从这件事中看得出，皇帝对于所谓的降贼者是深恶痛绝的，因而此时他们坚持要全部干掉，一了百了。

李岘自己是一派的，他认为不能这样胡来，否则一来会显得朝廷不宽仁大度，二来会起到反效果，让那些还跟着安庆绪一道走的人被迫一条路走到黑，不利于迅速平叛。

本来根据少数服从多数、非专业尊重专业的两大原则，李岘是应该闭嘴的，但是他并没有。这除了因为李岘先生比较正气加硬气外，还因为他曾找来了一个人作为自己的法务顾问（详理判官）。

这个人叫作李栖筠，时任殿中侍御史。此前，他曾在名将封常清的军中做判官，此后又得到李光弼的赏识被请去主管后勤粮草，可以说是一个很有能力的人。不过此人在历史上的名气相对不大，因为他的儿子和孙子名气实在是太大了。

他的儿子叫李吉甫，曾两度任相，一度出镇淮南多年，一手辅佐唐宪宗开创了著名的元和中兴的局面（元和中兴是安史之乱后唐朝朝廷难得的一次伟大雄起）。

他的孙子叫李德裕，这位仁兄也很厉害，出将入相，百事精通，更在朝中组织起了一大势力，人称"李党"，并终生担任李党领袖，是牛李党争中主角中的扛把子，更被大诗人李商隐誉为"万古良相"。

虽然吕谭和崔器并不可能知道李栖筠的子孙有多么厉害，但他们还是清楚一点的——李岘加上李栖筠并不好对付，于是这事就被反映了上去，交给皇帝做最后的定夺。

不出所料，李亨一开始是倾向于吕谭和崔器的处置意见的，但李岘的一份奏表让他改变了主意。

因为李岘在奏表中把利弊分析得很明白：陛下如果搞"一刀切"，全部剁了，那其他降官会坚定地追随叛军同朝廷拼命到底的！

李亨想了一下，觉得还是李岘说得有道理，便最终听从了李岘的建议，依罪状大小及情节轻重，将降官们分为六等：

特等奖得主十八人，以达奚珣为首，处置办法为押到长安城西南的独柳树下斩首。

一等奖得主七人，以陈希烈为首，处理办法为赐死于大理寺内。

二等奖得主若干人，主要为被俘后接受伪职的文臣，处理办法为杖刑（打屁股）。此处罚看似轻松，实则不然，打完之后，是死是活，全凭运气和体质。需要画重点的是，杖刑是在京兆府衙门外公开执行，围观群众很多，因此即便没被打死，有的人过后也可能会羞愤而亡。

此外，还有三等奖得主（降贼将领为主）、四等奖得主（降贼郡县级官员）、五等奖得主（降贼的朝廷及地方小官）若干人，各获得长期长途流放、中期长途流放、贬官等相应待遇。

在这些人中，需要拿出来一提的，自然还是张均、张垍兄弟。因为在所有人中，他俩是李亨唯一想放其一马的，但是，他最后没能如愿。

因为有人发言表示，这兄弟二人罪大恶极，必须处死才行。

这人一发声，就没有人反对了，包括李亨，因为发言的人是太上皇。

"张均、张垍兄弟投靠敌人，且都是身居要职，手握实权的啊，特别是那个张均还替叛党出谋划策，插手我家务事，更是罪不可赦！"

看来太上皇很生气，后果很严重。

不过，李亨也是一个懂得感恩的人，当年张说父子曾力挺过他，所以此时李亨也是真的豁出去了,匍匐在地哀求太上皇,甚至为此当众搞得呜咽流涕。

李亨如此拼,李隆基当然不好继续强硬坚持。于是他命人将地上的皇帝搀扶起来,并做出了妥协:

"看在皇帝的面子上,张垍可长流岭南,但那张均必不可活,你也不用想再救他了。"

留了一个,总比全死掉好,以后到了下面,也算是对张说有个交代。

于是李亨哭着答应了。

在这段记述中,李亨有情有义,李隆基通情达理,让人不禁为之长叹。

讲真的,我当年读至此处也长叹了一声。

可惜是假的!

因为《旧唐书》和《新唐书》中关于张垍的结局记载得很一致,也很清楚。这位仁兄是死在叛军那边了("垍死于贼中"),所以根本谈不上什么流放岭南。不过,流放岭南的情节倒非凭空杜撰,而是有真实内核的。被流放到那边的,其实正是"被杀死"的张均,他才是被李亨求情救下,送到合浦郡长期劳动改造的人。因此,他后来还写了一首《流合浦诗》,此诗留存了下来,这诗今天也算是张均先生对"我还活着"的一种有力的声明吧。

曾经名满天下,备受全国有志青年爱戴的张家就这么完了,还自此遗臭万年,说来未免有些可惜。

但要说张家从此被弃若敝屣,那也是不对的,因为他家后来毕竟还出了个皇后,虽然这个皇后当得有些神奇。

事情是这样的。十一年后,当时的皇帝李俶追谥自己英年早逝的弟弟建宁王李倓为承天皇帝,但有感于弟弟死得太早还没婚配人家,在九泉之下当个光棍皇帝非常可怜,便自作主张将兴信公主和张垍所生的一个早夭的女儿,以冥婚的方式嫁给了老弟,并追谥为恭顺皇后,于是范阳张氏一族的族谱上就又出现了这么一个皇后。

但是,这也是这一家族最后一次闪耀于历史的主舞台了。

果然,历史只会夸耀那些值得夸耀的人。

所谓赏罚分明,处罚了降官,功臣当然更不能忘。

最先回长安的,是叶护和他手下的回纥兵。虽说这批人基本上属于雇佣兵的范畴,拿钱办事,但毕竟人家不是谁的钱都收,谁的事都帮着办,更何况,叶护还曾深明大义地延期收账,所以李亨十分感激。听说友军归来,他拿出了仅次于给老爹的迎接规格,派出朝中文武群臣前往京郊的长乐驿馆迎接,并在宣政殿设宴,亲自款待。

当然,吃饭的事并不着急,这点李亨知道。所以叶护一上殿,李亨即宣布赏赐给他和他的将士们很多丝绸、财物,然后就是一个劲儿地猛夸:

"能替国家成大事、立大功的,就是你们这等壮士啊!"

几句话下来就把耿直的叶护夸得热血沸腾,他当即拍胸脯表示要为大唐皇帝收复范阳,扫清残贼,功成之后,再把家回。

于是李亨也激动了一把,几天后他一纸诏书任命叶护为司空、爵封忠义王,并下达了一个对唐朝后世有深远影响的命令:

从今往后,每年无偿赠送回纥两万匹绢,回纥可直接前往朔方军处领取("每载送绢二万匹至朔方军,宜差使受领")。

这一举动真可以说是最早期的"嘴上一时爽,全家都遭殃"了。

李亨不会知道,在日后丧失了大片国土的实际管辖权的情况下,这笔年供会成为唐朝中央政府的一项巨大财政负担,其后这一行为又进一步演化成了备受时人诟病的唐纥"绢马贸易",险些将大唐拉入恶性倾销贸易的旋涡,并因高额负债导致经济崩溃。当然,前提是,如果没有那个人出现的话。

叶护封王后不久,广平王李俶和郭子仪也相继回到了长安。

一见到郭子仪,皇帝陛下恨不得立即冲上去拥抱。

郭爱卿啊,你的确没有辜负我的期望!

于是,当着满朝文武及来自西域、回纥诸位朋友的面,说出了他一生中对部下将领的最高评价:"爱卿对于我的国家实有再造之恩(虽吾之家国,实由卿再造)!"

八个月中历经无数次刀锋,三场大战,先败后胜,既痛失爱子,又连折大将,郭子仪的确是在极其困难的条件下,进行了艰苦卓绝的奋战,才击溃了强悍的对手,完成了收复两京的伟大功业,对于这一评价,个人以为,他当之无愧。

不过,再造大唐的评价并不应该只属于郭子仪一人,它也同样应该属于运筹帷幄的李泌,战无不胜的李光弼,以及死守孤城的张巡。

然而,在这促成大唐奇迹般触底反弹的四个人中,只有张巡没能亲眼见到两京光复的捷报。

因为就在长安城光复后的第十一天,这位守一城而捍天下的大唐将领,放出了最后一支弓箭，砍断了最后一把马刀，用尽了最后一丝气力，力竭被擒，随即遭到杀害。

这个杀害了张巡的人，叫作尹子奇。

当然，这位仁兄做梦也不会想到，正是自己这次攻击和这一刀下去，造就了一个可能是中国历史上最富争议的英雄人物。

第二章
争议的英雄

至德二载（757年）正月（顺便说一句，安禄山称帝后是有自己的年号体系的，比如安庆绪即位后就改元载初，不过为了让大家不至于看得太过混乱，我们这里统一使用唐朝的年号），尹子奇接到了大燕新君安庆绪的最新任命，他将出任汴州刺史、河南节度使。

得知这一消息，尹子奇大喜过望。因为这一任用说明新皇帝对自己寄予了厚望。此时，史思明刚刚完成对河北的完全占领，正是燕国向外攻城略地、占据天下的大好时机。事实上，各位大将也已经行动了起来，北面有史思明统领十万大军兵临太原，向西北逐步挺进；西南方向有武令珣、田承嗣等将猛攻南阳，尝试着饮马长江；而东南方向目前则是一片空白。现在，尹子奇得任河南节度使很明显是安庆绪想要让他作为一方大将，在东南战场上打开局面。

尹子奇是这样料定的，而事情的发展表明，他没有判断错。很快，安庆绪就下达了明确的指示，他命尹子奇统领来自妫州、檀州以及同罗、奚族的精骑、士兵进军江淮，叩开唐朝财库的大门。

为了完成上级的指示，不辜负大领导的期望，尹子奇迅速集结了十三万大军，直取江淮的门户重镇睢阳（今河南省商丘市）。

消息传来，睢阳太守许远立即派人向驻守在宁陵（今河南省宁陵县）的河南节度副使张巡告急，张巡得知这一紧急军情后，留下部将廉坦驻守宁陵，自己则率领主力部队以最快的速度，日夜兼程赶赴睢阳。

当时，张巡所谓的全部主力不过三千人，而许远的兵也不多，只比张巡强一点，有三千八百多人，两军加在一起还不如尹子奇兵力的零头多，但就是这区区的六千八百名将士，打出了精彩的战役，成就了非凡的事业——在那个书生出身、从未经受过系统军事指挥学习的张巡的统领下。

最初的战斗，在张巡到来后不久即开始了。战斗进行得异常激烈，敌人是新锐之师，尹子奇是新官上任，所以来势汹汹的叛军自兵临城下那一刻起，便没有放松对于睢阳城的攻打，昼夜不分地轮番进攻不说，发起的猛攻还极其频繁，有时候一天之内攻守双方就能战斗二十余次。

但就是这样，十六天下来，尹子奇收获的也仅是几块墙砖而已，而他为此付出的代价可谓惨重，已有六十余员将领被擒，两万多士卒倒在城下。更让尹子奇感到不可思议的是，连续苦战了这么久之后，睢阳的守军居然越战越勇，越打越强，整体的士气好像比一开始还要高。

这是什么情况？都吃错药了不成？

尹子奇有些想不通了，所以他决定收兵回去好好想想。

临撤退之前，尹子奇打马眺望了一下睢阳城，在心中暗暗许下了诺言："我还会回来的。"

叛军撤退了，许远要跪了，给张巡下跪，他今天才真正见识到了张巡的厉害。

兵法中所谓的"难知如阴，动如雷霆"的将领大概也不过如此吧。

于是许远郑重地对张巡说道："我生性懦弱，不习兵事，将军则智勇兼备，在下情愿将指挥权交予将军，自此替将军防守，让将军可安心领兵作战。"

张巡接受了许远的建议和委托。

从此以后，两个人做了明确的分工，太守许远只负责调运军粮，整修战具，做好后方协调与居中接应等辅助性的后勤工作，至于作战计划、兵力部署等军事性事务则由张巡全权负责处理。

事实证明，这样的分工恰得其所，在两个人相互配合、优势互补的密切合作下，睢阳将化为一道叛军难以逾越的鸿沟，给予敌人最强的杀伤。

至德二载（757年）三月，详细了解了睢阳新守将张巡的情况后，尹子奇又引兵杀来了。

依旧是敌强我弱，依旧是兵力悬殊，但张巡没有畏难，因为在他那里有一件制胜的武器——决心。

在战斗正式开始前，张巡召集了他的将士们，说道："我因深受朝廷厚恩，所以守卫此城，但求一死，只是念及各位不顾性命，冒着埋骨荒野的风险，而所得的赏赐却无法与你们的功劳相比，我实在为此而深感痛心啊！"

张巡之所以会突然有此一说，是有缘由的。此前，他曾经将守雍丘以来有功将士的名单列好，送给上级——河南节度使嗣虢王李巨，请求给予这些将士应有的认可和赏赐。谁知李巨太过爱惜自己手中的官职，张巡恳求了半天，才同意封一部分人的官职，而最后封赏下来，居然只是折冲、果毅这一层级的低级军官衔，连个将军的名号都没有，更不要说相应的赏赐了。因此事情一出，立即在守军将士中引发了轩然大波，不少人由此对朝廷深感寒心，军中怨言不断。

这事，张巡没有想到，即便想到了，他也无可奈何，所以他只能写信劝谏李巨，斥责了对方这一自拆墙脚的行为。谁知信件一去，却犹如石沉大海，再无音信。

面对李巨的毫不理睬，张巡也只有一声长叹了。

但是，他坚守睢阳，拱卫江淮的决心并未有丝毫改变，而现在，他将这一决心毫无保留地传达给了部下的将士们。

我不会放弃！我将坚守在这里，直到最后一刻！

将士们大为感动，他们做梦也没想到，一个堂堂的节度副使居然能够如此坦诚、不做作。我们中国人从来都是明是非，知羞耻，懂善恶的，那些虚的、假的，瞄两眼就能看个明白，之所以不说，是想让表演者一个人尴尬，或者早已懒得搭理。但如果有一个像张巡这种级别的人，能够真正敞开心扉与所谓的下层平等交流，推心置腹，就算是刀山火海，亦敢万死不辞。

于是，张巡先干掉了外通叛军的内奸、大将田秀荣，然后下令杀牛开宴，犒赏三军。

餐毕，出战！

当看到张巡率兵出城作战，城外的叛军简直笑喷了。在他们看来，这是典型的不自量力、自寻死路的表现，兵力本来就不足，居然还放弃了拿手的守城战，偏要打野战，这不是找死是什么？

既然张巡这么想逞英雄，尹子奇当然也不会客气。他马上命令先头部队，准备迎战。

但哪里有什么准备的时间？张巡已然亲自高举战旗，一马当先，率领唐军直扑过来。

连像样的战马都没有几匹的、人少的一方，居然率先发起了冲锋，而且竟是主将亲自带头冲？眼前发生的一幕完全超出了叛军的理解范围，于是一时间很多人都愣在了原地。待他们反应过来时，张巡已经率兵杀了过来，在阵列里左冲右突，大砍大杀，而他手下的士兵也个顶个地跟打了鸡血一般，猛打猛冲。

叛军完全没有见识过这么打仗不要命的，坚持了一阵子，便顶不住了，全线溃退。

此战，唐军斩敌将三十余名，斩首三千余级，一直追杀出数十里外，这才收兵回城。

"居然被连马都配不全的一群人打得大败，你们是干什么吃的？！废物！"

尹子奇严厉训斥了他的部将们，然后第二天亲自带兵，来攻睢阳。

张巡则还像前一天一样亲自领兵出战，并击退了敌人。但是，出乎意料的是，这波叛军在被击败后不久，便又重新聚拢上来，发起了新一轮的进攻。

就这样，敌兵不断被击败又不断地杀上来，两军激战一日一夜，连续交锋了数十次，直到夜色已深，彼此完全看不清对方，这才作罢。

尹子奇终于体会到了当年令狐潮的那种震撼感，张巡的强悍生猛给他留下了极为深刻的印象。但是，尹子奇依旧不认为自己会输，因为他在时间和兵力上都占据了绝对的优势，即便打不过你，也可以拖垮你！

然而不到万不得已，尹子奇还是不会选择打持久消耗战的，毕竟他定位自己是个军人，那样虽然可以取胜，但他尹子奇丢不起那个人。

于是尹子奇一面督促前线持续加强攻势，一面又从他处不断调来援军，强化军力，做出了一举拿下睢阳的样子。

睢阳城外的敌兵越来越多，攻势也越来越猛，城内的压力也越来越大，持续不断的作战已经让守军感到有些吃不消。张巡毕竟不比尹子奇财大气粗，麾下只有这么几千人，而且还是伤亡一个少一个，如此大的攻城阵势下，他无法让将士们得到充分的休息，再这样继续下去，张巡很清楚先行崩溃的必是睢阳城。

必须要想个主意了。

经过一阵子琢磨，张巡心中有了计划。

一天深夜，睢阳城中突然响起了紧急的鼓声，城内的守军随着鼓声迅速整队集结，似乎要乘夜突击。

这都是此前对付令狐潮的老招数了，不足为惧。

在得到部下禀报后，尹子奇作出了这样的判断。所以，他派人叫醒了熟睡中的士兵们，令他们严加戒备，彻夜巡防，不得懈怠。

就这么高度警戒地守了一夜，等到天光大亮，也没见着来夜袭的唐军人影。有士兵跑到飞楼（可瞭望城内的高塔）上往城内一看，才发现城内不见一个人影，张巡早就下令停止擂鼓，让部队解散回去休息了。

看起来，这只是张巡搞的一次紧急集合而已，是主将精神太过紧张，才误以为唐军要发动夜袭吧。

尹子奇得到这一消息，紧绷的神经也瞬间放松了下来，于是他下令让一夜未眠的士兵们回营休息，为下一波的进攻养精蓄锐。

看到叛军士兵们一边脱盔解甲，一边无精打采地向营房走去，张巡意识到，可以行动了。

卯时，睢阳紧闭的城门突然洞开，千余名骑兵在张巡与将军南霁云、郎将雷万春等十员将领带领下，向叛军大营扑去。

张巡此次采用的是分散小部队突袭的方式，他和南霁云等将各自率领五十名精锐骑兵，分进合击，走哪打哪，行动异常灵活。叛军本来等了一夜，大都睁不开眼了，现在又猝不及防碰到了打完就跑的小股唐军，更是难以应对，当即被打得四处乱跑。

就这样，在斩杀了差不多五十余名敌将、五千余名士兵后，张巡一声招呼，带兵返回了城内，只留下叛军阵地上的一片狼藉。

张巡再次凭借自己的过人智谋获得了胜利，他的出色表现也引起了一些叛军高级将领的兴趣，在尹子奇的军中就有这么一位神秘的叛军将领打算招降张巡。

这位叛军将领一出场就显得很不一般，据记载是身披精美的铠甲，身边跟着一千人的骑兵部队，且旗帜鲜明，耀武扬威。而他劝降起来也显得气势十足，别人劝降都是来到城门口站在那儿扯着嗓子喊话，可这位仁兄却玩出了新意，他是带着骑兵一边围着城墙跑，一边宣传燕国的招降政策，实实在在地做到了三百六十度的全方位宣传，也可以说是煞费苦心了。

然而这位如此有创意、有想法的人，却真的很神秘，他的身份一直未能被史学界确定。只知道是个"大酋"，护卫他的，是所谓的"拓羯千骑"。这些虽不足以确认他的身份，但已经足够给予张巡一个生擒他的理由。

张巡终于出现在了城墙上，他叫住了那员叛军将领，开始和他搭话。

与此同时，数十名勇士开始缒绳而下，偷偷地降到早已干涸的护城河河道中，然后静静地等待约定中的那声鼓响。

"咚"的一声鼓响，城头之上跟着发起喊来，河道中的勇士们突然奋勇杀出，冲向还在试图与张巡搭话的那员叛将。

这员叛将本来仗着自己人多势众，手下又全是骑兵，反应迅速，所以完全没有戒备。因而，他当场就被飞来的几只抓钩挂住拖下了马，紧接着被一路拽向城池的方向。

他的扈从骑兵反应的确很快，但是，在具有强大威慑力的陌刀和威力强劲的硬弩的阻击下根本无法接近自己的主将，只能眼睁睁地看着他被拖到了河道里，不久之后又被绑成了粽子似的吊上了城头。如无意外的话，这哥们儿的性命应该是交待了。

偷鸡不成蚀把米，还如此窝囊地被抓到城里砍了，果然还是不要在历史上留下名字为好。就是知道了，也不能说。

来劝降的叛将给了张巡启发。有道是射人先射马，擒贼先擒王，如果能够把尹子奇干掉，战局必然会发生很大的变化。

这个听起来不太可能，但实际上是能够实现的，比如通过射箭的方式，只要技术过硬，臂力够强，一箭射过去，完全可以一箭狙杀对方主将，而张巡的身边正好有这么一位可用之人。那么，现在最关键的问题就只剩下一个了——如何从城下上万人中找到目标尹子奇呢？

睢阳城中没有人见过此人，不知道他长什么样子，更不要说来张画像了。事实上，即便有画像在手，也是白搭，在没有望远镜的情况下，谁能远远地分辨出来？退一万步讲，就算分辨出来了，你指指点点地帮忙一指认，以尹子奇之精明，估计也能察觉到危险。所以，最好的方式是让尹子奇在不知不觉中暴露自己，然后趁他毫无防备之际给他来上一箭。

这似乎不太可能，但张巡却做到了——以一种异常绝妙的方式。

当新一轮激烈的城防战开始后不久，前线的一位叛军突然露出了前所未有的惊喜神色。因为细心的他发现，射到自己身上的箭矢居然是一支削尖了的木箭。这意味着城中守军箭已用尽，睢阳城告破在即！

大喜之下，这位中箭的叛军赶紧跑去向尹子奇禀报这一重大消息。

在尹子奇接过那支木箭查看的一刻，张巡成功地锁定了行动的目标，而他身边的神射手南霁云也已弯弓搭箭瞄准了敌将。

"放！"

随着张巡一声干脆利落的命令，南霁云手起一箭，正中目标面门。尹子奇当场大叫一声，捂住左眼倒下了。恰在此时，城内守军突然杀出，直冲敌军大营。

主将都被人一箭干倒了，生死未卜，谁还有心思继续打仗啊？于是叛军士兵们一哄而散，四处逃命去也。

这下受重伤的尹子奇就更惨了，若不是左右竭力相救，他差一点就被趁势冲上前来的唐军活捉了。

尹子奇脸上中了南霁云的飞来一箭，但运气很好，没有死，据说只是变成了独眼龙，但这仗却是暂时不能打下去了。因为战场之上，医疗条件本来就差，再在这儿耗下去，搞个感染什么的，尹子奇能不能活下去，又得两说了。所以尹子奇咬咬牙，放了话："撤！"

当然，他还会回来的，在一个月之后。

张巡又一次击败了看似不可战胜的对手，而且还是完胜。他在睢阳军民心中的威望已经达到了极点，所有人都坚信，这个人会带领他们不断战胜强敌，获取胜利，直到整场战争结束。但是，事情并未朝着众人所期望的方向发展，张巡和睢阳军民即将面临的是比生死还要严峻的挑战。

经过一个来月的休养，尹子奇又返回了睢阳，第三次包围了睢阳城。

这一回，尹子奇适时调整了策略，改为以困守为主，辅以适时的猛攻。

实事求是地讲，这一举措恰好击中了张巡唯一的软肋。睢阳的防守如果真的要找出一个漏洞的话，那就只有这一个——存粮不足。

其实，一开始睢阳的粮食储备是富富有余，多达六万石，坚持一年基本不成问题。可是，河南节度使、嗣虢王李巨却下了死命令，要求睢阳必须拿出一半的粮食来接济濮阳和济阴两郡，太守许远据理力争，没有成功，被迫执行了命令。然而睢阳刚把粮食交付完，尴尬的一幕便发生了，接受粮食的济阴居然立马放弃了抵抗，投降了叛军，而当睢阳被叛军包围时，濮阳却由于兵力有限，无法实施救援，于是在坚持了七个月后，睢阳的粮食开始出现紧张的状况。虽然张巡曾趁着尹子奇撤围的一个月时间，想办法补充了一定数量的粮食，但收集来的粮食数量却非常有限，于大势无补。

因此，当睢阳被叛军严严实实地围困了一个月后，张巡和许远不得不下令实行严格的配给制度，每天为每个士兵提供一勺米。

一勺米也就是一口的事儿，即便拿来煮粥，也最多半碗，不能再多了。于是只好想办法夹杂上其他可以吃的东西填饱肚子，什么树皮、纸张，不一而足，因为他们还要继续战斗。

此时，历经了大半年的苦战，睢阳城内的守军只剩下一千六百多人，但他们要承担的则是五倍于先前的作战任务。毕竟城墙的长度是固定的，如果不增加任务量，城池就有失守的可能。

在这种形势下，就不能过多地依靠士兵本身了，所以，张巡提议加强守城器械，让工具在作战时充分发挥作用。

于是攻城的叛军惊奇地发现，守军开始普遍使用钩杆将架起的云梯顶翻，使用火炬、火把烧毁他们的攻城器具。

消息报到尹子奇那里，尹子奇怒了："怎么，以为我这边没有厉害的大型攻城器械吗？"

于是，尹子奇一声令下拿出了压箱底的云梯车。

所谓"云梯车"，相信玩过《三国志》或《三国无双》这类游戏的朋友都有印象，简单说来，就是一种架有云梯的木车（个别高端的款式会在木车上包裹一层铜皮或铁皮）。由于这种车本身就像一座可移动的塔，比较高，所以攻城时只需把车子推到城墙边上，把梯子一横，士兵们就能轻易地跳上城头，完成攻占的任务。

据史料记载，尹子奇的这种算得上是比较大的（"贼为云梯，势如半虹"），所以他在车上安排了二百精兵，打算将他们直接从空中送入城内，然后让士兵们一鼓作气攻占全城。

云梯车行进得同尹子奇预想中的一样顺利，果然，睢阳的守军已然饿得拉不开弓了。云梯车就此顺利地停靠在了睢阳的城墙前，现在，距离胜利只有一步之遥。

然而这一步，尹子奇依旧没能迈出去，因为他的云梯车被挡住了。

原来，张巡提前派人在城内偷偷开挖了三个大坑，等到云梯车抵达后，从一个坑中突然推出一根顶端绑着大铁钩的巨木，一下子钩住云梯车的一侧，让车子无法后退；紧接着从另一个坑中推出第二根巨木，这根巨木死死顶住云梯车，让车子无法继续前进；然后第三个坑中的最后一根巨木也伸了过来，这根巨木的末端装上了一个铁笼，铁笼中则是熊熊燃烧的烈火。

个人相信，在这铁笼子里，张巡先生是加过特殊的助燃剂或燃料的，猜测很有可能就是火药，因为那火燃烧得很是剧烈，不一会儿大火就将云梯车从中间烧穿，随着一声轰然巨响，云梯车就这么从中间折断了，云梯车上的叛军士兵自然难逃一劫，不是被烈火烧死，便是落地摔死。

云梯车被破了，不要紧，还有钩车嘛。

钩车也是一种大型的攻城设备，与云梯车有些相似，不过它的功能主要在于破坏守军的防守设施，比如城头上的小型鹿砦、栅栏，甚至于阁楼。尹子奇的这个钩车就是最厉害的，能一击毁坏阁楼的那种，在这辆钩车的横扫下，睢阳城墙上搭建起的阁楼被摧毁殆尽（"钩之所及，莫不崩陷"）。

要知道，此时正值夏末秋初，天气还比较闷热，守军是需要有个地方乘凉休息片刻的。

阁楼被毁掉了，照这个趋势看，再建起来，立刻还会被钩车强拆，那就只好破坏掉钩车了。

张巡用来破坏钩车的，还是巨木。

他命城中工匠在巨木的末端安装了铁链、铁环，叛军的钩车一来，它的铁钩立即被巨木的铁环套住，此时城头的吊车紧接着发力将敌人的钩车直接吊入了城内，钩车战术就此也被破掉。

尹子奇并不着急，因为他手上还有第三种武器——木驴（《新唐书》作"木马"）。

这个木驴或者木马，大致是个什么样子，可谓众说纷纭。有人说是特洛伊木马那样的攻城器械，有人则说是一种专门用来破坏城门的攻城车。不过在我看来，形制具体如何，并不重要，因为这种攻城设备刚刚上场亮了个相，就被张巡命人熬制出的金属熔液兜头浇下，在一眨眼间便化成了灰烬。

攻城器械不成了，那就改用最简单的办法——筑坡道，垒沙袋。

叛军开始在睢阳城西北角堆积木柴同时放置沙袋，意图修成一道坚固的坡道，直达城头。关于这个工程，尹子奇是算过的，以他的兵力，不出十天半个月就能修好，而张巡兵力有限，肯定不敢前来硬攻，只要有足够的兵力日夜加强守备，防止张巡带兵偷袭，基本就没问题。

出乎意料的是，虽说尹子奇派兵轮番看守，但张巡却始终没有派人来攻。

怎么，难道守军已经彻底放弃抵抗了吗？尹子奇有些奇怪。

答案当然是否定的。其实张巡已经在夜深人静之时秘密派人来过许多趟了。不过他派来的人不是来拆毁坡道的,而是来为坡道添砖加瓦,增添一些特殊材料的。

张巡命人混入木柴下的特殊材料主要是两种,一种叫作松明,另一种叫作干蒿草,它们有一个共同的特点——一点就着。

就这样,各自忙活了十余天,双方都觉得情况差不多时,张巡主动率兵出城作战了,他们主攻的方向就是城西北。

当然,张巡之所以选择这一天,还有一个极其重要的原因——这天风很大,呼呼的。

于是只见守军猛冲过来,借着马匹前驱的惯性,将手中的火把丢向坡道。火把、强风再加上松明、蒿草等易燃物,现场顿时烟焰张天,风助火势,火燃柴草,噼里啪啦的爆燃声响成一片。

漫天的火光让叛军士兵们彻底丧失了救火与作战的勇气,乖乖地撤走了。而这场大火烧得也很是厉害,一直持续燃烧了二十几天才逐渐熄灭。当然,叛军大费周章营建的坡道早已在大火之中坍塌了。

奇计百出,随机应变,张巡此人实乃天纵英才,非凡人可能胜之!

叛军自上及下全部被张巡彻底折服了,他们已经意识到,自己不可能战胜这样的对手,攻进睢阳。但是,想要攻克一座城池,谁说一定要靠武力?围困也是一种常用的办法,虽说耗时长、投入高,但从未有一座孤城能凭借自身的力量挺到胜利,因为饥饿会成为攻方最有力的武器,成为守军最强大的敌人。三个月前,鲁炅扼守一年多的南阳城就是这么被攻陷的,要知道,当时的南阳城中一只老鼠竟然可以卖到数百钱啊!

所以,睢阳城外的叛军如法炮制,不再组织进攻,而是在城外开挖了三道壕沟,并构筑木栅栏,把睢阳城团团围住,不要说人了,就是兔子也别想进出。

在叛军挖壕沟的同时,张巡也下令在城内开挖壕沟,为随时可能到来的巷战做好准备。

于是,睢阳军民最艰难的时刻来了,城内彻底断粮了。

坚守了八个月,以寡敌众,又打到了粮尽援绝,已经很够意思了,所以众将建议弃城东撤。

张巡和许远坚决拒绝了。

"睢阳是江淮地区的屏障,如果我们弃城而去,敌人占领此地后一定会乘胜长驱南下,江淮地区恐怕将不再为朝廷所有。况且,我们现在又饿又累,就算东撤,也一定难以逃脱敌人骑兵的追杀啊！"

确实，富庶的江淮地区如今是朝廷财政收入最主要的来源地，此地倘若有失，则南方的税赋必断，南方的税赋一断，那么朝廷的平叛事业连一个月也坚持不下去。

所以结论很明确，睢阳必须死守，能守一天是一天。

好在，张巡也给大家带来了一丝希望：

"古代战国的诸侯之间尚且能相互救援，更何况大唐驻军于附近的各位将帅呢！我们不如坚守以待援军，同时派人突围前去求援。"

既然如此，那就唯将军之命是从！

睢阳的军心暂时稳定了下来，但只是暂时的，因为饥饿所带来的危机已经悄然来袭。

为了守住城池，士兵们本来是得到优先保障的，能够分得少量的粮食和树皮、纸张等可充饥的物品，可随着时间的流逝，能吃的东西越来越少了，士兵中居然也开始出现饿死人的状况。而那些勉强活下来的士兵情况也很糟糕，每个人都是面黄肌瘦、骨瘦如柴，几乎连行动的力气也没有了，更不要说继续作战了。

眼见着守军的数量仅剩下了六百人，张巡决定和许远各领一半兵力，分城防守，张巡主管东北，许远主抓西南，继续坚守。

一般说来，部队断粮一天，军队就会出现军心不稳的状况，断粮两天以上，全军必定有哗变的迹象，但睢阳的守军断粮已接近一个月，且还要继续承担防守整座城池的重任，却没有一个士兵有一句怨言。

因为他们亲眼看到，张巡和许远与他们同甘共苦，一起啃树皮，嚼纸张；更让这些士兵热泪盈眶的是，从出现粮食短缺的那天起，这两位主将的碗里就再也没见过半粒粮食。

身先士卒，虽苦难亦不回避，此所谓大将也！

所以士兵们无不强打精神，在张巡、许远的带领下登上城墙，继续誓死坚守他们脚下的每一寸土地。

就这样，又过去了近十天，可睢阳依旧没有等来救兵。

当时，脑子长年不开窍的李巨已经被朝廷调走了，新任的河南节度使是同平章事张镐，此人是一个非常有眼光（曾向朝廷力荐来瑱"来嚼铁"独当一面）、非常有大局观的人。他应该深知睢阳在整个大唐战略位置中的重要程度，绝不会容许睢阳有失，而睢阳的附近，有河南都治兵马使许叔冀守在谯郡（今安徽省亳州市），侍御史尚衡驻军彭城（今江苏省徐州市），河南节度使贺兰进明拥兵于临淮（今江苏省盱眙县），都算得上兵精粮足，但为什么就没有援军来呢？

为搞清楚外界的情况，尽快争取到援军，解救睢阳，张巡决定招募志愿者冲出重围，一探究竟。

张巡这个招募一连持续了几天，但几日内竟没有一个应募的。原因很简单，一来是大家挨饿了这么久，体力基本所剩无几，估计马都骑不了，咋出去？二来是大家几乎可以确定，此次突围可谓九死一生，外面的十来万叛军和层层阻碍没有一个是摆设，想活着冲出去，哪有那么简单！所以过了很久都没人吱声。

勇敢的人，还是有的。有人接受了这个几乎不可能完成的任务，这个人就是南霁云。

其实严格说来，南霁云压根儿就不是张巡的部将，他甚至也不是睢阳的将领，他是尚衡手下的先锋。只不过是之前因故被派到了睢阳出差，这才来的，如无意外，等事情办妥了，就该走人了，没想到的是，他在这里遇见了张巡。

在与张巡接触并深入交谈了一次后，南霁云作出了一个惊人的决定：不走了。

他是这样对别人解释原因的："张公诚心待人，能敞开心扉，真是我应当追随的人啊！"

于是，他派人给尚衡打了个招呼，就留在了张巡身边。

于是，尚衡不干了，好不容易发掘了这么个精于骑射还百发百中的猛将，怎么能让张巡轻易挖了墙脚？！

尚衡马上派人给南霁云送上了一大笔钱，请他回去，却被南霁云拒绝了。

南霁云表示，这不是钱的事。

张巡也曾劝他回到尚衡那里，可南霁云就是不走。他表示，这辈子我就跟定您了，至死不渝！

事后的发展证明，他是个说到做到、言而有信的人。

就这样，为了追随张巡，南霁云选择放弃了大好的前程，留了下来，而现在，为了拯救睢阳，南霁云选择杀出重围，去请援兵。

看到南霁云上前领命，张巡哭了。这是他自叛乱开始以来，头一次、也是唯一一次痛哭，然后他说："我不能这样让你饿着肚子杀出去。"

一顿饱饭，这对于我们来说，是一个无比简单的承诺。但在当时的睢阳，实现这句承诺的难度甚于登天。

此时此刻，树皮、纸张早就吃完了，本来当宝贝疙瘩供着的马也吃得差不多了，天上飞的麻雀，地上跑的老鼠，更是所剩无几，极为难得，那么张巡还有什么法子让将士们饱餐一顿呢？

没办法，只能吃人了。

张巡召集了城中所有的将士，拉过来自己的爱妾，杀掉，然后向众人恳求吃掉自己的爱妾，来拯救岌岌可危的睢阳。

所有人先是震惊，继而沉默，最后发出了难以压抑的啜泣。

张巡亲自给每一位将士递去了碗，然后强迫大家吃下，并亲自从所剩不多的马匹中挑选出可乘的，送南霁云和勇士们出城突围。

目送了突出重围而去的南霁云，张巡表情依旧凝重。事实上，连他本人也无法确定，自己和睢阳能否坚持到南霁云带着援军杀回的那一天。

但张巡至此依旧不打算放弃，即便是只剩下他一个人，他也要坚持到底。

毕竟，他从始至终就是这样的一个人。

围困睢阳期间，尹子奇偶尔还是会派兵来试探性地进攻一下的，但堪称奇迹的是，张巡居然都抵挡住了。这就奇了怪了，只有六百个毫无战斗力的士兵，他是怎么做到的？

答案是：招降。

对，不用揉眼睛，你没有看错，就是招降。

困守孤城、粮尽援绝的张巡竟然是通过招降叛军士兵，来做最后的抵抗。

不不不，准确地讲，除了叛军士兵，还有叛军将领。李怀忠就是张巡招降来的原叛军将领之一。而对于当天的那一幕，李怀忠一直记忆犹新。

当时，他正带领一小队人马在睢阳城下巡视，这也是老习惯了，一来是为了刺探情报，寻找可乘之机；二来是给守军造成持续的心理压力，加速睢阳的崩溃。

就在他正要骑马走过墙角时，城头的一个声音突然叫住了他。

"将军在安禄山手下待了多久？"

李怀忠循着声音的方向望去，一眼就看到了张巡。

对于张巡，李怀忠是无比佩服的，就这么点兵力，居然坚守睢阳将近一年，还连败大军，实在是个了不起的人物啊。

于是，他如实作出了回答："两年。"

张巡似乎想了一下，便继续发问："将军的祖父、父亲可是做过官的吗？"

李怀忠继续实话实说："是的。"

"将军一家世代为朝廷命官，吃天子俸禄，为何要追随叛军，转而与朝廷为敌呢？"

李怀忠的脸上开始显露出了羞赧之色，不过像是要为自己的降叛行为找补一样，他不由自主地辩解道："不是这样的，我也曾为朝廷数次死战，但没想到最终还是战败了，落入敌手，如今这个样子，应该是天意吧。"

张巡没有接他的话，而是突然对他厉声喝道："自古以来造反的人都难逃被诛灭的命运，一旦叛乱被朝廷平定，将军的父母妻儿都要受到连累，被一并处死，你怎忍心这样做？"

这个问题并没有得到即刻的回应，冰冷的城墙下又恢复了一片死寂，只剩下偶尔传来的一阵风声。

良久之后，痛哭声起。那是李怀忠的哭声。他没有回答张巡的问话，只是掩面而泣，率部离开了。回去后不久就带上数十名亲信投降过来了。

李怀忠不是第一个被张巡说降的将领，也不是最后一个，像他这样被张巡三言两语打动后投降的叛将不下一打。而更为奇迹的是，这些将领以及多达二百余名的叛军士兵自此全都死心塌地为张巡效命，全力抵抗叛军，直至城破，无一例外。

我始终坚信，凭借着如此之强的挖人能力，要是换在今天，张巡先生就算不去当兵做官，只做猎头，也早发了。

可以看得出，张巡先生这辈子应该完全没有当大官、发大财的打算，在他的心中只有四个字：为国为民。

为了促使天下太平的一日早些到来，为了不让叛军的铁蹄践踏江淮两岸，为了更多的老百姓能够活下来，他必须做出牺牲。牺牲小我，方能成全大我。但几乎每一个人都希望成为被成全的那个，而不愿成为被牺牲掉的那个。

是的，被成全的那个，很荣耀，很风光，但我一直认定，那些肯啃硬骨头的人，才是我们这个民族真正的脊梁！

所以，无论别人如何评论张巡，在我心中，他是个英雄。

当之无愧。

张巡竭尽全力忠实于自己责任的同时，南霁云也在为完成使命全力以赴。

去找谁求援呢？睢阳周边的三个城市中，彭城第一个被排除了，由于之前的那件事，尚衡对自己一直恨得牙痒痒，他不帮着叛军打睢阳就算不错了，想要从他那里搬来救兵，是没希望的。

贺兰进明呢，可以考虑，但他马上就要因为张镐的到来而失掉河南节度使的位子，想必目前的心情不会太好，所以，南霁云先去找的是谯郡的许叔冀。

许叔冀根本就没见南霁云的面，他只是叫人给南霁云送去了数千端布，然后就把南霁云礼送出了城门。

士可杀，不可辱！南霁云怒了，当即在城外大骂起来，并放话要许叔冀出城与自己单挑，一决生死。

谁理你啊！

许叔冀并不作任何回复。时间久了，南霁云也没有办法了，只得先回城向张巡汇报。

张巡听完南霁云的汇报后沉默了，他想了一下，说："别的地方不要再考虑了，速去临淮，快去快回。"

南霁云领命离去，然而就在他即将踏出大门的那一刻，却又听见了张巡的声音：

"南将军，你等一等，这一次，你多带一些人马去。"

南霁云又一次从万军丛中杀出了重围。

不得不承认，南霁云的确是个猛人，在敌兵的重重包围下，他匹马当先，左右手连续射箭，且箭无虚发，中者即倒，所以很快便杀开了一条血路，而他手下的三十名骑兵，只阵亡了两个。

来不及很好地掩埋战友的遗体，南霁云星夜兼程，马不停蹄，终于以最快速度赶到了临淮。

果然，贺兰进明的态度要比许叔冀好得太多，他不但热情地接见了南霁云，还要请他吃宴席。

南霁云强忍着饥饿，谢绝了先用餐。他提出，如果可能的话，希望贺兰进明能紧急召开一次由高级将领参加的特别会议，先行敲定出兵的人数及破围入城的计划。

话说到这里，贺兰进明犹豫了，因为他不方便派兵去救睢阳，他也有难言之隐。

贺兰进明的难言之隐就是许叔冀，因为这位许叔冀是房琯的人。

贺兰进明与房琯是有过节的，所以，房琯便一直想方设法要整贺兰进明。当他得知贺兰进明做了河南节度使时，便任命亲信许叔冀出任河南都治兵马使，并同时授予许叔冀御史大夫的头衔。这样一来，贺兰进明与许叔冀都兼任御史大夫，两人的官位就不相上下了。

此外，房琯还动用关系，给许叔冀调来了许多人马，搞得一个兵马使比节度使还要兵强马壮。所以，从级别上看，贺兰进明是许叔冀的上级，但许叔冀压根儿不买贺兰进明的账。不但不买账，许叔冀还在寻求合适的机会同贺兰进明干一仗，为房琯除掉这个眼中钉、肉中刺。

本来就唯恐被许叔冀突然偷袭，自然不敢轻易分兵支援睢阳了。再加上他在内心深处比较嫉妒张巡、许远所获得的骄人战绩与巨大威望，培养未来潜在对手的事情，就更不能做了。

虽说不想发兵，但贺兰进明却想留人。他一见南霁云便认定此人是员不可多得的猛将，若自己军中有此人坐镇，许叔冀的威胁就完全不必担心了。于是贺兰进明暗暗在心中打定主意，要把南霁云留在临淮，为己所用。

"时至今日睢阳不知存亡，援军就算赶去恐怕也没什么用了！"

贺兰进明突然这样对南霁云说道。

"睢阳或许尚未被叛军攻下，假如届时城池已经陷落，我南霁云必以死向大夫谢罪！"

南霁云坚决地说道。

好！有情有义！听闻南霁云此言，贺兰进明对他的喜爱不禁又增了一分。

为了留下南霁云，贺兰进明决定以退为进。他先假意许诺自己会再认真考虑出兵救援一事，让南霁云先下去休息，然后转过头来就叫上属下，命令他们吩咐厨房准备一桌最丰盛、精致的筵席，并通知临淮的主要官员将领做好准备，晚上一起陪南霁云吃饭，务必要搞定此人。

南霁云应邀出席了晚宴，但面对着一大桌的美酒佳肴，以及席间曼妙的歌舞表演，他却毫无所动。

难不成是这个月光吃树皮、草根，搞坏了肠胃？

贺兰进明及一道陪同的官员都不明所以，看不出门道来。

但南霁云看出来了。

他虽然不太懂什么政治，不了解贺兰进明同房琯、许叔冀的明争暗斗，不过从眼前的这一景象以及贺兰进明脸上的笑容中,他已能够明确一点:这些人根本无心救援。

于是,这个刚强果敢的男子汉突然放声大哭:

"本州遭受强敌围攻,已被围困半年多,粮食已尽,兵力已竭,已然无计可施。刚被包围之时,城内尚有数万人,如今妇女小孩已被吃尽,城中百姓早已易子相食,张中丞更是亲自杀掉了自己的爱妾,让将士们充饥。现在城内存活的不过数千人,城池肯定会被敌人攻破。睢阳一旦陷落,叛军很快就会兵临临淮了,唇亡齿寒,你们怎能不救啊!"

他站了起来,不顾众人或吃惊或愤怒的目光,继续朗声说道:

"我南霁云之所以甘冒矢石,匍匐乞师,来到临淮,是认为大夫必会念及社稷危亡,言出必应,发兵救援。谁知大夫竟坐拥重兵,却要眼睁睁地看着睢阳陷落,且毫无分担灾祸、救人于危难之心,这岂是忠义之人的作为!"

说着话,南霁云逐步逼近了贺兰进明。这下不仅是贺兰进明身边的卫兵、现场的宾客,就连贺兰进明本人也紧张了起来。这位仁兄现在情绪如此激动,要是一怒之下干掉自己,那就麻烦大了。

南霁云的确非常愤怒,很想当场干掉拥兵不救的贺兰进明,但他最终还是强行忍耐住了。因为他还要回城向张巡复命。

"霁云来时,睢阳之人已有一个多月没有吃粮食了,我南霁云岂能独享美食?我实在咽不下啊!"

此时,他已经径自走到了贺兰进明的酒席前,而贺兰进明的侍卫也已经按住了腰间的佩刀,准备随时出手。

"南霁云既然不能完成主将交给我的任务,就请大夫留下我的一个指头作为信物,让我得以回城复命吧!"

说罢,令在座众人震惊的一幕发生了。南霁云竟然真的亲口咬断了自己的一根手指(《新唐书》称拔佩刀断指)。在把断指放在贺兰进明面前后,南霁云不再多言,转身离去。

在场的所有人都被深深震撼到了,许多人不禁为南霁云流下了热泪,但是贺兰进明依旧坚持自己的意见,拒不发兵。

南霁云悲愤地离开了临淮。据说临走前,他抽出一支箭狠狠地射向临淮佛寺里的一座佛塔。随着箭头应声没入塔砖,南霁云立下了自己的誓言:"待我破贼回来,必灭贺兰，此箭为证！"

贺兰进明不信南霁云能回来找他报仇，事实上，南霁云这一去之后，确实再也没能回来。

但贺兰进明很快为他的自私狭隘付出了应有的代价。

最后的援军

南霁云第一次发现自己是如此的软弱无力，虽然骑术精湛，纵使箭无虚发，那又如何？又能怎样？

没有兵，没有武器，没有粮食，他根本救不了睢阳城，根本无法改变局面。

事情就这样了吗？找个地方痛哭一场，等待睢阳陷落，再去找贺兰进明或尹子奇报仇？

那么城内那些百姓和士兵的牺牲与坚守呢？他们就这样白死了吗？他们的坚守又意义何在？

不，这一切都是有意义的，睢阳城一直以来的付出都是有价值的。正是这座城的军民用自己的血肉之躯凝聚成了一道长城，挡住了叛军南下的铁骑，保住了国家的财赋重地，以及更多百姓的生命与家园。

回去了！再拼死一搏吧，不求击败敌人，但求无愧于心！

"走！我们回睢阳，最后再大战一场！"

当夜，南霁云一行二十九人策马狂奔，赶回睢阳，然而在途中，他们却遇到了意想不到的惊喜。

途经真源，城中守将李贲为南霁云等人送来了极为珍贵的一百匹战马；行至宁陵，奉命守在这里的张巡部将廉坦主动请缨，带上了三千步骑随同南霁云一道赶往睢阳。

虽然这只是杯水车薪，虽然可以确定此行凶多吉少，但这些人还是启程了，坚定地向着睢阳的方向飞奔而去。

闰八月初三日的那个深夜，雨下得很大。跟往常一样，张巡仍旧没有休息，他在静静地思索着第二天的守城计划。此时，他耳朵一动，突然听到了异样的声响，那是城外的激战声！

张巡顿时兴奋起来，他立马推开大门，对着外面大声喊道："这是南霁云他们的声音！"

援兵终于来了！张巡当即亲率一队人马出城，前往接应。

的确，是南霁云他们回来了。冒着瓢泼大雨，南霁云、廉坦率兵杀入重围，且战且行，经过一番苦战，终于抵达睢阳城下。但由于敌军人多势众，最终活着进入城中的援军仅有一千多人。

再度重逢，众人全都泪流满面。

这是最后的援军了，所有人都知道睢阳最后的时刻即将到来，然而他们却决心与这座孤城共存亡，因为只有多坚持一秒，更多的人才可能增添一分生的希望。

经过雨夜的激战，尹子奇也作出了极为准确的判断：杀入城中的那千余人已经是张巡最后的援军，此外不会再有其他部队来营救睢阳，终于可以见到城破的那一刻了。

于是，尹子奇下令前线强化围困，同时增加了对睢阳的军事骚扰。他想凭借这些加速睢阳守军的崩溃。

但守军出乎意料地仍在顽强坚持，从秋天坚持到了冬日，直到十月九日那一天。

叛军终于强攻上了他们梦寐以求的睢阳城头，此时，城上仅有的四百名守军早已因疲惫和饥饿完全丧失了反抗的能力，睢阳终究陷落了！

张巡目睹了城池的陷落，他已没有任何办法能够阻止了。

然而此刻张巡依旧非常镇定从容，他不紧不慢地整理好仪容，面向西方，恭敬下拜。

"臣已力竭！最终未能保全此城，活着既然无法再报效陛下，死后则当化为厉鬼继续杀贼！"

然后，他奋起力战，直到被擒。

张巡被叛军擒住后，睢阳太守许远不久也被俘虏。

守军见到张巡和许远全部被俘，众人相继强撑着站起，向二人致敬，然后先后掩面哭泣。

此时，一个坚毅而又无比平静的声音传了过来：

"大家安静下来，不要怕，死亡只是一种宿命而已！"

这是大家所熟悉的声音，张巡的声音。他的声音似乎总有一种魔力，能够给人以心灵上的慰藉。正是这个声音带领他们一路坚持了下来，直到现在。

众人不再哭泣，他们默默地目送着张巡的身影离去。

叛军主将尹子奇终于见到了这个折磨了他近一年，还把自己变成独眼龙的对手。

第二章　争议的英雄·033

"我听闻阁下每次在前线督战,都会大声疾呼,以至于眼角开裂流血,口中牙齿被咬碎,这是何必呢?"

张巡冷眼看了尹子奇一眼:"我立志吞了你们这帮逆贼,只恨势单力薄啊!"

尹子奇怒了,他没想到已沦为阶下囚的张巡竟然还敢如此桀骜。

"那就让我见识一下传闻中的是真是假吧!"

于是他拔出佩刀,强行撬开了张巡的嘴。所见的一幕,让他瞬间震惊了。张巡的嘴里面居然真的仅剩下了三四颗牙齿!

"我为君父大义而死,你投靠逆贼,行同猪狗,岂能长久!"

虽然发音已含混不清,但他依旧骂声不绝。

就在这一刻,尹子奇释然了。表面上,他虽是胜利者,可如今他已经输得心服口服。

怀着对张巡的无比敬佩之情,他打算释放张巡——无条件释放。

尹子奇的部下们听说了这件事,马上赶来阻止。

"此人乃是守节义士,肯定不会为我所用,况且,他素来深得民心,不可久留啊。"

是啊,尹子奇已经领教过了张巡的劝降能力,如果他把自己身边的人都忽悠反正了,那可大大地不妙了。

于是尹子奇决定,再试着劝降张巡一次吧,最后一次。

尹子奇来到张巡面前,他身边的士兵则抽出了刀,这意思再明显不过了:这是最后一次机会,不归降,就去死吧!

张巡的回答还是照旧,宁死不降。

尹子奇惋惜地摇了摇头,然后走到张巡旁边的南霁云处。

虽说南霁云同他有一箭之仇,不过身为一个爱才之人,尹子奇却并不计较。更何况,南霁云来来回回杀出重围时的生猛表现给他留下了极其深刻的印象。

若有此等猛将在麾下效力,安愁江淮各郡不俯首称臣!

尹子奇向南霁云表达了他的由衷敬佩,并向南霁云发出了诚恳的邀请。

燕国东南战区的头号先锋大将,建功立业指日可待,这个诱惑并不算小。

南霁云没有像张巡那样迅速地拒绝,他愣了一下。

就在此时,张巡有些激动了,他当即大喊道:"南八!大丈夫死就死了,切不可向不义之人屈服啊!"

南霁云看了一眼旁边的张巡,摇了摇头,露出了一脸苦笑:"我只是想有所作为而已,将军您是知道我的,我岂敢不死!"

于是不肯投降的张巡、南霁云与姚訚(张巡好友、姚崇侄孙,时任城父令,《新唐书》记作姚訚)、雷万春等三十六人在同一天英勇就义。只有睢阳太守许远被尹子奇下令送往洛阳,交给安庆绪处置,后在洛阳光复前夕被安庆绪派人杀害(另有一说为,行至偃师时因不肯屈服被害)。

处斩之日,张巡神态自若,面不改色,终年五十岁。

新任的河南节度使张镐在路上就听说睢阳危急,因此下令倍道兼行,但他紧赶慢赶到底还是晚来了一步。等他赶到前线时,睢阳已经失陷三天了。

张镐火了,开始追究责任,先查自己下令救援后没有行动的,谯郡太守闾丘晓第一个浮出了水面。

这位仁兄素来傲慢,而且为人凶狠,对于张镐的军令以及张镐本人,他都不放在眼里,所以他接到命令后,拒不发兵,坐视睢阳失守。张镐找了个由头把他骗了过来,乱棍打死。

不久,浙东的李希言部、浙西的司空袭礼部、淮南的高适军、青州的邓景山军,这几路人马在接到张镐的急报后相继赶到了睢阳。

一方面,因为睢阳一役,部队的损失确实太大了,需要休整,现在实在干不过四路唐军;另一方面,考虑到郭子仪等在试图攻下洛阳,安庆绪那边可能随时需要支援。鉴于以上情况,尹子奇下令放弃睢阳,返回陈留。

选择暂时撤退的尹子奇再也没能回到这里,因为此时距离他的死亡,也就还有十来天的时间。

尹子奇率军返回陈留没两天,洛阳便被唐军收复。在形势发展看上去越来越有利于唐朝的情况下,陈留果断宣布反正,尹子奇这样的首逆自然第一个被干掉,成为陈留回归唐朝的最佳见面礼。

睢阳终究又回到了唐军的掌控下,从此它又像一扇大门一样牢牢守护住大唐的经济命脉,让唐朝获得了发展军队、持续作战的财力保证,为帝国的发展和延续做出了巨大的贡献。但是,当年那些死守此城的勇士却全都不在了,只有偶尔吹过残破城墙的东风,似乎还在讲述曾经在此上演的一幕幕精彩且令人动容的故事。

得悉张巡等人所做的一切,张镐深感震撼,他将他所知晓的一切命人整理成了一份相当长的报告上奏朝廷,希望朝廷能给予这些烈士们理所应当的肯定。

十二月十五日，朝廷根据议程安排，开始处理平叛战争开始以来死难殉国官员将领的表彰事宜。李憕、卢弈、颜杲卿、袁履谦等人先后得到了朝廷的追赠，他们的子孙亲戚也相继被朝廷的人找到，召入长安，接受应得的荣誉并被委以官职。然而，到了张巡这里，却出现了问题。问题集中体现在，朝中大臣对于张巡的评价出现了极大的争议。

肯定张巡的人认为，张巡实在是个盖世英雄。从雍丘守到睢阳，从令狐潮打到尹子奇，在不到两年的时间里，大小四百战，斩将三百人，歼灭叛军十余万，不等不靠，不要中央援助（也没有），自力更生，连守军的武器装备也全都是取之于敌，用之于敌，这样空手套白狼，死守至最后一刻，最终光荣殉国的将领，不是英雄的话，那是什么？！

否定张巡的人则认为，张巡固守睢阳不撤军，是为了拿睢阳军民的性命为自己博一个流芳百世的英名，其用心十分险恶，想法极其阴暗。在他们看来，与其组织军队靠吃人来守卫城池和百姓，倒不如主动弃城，带着百姓撤离更好一些（当然，为了政治正确，没人敢明确提出举城投降叛军这个可行的选择）。所以照这些人的意见，不但不应该对张巡加以褒奖认可，反而应该对其反人类的食人罪行予以最强烈的批判和最严厉的谴责。

要否定，要声讨，要追究，这就是这一部分大臣对张巡的态度。

要知道，张巡如果真的按照他们所说的那样，早早带着睢阳军民弃城而逃，或者是战败了、投降了、自尽了，这些喋喋不休的官员根本不会有现在站在朝堂上高声争论的机会。在睢阳不死守的情况下，失去江淮地区钱粮供给、远在西北贫瘠苦寒之地的朝廷势必会逐渐瓦解（打仗和维持基本运转都是需要大量钱粮的）。不要说收复两京将遥遥无期，整个战争的形势也必会迥然不同。

从来不会也不愿设身处地站在别人的立场上思考，只喜欢站在道德的制高点上指责他人，这些人的确是既很无聊，也很无耻。

于是，终于有人忍不住了。

张巡的朋友李翰挥笔写就《进张巡中丞传表》一篇，通过关系上呈给了皇帝，他在本篇文章中表达了自己的看法。

"张巡以寡击众，以弱制强，保全了江淮地区，来等待陛下的大军。陛下东征大军来到后，张巡又战死沙场，他的功劳可以说是很大啊！

"可是，有人却想要以张巡曾吃人肉来定他的罪，并宣扬张巡死守睢阳是一种极其愚蠢的行为。这类人只盯着张巡一生中的瑕疵，却对他的贡献视而不见，臣为此深感痛心疾首！

"张巡之所以要固守睢阳，是他相信会有援兵，谁知附近几处均按兵不动，以至于城内粮食吃尽，不得不为坚守而吃人，会出现这种情况根本不是出于张巡的本心啊。假如张巡守城之初就有吃人的打算，为了守城进而保全天下而牺牲了数百人的性命，臣尚且觉得他的行为可以功过相抵，更何况这根本不是出于他的本意！

"如今张巡死于国事无法再见天下太平，朝廷的褒奖追赠虽是对他功劳的肯定，但这对他本人还有什么用！假如现在没人把此事及时记录下来，恐怕后世之人也无从得知这段历史，令张巡在生前身后都不被人所知，这实在是件可悲的事啊！所以臣才斗胆撰写《进张巡中丞传表》献上，恳请陛下交付史官，编入史册。"

李翰这番慷慨激昂的言论加上一篇令人扼腕慨叹的《进张巡中丞传表》彻底平息了所有的争议，并且让李亨也作出了他应该作出的表态。

"追赠张巡为扬州大都督，许远为荆州大都督，南霁云为开府仪同三司，再赠扬州大都督，以上三人皆立庙睢阳，加以祭祀。

"以张巡之子张亚夫为金吾大将军，许远之子许玖为婺州司马。睢阳、雍丘赐免徭税三年。"

张巡和他的一生终于得到了朝廷主流意见的认可。不过，正如李翰所说的那样，这些对于张巡已没有任何实际意义。他已经做了他想要及需要做的事情——坚持到底、无愧于心，如此而已。

李翰仗义上表，李亨一锤定音，朝廷盖棺定论，按理说这件事的争议就该至此终结了。但事实却是，并没有。

在十多年后，关于睢阳当年那段往事的争议又起。这一次，挑起争议的人叫张去疾，他是张巡的儿子。

这位仁兄写了一份超长的奏表呈送给当时的皇帝李豫（就是当年的广平王李俶），主要阐述一个观点：许远其实是个叛徒啊！

此论一出，舆论哗然，大家都有点蒙，这个劲爆的结论您是怎么得出来的？

张去疾当然有他的理由，而且自以为很充分。

首先，作为当年睢阳城破时的当事人，据他回忆，叛军正是从许远负责防守的那

第二章 争议的英雄 · 037

一面攻进来的。

其次，城破后，张巡和许远及他们各自的部下士兵是被分开隔离的。张巡及其部下将校均被折磨致死，而许远和他的手下却无一人受到叛军虐待，几乎毫发无伤。

最后，据张去疾所言，张巡遇害前曾一度叹气，表达愤恨，甚至明白地表示若死后有知，一定不会放过误国的许远。

因此，综合上述亲身经历与回忆，张去疾认定许远是因为引敌入城，才获得了这样的特别待遇，又多活了一些时日，所以许远是使唐军丢了睢阳的罪魁祸首，更是自己不共戴天的仇人。于是，他恳请朝廷追夺赠予许远的官爵，以正视听。

在解决沉冤旧案这类事上，李豫还是非常有经验的。毕竟之前有为建宁王平反，还经历过张淑妃案和李辅国的事情，是见过大世面的。眼下的这档子纠纷，只能算是和风细雨的小场面。

所以，李豫一面下达诏书给尚书省要求尽快立案，详细调查，一面找来了原告张去疾和被告许远的儿子许岘来当庭对质，并让百官旁听，发表意见。

张去疾很明显继承了父亲张巡超强的说服能力，三言两语下来就让文武群臣连连点头，认为张去疾说的很在理：为啥城池被攻陷后，只有许远一个人活了下来呢？

对于这个问题，有人给出了比较合理的答案：两军交战，但凡屠城时都会以活捉对方主将作为功劳，这样想的话，许远死在张巡之后也就不足为惑了。

而赞同这一思考方向的官员们则在此基础上提出了一个追问：如果说后死的就是依附叛贼的，那么那些先于张巡死去的人，就此说张巡应当算作叛变，这样也可以吗？

话说到这里，已经很明显带有诡辩的意味了。

因为在张去疾列出的三处疑似罪证形成一条完整的证据链的情况下，仅避重就轻地揪住最后一点来反驳，明显不够有力。

所以，马上有人提出了一个足以推翻整个证据链的说法：张去疾当时年幼，父亲突然惨死，让他在记忆上可能出现了偏差。于是，根据这一点，朝廷最终决定，维持许远忠烈的待遇。

很明显，朝廷和了稀泥，既没有十分有力地推翻张去疾提供的证据，又没能拿出有力的证据为许远叛唐洗清嫌疑，只是在似是而非的猜测基础上，匆匆结案。

这一举动看起来很马虎、很不负责任，但我要告诉你的是，这样做其实很明智、很感人。

因为这次和稀泥的背后，动机非常伟大，也非常明确，明确到后世的史官直截了当地写进了史书里——"艰难以来,忠烈未有先二人者,事载简书,若日星不可妄轻重。"

用今天的话讲，就是自国家出事（即安史之乱）以来，说起忠烈的事迹还没有能超过张巡、许远这两个人的，他们的事迹已被载入史册，如同太阳星辰一样不可妄言轻重。

榜样树起来了，自然不容有失。那些纷纭的说辞自然也没有继续理会的必要。

既然无法确定许远是否降敌，那么就努力去相信他没有背叛自己的初心吧！而我们则来全力守护许远的名誉吧！

成人之美，不扬人之恶，相信美好，相信人内心的正气，这或许正是大唐这个时代最伟大亦是最可爱的地方吧！

真相已经不再重要了，重要的是张巡和许远这两个名字，已经成为激励剩下的人继续坚持走下去的动力。

路还有很长，所以更要相信彼此，继续向前。

张巡最后留给后世的最大遗产，大致如此吧。

第三章
计中之计

安庆绪带着人刚刚逃出洛阳、奔往邺郡（今河南省安阳市）的时候，是很惨的。军中大将阿史那承庆带着他麾下的三万精锐跑得不知所终，另一位大将李归仁也不知把曳落河、同罗精骑及六州胡兵这些主力部队拉到什么地方去了。反正是一个能打的都不见了，留在安庆绪身边的，只剩下扈从骑兵三百人，外加一千名跑得非常疲惫的步兵。

不过，这还不是令安庆绪最伤心的，最伤心的事是他所倚重信任的大哥严庄的叛逃。在走到河内（今河南省沁阳市）的时候，严庄就不见了。安庆绪一开始还以为严大哥是因为突发事件掉了队，可后来派人一问才知道，原来人家是跑到郭子仪的军营中投降去了，而短短的一个月后，这位严庄便从燕国的御史大夫摇身一变成了大唐的司农卿。

失去了主心骨，又没有精兵悍将护卫，此时的安庆绪不要说是郭子仪、仆固怀恩，就连唐朝随便一处地方部队都能轻而易举地将他消灭掉。然而仅剩下一口气的安庆绪，到底还是顺利地抵达了邺郡，这口气终于缓了过来。

李泌当年的预言果然没错，只要没有打掉叛军的老巢，让其陷入彻底的混乱与自相残杀，叛军很快就会东山再起。实践证明，真的很快。从只有一千余士兵，到再次坐拥数万兵马，安庆绪仅用了十天时间。

得知安庆绪退守到邺郡的消息，上党的蔡希德、颍川的田承嗣、南阳的武令珣各自率所部前来投奔，再加上从邢、卫、洺、魏四州募得的新兵，安庆绪手中叛军的人数很快便达到了六万，他的实力迅速恢复过来。

经受了上次的考验与背叛，安庆绪决定亲自理政，重建秩序。

于是，中书令张通儒被安排取代了严庄的角色，负责总揽朝政，同时安庆绪又任命高尚、平洌为宰相，以崔乾祐、孙孝哲、牛廷玠为大将，以大将阿史那承庆为献城郡王，安守忠为左威卫大将军，阿史那从礼为左羽林大将军，以自己的亲信为主体，架构起了叛军的新领导层。

然后，他下令以蔡希德、安雄俊、安太清等为主将，前往攻打在洛阳兵败后相继反正归顺唐朝的河北诸郡县。

最后，安庆绪下诏，改元天成，改相州为成安府，作为燕国的行在。

不得不承认，在对手不是郭子仪、李光弼的前提下，蔡希德是很厉害的，出征不过半个月便火速灭掉了归降唐朝的德州刺史王暕、贝州刺史宇文宽等人，轻易地扫荡了河北，又一次将河北诸郡纳入了叛军的掌控中。

接连收到蔡希德处传回的好消息，安庆绪信心大增，他认定只要有更多的精兵以及充足的财物，他便可以带领叛军重回巅峰状态，甚至彻底击败唐朝，统御天下。

说到精兵和财物，叛军事实上已然拥有，不过这些东西并不在安庆绪手上，而通通在叛军的大本营范阳。然而安禄山死后，在范阳真正说话算话的不是这个燕国的皇帝安庆绪，而是另一个人——史思明。

自从久攻太原不下，一怄气跑回范阳休养去了，史思明就不打算再带兵往外乱跑了。因为他想要的事物，范阳都有了，如山般堆积的金银财宝，能征善战的百胜雄师，以及史思明之前从未领略过的说一不二的绝对权力。

珍宝、精兵、地盘，当安禄山昔日在老巢留存下的这些遗产现在辗转落入他一人手中时，史思明能感到的只有无与伦比的威势和不断膨胀的野心。这个当了安禄山半辈子配角的人如今已然能够听到历史的主舞台在向他呼唤，且呼声越来越高。而每当他想起那个不理国政，只擅长骑马射箭的燕国新皇帝时，一种感觉就会油然而生：

继承安禄山遗产以及一切的人，应该是我！

安庆绪隐隐约约感受到了史思明的日益骄横，他刚刚即位时，为了拢拉这位当年的史叔叔，曾经一纸诏书，赐史思明姓安，并为他改名荣国，赐爵妫川郡王。然而，诏书发出去后，却如泥牛入海，杳无音信，别说谢恩的表奏没有，就连个响都没有。

很明显，史思明对于这个大侄子已经懒得搭理了。

傻子都明白，你压根儿不能奈我何，你既然拿我没招儿，我干吗要听你的命令？

于是安庆绪和史思明开始变得貌合神离，而在安庆绪从洛阳败逃出来不久，发生的一件事更使安庆绪作出了史思明绝不可再留的判断——史思明主动进攻了叛军自己的部队。

安庆绪逃离洛阳时，由于行动仓促，就连对跑路的具体目的地都没有一个明确的规划，所以许多叛军大将带着兵跑着跑着就跑丢了。在这些跑丢的大将中，部队最能征善战的，就是李归仁部。事实证明，李归仁部不但能打，而且能跑，这一溃退，居然就跑到了河北地界，且还在向范阳方向猛进。

当然，既然是溃兵，本身又顶着叛军的名头，军纪什么的也就谈不上了。所以李归仁军是一路跑一路抢，用史籍上的原话讲，那叫"所过俘掠，人物无遗"，比蝗虫过境还要厉害。

得知李归仁军就这么向范阳开过来了，史思明立即下令全城进入高度戒备状态，同时传令各部做好战斗准备。然后，他向李归仁处派出了使者，要求李归仁率军无条件接受他的命令，放下武器后再进入范阳。

作为天下劲旅，曳落河和六州胡兵的统军将领们在这个世上怕的人比较少，安禄山自然是其一，而史思明也属于这样的少数人之一。因此，听闻史思明发了话，这两拨人马当即按要求降了。不降的，还剩下同罗精骑。

同罗精骑可以说是当时比较有性格的一支武装。这种性格如果用一句话来形容，就是"说投降就投降，说不投降就不投降"。然而他们做梦也想不到，此时真正放飞自我的史思明更有性格：不投降，那就打到你们主动投降！

于是，一言不合叛军内部就开打了。

一方是李归仁和以同罗精骑为主力的三万步骑混合部队，另一方则是史思明统领的范阳边军。双方的实力看起来旗鼓相当，不分伯仲，但结果却让人意想不到。

李归仁军居然被史思明轻易击破，且一次就被对方击杀了三千人。

三千人的斩首数字看起来似乎并不多，但大家需要知道的是，交战双方都可谓是叛军的精锐，这就类似于武林高手过招，几十个回合打下来，分出个胜负高下就得了，没必要搞到你死我活。当然，想要你死我活也不容易做到，毕竟水平都达到了一定高度，在交手时被砍死对这些人而言是小概率事件。但是，就是这样的小概率，也仍旧死了三千人。

一支精锐部队一仗打下来就战死了三千人（受伤者不计），可见当时战斗之激烈。

不过同罗精骑也真的厉害，虽说被杀得大败，但就是不投降史思明，剩下的人结队北逃，回老家去也。至于李归仁剩余的部队便如史思明所愿，降了。

顺便一提，李归仁本人也归降了史思明，并在此后开始作为史思明的部下效力，不过这之后的李归仁便不复昔日在永丰仓、清渠和香积寺等战役中的勇猛，从一个打得郭子仪头痛的头等悍将，变成了被辛云京、李忠臣、卫伯玉这些后起之秀拿来刷经验和练级的二流货色，经常被打得乱跑。后世的许多人相信，李归仁之所以前后的表现反差会如此巨大，正是被史思明彻底打趴下、打没了气势的缘故。

吞并了李归仁部后，史思明实力大增，隐隐然有与邺城的安庆绪分庭抗礼之势。眼看着事情就要起变化，安庆绪一方决定祭出杀招，先下手为强。

于是，范阳的史思明接到了通知，说是安庆绪将派阿史那承庆和安守忠来范阳征兵，以备对唐军发起新一轮的大规模进攻。

此乃釜底抽薪之计也！史思明立即作出了极为准确的判断。虽说此时的史思明基本不再听安庆绪的招呼，但他在名义上依旧是安庆绪的臣子，有义务为安庆绪提供兵源，且无权拒绝。如果拒绝了，那么史思明便形同叛贼。要知道，被逼反叛虽说是个好理由，但只能用一次，用得多了的话那就是个人人品问题了。可如果放任阿史那承庆和安守忠来抽调自己的部队，范阳的精兵一定会被二人毫不客气地倒腾光，届时部队被掏空的史思明就真的只能任人宰割、俯首听命了。

这实在是一个难题啊。史思明做梦也没想到，他会被安庆绪逼到这么尴尬的地步，且毫无还击的余地。

就在史思明抓耳挠腮想办法寻求突破时，一个人找到了他，三言两语便给史思明指了一条明道。

这个人就是追随史思明多年的判官耿仁智。他给史思明的建议是率领本部人马归顺大唐朝廷。

听到耿仁智的这一建议，史思明沉默了。

而没等史思明作出答复，作为耿仁智的同道中人、史思明的另一位部下乌承玼也发声了："如今唐室复兴，那安庆绪说来不过是树叶上的露珠而已，大夫何必要与其一起灭亡！如果现在归顺朝廷，洗刷过去的污点将易如反掌。"

史思明有些心动了。现在看来，安禄山开启的造反事业已难以为继，大唐中兴的劲头则正猛，以安庆绪的能力，最多也就是再苟延残喘一段时间，早晚要被郭子仪、李光弼灭掉。与其先被安庆绪玩残，的确不如抢先一步重归唐朝怀抱，如此一来，不但自身安全能有保障，还可确保地盘人马，以及随之而来的地位和富贵。

就这么办了。降唐！

既然已决意归降唐朝，安庆绪那边自然就不用理会了，史思明的部下们都是这么认为的。但是，史思明却出人意料地坚持要见阿史那承庆和安守忠一面。原因很简单，这两人将会成为他赠送给大唐朝廷的一份诚意十足的厚礼。

阿史那承庆和安守忠按照约定的日期出现在了范阳城的近郊。当然，他们两个并非单枪匹马，在他们身后还有五千名顶盔掼甲、旗帜鲜明的精锐骑兵。

对于史思明的表现，无论是阿史那承庆还是安守忠都还算满意，因为他们远远地就见到史思明亲率数万大军出城列阵，在城门外恭敬地迎候。

这样看来，史思明还并没到飞扬跋扈的地步嘛！

阿史那承庆、安守忠一下子都放心了不少，至少目前看来，是没有动枪动刀的必要了。

二人稍微放下戒心后，开始纵马慢走。眼看双方间的距离仅剩下一里左右，史思明那边突然派了一人打马赶来，给阿史那承庆和安守忠带来了这么一句话："相公（指此时担任燕国宰相的阿史那承庆）和大王（即安守忠）远道而来，范阳的将士们真的是发自内心地感到高兴，只是边地军队素来怯懦，没见过什么世面，对于你们和你们身后的大军深感畏惧，因而不敢继续前进了。所以，希望相公和大王能够传令属下部队松弛弓弦，好让边军的士兵们放心。"

阿史那承庆、安守忠同意了。

某些史书以及部分人认为，这是阿史那承庆和安守忠的一大失误，这一失误是由于愚蠢和大意引起的。不过我却认为，这是一个态度问题，是由于某些人史料读得太少引起的。

事实上，这么做正是二人精明与谨慎的表现。因为阿史那承庆和安守忠还同时肩负着一项隐秘使命，那就是见机行事，刺杀史思明。要完成这一任务，当然要避免发生任何冲突，而且要尽可能地接近史思明。

于是两个人收好了兵器，在史思明的亲自引导下进入城内，并一直来到了内室。

这是史思明早就命人筹备好的一场盛大的欢迎宴会。

一定要自然，不能露出任何破绽，这是宾主三人在这场接风宴会上一致的想法，因此在觥筹交错、你来我往之中这三位的情绪似乎很高，也喝了很多酒，大有玩通宵的架势。不过阿史那承庆和安守忠并不知道，在他们与史思明互相抛撒烟幕弹的时候，史思明早已行动了起来。

史思明的策略是看住阿史那承庆和安守忠，不给他们接触士兵的机会，同时他的部下正紧锣密鼓地对阿史那承庆带来的骑兵开展遣散和收编工作。

在武器被史思明的部队完全收缴的情况下，这五千骑兵面临着两种选择：第一种是各回各家，解甲归田；第二种则是改头换面，接受整编。选择第一条路的士兵，将会获得相应的口粮，以保证其能顺利返回老家。选择第二条路的士兵，则会获得丰厚的赏赐，随即被分开安置在范阳军的各营之中。

客观地讲，史思明的这一招还比较人性化，所以效果也是立竿见影的。仅一夜的工夫，阿史那承庆和安守忠带来的五千骑兵便被处理得一干二净，阿史那承庆和安守忠不知不觉地就成了光杆司令。

于是第二天一早，两个人便被直接从卧房转场到了监牢，由尊贵的座上客变为了史思明的阶下囚。虽说同为史思明的新俘虏，但史思明对阿史那承庆和安守忠最后的处理结果还是略有不同的，安守忠因为足智多谋不好控制，又算是安禄山通家养子，下狱之后不久就被干掉了。相对而言，阿史那承庆由于平日和史思明的关系还算不错，比较便于拉拢，所以被留下了，又多活了几年。

史思明扣押阿史那承庆、处死安守忠的消息很快就传到了一直对他保持着密切关注的宿敌李光弼耳中。李光弼在第一时间就判断出史思明有意投降朝廷，所以他立即派出了私人代表，前往范阳招降史思明。

史思明的回应很是积极，也非常有效率，没有装腔作势，没有讨价还价，史思明便派手下衙官窦子昂赶赴长安奉上了降表，表示将以所部十三郡及士兵八万人来降。

看完这份降表，李亨难抑激动，因为这意味着平叛战争终于可以进入正式的收尾阶段，中兴大业指日可待。而他本人作为平定这场大乱的最高领导人，必将光耀史册，名传千古。

皇帝陛下很高兴，封赏自然也很实在：

封史思明为归义王（郡王级）、范阳长史、御史大夫、河北节度使，其子史朝义等并为列卿。

封高秀岩为云中太守，其子高如岳等七人为大官。

至于史思明和高秀岩的麾下众将也得到了相应的官爵赏赐。

奉皇帝之命前往范阳宣旨的，也是史思明的老熟人了，他就是乌承恩。

这位乌承恩兄可以说是很神奇的一个人了。当初举城投降叛军，后来又主动反正，坚守信都，城池被攻破后，居然没被史思明处死，而是继续当作心腹用，再后来又偷跑降唐，但史思明对他却并无怨恨之意，所以，这次宣慰史思明的重担就挑到了他肩上。

就这样，乌承恩和同为宣慰使的内侍李思敬来到了范阳，他们带来了朝廷的委任状，以及相应的归降条件——率兵讨伐安庆绪。

平心而论，这是个比较阴险的条件，因为一旦开战，史思明将会再无退路，不能不降。

条件略显棘手，但史思明却毫不犹豫地表示，没问题。

他当场命令张忠志前去守幽州，以薛萼为代理恒州刺史，打通井陉通道。又派人前去招降了赵州刺史陆济，并命儿子史朝义领兵五千去守冀州，部将令狐彰出任博州刺史，进驻滑州，摆开了与安庆绪决战的架势。

如果照这个趋势打起来的话，后面的许多事也就简单得多了，至少困扰唐朝之后一百多年的藩镇割据现象将不会出现了。但关键时刻，李亨出面叫停了，他表示让史思明刚回归朝廷就大动干戈打安庆绪，实在有点说不过去，所以，安庆绪就算了，史思明只须"趣讨残贼"即可。

对于皇帝陛下的关照，史思明表示极为感动，他信誓旦旦地承诺自己将谨守本分，努力工作，不让皇帝陛下失望。事后的发展证明，史思明确实做好了本职工作，只不过，他的本职就是造反。此时距离他的再度反叛，还有半年时间。

这半年时间可以说极为短暂，又极为关键。叛军刚刚发生严重分裂，安庆绪那边才缓过劲儿来，只要安排部署得当，趁机彻底灭掉聚集在相州的叛军残部也不是不可能。但是李亨却没有趁热打铁，组织对叛军的最后一战。这半年时间，他的主要精力都消耗在了非军事领域，具体说来，他总共忙了两件事，其中一件涉及内政，另一件则事关外交。

我们前面说到过，因为受到战事影响，李亨这个皇帝的许多固有程序还没有走完，这也就意味着，他从法统和道统上讲，还不是一个能获得天下万民认可的皇帝。所以，为了完美无缺地转正，李亨决定补上相应的程序——在老爹李隆基的配合和见证下。

于是，应李亨之邀，至德二载（757年）十二月二十一日，久未露面的太上皇李隆基驾临宣政殿，将传国玉玺交给了现任皇帝李亨。

次年的正月初五，太上皇又在宣政殿以正式文件"符册"授予李亨，又一次明确了李亨皇位的合法性，并提出加尊号给儿子。

李亨接受了太上皇给予的符册以及尊号，这一刻，他终于完完全全放心了，如今上车补票的手续已经全部完成，没有人能够再质疑他皇位的合法性，无论在法统还是道统上他都已经无懈可击。那就纪念一下这个伟大的时刻吧。

二月五日，李亨在明凤门宣布大赦天下，改元为乾元元年；免除天下百姓全年的税赋，并把年号中的载恢复为年。

然后是处理重要的家事。

三月，甲戌，徙楚王李俶为成王。

几天后，立张淑妃为皇后。

以李俶收复两京的功劳，本应妥妥地被册立为太子才是，没想到却是被徙封，而谁都看得出对东宫有觊觎之心的张淑妃，竟然堂而皇之地成了皇后（李亨的原配韦氏在一个半月前刚刚在宫中死去，死因不详）。对于李俶及其支持者而言，这绝对是个不太好的信号。更不好的，其实是徙封这件事本身。一般看来，有地名在封号中，有实地对应的王爵，像什么秦王、楚王、赵王、燕王，要比那些在地图上找不到地名的王爵比如恩王、义王等给人的感觉要高端正统得多。所以李俶由楚王变为成王，给大家带来了李俶被打压降级了的既视感，而更令李俶等人觉得忧心的，是成王这个新的封号。成王，成王，这是否意味着皇帝有意立他与张皇后的长子兴王李佋，而打算让李俶仅成为一个亲王呢？一时间，朝中对此议论纷纷，特别是跟着李俶一道出生入死的文武官员更是意见极大，颇为李俶鸣不平。

李亨听到了相关的声音，于是便向身边的近臣征询意见。接受李亨咨询的人，叫作李揆，时任考功郎中、知制诰。此人说起来不过是个从五品的小官，和那些朝中的公侯勋贵比起来并不引人注目，乍一看也没有什么了不起的，但事实上却并非如此。这位仁兄是一位身负绝学、深藏不露的高手。他的先祖李玄道是当年李世民秦王府"十八学士"之一，是位极具传奇色彩的人，至于他本人也不差，开元年间的进士出身，写得一手好文章，更重要的是，他有着一个能量极大的老师——李辅国。

李揆是如何搭上李辅国这条线的，谁也不知道，但可以确定的是，两人的关系很铁。据史料（《李揆传》《李辅国传》）披露，李揆平日里对李辅国是持子弟礼的，而李辅国对他则极为器重，几乎是言听计从。

"成王李俶年长，且立下大功，朕打算立其为太子，爱卿意下如何？"

到底是面对心腹的心腹，李亨没有绕圈子，而是直接开门见山。然后，他得到了一个自己意想不到的答案。

"陛下此言，真乃社稷之福啊！"

李揆说完，即刻下跪叩拜，向李亨连连道贺。

李亨先是略感一惊，随即便笑了："那朕就这样决定了！"

李揆也笑了，事情就此定局。

这是一次载入史册的谈话，在这次谈话中，虽然只有一问一答，但信息量却极大。首先，我们可以确定的是李揆真的很厉害，他竟然只用了一句话（确切地说是十来个字）就把原地挣扎了好几年的李俶扶上了太子的宝座。隐藏得更深的一点是：李俶也是个极其厉害的人，他竟然能将张淑妃原来的盟友李辅国悄无声息地拉拢到了自己一边，最终促成了这次一锤定音。最后，不得不说的是，李亨也很机灵，反应速度可谓是老牌政治家的水准，听到让自己心中一凛的回答后，马上能"大喜"，继而顺水推舟，来个皆大欢喜。

张皇后虽说工于心计，但和朝廷里这帮人精相比，她也就是个幼稚园大班的水准，在没有李辅国助攻的情况下，掀不起什么风浪。而之前李俶的事，也让李亨对于张皇后的枕边风有所免疫了，于是张皇后的太后梦想就此断送。但事后的发展证明，她是个不会轻言放弃的女人，所以这只是李俶的阶段性胜利，不过好在李俶还是获胜了。

乾元元年（758年）五月十九日，皇帝陛下正式册立皇长子、成王李俶为皇太子，立储之争至此终于暂告一段落。

平心而论，立储之事对于李亨而言，是件麻烦事儿，但还不是很麻烦，至少同和回纥谈判的事情比起来，这算不上麻烦。

唐朝朝廷与回纥汗国之间的谈判自唐军收复两京后便开始断断续续地进行着，围绕着入援回纥军队的军费、双边互市贸易、和亲及册封等诸多问题，唐纥双方进行了长时间的讨价还价，最终达成了共识：钱照例给，人也给，一切配置从优从高。

乾元元年（758年）七月十七日，李亨下诏册封回纥可汗为英武威远毗伽阙可汗，同时宣布将把自己的次女宁国公主嫁给他做妻子。

消息一出，朝野震惊。因为这是破天荒头一遭。此前，唐朝没少和周边强大的游牧民族国家联姻，什么文成公主、金城公主都是唐朝和亲政策的标杆型人物，都为唐朝和藩国的和平共处、共同发展做出了突出的贡献。可是，自大唐开国以来，还从未有将现任皇帝的亲生女儿嫁过去的先例，所以这一次是破例了，也可以说是唐朝已经无能为力了。

曾经一呼百应、天下俯首的天可汗的帝国盛世已经一去不复返了，李亨不得不低下大唐天子高贵的头颅，放下身段去讨好曾经的藩属，送去亲生女儿来换取对方的支持。说起来真是无奈，更是悲哀。

面对未知的前途，宁国公主似乎比父亲李亨更为淡定。这是一位饱经苦难的女性，她最先曾嫁给郑巽，后又改嫁给了薛康衡，结果这两位仁兄都早早死了，而在两任丈夫死后，这位公主寡居了相当长一段时间，直到被父亲李亨找来和亲。

在家里，李亨从来都是一个非常严肃的父亲，对儿女们的管教很严。但临别之际，想到这个没过过几年幸福生活的女儿现在又要面临远离亲人故土、远嫁异国他乡的命运，李亨的眼眶还是有些发红了。但是，他强行忍住了，因为无论是作为一个父亲，还是一国之君，他都不可以当众轻易流泪。让他倍感欣慰的是，宁国公主很是深明大义，从长安送到咸阳的这一路上，她没有丝毫怨言，而且还始终保持着微笑。

终于，诀别的时刻到了。身为皇帝，李亨已不能再往前走了，因为这里是咸阳的远郊，已经不是最安全的地带了。虽说叛军被击败，但谁也不敢保证这附近没有残留的叛军搞一些张良那样的博浪沙刺秦的把戏，所以，只能到这里了。

李亨在内侍的搀扶下下了马，最后一次看着他的女儿，他没有说话，因为想说的太多太多，反而不知该如何开口。倒是宁国公主率先打破了沉默。

"国家事大，此行我死而无恨！"

说完，叩拜。她不再回头，毅然决然地朝着西方，背对着故乡坚定前行。

李亨的眼泪到底还是流了下来，看着女儿远去的身影，他唯有痛哭。

对于李亨而言，他迈出了艰难的一步。但对于使团来说，这只是第一步而已，一切才刚刚开始。

既然送去和亲的是正牌的公主，这次和亲使团的规格自然也是前所未有地高。担任册礼使的，是李亨的堂弟、殿中监、汉中王李瑀，两个副册礼使则分别由左司郎中

第三章 计中之计 · 049

李巽（李亨堂侄）、司勋员外郎鲜于叔明（鲜于仲通之弟）担任。而身为国家高级干部的裴冕（尚书右仆射）更是亲自将公主送至边境才离开。

大唐皇帝的亲生公主来和亲的消息一经确认，立即引得回纥人奔走相告。在他们看来，这实在是一件可以引以为豪、非常露脸的事情。李瑀等人本以为回纥英武可汗同回纥百姓一样激动且热情，却不承想事实并非如此。当李瑀在英武可汗的牙帐里见到这位可汗时，他正端坐在帐中榻上，完全没有热烈欢迎的意思，倒是他的卫兵们似乎突然来了精神，纷纷以一种看猎物般的眼神盯着李瑀一行，而他们手中的刀剑则闪耀着冰冷的寒光。

"王是天可汗何亲？"

这句话是英武可汗问李瑀的。不得不承认，在刀剑丛中，回纥可汗的问话有一种强大的压迫感与威势，让人不由得胆怯。

万幸的是，李瑀是真正见过大阵仗的人，毕竟马嵬驿的腥风血雨都挺过来了，这场面自然就是"曾经沧海难为水"，小意思了。

"是唐天子堂弟。"李瑀不卑不亢地回答。

"于王上立者为谁？"

"中使雷卢俊。"

可汗大人不高兴了，他本以为站在李瑀上首方向的那位是个身份比李瑀更为显赫尊贵的人物，没想到却是个死太监。于是，在朝中作威作福惯了的雷卢俊受到了可汗的厉声训斥："中使是奴，何得向郎君上立？！"

不可一世的雷卢俊害怕了，他很清楚，可汗要杀掉自己，不过是动动嘴皮子的事儿，李瑀等人绝对不会想尽办法救他，而他的大哥李辅国与主人李亨也不会因为这点无足轻重的小事同回纥翻脸。也就是说，在这里死了，基本上等于白死。

所以，向来雷打不动地站在首位的雷太监几乎是以闪电般的速度跳身向下立定，这之后就连大气也不敢喘一声了。

李瑀静静地看着这一幕的发生，没有说话，可汗的卫兵们示意他下拜行礼，他也不搭理。

于是可汗大人又不高兴了："我与天可汗两个都是一国之君，君臣有礼，你见我为何不拜？"

"过去，我大唐与他国联姻，都是将宗室的女儿册封为公主，再嫁到外面。如今，这位宁国公主是天子的亲生女儿，又有才貌，她不远万里嫁过来给可汗为妻，正是因为可汗立下了大功。大唐天子对可汗的恩情可以说是非常深厚了，但可汗身为大唐天子的女婿为何不懂礼数，竟然能安稳地坐在榻上接受诏命？！"

李瑀这么一说，可汗就坐不住了，他赶忙收回了自己的傲慢，匆忙起身，接受大唐天子的册命。

大家都拿出诚恳办事情的态度出来时，事情就好办得多了。

第二天，相关的程序就走完了，宁国公主正式成为回纥的可敦（对可汗正妻的称呼，地位相当于中原王朝的皇后）。而李瑀则向回纥方面交付了国书以及缯彩衣服、金银器皿等嫁妆和礼物。这些来自唐朝的礼物全部被回纥可汗赏赐给了下面的衙官和酋长们，于是回纥汗国举国欢庆，皆大欢喜。

几天之后，李瑀也得到了他们此行最需要的事物——回纥关于派遣援军平叛的承诺。当然，他们还带回了回纥可汗的回礼——五百匹马及貂裘、白蚝等回纥地方特产。

李瑀等人返回长安汇报不久，回纥的援军便如期到来了。带队的是回纥王子骨啜特勒及宰相帝德，整支援军则是清一色的骑兵。据骨啜特勒介绍，这三千人别看数量不多，但质量绝佳，在回纥国内都是一等一的精锐骁骑。所以，在他看来，扫平龟缩于相州的叛军就如秋风扫落叶一般简单，分分钟搞定。此时此刻，他确实难以料到，未来即将发生的那场战役会打成那个样子，而这支精锐骑兵的绝大部分都没能活着回家。

不管怎么说，当时听完骨啜特勒的话后，李亨是十分高兴的，于是他赐宴为这支援军接风洗尘，随后又命最能打的朔方左武锋使仆固怀恩统领回纥军。

之前安庆绪出逃，唐军没有乘胜追击的很大原因就是力不从心，毕竟收复两京后，唐军本身的损失也不小，长安、洛阳还需要大量精兵来守卫，因而能调动的机动兵力就大为减少。现在经过近一年的筹备，终于万事俱备，而回纥援军的到来也意味着东风到了，现在可以发起对叛军的最后一战，彻底结束这场叛乱了。

就在李亨君臣雄心勃勃地要出征相州，歼灭安庆绪时，意外却发生了。朝廷得知了一个惊人的消息——史思明反了。

史思明降而复叛，是被人逼的。具体说来，是由于他遭遇了刺杀，想要刺杀他的人，是他的部下。

他的部下之所以要刺杀他，是因为受人指使，不得不采取行动。

第三章 计中之计 · 051

指使他们的人，叫作李光弼。

其实对于史思明的归降，唐朝朝廷中一直都存在着两种看法，一种认为史思明这次归降是真心的，朝廷应该采取合适的羁縻政策，对史思明及其部下加以安抚，然后慢慢将这拨人残存的反叛情绪消化掉，让他们自此忠于朝廷。持这种看法的，是朝中的大多数人，不过也有一小部分人有着完全不同的声音，比如河南节度使张镐就认为史思明凶狠阴险，表面上虽然归降了朝廷，但却拥兵自重，根本不会真正听命于朝廷，即便是出兵攻打周边从属于安庆绪的叛军，也只是趁机扩大地盘，发展自身势力而已。所以张镐的意见是不要尝试着感化史思明，更不要给他太大的权力，反倒应当逐步地削弱他的威权，从而让他的部下们渐渐离散，再也无力反抗朝廷。

以张镐为代表的这部分大臣对于史思明完全不存在信任，虽然他们并没有证据证明史思明是贼心不改，更多的人只是一种感觉层面的怀疑。但事实证明，他们的直觉很准。在见证了两京的繁华和唐军的虚弱后，君临天下的念头便在史思明的脑海里挥之不去，特别是当他具备了足以同李亨、安庆绪争夺天下的财力和军力时，在范阳做土皇帝已然不能满足史思明了。现在他需要的仅是一个好的理由，当然，最好还能顺便除去扫平四海的最大障碍——李光弼。

史思明对宿敌李光弼念念不忘，相应地，李光弼也没有忘记他。作为招降史思明的首倡人之一，李光弼起初对史思明还是抱有很高的期望的。说到底，史思明与安禄山的情况并不一样，他和皇家没有什么不共戴天的杀子之仇。相反地，太上皇对史思明还有提拔栽培之恩。要知道，史思明这个名字便是太上皇赐予的。所以即使是李光弼也一度认为史思明有可能从敌人变成自己的战友。然而，李光弼很快就发现自己错了。从史思明归降后，空摆架子不打仗，却不遗余力地四处募兵等迹象看，他敏锐地判断出史思明绝非真心归降，这只不过是这只老狐狸为免于两面受敌而选取的权宜之计，一旦时机成熟或准备充分，史思明必然会再起战端，将叛乱进行到底。

在这个世界上，很多人在很多时候能发现问题，却无力解决。幸好，李光弼是少数派，更是行动派。针对随时可能闹事的史思明，李光弼抢先出手，采取了行动，他阻止史思明再度叛乱的方式叫作刺杀。

而执行这一刺杀任务的，则是史思明的老朋友——乌承恩。

身为朝廷任命的河北节度副大使、史思明的副手及最为信任的人之一，乌承恩最有可能完成刺杀史思明的任务，并把此事的影响控制在最小的范围内。于是，身负机密任务，乌承恩来到了范阳。

按照计划，乌承恩将在掌握了史思明密谋再度谋反的事实证据的条件下，伺机除掉史思明。可是乌承恩万万没有料到，史思明做事居然达到了滴水不漏的程度，他等待了很久，查访了多处，也没能掌握丝毫确凿的证据，而且他竟然连刺杀史思明的好机会都没能发现一个。

史思明实在太厉害了，如此周密的部署，这样谨慎的行动，让人完全没有可乘之机。

就在乌承恩急得抓耳挠腮、不知所措之际，李光弼的使者来了，向他询问事情的进展。

这只是一次非常普通的询问，但在乌承恩的脑海中，却变成了催促。所以，着急的乌承恩决定用自己的方式去完成这项任务。

于是，史思明手下的几名高级将领接连得到了乌承恩的亲自登门造访。从乌承恩的话中，他们隐约听出，乌承恩想要借助他们的力量除掉史思明。虽说乌承恩打的是朝廷的旗号，封官许愿上也很有诱惑力，但这几位仁兄还是毫不犹豫不约而同地将这一情况汇报给了史思明。

史思明有些犹豫了，因为他无法确定这是乌承恩个人的意愿，还是奉了朝廷的命令。所以，一时间史思明还不敢对乌承恩采取任何措施，只能静静地看着这位老伙计继续大半夜穿着妇人的衣服在城内窜来窜去，策反自己的属下。

毫不知情的乌承恩很卖力地四处走访说服史思明的部将们，但他行动的效果却微乎其微，只是让史思明越来越感到不安而已。

好在，朝廷也没闲着，经过一番紧张有序的地下工作，朝廷那边的地下工作者率先取得了突破。他们策反了史思明手下的一员大将，从而为乌承恩找来了一个帮手，这个帮手正是阿史那承庆。

乾元元年（758年）六月，乌承恩奉命回到长安。这一次回长安，乌承恩除了充任快递小哥的角色，为阿史那承庆捎带朝廷应允的免死铁券外，还将获悉朝廷关于刺杀史思明的最新计划安排。

应该交付的和应该交代的事情很快便办完了，乌承恩和内侍李思敬一道回到了范阳。

李思敬宣读完了皇帝给史思明及范阳诸将的圣旨，并转达了皇帝陛下对大家工作学习的关心与慰问，然后在酒足饭饱后，李思敬抹了抹嘴，回去休息了。

旅途劳顿，乌承恩也想早点回家睡觉，谁知就在他即将踏出大厅的那一刻，却被史思明叫住了。

"你今晚就不要回家了，在我府中住下，明天一早有事情找你商量。"

乌承恩本来打算婉拒的，但史思明接下来的一句话让他改变了主意。

"你的小儿子现在也留宿在我这里，今晚我会让他过去看你。"

乌承恩就这样留下了。史思明也的确没有骗他，当晚乌承恩的小儿子就出现在了他的房间里。

看到自己的小儿子，乌承恩惊喜交加，惊的是史思明居然不声不响地将自己的家人控制了起来，喜的则是史思明尚未对自己家人采取行动，他们父子二人到底还是平安见面了。

为了安抚惊慌的儿子，在这个晚上，乌承恩将自己刺杀史思明的计划和盘托出。他告诉儿子，一切马上就要结束了，很快就可以摆脱这一切了。

的确，很快。

乌承恩安慰儿子的话音刚落，两个大汉便从乌承恩的床下迅疾闪出，向着房外大声呼叫。

房门很快被人撞开了，史思明阴冷着脸出现在乌承恩父子面前。

啥也别说了，光是那句"吾受命除此逆胡，明便授吾节度矣"就足以让史思明断绝所有的慈念，杀意泛起。

于是乌承恩父子被当场拿下，经过搜查，史思明的人发现了朝廷准备赐给阿史那承庆的铁券，记录追随史思明谋反的主要将领姓名的名单以及李光弼写给乌承恩的文牒。

"我哪一点对不起你了，你居然要这么做？"

"我有罪！我该死！这都是太尉李光弼的阴谋。"

乌承恩已然面如土色，吓得只顾求饶和磕头。

史思明没有理会泪流满面的乌承恩，转身走了，他还有更重要的事情要处理。

第二天一早，史思明召集了范阳的军队、官员以及普通百姓，然后开始放声大哭：

"臣以十三州之地、十万众之兵降国家，赤心不负陛下，何至杀臣！"

此时涕泗交流的史思明面向西方，那是长安的方向，但他的这场哭戏实际上却是哭给底下的那群观众的，因为只有这样他才能有理由正大光明地宣布开战。

史思明的目的完全达到了，经过这番表演，范阳军民无不义愤填膺，同仇敌忾，表示愿意支持史思明讨回个公道。

很好，既然如此，乌承恩就不能留了。

于是乌承恩父子被史思明下令乱棍打死。而与乌承恩关系密切、来往频繁的人也受到了牵连，多达二百余人被相继处死。留下来的，只有两个，一个是李思敬，他毕竟是皇帝的贴身太监，在和朝廷彻底翻脸前还不能杀，那就先关起来吧。还有一个，则是阿史那承庆，这位仁兄之所以能够逃过一刀，多亏了李光弼给乌承恩的文牒上的一句话，这句话交代乌承恩在事成之后，才可以把铁券给阿史那承庆，不然不要给他。这意味着阿史那承庆并不完全是同谋者，只能算是个知情人，所以史思明还算够意思，把他叫来恐吓了一顿，了事。

事后的发展表明，史思明的这次教育是卓有成效的。这次，阿史那承庆是真的接受教训了。此后，他确实没有再打任何小算盘，而是老老实实地成了史家的臣子，一直辅佐到了史朝义那会儿。

乌承恩刺杀失败被杀的消息很快传到了长安，负责带来这一消息的，是史思明的使者。当然，这也是一种试探，史思明要确认李亨对此是否知情以及朝廷对乌承恩的刺杀计划到底支持到了一个什么样的程度。

史思明等来的，是皇帝的否认："这不是朝廷和李光弼的意思，都是乌承恩的个人行为，你能杀了他很好（'国家与光弼无此事，乃承恩所为，杀之善也'）！"

李亨不愧为唐代厚黑学界的后起之秀，这个时候说谎抵赖的功夫已经练得炉火纯青，张口就来。像刺杀史思明这样的大事，当然是绝对不能承认的，打死都不能松口，至于乌承恩坏了大事，人也死掉了，这就无所谓了，索性骂他几句，说他死得该，只要能够暂时稳住史思明，不出大乱子，那就没问题。

但相较于史思明，李亨到底还是个新人，他明显忽略了一个问题：在人赃并获的情况下，史思明为何还要杀掉乌承恩，而不让他当面对质、指证幕后的主使者就是李光弼呢？

原因很简单，史思明清楚地知道，李光弼不是真正的幕后主使，真正的幕后主使其实就是李亨。乌承恩为了让皇帝能够救自己一命，才撒谎称李光弼为主使者，拿李光弼做了挡箭牌。而史思明则将计就计，伪造了李光弼交给乌承恩的诛除叛将名单以及书面指令，然后杀了乌承恩，自导自演了一出朝廷想要杀绝安禄山旧部的戏码（著名史学家胡三省即持此观点），想要激反自己的部下们，并以此为由逼迫李亨处死李光弼。

应该说，史思明的运气是非常好的，因为他刚好得到了一个极佳的契机——朝廷处置投降叛军的文武官员的通报下来了。

拿着这份通告，史思明神色严峻地对属下众将说道：

"陈希烈等人都是朝廷重臣，太上皇自己逃往蜀地时将他们抛弃了。如今既然收复了天下，就该好好慰劳这些人，但他们却被杀掉。陈希烈之流尚且难逃一死，何况我们这样一开始就追随安禄山造反的人呢！"

史思明本想借此激发帐下将领们的恐惧与愤怒，为接下来的起兵营造良好的舆论氛围，谁知他的将领们却表现得相当平静，还非常地有理智。

史思明部将们的一致意见是大家联名上表一道呈送朝廷，恳请皇帝下旨诛杀李光弼，以谢河北百姓。

事情的进展超出了史思明的预料，他惊讶地发现，原来并不是所有人都愿意再反一次。这就没办法了。史思明沉吟了一声，终于松了口："大家说得对（'公等言是'）。"

虽然并不情愿，史思明还是找来了自己的幕僚耿仁智和张不矜，让二人写就一份表文，代表自己、范阳众将及河北百姓声讨包藏祸心的李光弼。

为了给朝廷施加压力，尽可能让此事以非和平的方式解决，史思明特意嘱咐耿仁智、张不矜在表文中加上这么一句："请诛光弼以谢河北。若不从臣请，臣则自领兵往太原诛光弼。"

拿李光弼一命来换取范阳不反，不然我就自行去太原报仇，你看着办吧，皇帝！

这不是威胁，但胜似威胁，所以耿仁智偷偷地将这句足以激化矛盾的话从文中删掉了。当然，是在让张不矜拿文稿让史思明确认后才删掉的。所以，当史思明通过他人告密得知此事时，这道表奏已然封入木函，送往长安了。

史思明怒不可遏，他感到自己再次遭到了背叛，面对中庭里被绑起来的耿仁智和张不矜，史思明发出了歇斯底里的怒吼："你们怎么能够背叛我？！"

耿仁智和张不矜没有回话，史思明也不打算客气，当场命人将耿仁智、张不矜拖下去处死。

但只一会儿的工夫，史思明就有些后悔了，他赶忙派人将耿仁智从刑场上拉了回来。

在我小时候看过的许多科普性质的史书中，史思明都是个纯粹的坏人形象，那种坏是不含一点杂质的、纯粹的邪恶。但当我长大后才意识到，书中那样的史思明是不存在的，那样真正纯粹的坏人在这个世界上也是几乎不存在的。因为即便再坏的人，在某个时间段，对于某个人也会有人性上的亮点。历史上真实的史思明，实在是一个非常念旧情的人。想到耿仁智侍奉自己多年，史思明便想饶他一命，只要对方认个错，服个软即可。

"你跟着我也有三十多年了，今日之事可不是我对不起你。"

跟随史思明这么久了，耿仁智当然知道这是史思明在给自己一个台阶下，只要他当众承认自己犯了错，请求得到史思明的宽恕，便能有一线生机，甚至一切如初。

但是耿仁智决定放弃这个机会，他打算以一死来唤醒被野心蒙蔽了双眼的史思明，为天下争得一个太平。

"人生来固有一死，所以须存忠义气节，今天大夫采纳邪说，意欲谋逆，纵使活下来，也不过是多活上十天半月，苟延残喘而已，还不如早死。请大夫速速下令施以斧钺！"

史思明的怒火就此被引到了一个新爆点，他马上命令士兵乱锤杀死了耿仁智，然后严阵以待，等候着朝廷的消息。

李亨见到了史思明处递送来的奏表，即便删去了那句要命的话，但从字里行间，李亨还是能够察觉出史思明的怒气，这位新皇帝虽不如老爹李隆基老谋深算，可也完全不傻，他知道处死了李光弼，史思明将无人可挡，而史思明这种老油条的承诺是靠不住的，万一干掉了李光弼，史思明这厮就起兵反叛了，那就彻底完蛋了。所以，李光弼无论如何也要保住，至于史思明那边，最好的办法是冷处理，不给明确的肯定，也不给予否定，更不再进行解释。

这样做除了因为李亨自知理亏外，还有另外一个更重要的原因——朝廷要打大仗了。

大仗的目标就是盘踞在相州的安庆绪。李亨希望能够集结朝廷全部军力，与叛军主力进行一场大决战，从而彻底消灭安庆绪这股势力，所以，在指示李光弼安抚好逃亡到太原的乌承恩的族弟乌承玼后，他要求李光弼即刻率领主力南下，参与朝廷即将发起的相州会战。

第四章
血战！相州！

  李光弼是在当年的八月率兵赶到集结地长安的，他到达长安的时候发现这里聚集了比自己预料中还要多得多的人马，而在入朝觐见皇帝后，他更是遇见了郭子仪、仆固怀恩等老熟人。李光弼隐约意识到，即将到来的决战绝非一般意义上的决战，而是一场决定大唐未来国运的大战。

  李光弼预料得没错，为了打好打赢这场大战，李亨可谓押上了血本。他在此集齐了郭子仪、李光弼等九位最靠谱、最善战的节度使，还有多达二十万人的兵力，包括朔方军、安西军以及西域各国援军与回纥的三千精锐骑兵。总之，最能打的，他基本调来了。

  要是放在一年前，李亨是无论如何也不敢拿出二十万精锐和几乎所有的将领来同叛军死磕的。现在之所以敢了，除了自身更加强大，底子也更厚了外，安庆绪那边出现了极大的内部动荡也是李亨决意立即出战的关键原因。

  平心而论，安庆绪实在不是一个合格的领导者，跟他有枭雄潜质的老爹差得实在是太远了，简直是胸无大志。一旦眼前的危机解除了，就不再亲政，又回到了昔日载歌载舞、饮酒达旦的混乱生活，以至于下面的人为权力打得头破血流都不闻不问。

  当然，被打得头破血流不是最惨的，最惨的是明明不争权夺利还被卷入政治斗争的旋涡，最后被无情地整死。这个非常凄惨的人正是李光弼的另一位老对手——蔡希德。

蔡希德虽说是叛军将领，但实事求是地讲，他为人很是正派，向来对往上爬什么的不感冒，但是正如《笑傲江湖》中要金盆洗手的刘正风一样，并不是你想要远离斗争，就能逃得过刀光剑影的。蔡希德因为治军能力极强，在军中声望极高，所以早就成了许多人眼红的对象。因而当主掌燕国朝政的张通儒向他下黑手时，有相当一部分人趁机落井下石，最终使得蔡希德招架不住，落得个被缢杀的下场。

除掉蔡希德在张通儒看来不过是集权路上的一件小事，殊不知蔡希德这么一死，瞬间便引发了叛军内部的第二次大地震。先是蔡希德的旧部兵马在未经批示的情况下突然相继从营地出走，行踪不明，而后是新上任的天下兵马使崔乾祐发现他根本指挥不动蔡希德留下的兵。要知道，蔡希德所部是安庆绪麾下军队中最精锐的部队，没有之一，现在一下子跑掉了数千人，剩下没跑的，也不听招呼了，这支部队基本上可以说是残掉了。

可张通儒并不了解情况，或者说是不屑于了解。此时此刻，他正和心高气傲的侍中高尚斗得不亦乐乎，而整日花天酒地的安庆绪就更不知道外面已经乱得一塌糊涂了。

但是李亨却知道。他不仅知道相州很乱，蔡希德已死，还知道蔡希德的死为自己出兵提供了一个千载难逢的良机，所以李亨果断地出手了。

乾元元年（758年）九月二十一日，唐军奉皇帝命令大举北上，直趋相州。这支二十万人的大军，号称六十万人，由朔方节度使郭子仪、淮西襄阳节度使鲁炅、兴平节度使李奂、滑濮节度使许叔冀、河南节度使崔光远、北庭行营节度使李嗣业、郑蔡节度使季广琛等七节度使及平卢兵马使董秦分别统领，后又命河东节度使李光弼、关内节度使王思礼前来助力。

是的，你没有看错，我也没有写错，这次出征的二十万大军并没有一个主帅。究其原因，据说是皇帝陛下考虑到郭子仪和李光弼都是再造大唐的头等功臣，实在不便安排一个人居于另一个之上，所以干脆不设统帅，而是安排了一个所谓的观军容宣慰处置使（简称观军容使或军容使）来代替皇帝协调各部，统筹作战。

观军容使这一官职是李亨首创的，工作性质有点类似于监军，算得上是替皇帝监视出征将帅的最高军职。但这个新职务的设立者李亨做梦也不会想到，就在几十年之后，这个观军容使所监管的范围已经空前扩大，不再仅仅是出征在外的军队，还包括守卫宫廷的禁军，它的能量也强大到了足以威胁皇帝的地位和权力的程度。

观军容使可谓位高权重，所以有必要选取可靠、好用又值得信任的人来出任。在李亨眼中，饱读诗书的士人是靠不住的（比如陈希烈），性格豪爽的武将也是靠不住的（比如哥舒翰），而有时候有着血脉联系、姻亲关系的皇亲国戚同样靠不住（比如永王李璘、驸马张垍），所以谁可靠呢？想来想去，也就只有身边朝夕相处的这群太监了。于是首任观军容使的荣耀就落在了一个太监身上，并从此与这一特殊群体产生了不解之缘。

而这位幸运的太监也的确是个人物，他就是日后大名鼎鼎的一代权监鱼朝恩。

由于鱼朝恩并不懂军事，且此时的他还没有干预军机的能量和胆量，基本上也就起到个观看军容的作用。所以，关于这位亲手开启了唐朝中后期宦官专权局面的太监高手及他的上位事迹我们后面再作详细介绍。

虽说是几位节度使分头领兵，配合作战，但鉴于郭子仪和李光弼职务高，能力强，战功多，名望大，大到了无论是李嗣业、鲁炅这样的猛人宿将，还是王思礼、许叔冀这样的硬关系户都服气的地步。所以，大军中的重大事务和重要决策，基本上是以郭子仪和李光弼的意见为主，其他人的建议作为参考，就这样一路走来，直到来到了卫州（今河南省卫辉市）。

来此之前，唐军已经在获嘉（今河南省获嘉县）初战告捷，击败了叛军大将安太清部，并获得了斩首四千级、生擒五百人的优异战绩。而现在，安太清所统领的残军就据守在卫州城里，且被郭子仪派兵围了起来。

按理说，围城了，为不影响进军速度，一般有两种选择，一种是立即挥军猛攻，凭借一股锐气尽快攻克城池，另一种选择则是把城池重重包围，围而不攻，让大军抢时间迅速通过。但是这一次郭子仪和李光弼却选择了第三种方式，突然慢下来等待，因为他们决定要围点打援。

叛军所在的邺城怎么说也是古都，城高池深，不便攻打，但只要把叛军引出来，就好打得多了。

于是，郭子仪有意将安太清残部围在卫州，且没有隔绝城内外的消息，为的就是引蛇出洞。

安庆绪的智商没有让郭子仪失望，他几乎带上了所有的精兵强将来解围了。

安庆绪的援军总计有七万人（一说为步骑十万人），分为三军：上军以崔乾祐为主将，安雄俊、王福德为副将；下军由田承嗣统领，荣敬超充任副手；安庆绪本人则自将中军，以孙孝哲、薛嵩为中军副将。

这已经是安庆绪能想到的最优组合了。崔乾祐、田承嗣什么的不必再多讲了，都是熟面孔，叛军中综合素质能排前十的大将。而安雄俊、薛嵩这些人之前虽没提过，但很厉害，属于骁将级别的猛人，冲锋陷阵是他们的拿手好戏。

总的来说，被引出来的安庆绪真的不是一条普通的蛇，准确地形容，应该是一条巨蟒，极富攻击性和破坏力，一不小心就可能引发一场不小的灾难。

不过，郭子仪和李光弼总是有办法的。在安排大军严阵以待的同时，一支特殊的部队已经被安置在既定地点，静候战机的到来。

安庆绪的到来比郭子仪预料中的要快。这也难怪，毕竟叛军是以骑兵为主力，机动性极强，抢个时间啥的还是不成问题的。

但看来安庆绪不只想要抢时间，还要抢成功。因此，他麾下的骑兵只稍微停顿了一会儿，便突然再次加速，以风一般的速度飞奔而来，像一把飞刀直插唐军大阵。

唐军虽然也有骑兵，但步卒也不少。叛军的骑兵可谓非常狡猾，专拣唐军阵列的骑步兵衔接处一个劲儿地轮番猛冲。显然，唐军士兵的步骑协同作战能力还有待加强，在叛军骑兵的冲击下，唐军的骑兵和步兵根本无法形成合力，开展有效抵御，只是且战且退。而当后退到一定程度时，唐军终于抵敌不住，开始全线败退了。

战局发展到了追砍败军的地步，可以说是大局已定。所以，叛军骑兵再无防备，开始放马猛追。要知道当年论功行赏，敌兵的人头是最为关键的指标，一个人头就是一大笔钱哪，因而这会儿抢起人头来，叛军士兵们已然是肆无忌惮了。

跟随着败军的步伐，叛军很快追到了唐军营垒跟前。就在此时，逆转战局的一幕出现了。借用《三国演义》里的经典高频词句，那是"将到唐营，一声鼓响，伏兵四起"，郭子仪预先安排的特殊部队出现了。

早在包围卫州的时候，郭子仪就在二十万大军中寻找有某种特定能力的人，但这种能力并不是所谓的超能力，而是一种需要后天不断打磨历练的技能——箭法。

郭子仪要找的，就是传说中的神射手，而且要的是真正能够做到百发百中、箭无虚发的那种。虽然招聘要求是如此之高，但二十万大军到底不是乌合之众。经过严格海选，依然有三千多人光荣入选。而现在，这群要命的神射手已经张弓搭箭，瞄准了耀武扬威且毫无防备的敌人。

随着又一声鼓响，一时间弓弩齐发，矢注如雨。冲在前面的叛军骑兵一下子就被射得人仰马翻，当即倒下了一大片。不等后面的叛军反应过来，鼓声又响，箭雨又至，又是一片人马应声坠入尘埃里。

叛军骑兵如同陷入了箭矢地狱之中，因为他们大部分都是骑兵，在多设坑堑及阻碍物的营寨附近根本无法展开有效的行动，是打也打不了，跑也跑不掉（背后还有并不知情的叛军骑兵一脸兴奋地源源不断赶来），只能眼睁睁地成为以营房为据点，不停射击的唐军弓箭手的活靶子。

无可奈何地原地等死的感觉足以让任何人抓狂，眼看着身边的人一个个被带着风声飞来的箭矢当场射毙，叛军们的心理防线被彻底打垮了。他们放弃了追赶，停了下来，个别聪明的已经赶忙下马，就地卧倒，或是丢弃马匹，拔腿逃跑。

此时，前面的郭子仪军也不跑了，他重整部队，又杀了回来。在唐军前后夹击之下，叛军大败，直接阵亡了四万人，连安庆绪的弟弟安庆和都中箭弃枪，坠马就擒。

安庆绪战败逃窜，卫州自然也扛不住了，很快便被唐军攻克。于是，郭子仪一边安排人手公开处斩了安庆和，一边组织各军乘胜追击。

郭子仪与安庆绪再相遇的地方是位于邺城西南的愁思冈。在这里，唐军再度击败叛军，并几乎消灭了安庆绪的所有精兵（"贼复败，自是锐兵尽矣"），安庆绪这下子真的是战无可战，只得收拾残兵败将退到了邺城固守。

而在安庆绪退守邺城期间，滑濮节度使许叔冀、平卢兵马使董秦、关内泽潞节度使王思礼、河东兵马使郭兼训均已完成了各自扫清外围之敌的任务，先后率部赶到邺城，加入了围攻的行列。不久，李光弼也领军与大部队会师于城下，二十万大军就此把邺城围得水泄不通。

虽说已然歼灭了叛军精锐，兵力上占据优势，但郭子仪并没有挥军强攻的打算。众所周知，在守城战中，防守方是很占优势的，而像邺城这样有近千年筑城史、百余年建都史的坚城更是大大增加了进攻方的难度。此外，眼前的战局很明显是困兽之局，叛军如果丢了邺城就会失去立足之地，除了被全歼外，估计没有第二条路可走。所以他们唯一的选择，就是顽抗到底，作困兽之斗。如无意外，即使能够攻下邺城，唐军的损失也不会小。

郭子仪这样精明的人当然不会做这种折本的买卖，更何况在范阳，还有个史思明等着他率领大军去收拾。所以，有必要想个办法以最小的伤亡打赢这场仗。

郭子仪到底是武举出身，比起一般大老粗的将领更有文化和见识。因此，没用多长时间郭子仪就想到了办法。

我们有理由相信,郭子仪先生平日里没少读史书,至少《三国志》应该读过,而且印象还比较深刻,所以,他使出了五百多年前曹操拿下邺城的绝招——引漳水灌城。

大水如期而至,不过半天工夫,便将城内变为一片泽国。叛军一改往日悠闲的骑马巡逻,天天挖土堵漏,夯实墙根,忙得不可开交。

郭子仪站在城外高处,满意地看着眼前这一幕。他相信,再假以时日,适度攻打,邺城的防御体系一定会逐渐瓦解。

然而形势的发展却出乎郭子仪意料,敌人竟异常顽强,接连打退了唐军的几次进攻。

进攻受阻了,郭子仪却并不在意,因为他很清楚,像邺城这样的大城市,虽说城高池深,在防守上优势明显,但同样地,劣势也很突出。因为城市大,人口多,所以,一旦断绝城内外的交通往来,城内人与粮食间的矛盾将会很快激化,特别是在整个城池被大水浸泡了一段时间后,饥饿蔓延开来的速度会加倍,继而终将造成这座城市的崩溃。

这次郭子仪的判断完全正确,邺城被围不过一个月的时间,城内的粮食就耗尽了,并开始出现人相食的惨状。

现在就连一向反应迟钝的安庆绪也意识到大祸临头了。万般无奈之下,安庆绪决定派薛嵩前去向史思明求救。而他相信,这一次史思明绝对不会拒绝,毕竟,他已经拿出了自己最有价值的东西。

史思明的确无法拒绝,唇亡齿寒的道理他还是懂的。而且,如今谁都知道郭子仪一旦灭掉了安庆绪,立马会将兵锋直指范阳,前来征讨。史思明虽说并不畏惧郭子仪,也自信能够与唐军分庭抗礼,但给对手找点麻烦也是好的。所以,不等薛嵩开口,史思明已然打定主意要派一员大将领兵南下掺和一把相州的战事。

然而下一秒,史思明就改变了主意,他决定不派大将去了,而是自己带兵过去。因为他从薛嵩那里得知了安庆绪请他出兵相救的条件——愿禅让大燕皇帝之位。

这个名号对于史思明而言实在是太重要了。一旦能够当上大燕皇帝,他便可以名正言顺地继承安禄山的所有遗产,整合安禄山的旧部,从而向自己君临天下的梦想迈进一大步。

史思明答应了安庆绪的条件,并许诺将在近期统领大军南下,解邺城之围。

薛嵩惊喜地千恩万谢之后，回去复命了。但史思明却没有急着召集人马，准备出兵，仅是先派李归仁带一万步卒和三千骑兵到滏阳（今河北省磁县）扎营。

史思明到底是老奸巨猾，他看准了安庆绪不被逼到最后，不会履行承诺，更打好了算盘，要等安庆绪和唐军打到两败俱伤、精疲力尽之时再去捞好处。因此，李归仁在距离邺城仅有六十里的地方率部老老实实、安安静静地观看了一场别开生面的攻城大戏。

确实是别开生面。据记载，为了尽快攻下邺城，郭子仪下令"筑城穿壕各三重"，并在城外动工兴建了木制塔楼，以解决士兵仰攻不方便的问题。其数量之多、动静之大，连《旧唐书》史官们都不禁感慨，称之为"古所未有"。

郭子仪如此用心，虽然依旧没能攻下邺城，但倒也有所成就，比如素以善战闻名的叛军总指挥崔乾祐是被打得撑不住了，就此被安庆绪赶下了台，换上了新生代的猛人安太清接替其职位，继续死撑。

在围攻邺城的前线部队终于稍有进展的时候，外线的唐军部队却取得了重大突破。

十一月初，河南节度使崔光远率部攻克了魏州（今河北省大名县），从狱中解救了原本想举城反正的前兵部侍郎萧华。经当地百姓强烈要求并参考了郭子仪的意见，朝廷决定免予对萧华的处罚，任命他为魏州刺史。郭子仪担心萧华再次被叛军俘获，便上表让崔光远接任魏州刺史，并将萧华召到相州，安置在军中。

这下史思明就不能不出手了，因为魏州是范阳通往相州的要地，如果让唐军完全掌握了此地，并在此阻击，后面的战事会变得很麻烦。

于是，在观望相州战事近半年后，史思明终于领军出发了。

为了达到迷惑唐军的目的，史思明兵分三路南下，一路走邢州（今河北省邢台市）、洺州（今河北省永年县）；一路出冀州（今河北省衡水市冀州区）、贝州（今河北省清河县）；第三路则是渡过洹水（今河北省魏县）直取魏州。

前两路部队是不会进攻的，他们就是来分散唐军注意力的，史思明本人其实藏身在第三路军队中。但他很清楚，这点小伎俩是骗不过郭子仪和李光弼的，所以要快速行动，以最快的速度攻取魏州。

事实证明，史思明的行动确实是很快的，崔光远刚到魏州履新，史思明便亲率大军来到了城下，给了崔光远一个极大的惊喜。

面对来势汹汹的史思明和范阳军，崔光远最好的应对办法应该是凭城坚守，等待郭子仪或李光弼来援。但估计是觉得同样身为节度使，一被围攻就派人去求救，实在是太折面子，崔光远便没有这么做，而是命令部下骁将李处崟率部出城迎战。

迎战的结果是惨痛的，号称骁将的李处崟几乎是被史思明碾压，连战连败，像被赶鸭子一样赶回了城内。

李处崟兵败回城了，可城门外的叛军却没有散去，他们表现出了一脸的不满，隔着墙大声喊叫。大致意思是在责备李处崟不守信用，说好了引他们入城，却提前关闭了城门，不再出来了。

在城门口守卫的士兵自然听到了这些话，于是有人把这件事上报给了崔光远。崔光远大怒（或者说是非常恐惧），认定李处崟是个叛徒，不由分说便下令将李处崟腰斩了。

这件事在很长一段时间内都被人拿出来印证说崔光远是个白痴，但我并不这么看。在我看来，这是崔光远先生聪明及狡猾之处的综合体现。

为了面子强迫部下出击，发觉战事不利要担责任，就让李处崟来背黑锅，一刀杀死，一了百了。而今后即便李处崟沉冤昭雪，也可以假装是中了反间之计，一时不察，这样就算要背责任，也比擅自出战导致战败的罪名要轻得多。所以说，这崔光远简直比猴还精，怪不得能在乱世中，在叛军和唐朝两边游刃有余，官居高位。

崔光远是精了一把，让自己摆脱了危局，但魏州却因此陷入了万劫不复的境地。要知道，李处崟向来以勇猛善战著称，一直以来都是魏州军民的依靠，现在被崔光远稀里糊涂地处死了，剩下的兵将们自然就没有继续卖力守城的意愿了。所以，这座自安禄山造反以来，历经两任守将修缮、"甚为坚峻"的魏州城，崔光远是守不住了。于是发觉了这一点的崔光远趁夜弃城跑路了。群龙无首的魏州就此失陷，三万人被叛军杀害，围邺城的唐军也因此完全暴露在了史思明的兵锋之下。

然而匪夷所思的事情发生了，史思明攻陷魏州后居然没有乘胜前进，而是在城内安顿了下来，开始准备欢度新年。

乾元二年（759年）正月初一，史思明突然在魏州自封为大圣燕王，定年号为顺天。

消息传来，邺城内的安庆绪气得骂娘，唐军众将却欣喜不已。事情明摆着，史思明在这个节骨眼上称王是在向城中的安庆绪施压，并意图向安庆绪的文武部下宣示一个新归宿，为自己取代安庆绪称帝等后续事宜作铺垫。看得更深入一点的将领则意识到史思明已经认定安庆绪马上就要完蛋了，所以才在此时突然来了这么一出。

应该说，这些人分析得都对，但还是差点火候，没有做到通过现象看本质。事实上，唐军二十万人中只有一个人看到了史思明最真实的用意，这个人就是李光弼。

"史思明夺取魏州，却按兵不动，是想趁我军懈怠，挑选精兵掩袭我军。"

李光弼一句话就拆穿了史思明的西洋镜。当然，作为这个世界上史思明唯一的克星，李光弼早已想出了应对的办法。他建议主动求战，以自己的本部人马加上朔方军进逼魏州。但是李光弼同时又认为这仗不一定能打得起来，原因很简单——史思明对嘉山之败仍记忆犹新，必然不敢轻易出战。所以这样旷日持久地僵持下来，李光弼断定届时邺城势必会先被攻破。而如果一切进行得顺利，等到安庆绪一死，史思明就无法名正言顺地接管安庆绪的旧部了。

既能防止史思明掩袭大军后路，又可以阻止史思明与安庆绪两股势力合流，各个击破，这的确是当时局势下所能想到的最好主意，甚至与当年李世民虎牢关一战大破窦建德、王世充两大强敌的策略有异曲同工之妙。

李光弼提议了，郭子仪没有异议。按理说这个计划就可以付诸实施了，但最终的结果却是止于讨论，因为一个人的反对——鱼朝恩。

接连的胜利已经让这位监军的太监底气越来越足了。虽说仗不是他打的，也不是他指挥的，而且说句实话，正是由于他没有干预，唐军的进展才会如此顺利。但鱼朝恩并没有这样的自知之明。他只知道，在没有统帅的情况下，自己事实上最大，一旦有所差池，这个责任很可能是要由自己来背的。因此，他以分兵行动过于冒险为由，否定了李光弼的妙计，同时开始将唐军逐步带上了败亡的轨道。

唐军由诸事顺利转向事事不顺的节点，个人以为是乾元二年（759年）的正月二十八日。因为这一天唐军失去了一个极其重要的人物，这个人就是时任卫尉卿、怀州刺史、北庭行营节度使的李嗣业。

李猛人是因为伤重身亡的，他所受的伤，是箭伤。在围攻邺城半年有余，却毫无进展的情况下，李嗣业是少数几个依旧保持着高昂斗志的唐军高级将领之一。更为难能可贵的是，身为节度使级别的大将，李嗣业居然坚持亲自上阵，参与攻城，甚至每次都冲锋在前！

然而在一次带头冲锋时，李嗣业被飞来的流矢射中，被抬下了前线。

李嗣业中的这一箭伤口有些深，但所幸并没有伤到要害，被抬回军营后，经过及时处理包扎，数日之后箭疮就差不多愈合了。可是，命运就是很爱开玩笑，偏偏在正月二十八日这一天，叛军又与唐军进行了激烈的交战。本来在帐内卧床休养的李嗣业忽然听到金鼓之声，瞬间来了精神，当即慨然大叫，想出去为将士们助威。谁知这么一激动，他身上的箭疮崩裂了，当即血流不止，不世出的猛将李嗣业最终竟这样因失血过多而死。

这是一段在现代人看起来有些搞笑的记录，但在史书上简短的文字背后，我似乎听到了李嗣业最后的呼喊：

全力以赴，宁死不退！

李嗣业死了，安西兵马使荔非元礼在众人的推举下代领李嗣业的旧部，继续进行这场旷日持久的决战。其实仗打到这个地步，无论是郭子仪还是安庆绪一开始都没有料到，而像这种谁也奈何不了谁，死掐偏又掐不死对方的情况恰好是战争中最残酷、最令双方头疼的情况。此时围城的唐军处境不佳，士气低落。被围的叛军更惨，基本上算是山穷水尽，城内一斗米已经卖到了七万余钱，一只老鼠也有了数千钱的市价，而城里没钱的人则把别人直接列入了自己的菜单，靠吃人求活。

安庆绪终于到了极限，这样下去，自己被日渐疯狂的城里人给吃了，只是个时间问题。所以，他决定再次主动跟史思明取得联系，进行妥协，以求脱离苦海。

这一次，安庆绪表现得极有诚意，派去洽谈的，是负责邺城防务的都知兵马使安太清，带过去的信物，是宣示大燕道统与法统的皇帝玺绶。而且，安庆绪还很有耐心地写了一封亲笔信，在信中明确表示将在邺城解围后将自己的皇位禅让给史思明。

史思明终于满意了，他命人将安庆绪的这封信传阅军中。于是，史思明军上下士气立即大振，众兵将都如同打了鸡血一般，冲出营帐向史思明所在的方向高呼万岁。

很好，很好，效果达到了。史思明这才松口，表示诚惶诚恐，受之有愧，然后他向安太清拍了胸脯，承诺自己愿与安庆绪约为兄弟，携手共渡这一难关。末了，也回了一封信托安太清带回城里，转交安庆绪。

读完了史思明的回信，安庆绪大喜，因为凭借他对史思明的了解，他知道史思明要动真格的了。当然，他没料到的是，其实无论谁领兵进来，他的结局都不会有丝毫改变，只是距离死亡越来越近而已。

送走了安太清，史思明的确开始动起来了。他亲自带兵出魏州，以令人震惊的速度直抵邺城，然后便安排手下诸将在距离城池五十里处安营扎寨，将围城的唐军严严实实地围了一圈。圈子围好了，史思明又传令各营各自备好三百面战鼓，开始猛擂。

与此同时，史思明又下令每营挑选出五百名精锐骑兵，每天前往唐军营帐前叫骂，然后等唐军一出动，他们就立即快马加鞭逃回大本营。有声势上的威吓，又有战法上的扰乱，总之这一套是深入贯彻"敌疲我扰，敌进我退"的战术思想，搅得唐军不得安宁，却又不敢贸然进攻，只能在抱头失眠的痛苦中日渐消沉。

但是，频繁的骚扰还不是最让唐军头痛的，老奸巨猾的史思明一上来就断了唐军的粮道。虽说不久之后，唐军就出重兵重新将粮道打通，可史思明到底不会放过唐军的这一最大软肋。接下来的很长一段时间里，史思明的士兵们纷纷化身强盗路霸，见运输队就抢，抢完就烧，烧了就跑。唐军白天做了准备，他们就夜袭；晚上做了准备，他们就白天搞偷袭。甚至还乔装成唐军在光天化日下前往劫粮，或者故意混进去虐待运粮的民夫，搞得运粮队怨声载道，防不胜防。

这是管粮饷的唐军的遭遇，负责后勤的唐军则更惨。每次他们出去砍柴都要冒着失踪和牺牲的风险，今天是这几个人被打了埋伏全灭了，明天是那个小队集体外出樵采失联，以至于做饭的唐军都没有心思好好炒菜，大军的伙食质量明显受到了极大的影响。

偏偏史思明的这些骚扰部队非常难对付，行踪飘忽不定，时聚时散，且善于隐蔽伪装，相互之间要靠特定的暗号确认身份，负责防范巡逻的唐军很难辨别。所以，捣乱的叛军没抓到几个，唐军各部队却都蒙受了极大的人马牛车损失，而这一损耗还在逐日疯长。

三月初，唐军高级将领经过紧急开会磋商，一致决定立马出兵攻打史思明。原因很简单，这样下去，不等邺城被攻破，唐军自己就要先被闹垮了。所以，不得不出击了。

三月六日，李光弼、王思礼、许叔冀、鲁炅四位节度使各自率领本部人马在安阳河北摆开阵势与史思明军进行会战。

史思明按照约定的时间来了，不过他只带了五万精兵前来迎战。而且为将疑兵进行到底，达到出其不意，攻其不备的效果，史思明特意命令先锋部队装作游击探路小部队的样子，零零散散地向唐军大阵靠近。

果不其然，唐军散布在最前方的游骑并没有把这些侦察骑兵放在眼里，任凭他们接近。岂料，当这些敌骑慢悠悠地行进到距离唐军大阵只有几百米的距离时，他们的行动突然变得极为迅速，且朝一处聚集。眨眼的工夫，就径直扑向了唐军大阵。

攻上来的是史思明精挑细选的精锐主力，包括神秘威猛的城傍少年（以归降奚人为主体，精于骑射）和长年与契丹、奚人作战的范阳边军骑兵。这些人都是一群不大正常的人，最爱出征打仗，见到敌人的鲜血就莫名地兴奋。所以，他们招呼都不打一个，直接就猛冲进唐军大阵，横冲直撞起来。

面对凶狠强悍的叛军骑兵，唐军阵列不可避免地陷入了混乱。混战之中，淮西节度使鲁炅临阵中箭，被迫脱离了指挥位置，其部下士兵当即变得惊慌失措，使得叛军大部队得以乘机攻入阵内。眼看唐军就要大乱，继而不可挽回地一溃千里，李光弼亲自持剑率领所部兵将杀了过来。

李光弼不愧是名将加大将，在他稳而不乱的镇定指挥下，唐军渐渐稳住了阵脚，而其他部队的士兵们看到他奋勇杀敌的身影，也立时士气大振，瞬间找回了继续战斗下去的勇气。经过一番苦战，在身先士卒的李光弼的带领下，唐军虽说伤亡过半，但也重创了叛军，双方伤亡大抵相当。

此时此刻，势均力敌，胜败死活，只看运气。

最开始看上去唐军一方的运气似乎更好些，毕竟另一位名将郭子仪就在后阵，发觉鲁炅的兵逃了，他当机立断率军冲过来补漏。这时，唐军离胜利只差一步，只要郭子仪所部列好阵势，发起进攻，史思明必败无疑。

然而，就在这一关键时刻，命运的天平突然倾向了另一边，因为一场大风的不期而至。

这场大风真的可以说妖异得很，如果不是出现在多处相关史料的记载中，还会让人误以为是《西游记》或《封神演义》里的情节。因为史籍是这样描述这场大风的："大风遽起，吹沙拔木，天地晦暝，跬步不辩物色。"简单说来就是，天色暗到伸手不见五指，风势强到平地拔树带人飞起。

这种恶劣的天气条件下，仗是没法继续打的，所以两边很有默契地停战了，唐军向南撤离，叛军向北退去。

其实严格地说，撤退和逃跑之间还是有差别的。虽说都属于战略转移的范畴，但撤退是有秩序、有次序地转移，包括谁先撤，谁殿后，谁来往协调，都是安排好了的，大家可以朝着一个方向，慢慢撤，即便有敌军来追击也能从容不迫。相比之下，逃跑就随意多了，无组织、无纪律，更无目的地，反正就是一群人一起乱奔，要多乱有多乱，因而很容易被敌人乘机击破，造成重大伤亡。

郭子仪是想让大家安全撤退的，可是没等他说跑，有些部队已经先跑了。

可以确定最先跑路的是回纥军。在此前的激战中,回纥军的损失不小,但毕竟是收费服务的,所以一直没敢撤,后来得知了撤退的消息,这就立即跑路了。实践证明,回纥骑兵不但在拼命时有优越性,在跑路时也是快人一步,居然一口气从邺城跑到了长安,且只用了短短十二天的时间。当然,之所以这么快也和回纥军的自身情况有直接关系,毕竟三千精骑出征,最后跑回长安的仅剩下十五骑,已经称得上是相当狼狈了。

虽说回纥军算是外援,仅从属于唐军的战斗序列,并不归于唐军任何将领全权掌控,跑了任谁也没办法。可这三千骑兵毕竟是大军中最能打的,他们一逃跑直接就引发了雪崩效应,使得各路唐军均认为大势已去,纷纷溃退。

当然,事情发展到这个地步也并非完全没救,只要有职务高到镇得住场的人及时出现,控制住局面,就能使各部恢复平静。退一步讲,就算没能力控场,出来露个面,让士兵们知道他们并没有被抛弃,也不至于出大事。

不过这种事情郭子仪是办不到的,毕竟他虽威望高,但并非统帅,生死关头,时间仓促,人家没有听你废话的工夫。能做到这一点的,有且只有代表皇帝本人的观军容使鱼朝恩。可是鱼太监早已影踪全无,兵荒马乱之中,谁也不知道他什么时候跑的,更不知道他跑到了哪里,而且直到今天这一切也是一个历史未解之谜。

这下子真的是有心继续杀贼,却无力回天平叛了。唐军开始如东流之水,不舍昼夜地玩命狂奔。

而唐军各路中带头逃跑的,史料记载有点争议,但从后来的处置结果来看,大多数人认为是东京留守崔圆与河南尹苏震那一部分的,毕竟这两位带兵一直向南跑,都跑到襄阳了。如果不是提前跑了,那只能解释为这二位手下的兵有经常训练越野跑了。

不过,在搜集有关这场决战的材料时,我偶然间发现了另一段史料,一段截然不同的史料。虽然我经常能翻到记载同一件事却有着相反说法的史料,但这段史料中所记录的内容还是让我大吃一惊,因为按照其记载,郭子仪竟然撇下部队先跑了,而他跑路的背后居然还涉及一个巨大的阴谋。

要把这件事讲清楚,我们还得从两个月前史思明自称燕王那会儿讲起。

据记载,史思明称王后,唐军的高级将领们关于此事曾经有过一次议论。议论之时,牙前兵马使吴思礼显得特别义愤填膺,不住地咒骂史思明,最后还带头进行了总结陈词,发言如下:

"思明果反。盖蕃将也,安肯尽节于国家!"

在座的仆固怀恩当时脸色就变了，不仅因为他本人就是所谓的蕃将（铁勒族仆骨部人），而且在于吴思礼说这句话的时候，眼睛只看着他。

梁子就此结下了。仆固怀恩自此对吴思礼怀恨在心，必欲杀之而后快。

于是到了三月六日那一天，郭子仪听说史思明派遣偏师出滏阳西进，便派遣仆固怀恩率所部蕃兵前往邀击。

以作战水平而论，仆固怀恩绝对是一流的水准。如果李归仁此前没被史思明暴打至能力崩溃，估计还有一拼，但被史思明废了武功后，李归仁就顶不住了，被仆固怀恩一举击溃，跑了。

就这样，得胜后的仆固怀恩立即驰援本阵，而在本阵处，他恰好撞上了仇人吴思礼。

两军交战，刀剑无眼，这正是有仇报仇的好机会。于是，仆固怀恩二话不说一箭射过去就把吴思礼当场干掉了，然后对外大呼，声称吴思礼中箭阵亡。可这世上毕竟没有不透风的墙，事情的真相最后传到了郭子仪的耳朵里。郭子仪怀疑仆固怀恩要乘机造反，于是立即找了个由头脱身先跑了。剩下的各路唐军既找不到名义上的领导鱼朝恩，又寻不着实际上的领导郭子仪，最终的结局就只能是相继在邺城下溃退败逃了。

这段史料所讲述的内容大致如此，可谓相当令人震撼。但可惜的是，我无法考证出它说的是真的，也不能断定它讲的是假的，我唯一能确定的只有三点：第一，此事所涉及的两个主要人物郭子仪、仆固怀恩的行事风格和性格特征都非常符合真实人物，郭子仪的确是谨小慎微之人，而仆固怀恩有时候也确实心狠手辣、桀骜不驯。第二，这个故事的确流传很广，且流传了很久，以至于生活在南宋末年的胡三省还能查阅到这条史料，并把它加进自己为《资治通鉴》所作的注释里。第三，不管此事是否属实，郭子仪和仆固怀恩此后仍继续共事，两个人的关系也丝毫没有发生大的变化。

无论是谁要为二十万大军的溃败负主要责任，相州大战失利的局势都已然再也无法挽回。

在被史思明转过头来乘势追击了一段后，唐军已然完全撤出了相州的辖境。而为了避免史思明顺便扩大战果，兵临洛阳，郭子仪带兵果断拆毁了河阳桥，随即驻扎在谷水一带，一边收拢败兵，一边谨防史思明来攻。

一般说来，败军之际，是最能展现一位将领的综合素质和真实能力的时候，郭子仪没有一跑了事，而是主动重整残军，布置防务，可以说不愧名将之名，表现上佳。同样表现出过人水准的，还有李光弼和王思礼。

大军溃败之后，各位节度使各自率领残兵败将逃归本镇，只有李光弼和王思礼所部节奏不乱，做到了有序撤离。所以，既没有像其他几路一样出现武器、辎重丢失殆尽，士兵掉队乱跑的情况，也没有出现类似的一路败退一路抢掠的恶性事件，最终全师而返。

相较之下，同时期享有名将声誉的鲁炅就很惨了。由于战场受伤被第一时间救了下去，不在指挥岗位，他的部队是第一个脱离战场的，这险些导致作战的失败。而在兵败后撤的一路上，他的部队又是军纪最坏的，几乎是走到哪里抢到哪里，跟强盗叛军没啥区别（"所过虏掠，炅兵士剽夺尤甚"），搞得恶名远扬，天怒人怨。所以到了新郑县，听说郭子仪已经整军驻屯谷水，准备阻击追兵，李光弼则全建制退保太原，鲁炅就害怕了。

所谓没有对比就没有伤害，在郭子仪和李光弼的映衬下，鲁炅的问题就显得更为严重了，其中任何一条罪名单拿出来审，都足以让他身败名裂。事已至此，悔之晚矣。此时，回想起当年老长官哥舒翰向颜真卿指着自己说道，此人后"当为节度使"的一幕，鲁炅只有对天长叹。然后，他默默地喝下了桌上的那杯毒酒。

乾元二年（759年）三月十一日，曾苦守南阳，力却田承嗣、武令珣的淮西襄阳节度使、邓州刺史、岐国公鲁炅羞愤之下服毒自尽，终年五十七岁。

诚然，唐军相州之败并非纯粹的人为原因，当天的诡异天气也有极大的负面影响，但二十万大军毁于一旦，战马从一万余匹锐减至三千，十万武器甲仗丢失殆尽，数万石粮食弃之敌手，这种种损失总得有人出来承担责任吧。

于是包括郭子仪、李光弼在内，参战的将领但凡够资格上表的，纷纷主动上书请罪，自觉申请处分。

出人意料的是，李亨对此表现得极为大度，表示一律不予追究，只是下令削去崔圆所有官爵职务，并将苏震贬为济王府长史，褫夺银青大夫的官阶。

消息传来，上到郭子仪，下到小军官，再次人心惶惶，宰相加国公一级（崔圆曾任中书令，爵封赵国公）的人都被免了职还叫不追究？照这意思，再出什么差池，大家就要手牵手上刑场了。

但要不再出差错，做起来要比说起来难得多，比如郭子仪一开始撤到河阳（今河南省孟州市），本打算在这里固守，可是部下士兵再次发生骚动，连郭子仪出面也压不下来，于是只好又逃到缺门（今河南省新安县铁门镇）。在缺门驻扎下来后，由于众将相继带兵赶来会合，唐军又聚集了数万人马，一直蔓延在军中的恐慌情绪才慢慢缓解下来。

士兵们安生了，将领们则忙碌了起来，因为这么多人的去向问题，必须尽快有个着落。于是在郭子仪主持下，唐军的高级将领们开了一个碰头会，其主要议题就是军队往哪儿去。

出人意料的是，这次开会，众将对于落脚地点居然没有发生任何争论，大家一致认为，放弃洛阳，退保蒲、陕是唯一的选择。

至于理由则很显而易见：大军新败，军心不稳，士气很低。而据最新探报，洛阳的官员百姓都闻讯弃城，逃到山里避难去了，这空荡荡的洛阳城守与不守已经没有区别。况且最有力的强援回纥军被打废了，李光弼、王思礼又不在，想要挡下史思明乱军非常困难，实不如诱敌深入，耗其锐气，再寻找战机，转败为胜。

讲得露骨点，所谓伺机再战对于某些人而言，只是骗骗别人的同时骗骗自己，但无论怎么看，这个结论似乎都是最佳的那个。

不过，一般情况下到了最后，即便是人数再少，有异议的人也是会表达一下看法的。毕竟如果大局已定，他说错了，也没有什么心理负担；说对了，无论执行与否，都能令人刮目相看，从此出人头地。纵使说错了，被执行了，那也没啥关系，毕竟天塌下来有决策人顶着，不用怕。所以，都虞候张用济发言表达了自己的看法。

"蒲州、陕州存粮有限，常出现饥荒，不便大军驻留，不如固守河阳，这样敌人到来后，我军也好齐心协力抵御一番。"

郭子仪想了一下，最终选择支持张用济的意见。

事不宜迟，必须赶在叛军前面进驻河阳。于是，郭子仪先命游弈使韩游瑰率领五百骑兵赶赴河阳强化守备，又派张用济率领五千步兵随后进发，以防万一。

事后的发展表明，保住洛阳，在此一举。

唐军刚刚进入河阳，布置好防务，史思明的部将周贽便率军赶到了。

发现河阳居然驻扎有唐军，周贽稍微有些惊讶。稍作打听后，他得知此城已经进驻了数千唐军，而且还是郭子仪所部。

别人倒是不怕，但郭子仪、李光弼这两位，周贽很清楚自己绝对没戏，于是他明智地选择了撤退，河阳城由此幸运地避免了一场兵祸。

说起来张用济也是很机智的，他深知仅凭河阳孤城一座很难挡住史思明的大举进攻，于是在周贽撤退后，他立即组织士兵加班加点，抢修出了南北两座城堡，并分兵驻守。事后的发展证明，这一招是十分见效的，它给七个月后到此一战的史思明造成了相当大的麻烦，并帮助李光弼保障了潼关和长安的安全，善莫大焉。

在唐军忙着休整部队和加固城池时，史思明也在忙。

当时，在大风的影响下，相州会战的双方都主动选择了撤归据点，所以实事求是地讲，这场会战本来注定将是一场不分胜负的对决。但由于史思明有一个时时派兵侦察敌方动向的好习惯，因此在发现唐军撤退队列混乱，有可乘之机时，他立即派兵进行了追击。当然，史思明派出的只是一路偏师，自己则依旧带着主力部队向北边跑，而这支偏师在受命追击唐军，追杀了几十里后，不敢继续深入，也就撤回来了。

而出于对郭子仪、李光弼的忌惮，史思明也是过了很长时间，确认了唐军全部南逃的消息无误后，这才在沙河整顿部队，继而进驻于邺南一带。

史思明兵临城下，但安庆绪并不打算开门接纳。此时，他通过派人出城收集唐军遗留下来的物资，已经得到了六七万石粮食，足以支撑很长一段时间了。于是，安庆绪的心思又活泛了起来。他找到了孙孝哲、崔乾祐等人秘密商议，打算紧闭城门，严防死守，阻止史思明入城继位。

消息传来，安庆绪的部将们一片哗然。

"时至今日岂能再背弃史王呢？！"

毕竟这群人不是率直的大老粗，就是简单实在的游牧民族莽汉子，崇尚的是言而有信，言出必行，平时也基本上讲究说一是一，说二是二，因而当得知安庆绪想要抵赖反悔时，他们首先就不干了，聚在一起向安庆绪表示抗议。

如果一意孤行，对下面这些大将的意见置若罔闻，部队随时会有哗变的可能。于是张通儒、高尚、平洌等一群文臣出面了。

"史王远道而来，臣等都应该前往迎接拜谢啊！"

所谓臣等，说的不只是他们自己，也包括安庆绪，这意思是别拿自己还当皇帝，赶紧动起来，麻溜地！

安庆绪不说话。他也没什么好说的了，最看重的亲信跑路，部将离心离德，面对这些人的逼宫，他也只能沉默。

过了许久之后，看到张通儒们还待着不走，安庆绪不得不表态了。

"任公暂往见思明。"

就这样，得到安庆绪首肯的张通儒等人立即出城，前去拜见他们未来的新主人。

见到张通儒、高尚来了，史思明表现得极为激动，当场痛哭不止。他对几个人一直以来的支持和理解表示感谢，临送张通儒等人回城复命时，还让人特地捎带了很多财物。这下张通儒等人也激动了，几人当即拍胸脯承诺，会尽快劝服安庆绪，促成史思明军的入城和后续的禅位等问题。

史思明终于放心了。论说服、诱导，这帮人都是职业选手，想当年安禄山之所以下定决心造反，这哥儿几个可谓功不可没。于是，史思明开始在城外的营帐里耐心地等待着好消息。

一天过去了，两天过去了，三天过去了。别说迎接自己入城的安庆绪和仪仗队没见到，城门口连条狗也没有。史思明开始不淡定了，所以，他找来了一个人。史思明确信，现在只有这个人才能让安庆绪老老实实地履行先前的承诺。这个能使安庆绪让步的人，正是负责邺城防务的安太清。

果然，换上安太清后，安庆绪的态度当即软了下来，老老实实地带了三百骑兵出城参加史思明倡导举行的歃血盟誓。

来到了史思明的大营，安庆绪立即意识到，今天其实并不是找他来歃血的，而是骗他来放血的。这刀枪林立、寒光侵人的场景已然说明了一切。

一旦人们意识到自己必死无疑，绝大多数人都会立时颓下去，安庆绪也不例外。

一见到史思明，他的双腿便不自觉地软了下去。

"臣没有能力担负重任，接连丧失两京，又长期身陷重围，没想到大王因太上皇之故，竟能统兵远道而来，施以援手，让臣死里逃生，臣即便粉身碎骨也难以报答大王的恩德啊。"

史思明笑了，但那笑容很快便一闪而过。

"丢失两京，用兵不力，这又算什么！安庆绪！你身为人子，却弑父篡位，此乃大逆不道，天地难容！我今天是在为太上皇讨逆，岂能听信你的谄媚之言！"

面对史思明严厉的训斥，安庆绪全身不禁瑟瑟发抖，然后他看到了自己的四个弟弟，以及亲信高尚、孙孝哲、崔乾祐都被押到了自己面前。

史思明没有再跟他这位世侄废话，而是冲着卫兵挥了挥手。

卫兵会意，立即上前，在这八个跪成一排的人的脖子上都套上了一根绳子。

安禄山的后代就此被老哥们儿史思明赶尽杀绝，斩草除根，不知安胖子如若泉下有知，会作何感想。

不过史思明却是很敢想的。杀掉安庆绪后不久，他就命人把安禄山从坟里刨了出来，美其名曰要以礼厚葬，然后经过史思明组织的改葬小组讨论决定，将安禄山以亲王之礼重新下葬。

既然已经定调为王，那剩下的就好说了，安禄山随即被追谥为燕剌王，安庆绪也被有意地抹杀掉。史思明用一系列形式在向属下宣传这样一种理念：燕朝是史家的，安家只是重在参与，大伙以后要站对队！

这点不必多讲，所有人心里都有数。而且跟着能征善战、老谋深算的史思明干，的确要比追随不问政务、成天花天酒地的安庆绪有前途得多，所以叛军的士气很快又振奋了起来。不过史思明并没有立即带兵攻打洛阳或长安的意思，他很清楚，郭子仪和李光弼绝非可以轻易战胜的对手，现在自己刚刚兼并安庆绪的残部，还没能树立起绝对的权威来。因此，在邺城稍事休息，完成了封官许愿、整编部队等要事后，史思明便留下了儿子史朝义镇守相州，自己则带兵返回了范阳。

当然，史思明并不会就这样什么都不做就撤兵，为了达到迷惑唐军的目的，临行前，他派遣安太清率兵五千攻下了怀州（今河南省沁阳县），并令安太清就此驻守在那里。

乾元二年（759年）四月，回到范阳的史思明决定再进一步。于是，他自称大燕应天皇帝，建元顺天，以其原配妻子辛氏为皇后，封儿子史朝义为怀王，以周贽为宰相，李归仁为大将，改范阳为燕京，作为首都。

史思明称帝的消息很快便传到了长安，李亨此时此刻才真正认识到了当年李泌的高瞻远瞩。在相州兵溃的情况下，唐军已然在短时间内丧失了集结大军扫荡河朔地带消灭叛军的力量，所以，史思明很嚣张，朝廷却拿他一点儿办法也没有。

史思明显然预料到了李亨的尴尬，但他需要的并不仅仅是让李亨尴尬，他要让李亨和唐军自此被他牵着鼻子走，直到走到末路。

这对于将战争的主动权完全掌握在手中的史思明而言并非难事，他需要做的只是等待，等待一个最好的机会，打李亨一个出其不意、措手不及。

这样的机会很快就出现了。

乾元二年（759年）八月十二日，襄州唐军突生变乱，康楚元、张嘉延两名军官带领部下闹事，将襄州刺史王政赶走，然后占领了州城，宣布自立。康楚元自称南楚霸王，派张嘉延率部南下，攻克了荆州，荆南节度使杜鸿渐弃城而逃。长官既然有带头先跑的权利，下面的自然没有拼死守城的义务，于是澧州（今湖南省澧县）、朗州（今湖南省常德市）、郢州（今湖北省钟祥市）、峡州（今湖北省宜昌市）、归州（今湖北省秭归县）等州官吏都闻风逃窜，躲进了深山。

朝廷一开始打算招抚，谁知康楚元铁了心要自立门户，不干。软的不吃，那就只好来硬的。李亨立即调发山南东道和淮南西道两处兵马前往平定叛乱。

得到这一消息，史思明大喜，立即调派兵马，准备对唐朝发起新一轮的攻势。

史思明这一次不打算先虚晃一枪了，他一上来就动了真格的，可以说是发自内心地打算与唐朝争夺一回天下。所以，史思明命令儿子史朝英留守大本营范阳的同时，下达了称帝以来最为严厉的总动员令：

河北各郡太守自接到该令之日起，须在最短时间内集结三千兵马，追随大军南下，不得有误，违者斩之！

对于饱受战火摧残，青壮年人口损失严重的河北地区来说，这是个不太能够轻易完成的任务。但是在死亡的威胁下，各郡还是想尽一切办法凑足了人数。

史思明满意了，于是他宣布了自己的进攻计划。

此次进军史思明决意兵分东、西、南、北四路，四路统帅及进攻路线如下：

东路指挥官周贽，自胡良渡河南下。

西路指挥官令狐彰，自黎阳强渡黄河，进取滑州。

北路指挥官即史思明本人，自濮阳渡黄河南下。

南路指挥官史朝义，自白皋渡河南下。

这四路南下的部队看似只是南下，因为除令狐彰外，似乎剩下的并无明确的进攻目标，但这只是看上去而已，叛军的进攻目标很明确，只有一个，那就是汴州。

汴州，就是今天的开封。相州之战后，负责此地防御事务的，是曾参战的九节度使之一、汴滑节度使许叔冀。

这位仁兄很猛的，听说史思明大军到来，废话不说，就带兵出城和叛军干了一仗，然后被打了个七零八落地跑回城中。回城之后，二话不说，便召集城中的高级将领召开特别紧急会议。只不过，可惜的是，这次会议的议题并不是怎样守城、怎么破敌，而是谁愿意跟他一起投降。据说，当时与会的人中，有濮州刺史董秦（真正的猛将）以及许叔冀和董秦的部将梁浦、刘从谏、田神功等人，但没有一个人明确表示反对。

于是，许叔冀愉快地带领大伙儿大开城门，投降了史思明。

对方是节度使一级的大官，史思明自然也不能太吝啬，所以，他大手一挥，任命许叔冀为中书令，留下他与部将李祥驻守汴州。

至于董秦，史思明当然更是了解此人的能量，毕竟两个人从张守珪时代起便是同事和战友。虽说董秦在安禄山叛乱之初就率军反正，重归了唐朝，但考虑到他堪与李归仁一战的出色能力，史思明最终还是决定不杀掉他，先试着用用看。因此，史思明一边厚待董秦，让他统领本部兵马留在自己身边效力，一边派人将董秦的老婆孩子送往后方的长芦（今河北省沧州市），美其名曰妥善安置，确保安全。史思明本以为把董秦的老婆孩子扣为人质就能控制住此人，然而事后的发展表明，史思明这次终于很傻很天真了一回，所以，在不久的将来，他会从董秦处收获一份惊喜。

剩下的梁浦、刘从谏、田神功什么的，说实话史思明是看不上的，因而本着"打死敌人除外患，打死他们除内乱"的原则，史思明直接把这几位划归自己的部下南德信统领，让南德信带他们前去攻取江淮一带。

然而史思明明显忽略了一个问题：现在没有名气，就意味着一定没有能力吗？

答案当然是否定的，至少在田神功那里是否定的。

田神功，冀州南宫人，时为平卢军将领。和董秦一样，他也是行伍小兵出身，也很能打，但要论声望名气，这两人实在是一个天上，一个地下。因此，在跟着董秦投降后，史思明只给了他一个平卢兵马使的名头，便直接打发他去给南德信打下手去了。

田神功在董秦麾下打下手打得太久了，早有些厌烦。更何况，南德信的水平比起董秦实在是差得太远，根本压不住场嘛。所以，不等走到江淮，田神功就率部突然出击，袭杀了南德信，同行的刘从谏等将领则在兵乱中只身逃走。于是，这支部队便完全归田神功一人所有，并在田神功的带领下再次归顺了唐朝。

田神功的这一手让史思明万万没有料到，但更出乎他意料的是，他所要面对的对手竟然不是郭子仪，而是自己最为忌惮的对手——李光弼。

这是被李亨身边的高人瞧破了此次出兵的最终真实意图，还是命运的安排要让自己和李光弼再次一决雌雄？

史思明也有些看不透了。

其实真正的答案是，都不是。准确地讲，这应该算是历史遗留问题，且直接涉及相州之战背后一些深层次的敏感问题。

我讲过，李亨当时决意打相州时，是考虑到郭子仪与李光弼都是朝廷大将，功绩威望不相伯仲，这才不设最高统帅进行统一指挥。这是史书上白纸黑字记载的原因，所以你也可以称之为官方说法。但是，大家都知道，在万恶的封建社会，所谓的官方说法有时并不会揭示真正的原因，它的作用基本上可以用四个字概括：自欺欺人。

然而，真相并不是那么容易就能够被掩盖的，结合散落在诸多史料里的蛛丝马迹，今天的我们不难拼凑还原出一个大致真实的历史来。

根据我所能搜集到、整理出的史料来看，最晚在相州会战开始前，唐军内部已经出现了派系分化对立的情况，而郭子仪与李光弼正是朔方军与河东军这两大派系的领袖兼代言人。

说起来，郭子仪和李光弼早在朔方军共事时就有很深的私人恩怨，后来因为共赴国难，两人曾一笑泯恩仇。但是随着两人在政治、军事事务上存在的分歧越来越多，官职威望越来越高，本来性格上就不太对付的两位国家栋梁再见面时就笑不出来了。而且，鉴于安禄山和史思明这两位发动叛乱的罪魁祸首都是蕃将出身的高级将领，所以，事实上郭子仪对于李光弼的忠诚程度及有效期如何都是抱有怀疑的，广大将士对蕃军、蕃将在内心深处也不太信任，像对仆固怀恩抱有偏见的吴思礼，就是这些人中的典型代表。

因此，相州会战期间，同是蕃将的李光弼（契丹人）、王思礼（高句丽人）两部经常一起行动（从相州之战及后续的相关记载来看，许叔冀所部也归属于李光弼指挥），而像李奂的兴平军、季广琛的郑蔡军基本上相当于朔方军的附属部队，平常跟着郭子仪混。至于李嗣业、崔光远、鲁炅大致属于中间势力，是用来起平衡和缓冲作用的。因此，所谓的九路节度使实际上分成了左中右三派，让大家自由打仗的同时又彼此牵制，更有效地预防了有人拥兵自重，出兵不听话。可见，这个安排别有奥妙，李亨应该着实动了一番脑筋。

但实际操作起来，效果很不好。再加上鱼朝恩素来妒忌郭子仪的功绩，回来后就在皇帝面前狠狠地告了郭子仪的黑状，所以李亨决定让郭子仪背起这个黑锅，顺便敲打一下朔方军上下，免得这支部队主力当太久，再把尾巴翘到天上去，犯啥危险的错误。

乾元二年（759年）七月，郭子仪和李光弼几乎同时接到了朝廷的征召，随即分别从南北两个方向迅速赶到了长安。然后，二人先后得知了皇帝陛下对自己的最新工作安排：

郭子仪，暂免朔方节度使、兵马副元帅等军职，着留京休养待命。

李光弼，代为朔方节度使、兵马元帅，着即日赶赴前线军中任职。

接到这一指令后，郭子仪和李光弼的反应着实让人感到诧异。因为，本来应该有话讲的郭子仪竟然选择了沉默，安静地接受了兵权被夺的事实，而本来应该欢欣鼓舞的李光弼却提出了异议，表示这样的安排不妥，希望朝廷能够予以重新考虑。

不过请大家千万不要误会，李光弼并不是在为郭子仪的遭遇打抱不平，他只是认为自己当天下兵马元帅有些过于招风，因此请求皇帝能够允许以亲王当元帅，自己只做副元帅，进行必要的辅佐。

这么看来，李光弼也是懂得政治，挺会来事的。

李亨高兴地接受了李光弼的提议，于是皇帝的次子赵王李系被委任为天下兵马元帅，李光弼则如愿以偿地成了副元帅，受命统领各地行营军队。至于李光弼河东节度使的职务，则由潞、沁节度使王思礼接任。

自此，这场由安禄山挑起的叛乱终于完全进入了第二个阶段，这将是以李光弼为首的唐军与以史思明父子为主的叛军全面较量的阶段。

无数猛人要脱颖而出，无数人头即将落地。这是一段极其精彩的故事，同样也是一段极其悲惨的岁月。为了争夺天下，双方各出奇谋，各显神通，其过程更是一波三折，跌宕起伏。这第二阶段的平叛战争出人意料地更为旷日持久，一直延续到五年后的春天，那个众叛亲离、走投无路的人，走向了那棵树，方才分出了最后的胜负。

不过，这些都是我们在后面的文章中要详细介绍的事情了。

第五章
李光弼

当朝廷的使者来到朔方军中宣布以李光弼代替郭子仪出任朔方节度使这一命令时，朔方军将士哭成了一片。

之所以会出现这样的场景，除了大家这几年一直跟着郭子仪东征西讨，浴血奋战，结下了深厚的情谊外，更重要的是，任谁都知道，郭子仪这一走，大家的好日子就要彻底结束了。

要知道，郭子仪在朔方军军中一直以来采取的都是以宽治军的方针，给属下的蕃、汉将领和士兵们以很大的自由度，甚至于底下人偶尔犯了什么事，只要不太过分，基本上也是睁一只眼闭一只眼，得过且过。但是李光弼就不同了，此人治军素来以没有最严只有更严而著称，搞得从士兵到将领都压力很大，不要说不敢主动犯错，还要争做模范，争当严守军纪的标兵。

这样的生活自然让习惯了自由自在生活的朔方军感到难以接受，于是众将士现场洒泪挽留郭子仪，还有一批士兵拦在道上不让郭子仪的马出营。

不走是不行的，郭子仪没有做叛臣的打算，但也没有当烈士、被鱼朝恩整死的意思，所以为了自己和将士们的未来，一向诚恳的郭子仪撒了个谎：

"我是去送送使者而已，不会走的。"

郭子仪就这样跨马西去了，没有再回来。而他的继任者李光弼则是在一个夜晚，率领五百河东军骑兵驰入东都，进入朔方军的中军大帐的。李光弼之所以要这么做，一是考虑到时局的紧张，不宜过于声张，二是因为他十分了解朔方军。

历史上的朔方军是一个成分十分复杂的存在，而这又是由朔方镇的地理位置决定的。据《资治通鉴》等书所记，朔方镇"统经略、丰安、定远三军，三受降城，安北、单于二都护府"，其中的三受降城和安北、单于二都护府都是唐朝对突厥的边防重镇。当然，换句话讲，也是大唐招怀远人，实现民族大融合的前沿窗口，因此三受降城和两大都护府的军队主要是蕃军编制，以前来归降的各少数民族战士作为主力。所以，朔方军本身就是一支蕃汉混合的部队，且以蕃军为主，而参军的汉兵也受到周围环境的影响，比较豪放不羁爱自由。

或许也正是因为这一点，朔方军打起仗来保持了游牧民族的剽悍，来去如风，无坚不摧，连突厥人有时都要大感头痛。

如此作风，如此战绩，使得历任节度使无人敢硬管，只能哄着这群大哥坚持为国效力，守好边界。后来，到了郭子仪接任朔方节度使时，这一统率风格已经形成了一种习惯，而郭子仪也没有改变它的打算，而是因势利导，想方设法将这帮又能惹事又能打仗的刺儿头凝聚在一起，成为讨平叛军的利器。但是，李光弼对于郭子仪的做法并不认可，在他看来，安禄山、史思明之所以一叛乱就能兵临两京，很重要的原因就是各部队军纪松弛，以至于毫无战力可言。所以，李光弼决意不惜一切代价重塑这支部队的军纪，让朔方军成为一支既绝对服从命令，又打得了硬仗的雄师。

李光弼带着这一雄心壮志来到了朔方军，但是才来几天，他就发现情况比自己先前预料的还要难搞得多。

虽说他一来，随着一声令下，朔方军各部从士兵风貌到营垒卫生，甚至升起来的旗帜全都焕然一新了，但李光弼不傻，他很清楚朔方军将士们只是表面上予以配合罢了，在他们的内心深处还是忌惮严厉的自己，怀念宽厚的郭子仪的。说实话，李光弼没有与这些人玩虚招的打算，因为他很清楚已经半年多没有动静的史思明随时都可能出动，留给唐军做御敌准备的时间不多了。那就只好一边调兵遣将，一边整顿军纪了。

"传我将令！令：左厢兵马使张用济得令后即刻来见，有重要军情相商，不得有误。"

获知了李光弼的命令内容时，张用济的脸色应该并不好看，他转过身来就对部下说了这么一句话：

"我朔方军并非叛军，他李光弼乘夜入营，对我军如此猜忌，怎可为我主帅？！"

既然朝廷已然决意要让河东军骑到朔方军的脑袋顶上来，朔方军就不得不采取行动了。张用济立即派人找来了几个军中的老战友，商议应对之策。

会议伊始，张用济就先给出了一个自己的办法，这一招简单说来就是先发制人，带领精锐士兵突袭洛阳，赶走李光弼，迎回郭子仪。

这个想法看起来很疯狂、很乱来，但却是有成功的前例的。

十个月前，平卢节度使王玄志死在了军中，朝廷闻讯便派人前去安抚众将士，顺便在部队将领中遴选王玄志的继任者。谁知朝廷的特使还没开口问话，王玄志的部将李怀玉已经抢先一步动手了。他先带人出去砍死了王玄志的儿子，然后率部把特使堵在了住处，点名要让自己的表兄弟侯希逸担任平卢节度使，使者没有办法，只好按照他的要求推举了侯希逸。后来，李亨在得知事情原委的状况下，为了不让平卢军叛变，也不得不任命侯希逸为平卢节度使。

节度使由军中将士自行选择和废立，这是大唐开国以来从未有过的事情，而对于朝廷来说，这基本上可以视同叛乱，是需要坚决镇压、杀一儆百的，可是此时的朝廷并不具备这样的能力，因而只能暂时选择默认和隐忍。

可是在这个世界上，很多事情只要开了头，就很难叫停了。

平卢军中发生的那件事情给了张用济灵感，因此张用济决定依样画葫芦，先造成客观事实，再以朔方军全体作为筹码，逼迫朝廷事后予以承认。所以，此时虽然在跟大伙儿商量，但其实他手下的士兵们早已披甲上马，在营外候命，做好了随时出发的准备。

张用济有些紧张，他现在差的就是战友们的一声同意，只要等到了这样的声音，就是刀山火海也阻止不了他出兵洛阳，冒天下之大不韪，把李光弼逐出朔方军。

"相州溃败，郭公率先逃跑，朝廷追究主帅责任，这才夺去了他的兵权。如今你若是驱逐李副帅，强行请回郭公，那就是公然违抗皇命，是在造反！在座诸位难道真的认为此计可行吗？！"

此言一出，没有人敢随意表态，因为大家不但担不起造反这一罪名，更惹不起眼前的这位发言人——仆固怀恩。

要知道，如果说郭子仪统领的朔方军是现今唐军的绝对主力的话，那么仆固怀恩所部的蕃军则是朔方军毋庸置疑的绝对主力，所以对仆固怀恩的话即便非常不同意，也不能当场翻脸，否则被抬着出去的人里，一定会有自己。

在众人转入沉默时，接过仆固怀恩发言的是右武锋使康元宝。

"你率军迎回郭公，朝廷一定会怀疑这是郭公指使你做的，这是要让郭公家破人亡啊！郭公一家老少百余口难道有什么对不起你的地方吗？"

这句话一下子把张用济问得满面通红，不能作答，他的计划自然也就此搁浅了。此时此刻，张用济并不知道，在他决定放弃计划的时候，听到风声的李光弼已然行动起来了，他这时正带着数千骑兵向东移动，目前已经到了汜水一带，来河阳前线最多是一两个时辰的事儿。

得悉这一最新情况，张用济吓了一跳。落地之后，他赶忙奔出营帐，单人匹马地赶往迎接。

张用济紧赶慢赶，总算赶在李光弼进河阳之前见到了这位新上司，紧接着他便听到了李光弼少有的怒吼：

"不遵将令，迁延来迟，军中岂可留你！"

不待张用济争辩，李光弼便下令将他军法处置。

于是乎，张用济被拖出去斩首。由于他是一个人来的，这也为李光弼省去了不少麻烦。杀掉了张用济后，李光弼便命部将辛京杲前去统领张用济旧部，同时又派人把仆固怀恩请来见面。

仆固怀恩比张用济好请得多，一接到李光弼的邀请，人就来了，而且身边同样没带什么人。

但李光弼的接待却依旧隆重，在寒暄了一番后，李光弼将仆固怀恩引入会客处，两人开始坐下聊天。才聊了一会儿，李光弼的卫兵突然神色惊慌地露了头，然后迅速地向李光弼报告了一个紧急情况：就在刚才，有五百名蕃浑骑兵纵马赶到了，看样子杀气腾腾，来者不善。

听到这里，素来沉着冷静的李光弼不由得脸色为之一变，而仆固怀恩却依旧在那里谈笑风生，好像什么事都没发生一样。

不愧为郭子仪帐下的头号大将，果然有勇有谋，李光弼不禁对眼前这个人多了几分敬佩。

看到期望中的效果达到了，仆固怀恩不等李光弼开口，便主动起身走了出去。

"都告诉你们不用过来，为何非要跟来，违我将令！"

仆固怀恩略带"怒意"地对带头的骑兵将领训斥道。

"将士们追随主将,是天经地义之事,有什么可怪罪的呢!"

说这话的是李光弼,他一边说,一边招手吩咐下面准备牛肉和美酒款待仆固怀恩的这五百骑兵。

李光弼反应如此之快是很值得称道的,因为这一天可谓万分凶险,一个处置不当,就会导致兵戎相见,甚至激起朔方军的全体兵变。好在李光弼也是官场上一路摸爬滚打过来的,而仆固怀恩对朝廷也一直十分忠诚,因而这场因换帅引发的风波至此终于风平浪静。

仆固怀恩和他的骑兵们在李光弼这里好好改善了一下伙食,最终摸着圆滚滚的肚皮告辞回营了。李光弼也没有再继续赶往河阳前线,而是取道汴州,巡视驻扎在黄河边上的唐军各营。不过临行前,他将上任以来的种种写成了一份报告,派人呈送给了皇帝。当然,这不是最重要的目的,李光弼此举其实是为了向李亨要样东西,但这样东西不是李光弼要来给自己的,而是要来给仆固怀恩的。

七月二十七日,仆固怀恩收到了这件东西,他很激动,因为李光弼给他争取到的,是一个爵位——大宁郡王的爵位。

要知道,居功至伟的郭子仪和李光弼现在的爵位也不过是国公,而他居然直接超前封了王,这实在是一个极大的惊喜。毕竟大唐开国以来这百余年间,武将能被封王的,不会超过十五个人,仅凭这一点就足够仆固怀恩名垂青史了。

李光弼实在是太够意思了,仆固怀恩通过这件事发现,李光弼并非一个不懂人情世故的顽固之辈。虽说他为人严肃,治军严格,但还是可以与之合作的。于是在接下来相当长的一段时间里,仆固怀恩都很配合李光弼的工作,直到那场战斗为止,一直如此,从不马虎。李光弼统领朔方军的大局由此一举而定。

履新以来,李光弼明显感到自己手上要处理的事务越来越多,肩膀上的担子越来越重。当然,与之成正比关系的是,脚下要注意的坑也越来越多。不过让李光弼陷入任职以来最大坑的,并不是自由散漫到令人头疼的朔方军,而是许叔冀。

得知史思明大举来袭时,李光弼曾特意来到汴州与许叔冀会面,并提出希望许叔冀能坚守汴州十五天。李光弼许诺坚守十五天后,他本人一定会亲率大军赶来救援。当时许叔冀很爽快地就答应了,李光弼这才放心地回到了洛阳,可最后的结果却是许叔冀守城连五天都不到就举城投降了史思明。这么一来,李光弼计划好的防线上瞬间便出现了一个大口子,而数以万计的叛军便由此源源不断地深入中原腹地,给驻守在这一带的唐军造成了极其严重的威胁。

形势十分严峻，李光弼却无计可施。因为唐军此时兵力分散，准备不周，想要挡住势如破竹的叛军是不大可能的，所以李光弼琢磨来琢磨去打算保住有生力量，避敌锋芒，放弃洛阳后撤。

弃守东京洛阳是件大事情，李光弼一个人也不敢擅作主张，所以他回到洛阳后，立即向东京留守韦陟征求意见。

对于李光弼提出的不可与敌速战争锋的主张及洛阳已然无法固守的看法，韦陟深表赞同。他紧跟着提议，在放弃洛阳后，将陕州（今河南省陕县）作为第一道防线，在此增加兵力守备，而把主力部队退入潼关，通过固守险要的防御战方式耗尽敌人的锐气。

韦陟的这一意见几乎是当即就得到了李光弼的回应：不行！

"两军相持对垒，利在进攻，深忌后退，如今我军若是无缘无故就放弃五百多里的土地，敌人的气焰将会更加嚣张。不如率军北渡黄河，坚守河阳。河阳北面与泽、潞二州相连，三座城池可以互相依托，在此与敌军交战，如果能一战取胜，便可一举擒拿史思明。即便战败，此地也足以固守。这样表里相应的形势可令敌人不敢轻易继续西进，就好像是猿臂之势，伸缩自如啊。"

说到这里，李光弼脸上露出了自信的微笑，他看向韦陟，以不容置疑又给人以信任感的语气继续讲道：

"明辨朝廷礼仪，我不如韦公您，但说起这军旅之事，您就不如我了啊。"

韦陟就此不再言语了，因为他完全相信李光弼的判断以及能力。然而就在此时，跟在韦陟身边的判官韦损却提出了一个很关键的问题：东京洛阳乃皇帝家宅所在，为何侍中要不战而弃守呢？

对于这一疑问，李光弼现场就给出了答复，简单明了：

"如果我们要守住洛阳、汜水、崿岭（今河南省登封市南）、龙门等地就必须全部部署足量的军队，阁下身为兵马判官，你自己说能守得住吗？"

既然计划大致已经成型，那就立刻行动起来，事不宜迟。于是李光弼和韦陟分头开工，韦陟以洛阳留守的身份给城中的各衙门街坊下发公告，号召众人立即收拾行李，准备出城避难，然后他便同河南尹李若幽一道投身于洛阳官民百姓的疏散工作中去。这个时候，李光弼在组织士兵将桐油、铁器等军用物资有序运到河阳，为即将打响的河阳保卫战做准备。

经过持续奋战，洛阳城在很短的时间内被变成了一座空城。而此时此刻，史思明的军队已经进入了偃师，直扑洛阳而来。

当史思明和他的士兵们兴高采烈地扑到了洛阳，才深刻地体会到了什么叫作希望越大，失望越大。李光弼移师河阳前，已经让士兵们把打仗能用的东西都搬走了，而韦陟和李若幽则分别带领官员百姓西撤入关（潼关）或躲进了深山，交到史思明手里的，只是一座空空的洛阳城。

当然，如果史思明等人乐意的话，大可以在城墙上敲下两块砖头带走，留作纪念，但想要的金银财宝是没有的，美女、粮食也是没有的。

费尽心力居然扑了个空，史思明感到十分愤慨，随即他便得知李光弼就在洛阳东门外的石桥，正在率兵断后，掩护大部队撤离。

打他！

史思明一拍桌子，叛军的先锋部队立刻奔向石桥，赶上了撤离中的唐军。

赶来的叛军骑兵人数未知，但估计应该不会太少，李光弼带领断后的兵力却记载得很明确，只有五百名骑兵。而史思明的军队会这么快追上来，似乎也是唐军没有料到的，所以还在撤离的众将见状有些慌，赶紧向李光弼请示：我军现在应当从洛阳城往北走，还是从石桥往东去呢（"并城而北乎？当石桥进乎"）？

李光弼当机立断：走石桥！

于是奇迹般的一幕发生了，夜幕之下，唐军高举火把在石桥上缓缓退去，而史思明的追兵仅是远远地跟随着，不敢主动出击。

造就这一奇迹的原因有二：一个是撤退中的唐军队伍严整，步调整齐，丝毫不乱，没有任何可乘之机；另一个则是李光弼素来以狡诈专兵著称，最喜欢设置陷阱，挖坑设伏，因而追来的叛军并不敢贸然进击。

就这样，在叛军的护送兼目送下，李光弼带领剩余的部队在当天深夜进入了河阳城。精彩绝伦的河阳防御战就此正式拉开了序幕。

退入河阳后，李光弼赶忙清点了一下人马和物资。清点下来，情况不容乐观。城内的守军只有区区两万人，而更令人忧虑的是粮食，河阳城内所存的军粮只够维持十天。

这一切都预示着，河阳之战将是一场前所未有的苦战，但李光弼没有丝毫动摇，因为他很清楚，只有在这里挡住史思明的军队，才能化解这一次的危局。所以，李光弼能做的只是全力以赴，拼死一战。

在李光弼忙着安排守备事宜的时候，史思明已经统领军队撤出了洛阳城，驻扎在白马寺的南面。这一来是由于洛阳城已空无一人，空无一物，在空城里待着实在没啥意思，不如出来呼吸下新鲜空气；二来也是担心李光弼会进攻自己的侧后方，打自己一个措手不及。

当然，作为李光弼的宿敌，史思明同样把目光投向了河阳。他派兵在河阳城南面修筑了一座月城（半圆形的小城），还挖了好几道壕沟，以防备李光弼的突袭。可是好几天过去了，不要说突袭，连以往常见的小股部队骚扰都没有出现。史思明由此作出了一个极为准确的判断：李光弼兵力不足。

既然如此，那就看我主动进攻吧！

乾元二年（759年）十月，史思明统兵向河阳城发起了进攻。

这一次，史思明改变了原有的攻城模式，先派出了麾下骁将刘龙仙率领五十（《资治通鉴》记作"五千"）铁骑跑到河阳城下挑战。

这位刘龙仙兄可以说是史思明手下排名前三的猛人了，据说单兵作战水平极高，一个能打十个，打完了还是毫发无损的状态，所以他完全不把李光弼弓弩手的冷箭放在眼里，来到城下叫嚣了几声，见没人搭理，城上的唐军似乎早已打定了主意，坚守不出，便大大咧咧地把右脚搁在了马鬃上，摆出了一副"你快来打我呀"样子的同时，拿出了劲头破口大骂李光弼。

嚣张的人见过，这么嚣张的人还真没见过。李光弼当即回头对众将说道："你们谁能取下此人的人头？"

"在下愿往！"

请缨的是仆固怀恩。

李光弼摆了摆手：

"这种事不是大将应当做的。"

而就在这个时候，李光弼的左右一致推荐了一个猛人——白孝德。

白孝德，安西人，据说是龟兹人，还是龟兹王族白氏的后裔。善使两支短矛，有万夫不当之勇。

既然大家都认为白孝德可以，李光弼自然要见一见这位猛人。于是时任裨将的白孝德第一次正式面见了李光弼，并与李光弼进行了一段简短的交流。

"可乎？"

"可！"

"所要几何兵？"

"可独往耳！"

没想到，这位裨将口气还真不小。李光弼笑了。

虽说白孝德自信可以单骑去取敌将首级，但李光弼还是觉得有些冒险。毕竟这是第一战，没取到敌将首级不打紧，影响全军士气可就不好了。于是，李光弼在夸奖了白孝德一番后，再次向白孝德诚恳地询问需要多少人马随行。

白孝德想了一下，回答道："那就请大帅为我挑选五十名骑兵充当后援，还须请城上为我擂鼓助威，增强气势，至于其他的就不用了！"

"好！如你所愿！"

李光弼十分兴奋，他拍了拍白孝德的背，亲自送他出城迎敌。

只见白孝德两手各执一矛，纵马徐徐渡河（护城河），向刘龙仙杀去。

当白孝德渡河渡到一半时，仆固怀恩突然蹦出了两个字："赢了（'克矣'）！"

随即对李光弼摆出了道贺的手势。

奇了怪了，二人还未交锋，你怎么就知道他能赢呢？

对于李光弼提出的这一疑问，仆固怀恩是这样解释的："我看他骑马揽辔时气定神闲的样子，便知道他已有十分的把握。"

真的是这样吗？李光弼依旧心存疑虑，但他并没有开口询问，而是将目光重新投向了白孝德处。

此时白孝德已然来到了刘龙仙不远处，而且刘龙仙也看到了他。

对于唐军中突然走过来的一人一马，刘龙仙毫不为意，他依旧保持着原有的姿势，直到白孝德已快到自己跟前时，这才出于防范，打算把脚放下来。然而此时，白孝德突然抬起手摇了一摇，示意他别动。这一刻，刘龙仙表现出了难得的听话，竟然没有再动，只是呆呆地看着白孝德不慌不忙地靠近自己。

"侍中派我给你传个话，没别的意思。"

白孝德突然喊了这么一嗓子。

就是这样而已吗？刘龙仙闻言一下子又放松了下来。

此时，他与白孝德之间的距离只有十步，而他与死神的距离则仅一步之遥。

刘龙仙仍旧在用恶毒的言语咒骂着李光弼，白孝德则慢悠悠地把坐骑的状态调整好，并完成了进攻前的准备。

"叛贼！你可认得我吗？！"（"贼识我乎？"）

白孝德突然圆睁双眼，发出了一声大喝。

"你谁呀？"（"谁耶？"）

刘龙仙连看都没看。

"我乃大将白孝德也！"

"是何猪狗！"（这句乃史书原文）

白孝德没有接话，只是暴喝一声，挺动双矛，策马朝刘龙仙猛扑过来。

见白孝德出手了，河阳城上立时响起了震耳欲聋的鼓声，紧跟在白孝德身后的五十名骑兵也呼喊着冲了上来。

事情发生得太突然了，刘龙仙完全没有任何准备，连弯弓搭箭还击也来不及，只得在慌忙之中跑到河堤上，一门心思地夺路而逃。谁知白孝德却追上前来，不待刘龙仙做出反应，便一矛将他刺落马下，紧接着手起刀落，将刘龙仙的首级取走了。

白孝德带上刘龙仙的首级，就这么不紧不慢安全地返回了河阳城内，只留下叛军在那里目瞪口呆。

平心而论，白孝德的这次单骑斩将虽然比不上关二爷斩颜良、诛文丑时的剽悍与潇洒，也不如同朝的秦琼操作熟练，行云流水，但麻痹敌将、暴起伤敌等几个关键的技术性细节把控得都很到位。所以，如果要评分的话，个人以为，白孝德同学至少可以拿到85分以上。而如果单看震慑效果，他应该还能拿到更高的分数。

在被白孝德这么一冲一砍后，史思明军的士气当即下落了一大截，连史思明本人都能看得出，士兵们攻城、围城的积极性明显大不如前了。不过，史思明并没有犒赏三军提振士气的打算，因为他很清楚，更划算的办法是打击唐军的士气，而且他已然有了主意。

不久之后，城头上及在河阳周边巡视的唐军发现了让他们大为眼馋的一幕：叛军每天到固定的时间点便会带着军中的骏马良驹来到黄河南岸的浅水地带洗澡。

在各部唐军中，朔方军的骑兵数量可以排在前几位，而且由于经常和突厥等以骑兵为主的部族有接触，所以也算是见过世面、见过好马的，但即便如此，史思明士兵们带出来的这批战马还是让唐军上下眼前一亮，赞不绝口。

这是当然的，毕竟这一千多匹是史思明派人精心挑选出来的良马，可谓是叛军最宝贵的一笔财富，而史思明之所以让人每天坚持定点洗马，为的就是展现自己骑兵的强大，在无形中给守城唐军造成心理压力，以求不战而屈人之兵的目的。

然而，得悉史思明花式晒马的李光弼此时此刻心中所考虑的则是另外一件事——怎么把史思明的这批宝贝疙瘩收归己用。

硬抢是抢不过来的，收买叛军相关人员也不太现实（李光弼想必有钱也不会出），所以唯一靠谱的方式是智取。

"我们的马厩中还有多少匹马？"

"数千匹，不足一万。"部将答道。

李光弼想了一下，继续问道："这其中母马多吗？"

"据末将所知，数量也不算少。"

"很好！你去军中搜集生过小马的母马，过几天我要用。"

这是什么计策？部将有些猜不透，但他相信李光弼足智多谋，既然说了需要用这种条件的母马，那立即找来就是了。

事实证明，朔方军的战马数量绝不是吹出来的。虽然李光弼的要求很细，但军中还是凑出了五百匹符合条件的母马。站在这群母马前面，李光弼满意地点了点头，然后下令将这批母马与它们的小马驹强行分开，赶到城外，赶到黄河的北岸！

这个时候，正是史思明洗刷刷秀良马的时候，而因挂念城内小马发出嘶鸣的母马群很快便吸引了史思明马群的注意。

要知道，史思明的这些好马都是清一色膘肥体健的公马，听到母马嘶鸣得如此高声，自然不能好好地洗澡了。于是乎，在某匹立场不够坚定的公马的带领下，众马纷纷下河奔到了对岸，随即被唐军士兵们一股脑儿地赶进了城内。

史思明真的有些欲哭无泪了，绝好的千匹良驹啊！就这么让狡猾的李光弼不费吹灰之力就全部忽悠去了。

此仇不报，以后老子还怎么在这一带混！

盛怒之下，史思明组织了一支有着数百艘战船的舰队，以火船作为前驱，意图顺流而下，烧毁黄河上的浮桥。

史思明的这一计划充分说明了，这也是个老奸巨猾之人。

河阳城和一般的城池不大一样,说起来这是一座城池,但事实上这座城池是由北城、中潬城、南城三座小城组成的。其中,北城建在黄河北岸,中潬城建在黄河中间一块比较大的沙洲上,南城则位于南岸,三城之间以浮桥相连,彼此呼应,形成一个整体(格局有点类似于今日的武汉三镇)。因此在历史上又有"河阳三城"之说。

史思明烧毁浮桥的目的很明显,就是要切断河阳三城之间的联络,然后将陷于孤立的三城各个击破。

而且史思明断定,从北方一路赶来接管朔方军的李光弼麾下是没有水军这一建制的,只能像自己之前那样干着急,眼睁睁地看着一切变得不可挽回。

李光弼,看着吧,你昔日施加于我身上的羞辱,今日我就加倍偿还给你!

史思明指挥着舰队扬帆出发了。果然不出所料,河面上不仅干净,而且安静,一艘敌船的踪影也没有。这样很好,只要让火船烧掉浮桥,紧随其后的战船就可以一拥而上,打响登陆战,一举攻占中潬城,让黄河两岸的唐军不得不各自为战,自此孤立无援。

实事求是地讲,史思明的这个计划堪称完美,开路、跟进、后援等环节安排得环环相扣,他不仅占据了兵力上的优势,还拥有充足的装备,如无意外,胜券基本在握。

但李光弼注定是史思明这一生挥之不去的意外,所以,这一次本来看上去能够到手的中潬城终究没有到手。李光弼再次挫败了史思明,以史思明意想不到的方式。

李光弼是没有水军,不过这并不碍事,因为李光弼并不打算在水上与敌军决一胜负,甚至不打算引敌上岸,短兵相接。他要做的,是让史思明知难而退,主动撤军。所以,李光弼是这样操作的:

让人准备了数百根结实的百尺长竿,用毛毡包裹铁叉安装在竿头上,接着又将长竿固定在支撑浮桥的巨木之上。这样,上游敌人的火船一漂过来,就会被长竿顶端的铁叉叉住,动弹不得,直到火船自己在河中烧成灰烬。

当然,为了不让史思明和跟在后面船上的士兵觉得无聊,李光弼还给他们准备了惊喜,惊喜从天上来。

当长竿死死叉住战船的时候,桥上突然传来巨响!无数巨石随即从天而降,然后狠狠地落在史思明的舰队中。史思明军猝不及防,瞬间损失惨重。

这熟悉的轰鸣声让史思明立即作出了准确的判断:这是大砲!

史思明做梦也没有想到,大砲居然能够用在这样的场合。李光弼居然会在桥头设置大炮，轰击舰队！

不过史思明没有时间震惊了，他必须马上弃船登岸，因为在这石块满天飞的恶劣环境中，已经有不少舰船被巨石击中沉到河底了，再不快点撤退，大家今晚就要集体在河神的水府作自我介绍了。

于是，在纠结了片刻后，史思明终于喊出了那句丢人的命令："快撤！快撤！"

叛军退走了。此战唐军大获全胜，斩首千余，生擒五百余人，落水溺毙者无算，史思明一方的兵力损失在三千左右。

但史思明并不是个轻言放弃的主儿，特别是对于一再完胜自己的李光弼，史思明更是不惜一切代价也要扳回一局。因此，他很快便恢复了冷静，再次把手伸向了李光弼的软肋——粮道。

河阳城渡桥向南，是东京洛阳，过桥北去是上党、太原，往东北方向走则可直趋邺城，通向河北，交通可以说是非常便利。但粮道只有一处，就在河阳西面的黄河渡口。

这也是没有办法的事情，毕竟此时此刻，洛阳、邺城都在史思明的手里，南北都被堵住了，城内守军想要有一个稳定的物资输入，不能不选择这里。而现在史思明决定将这里拿下，所以他在河阳西面的河清（今河南省济源市南黄河渡口）驻扎了部队，准备随时采取行动。

李光弼察觉到了史思明的企图，立即针锋相对地亲自率军出屯野水渡（今河南省孟津县黄河北岸渡口），与叛军遥遥相对。

不过不久李光弼就回了河阳，只留下一千名士兵守在此地。临走前，他找来守在此地的主将雍希颢，说了这么一番让人莫名其妙的话：

"敌将高庭晖、李日越、喻文景都是万人敌水平的猛将，我料定史思明一定会派他们其中一人前来劫持我，因此我要暂且离开此地，你就待在这里。如果敌人到了，不要与其交战。但如果有敌人前来投降，你就和他们一起返回河阳。"

雍希颢听得有些发蒙，啥？敌众我寡，敌将又是你说的那种猛将，怎么可能会主动来投降呢？雍希颢表示不能理解，但他也不好当面质疑主帅的话，所以只好喏喏应声，默默地送李光弼离营。

李光弼走了，留下的众将终于忍耐不住笑出声来。他们一致认为李光弼的脑子进水了，因此才产生了这样不切实际的幻觉。不过，他们很快就将收敛住笑容，并转变为敬畏，因为李光弼的预言正在一步步实现。

当夜，黄河南岸史思明大营，史思明正在布置任务。

"李光弼擅长守城，野战水平却不怎么样，如今他率众在野外扎营，这正是擒住他的大好机会。你率铁骑乘夜渡河，为我拿下此人！要是完不成这个任务，就不用回来了！"

接到这一任务的人叫李日越，正是李光弼提到的叛军三猛将之一。

于是，一切开始按照李光弼写好的剧本上演了。

凌晨时分，李日越统领五百骑兵来到唐军营寨门口。然后，他便看到了令他百思不得其解的一幕：唐军士兵似乎早有防备，紧闭大门，守将则带着部分士兵气定神闲地藏在壕沟之内休整，完全是一副"早知道你会来，但我就是不出战，你快来打我啊"的姿态。里面的唐军看到自己的骑兵甚至吹起了口哨，或大声叫喊起来。

对于眼前这种自己无法解释的现象，李日越决定一问究竟。

于是他开始试探性地喊话，而让他意想不到的是，营内的唐军居然很快给出了答复。

"司空（即李光弼）可在营中？"

"夜里已经离开了。"

"这里有多少兵留守？"

"一千人足矣！"

"谁是主将？"

"雍希颢。"

李日越听后不禁满面愁云。很明显，突袭擒拿李光弼的任务是无论如何也无法完成了，而凭自己这五百名骑兵，能否攻下严防死守的这座营寨都是两说，更别提进河阳抓李光弼了。可是大领导放了话，拿不下李光弼就甭回去，如果硬着头皮回去的话，肯定没有好果子吃。

思来想去，沉默良久，李日越终于作出了决断。

他拨转马头对着随行的部下大声说道：

"如今我们活捉不到李光弼，即便能抓雍希颢回去，我也必死无疑，不如就此投降。"

李日越的部下骑兵全部是李日越的铁杆，自然没有异议，于是李日越就带着这五百骑兵来到唐营门口请降。

李光弼的预言至此基本上完全实现了，按照要求，雍希颢立即带上所部和降军一道返回了河阳。

如果没有重名，这位李日越兄，应该就是五年前，在东北被安禄山率军击破后俘虏的那位奚王。

李光弼是契丹人，而契丹和奚又是关系素来密切的两个民族，因此李光弼和李日越一见如故。凭借着这两年发展河东军阵营积累下来的宝贵搞关系经验，李光弼不久便干净利落地彻底搞定了李日越，真正做到了不但对李日越非常看重，还将他视为心腹。

对于此番厚待与倚重，李日越很是感动，所以他把他降唐后的情况通过各种渠道传回了史思明军中，打响了朝廷对叛军舆论宣传战的第一枪。

一枪响后，便有反应，与李日越齐名的叛军猛将高庭晖听说了李日越的待遇后，不久也率部投降了唐军。

这一切实在是太神奇了。李光弼是怎么预料到会有人来归降，并且一下子便轻而易举地就招降了敌人的两员大将的呢？

就这一问题，有人询问了李光弼。

李光弼莞尔一笑后，给出了答案：

"这是人之常情。史思明对于不能与我野战一决高下之事一直耿耿于怀，听说我率军出城驻扎在旷野，就认定以其骑兵的强大这一次一定能擒获我。李日越却抓不到我，所以肯定不敢再回去了，只能选择投降。至于高庭晖嘛，他的才能超过李日越，听说李日越被我委以重任，他自然也跟着动了心思，所以也跟着归降过来了。"

可怕！可怕！

李光弼对敌人的了解，对人性的剖析竟然达到了如此程度，真的只能用两个字来形容——恐怖。

他掌握了史思明及其部将的基本情况及性格特点，破解了史思明的计策，还提前安排好了后续的部署，这意味着，李光弼真的做到了知己知彼。

首先，他十分清楚史思明的做事风格，知道他一定会派大将来捉拿自己，且肯定会下死命令，不完成任务不罢休，所以他能推测出派来的将领可能是谁。

其次，他知道史思明对他的看法，即善于守城，不擅长野战，也料到敌人会派出敌兵夜袭，所以他下令守军闭门不战，自己则连夜回到了河阳。顺便一提，个人以为，史思明对李光弼的能力判断大致准确，确实是守城战打得比野战漂亮得多。

最后，他之所以能够屡次压着史思明打，成为最终的胜利者，是因为他还做到了最重要的第三点——扬长避短。

具体表现为，不能打水战的时候就上大炮轰，野战不太强就赶紧闪人，统战工作水平一般就让降将现身说法进行招降，等等。

所以说，李光弼能有"将帅中第一"的称号，绝非浪得虚名。

史思明虽说也称得上是机巧狡猾的人精，但斗智的话，确实还稍逊一筹。

其实，论要心眼、施诈术，李光弼还不是唐军中唯一的个中强手，他的部下、郑陈节度使李抱玉也不容小觑。

李抱玉是南城守将，在李抱玉承担起这一职责前，李光弼照例与他进行了一次谈话。

"将军能为我坚守南城两天吗？"

一上来，李光弼便开门见山，提出了具体需要，这也是他老人家的一贯风格了，从来不按套路出牌。

不过，这一次李光弼算是遇到同类了，李抱玉同样是个有着跳跃性思维的人。李光弼问完了话，李抱玉既不点头应允，也不摆手否定，而是跟着反问了一句："那两天过后咋办？"

李光弼微带笑容地看着眼前这个人，一字一句肯定地说道："两天之后如果援军不到，任你弃城。"

李抱玉这才答应了，毕竟不是死守到底，只须坚守两天，而且两天过后无论成败，自己都无须承担什么责任，很好，很好。所以，李抱玉带上所部兵将就转战南城，在他看来，两天的时间转瞬即逝，没啥问题。

可当战斗真正打响的时候，李抱玉才终于看清了形势，这其实是个大深坑啊，敌人的攻势实在是太猛了。

在烟熏火燎、矢石横飞的环境下，叛军士兵们居然爆发出了相当可怕的战斗力，接二连三地爬上城墙，与唐军直接肉搏，好几次在守军的防线上开了口子。好在李抱玉是个很有能力的将领，在他的组织下，唐军经过殊死奋战，在付出巨大伤亡的情况下，最终把爬上城头的人赶了回去。

仅仅过了这一天，李抱玉就认定，南城快要守不住了。可是现在距离与李光弼的约定还有整整一天时间，援军不能指望，跑路难辞其咎，该如何是好呢？

想来想去，只有一个办法了——投降。当然，只是诈降。

李抱玉派人缒墙出去（不能开门），给城外指挥进攻的叛军主将周贽传了话：我这边粮食已经耗尽，明天就会投降。

周贽很高兴，所以他下令缓下攻势，不久又干脆撤下了攻城部队，只等天亮接受李抱玉部的投降。

冬天的天，亮得很晚，而当天光大亮，周贽却看到城头上的守军正在抢修防御工事。

一边说要投降，一边则加班加点地砌墙，这就有点太过分了。于是周贽愤怒了，受骗的叛军士兵也怒了，因为这意味着他们又要爬一遍城墙了。

不过不爬是不行的，那样只会让李抱玉的奸计得逞，因此，叛军立即发起了比前一天更为猛烈的进攻。

处于愤怒中的人是很猛的，但同时也是最缺乏洞察力的，所以叛军上下完全没有注意到，有一支部队突然出现在了他们身后。

这支部队是李抱玉昨天夜里动员组织的一支奇兵敢死队，他们已经在城外埋伏了很久。当叛军与守军的战事进行到胶着阶段时，这支奇兵终于杀了过来，直击叛军侧翼。叛军猝不及防，当场被砍倒一片。此时此刻，城头的守军也马上发起了反击，在前后夹攻下，叛军终于支持不住，主动违背了周贽的命令，全部后撤。

攻击南城不利，叛军再次打起了中潬城的主意。中潬城，说到底就是黄河河中沙洲上的一座规模比较大的营寨而已。它事实上并没有一座真正城池那么高的城墙，它四面墙的高度仅仅能够到达人的肩膀，所以又有"羊马城"之称。

这种级别的建筑，其防御力可想而知。不要说是史思明的虎狼之师，就是普通的山贼土匪想要拿下此地，也浪费不了太多精力。

对于这些情况，史思明了解得很清楚，李光弼则认识得更深入，所以他不但亲自率兵来守最薄弱的"羊马城"，还想方设法进行了适度的城市扩建。

城墙过于低矮，自然不能让敌人一下子就杀到城墙边上。因此，李光弼先派人在城外绕着城池设置了一圈栅栏，然后又让人在栅栏的外围挖出了一道宽两丈、深两丈的壕沟，以保证叛军在进攻时，能在这里停上一会儿，好为弓弩手提供多一些非移动靶，减轻"羊马城"的近战压力。

然后就是具体的守城部署问题了。李光弼把镇守"羊马城"的重担交给了安西军以及他们的新主将荔非元礼。他本人则带着预备队驻扎在中潭城东北角的瞭望台上总揽全局，并用一面醒目的红色小旗指挥各处军队。

史思明的士兵们果然训练有素，来得好快，而且根据中潭城的具体情况，史思明似乎也选定了最佳的攻城方式——不分主攻方向的全面猛攻。

叛军仗着人多势众，几乎就是直奔"羊马城"的方向而来。

看得出，史思明为这次行动做了相当充分的准备工作，很多攻城装备和器械如木鹅、蒙冲、斗楼、橦车什么的都打包带上了。而且攻击起来很有节奏感：叛军的前锋由盾牌兵和工兵组成，开辟出登陆阵地后，就由盾牌兵在前，徐徐推进，挡住守军弓箭，同时掩护后面的工兵快速填平沟堑，为接下来的后续部队铺平道路。

接下来的第二拨就是车兵。不过他们驾乘的不是战车，而是运输车，前面提到的木鹅、橦车等攻城器械就是用这车运过来的。

最后一拨就是骑兵。等路都铺平了，栅栏什么的障碍物都拆除了，骑兵们再冲进去砍人，一马平川的，进击效果那是相当地好。

现在就是这样配合得天衣无缝的三拨人，从东南西三个方向，分八路进兵，进逼中潭城。只见他们平堑开栅，长驱直入，源源不断地冒着矢石靠近"羊马城"的矮墙。但让人大感惊奇的是，如此紧迫的局势下，"羊马城"中的守军居然丝毫没有大动静，仅是简单地在用弓箭向外射击。

远远地看到这一幕，李光弼急了，他马上找来传令兵向城内的荔非元礼发出了质问：

"中丞（荔非元礼时任御史中丞），你看到敌人填平壕沟，砍开栅栏进兵，却按兵不动，这是什么缘故？"

荔非元礼是这样回复的："太尉（即李光弼）是想守，还是欲战（'拟守乎，拟战乎'）？"

李光弼回答得简单干脆："战！"

"若要战，等敌人替我军填平壕沟，砍开栅栏，扫清阻碍，不是很好吗？为何要阻止呢？"

听到荔非元礼这样回答，李光弼突然醒悟过来，不禁抚掌大笑："我的智慧不及中丞啊，中丞可好好加油，努力一战！"

得令！

在叛军士兵砍开最后一排栅栏的那一瞬间，荔非元礼身先士卒，率领安西军对叛军发起了反冲锋！

安西军到底是一支一直活跃在战争中的部队，战斗力十分强悍，叛军先锋部队被这么一冲，居然被迫退走了数百步。然而，出人意料的一幕再次发生了，安西军反冲锋得手后居然没有乘势再冲，而是主动收缩兵力，退了回去。

督战的李光弼望见这一幕再次大怒，他以为荔非元礼畏敌不前，马上派人前去传唤，打算把这个不靠谱的将领叫过来军法处置。谁知前线处的荔非元礼却振振有词，拒绝脱离指挥岗位。

"战况正急，召我去干什么！"

李光弼的使者就这么被硬生生地搪塞了，不得不自己跑回去复命了。

而就在使者走后不久，本已退入"羊马城"的安西军突然又生龙活虎地杀了出来，打了叛军一个措手不及。然后又是你打过来，我打过去，双方激战数回，反复对冲，直到叛军终于支持不住，败退。

荔非元礼的战术就此成功。

原来经过第一次的反冲锋，荔非元礼便敏锐地觉察到敌人初来乍到，士气正盛，死磕下去的话一时间难以击破敌人不说，自己这边的伤亡也不会小。所以他审时度势，带领部队退进了城内，等敌人翻墙避箭折腾到锐气不再，这才再次发起进攻。

果然，懈怠下来的叛军好打得多，在安西军的奋勇拼杀下，叛军终于知难而退。

南城骗子多，中潬城将士太猛，看来只有欺负下北城了。于是，在攻击受挫后，叛军的前线指挥官周贽决定改变攻击方向，先攻取北城。为了保证这一次万无一失，他特地拉上了安太清，合兵三万，向北城发起了攻势。

李光弼闻讯，火速率兵转战北城。

登上北城的城墙一望，李光弼彻底放心了。

为什么这么说呢？

城头上的李光弼说得很清楚：敌军虽然人数众多，但军容不整，喧哗吵闹，所以，不必害怕他们。

末了，李光弼还做出了一个承诺，表示不到中午，保证为大家击破敌军。

然而李光弼失信了。估计知道这次再战败，后果会很严重，叛军上下都拿出了拼命的劲头。虽然打得昏天黑地，血流成河，但叛军就是死战不退，他们一次又一次地冲上来与唐军纠缠在一起。因而两军战至正午时分,依旧未分胜败。

双方交战至此时,很明显都显露出了疲态,但唐军的疲惫更甚,毕竟是连续作战,且人数上不占优势,所以李光弼清楚地意识到,再这样打下去,最先崩溃的,一定会是自己这一方的士兵们。时间紧迫,需要尽快采取措施,结束战斗。为此,李光弼再次召来了众将。

"敌阵什么方向最强?"

众将齐声答道:"西北角。"

"郝廷玉何在?"

郝廷玉答道:"末将在!"

"郝廷玉,你为我带麾下兵击破敌阵西北角!"

"廷玉所部均为步兵,请带五百骑前往破之。"

"给你三百骑兵!"

"敌阵什么方向是第二强的?"

众将齐声答道:"东南角。"

"论惟贞在吗?"

论惟贞立即答道:"末将在!"

"论惟贞,由你去击破敌阵东南角!"

"末将乃是蕃将,不懂步战,请带三百骑前往破之。"

"给你二百骑兵!"

分配任务完毕,李光弼又命人牵出了四十匹御赐的宝马,分给郝廷玉、论惟贞等即将出战的将领们。

接下来就是一决胜负的关键时刻了,北城能不能守住,河阳能不能保住,大唐的江山社稷能不能延续下去,很可能就看这一战了。

所以一向铁腕治军的李光弼环顾周围众人,停顿了一下,随即满脸杀气地下达了最后的命令:

"此战,你们须听从我的令旗指挥,若见令旗缓慢摆动,你们可根据各自的判断自行作战;假如我急速挥舞令旗并多次指向地面,那么你们就要齐心协力,同时向敌阵发起猛攻,不惜一切代价,杀入敌阵。如有临阵退却半步者,杀无赦!"

此令一出,大家都面无血色。众将万万想不到,李光弼的军令居然真的有这么严苛，实在是前所未闻，甚至连部分身经百战、多次从死人堆里爬出来的朔方军将领也不禁闻言色变。

还没等他们完全回过神来，只见李光弼将一柄短刀放到了自己的靴子里。

"战争，是最危险的，谁也不能保证可以平安归来。我既然身为朝廷的三公，就不可以死在敌人手里。万一此次作战失利，你们在阵前战死沙场，我便一定会在此自刎，决不会令各位死去而独活于世！"

言及于此，李光弼再次用坚定的目光看向每一个人。从他的目光中，众将意识到这个位居高位的人并没有开玩笑。

所有的人都惊讶地看着李光弼，而此时此刻，李光弼脸上又早已恢复了往日沉着镇定的表情。

不胜，即死。

李光弼为守卫这座城池的人和他自己留下了这唯一的选择，而他李光弼将以身作则，去践行这一诺言。

与会众将各自散去，准备出发作战。李光弼则站上城头，遥望远方，闭目等待着胜利的消息。

然而，当他再次睁开眼睛时，却看到了事与愿违的一幕：奉命去攻敌阵西北角的郝廷玉居然脱离了战场，正在向城门方向急速后撤！

"郝廷玉都败退下来了，我军真的危险了啊！"

事情看起来的确如此。郝廷玉是李光弼麾下一个比较有能力的将领，此人武艺高强，勇猛异常。更难能可贵的是，身为将军却能做到身先士卒，撤退殿后，可以说是非常值得信任、非常靠谱的。如今郝廷玉这样的将领竟然也支撑不住了，只能说明此战形势危急，唐军有战败的迹象。

但是，既然已经讲过不胜就死，军令如山，说到就要做到，不论你是谁，又有着怎样的理由，都不可逾越。所以，李光弼当即吩咐左右亲信前去阵斩郝廷玉，取其项上人头回来复命。

远远望见李光弼的卫兵杀气腾腾地赶了过来，郝廷玉突然想起了出城前李光弼说过的那番话，看这个架势，李光弼是真的要带大家一起玩命了。

于是郝廷玉赶忙对着城头喊话，解释道："我的马中了一箭，自己跑回来的，并不是我战败后退！"

使者将郝廷玉的话回报给了李光弼，李光弼即命郝廷玉换马再战。郝廷玉上马后二话不说，拨转马头，就急匆匆地奔回了激战正酣的沙场。

事实上，此时战场上像郝廷玉一样勇猛厮杀的并非个例。据史料记载，有一员唐军裨将就很猛，一杆长枪就朝敌军的坐骑招呼，上阵以来已经连续刺倒数骑，斩敌数人，表现十分出彩。而表现丢人的也有一个典型。有个士兵迎敌不战，自动后退，没一会儿工夫就已经退到了火线的最后方。

当然，这个时候，这两个人都不知道，他们在这场战斗中的表现不仅全部被城头上的主帅李光弼尽收眼底，还会被写进史书里，就此流传下来。

不等战斗结束，这两个人便各自被召回城中。等待着他们的，是截然不同的结果。那位用枪的裨将当场得到了李光弼五百匹绢帛的赏赐，并在全军通告嘉奖，至于那位不战而退的兄弟则没什么好说的，直接被拖下去斩首示众了。

在一正一反两个榜样的示范作用下，士兵们无不抱定必死的决心，挥舞起大刀长矛向叛军杀去。这也是没办法的事情，因为实践已然证明，只有在两种状态下才能够再次进入河阳。其中一种是逃兵，被押进去，随即变为尸体，受到唾弃和鄙视。另一种则是成为胜利者，凯旋进城，获得鲜花与喝彩！

屈辱与荣耀，在此一举。

反正就算是死也要死得有尊严，死后家属也要有抚恤金拿啊！

战死就战死吧！跟你们拼了！

唐军上下一时士气大振，硬是将敌阵冲出了几个缺口。

见战局开始出现逆转的迹象，李光弼当机立断，连续挥舞令旗，示意全线出击。唐军众将领命，当即统领各自人马向叛军发起了总攻。

一时间杀声四起，惊天动地。在一群近乎疯狂的人的猛砍猛冲下，叛军第一次体验到了什么叫作临阵崩溃。曾一度横行中原，无人可挡的叛军开始四散溃逃，成了唐军追赶的对象，而这场被人追砍的运动一直持续了一炷香的时间才告终。

北城的战斗终于以唐军的彻底胜利、叛军的彻底失败而告终。所谓彻底，真的不是说说而已，因为这一仗打下来，叛军一方阵亡了上万人，另有八千余人被送往李光弼的战俘营。将领之中，除安太清只身逃走外，大将周贽、徐璜玉、李秦授悉数被擒，数以万计的军资器械也跟着被唐军缴获。

顺便说一句，这里的战果统计情况，源自《旧唐书》和《新唐书》的相关人物传记,但据《资治通鉴》记载,唐军的战绩并没有如此辉煌,仅是斩敌首千余级,俘虏五百人,外加赶进河里溺死千把来人,大概最多只有三千来人的斩获。而且据说也没抓住周贽,最后关头还是让他带着几个骑兵溜走了。史书记录上出现这么大的差异,这也是没办法的事情,唐史难度并不亚于明史,这本书这么说,那本书那么说,各执一词的情况同样存在。而且由于史书编修的时代有很大差异,很多史料在千百年的岁月里被有意无意地遗失,因而想要确认难度很大,许多说法由此成为孤证,或者干脆是一团纠葛不清的乱麻。

所以,本书中,但凡遇到此类自相矛盾的记载,一般都会根据历史学考证的原则,采信最趋近事发年代的记录,同时对比多方史料加以辨析,以求去伪存真,故此处采用的是两唐书的说法。

战斗胜利了,李光弼却没有丝毫的松懈,他当即打马带兵向南城奔去,原因很简单:战事还没有完全结束,在周贽、安太清携手攻打北城的同时,史思明正亲自统兵猛攻南城,这会儿南城尚在苦战。

李光弼率众赶到南城增援的时候,史思明还不知道北城兵败的消息,也不信。直到李光弼派人将叛军俘虏拉出来展示了一番,并当场砍了几十个人,史思明才相信,随即才下令撤军。

自从撤退后,史思明再也不敢贸然进攻河阳。在他眼中,李光弼已经是一个自己一辈子也不可能战胜的对手(至少当时看来的确如此)。所以史思明决定不再在河阳自取其辱,做无用功,他要在其他地方重拾胜利者的威严,并打开局面。史思明选定的突破口是陕州。

陕州,就是今天河南的三门峡市。如果攻下此地,即可绕过干不掉的李光弼,直取潼关,进而威胁长安。顺利的话,还能间接实现对李光弼的施压,让这位救火队长疲于奔命,使得河阳这边的战事打开局面。

为了一举成功,史思明把袭取陕州的重任交给了悍将李归仁。

乾元二年(759 年)年末,李归仁奉史思明之命,统领五千铁骑奔袭陕州,却不料在路上遇见了卫伯玉。

卫伯玉是安西系的将领,他之所以会在陕州这一带出现,说起来还是拜史思明所赐。如果不是他和安禄山造反,卫伯玉就不会受命率所部离开临洮的原驻地来东边作战,也不会因为自己的军镇被吐蕃人乘虚攻占,变得无家可归,流落到陕州驻防。

因此，卫伯玉所部和叛军可谓仇深似海，遇上了自然没话说，就是一顿猛打，连战前动员都省掉了。

于是，李归仁和他的五千铁骑在礓子阪（位于陕州东南）被身怀国仇家恨的卫伯玉部数百骑兵击败，还被抢去了六百匹战马（估计卫伯玉和部下基本上每人都抢到了一匹）。

实在是羞耻啊！

不过，李归仁先生真的没必要那么抓头发捶胸的，因为击败他的卫伯玉军并非无名之辈，这支部队的名号叫作神策军。在此后的一百多年里，所有大唐的敌人或叛逆的藩镇在听到这个名号后，都将不由自主地颤抖。

虽说此时的神策军还没有成长为下辖近二十万人的庞然大物，但这支部队的最初版本自然也非等闲，不必太大惊小怪。

可是李归仁到底还是没能把震惊中的嘴合上，因为在接下来与唐军的数十次交锋中，他一次也没赢过，打败他的是同一个人。这个人不是卫伯玉，而是一个李归仁从来没有听说过的名字——李忠臣。

李忠臣何许人也？其实李归仁应该猜得到的，因为一个人的姓名纵使能改变，他的行事习惯、作战风格却不会有太大的改变。作为和李忠臣从华北一直打到中原，打了四年多的老对手，居然没有一下子认出来，实在是太不应该了。

这个人就是李归仁曾经的对头、队友——董秦。

董秦是跟随史思明参加河阳战役的时候，在一个晚上统率麾下五百人踹营突围，回归唐朝阵营的。此后，他追随李光弼进行了艰苦卓绝的河阳之战，并在战后被召入京师，接受李亨的亲自接见。就是在那次接见中，董秦被赐姓李氏，赐名忠臣，随即被委任为陕西、神策两军节度兵马使，跟随鱼朝恩驻守陕州。很不巧，李归仁这个董秦昔日的手下败将偏偏跑到这边来做任务，所以到头来只有被打得四处乱跑的份儿了。

李归仁屡战屡败，李光弼严防死守，这下史思明真的无计可施了，只能待在河阳城下，望墙兴叹。

史思明的棋路既然用尽了，就该轮到李光弼反击了。事实证明，李光弼真不愧是高手，一出手就是杀招。

上元元年（760年）二月，李光弼亲自率军突袭怀州。

李光弼此举的意图非常明显，是要切断史思明的北归之路，在中原布局将叛军"包饺子"。一旦怀州被唐军攻下,届时西进受阻、北去无路的叛军只能退入洛阳。众所周知,洛阳地势开阔,基本无险可守,等待史思明和叛军部队的下场只能有一个,就是被李光弼全歼。

所以,史思明闻讯后极为惊慌,立刻率兵驰援。

但这一次,史思明又上当了。李光弼此时根本没有攻下怀州的计划,他这么大张旗鼓地出击怀州,目的只有一个——围城打援。

于是,史思明统领的援兵在沁水一带遭到了唐军的伏击,大败,伤亡三千余人。

然而,不等史思明休整好败军,他又得到消息,李光弼又去进攻怀州了。

这一次攻城,李光弼是很认真的,所以守怀州的安太清只出来打了一场,就被打得大败逃回,自此不敢出城。但安太清到底是有两把刷子的人,因此李光弼一时之间也无法轻易攻破怀州。

就在李光弼同安太清对峙于怀州时,史思明再度登场了。

这一次,他没有直接领兵前往救援,而是精明地对河阳发起了新一轮的攻势,集中兵力攻打河阳西渚。谁知,两军刚一交锋,史思明就远远地看到了对面一个熟悉的面孔——李光弼。

所以结局也可想而知,史思明再度战败,在丢下一千多具尸体后,匆匆撤离。

两个月后,史思明又意图东进,夺取江淮,断掉唐朝的财赋来源。谁知派出的兵刚到郑州,就撞到了李忠臣的老搭档、平卢兵马使田神功,被一通猛打,赶了回来。

自此,史思明终于折腾不动了。

而李光弼则乘机对怀州发起了最后的攻势。

在经历了丹水灌城、地道突袭等非常规攻城手段的洗礼后,安太清终于守不住了。

上元元年(760年)十一月,唐军收复怀州,生擒守将安太清、杨希文,送往京师献俘。

怀州被唐军攻陷的消息传来时,史思明几近绝望,但他很快就重新燃起了希望,因为通向东南方向的通道被打开了。一个叫作刘展的唐军将领在江淮发起了叛乱,原本驻扎在任城(今山东省济宁市)的田神功部奉命南下平叛,所以此时此刻,前往江淮的路已是一片坦途。

这样千载难逢的机会,史思明当然不会错过,他立即作出了相应的东进部署:

田承嗣率领五千人马南下,夺取淮西地区;

王同芝率领三千人马，攻略陈地（今河南省淮阳县）；

许敬釭统兵两千向东南进发，目标兖州（今山东省兖州市）、郓州（今山东省东平县）；

薛萼率领五千人马，一路向东夺取曹州（今山东省定陶县）。

史思明果然老辣，出兵攻打的都是极其重要的地点，而一旦让他得手，唐朝必然完全走向被动，甚至会因财政危机而出现分崩离析的灾难性局面。

于是，得悉史思明动向的李光弼决意想方设法破坏史思明的计划，迫使他召回出征的军队，挽救危局。可是，还没等李光弼上奏朝廷获得许可，朝廷的命令就来了。而这个命令一宣布，连一向冷静的李光弼都差点儿气炸掉。

因为这个命令的内容是向洛阳发起总攻，并伺机消灭史思明的主力。

而命令背后的支撑理由更是令李光弼无语——驻守洛阳的叛军将士都是北方人，长期在外都十分思念家乡，想要回去，如今叛军上下已离心离德，如果迅速对其发起进攻，一定能将叛军击破。

这个命令还可以再荒唐一点吗？！先不论双方的兵力悬殊，准备是否充分，就说打下洛阳有什么意义呢？李光弼的看法很明确，没有任何意义。至于原因我们前面已经说过了，李光弼留给史思明的洛阳城基本上就是一座空城，况且洛阳城无险可守，掌握在手中除了减少可用的机动兵力外，再无他用。简单说来，就是个累赘，所以李光弼坚决不同意把宝贵的兵力如此浪费掉。

于是，李光弼一方面给朝廷上表，说明利害关系，意图说服李亨收回成命；一方面派人打探到底是谁提出了这个脑子进水的建议。

李亨那边的回复比较慢，所以李光弼先得到的是提议人的消息。关于提议人的身份，语焉不详（就连日后的史书上也没有答案），但附议人的身份倒是很明确的，他就是陕州观军容使鱼朝恩鱼公公。

鱼朝恩不在陕州好好守城，看演习，没事插手李光弼的军务做什么呢？对此，普遍认为是鱼公公挂职陕州，却心怀天下，打算搞点大事情，向皇帝证明一下自己的军事才能；迷信一点的看法是鱼朝恩乃李光弼的命中煞星，史思明的福星，他此番出现是史思明命不该绝，李光弼该有一劫。当然，除了这两种说法之外，还有第三种——不可或缺的阴谋说。

就是说，让李光弼去攻取洛阳，从头到尾就是个阴谋，是为了让李光弼自乱阵脚，甚至被皇帝废弃不用,就像郭子仪那样。不过,这个阴谋的策划者并非鱼公公,他只是一颗棋子而已,躲在幕后操纵一切的,正是史思明本人。

这个说法并非信口开河、空穴来风,它是有依据的,而这个依据就在官方史书中。在《旧唐书·史思明传》和《新唐书·李光弼传》中,分别有"上元二年(761年),潜遣人反说官军曰:洛中将士,皆幽、朔人,咸思归""思明使谍宣言贼将士皆北人,讴吟思归"的明确记载。所以,我们有理由相信,关于攻取洛阳一事,史思明先生很可能确实参与了运作,并进行了引导,而鱼朝恩公公则由于智商余额不足充当了一回帮凶,这才一下子把李光弼推向了风口浪尖。

万幸的是,李亨还保持着一定的理智。他虽然也想尽快收复洛阳,但对于身为天下兵马副元帅的李光弼的意见还是很重视的,所以当李光弼一再强调"叛军实力尚强,不可轻举妄动"时,皇帝陛下本来已经有了搁置争议、从长计议的打算,然而恰在此时,事情的发展出现了意想不到的转机。军中有一位重要的高级将领旗帜鲜明地站在了鱼朝恩一方,力挺进攻洛阳的方案。

这位高级将领不是别人,正是仆固怀恩。

以仆固怀恩的军事素养,他不可能不清楚进攻洛阳得不偿失,但他却依旧坚决地奔上了这条错误的路,这是为什么呢?

我认为,他是为了一口气。

这口气不仅是为了他自己,更是为了他的宝贝儿子仆固玚。

这话还要从唐军攻克怀州那会儿说起。

当时唐军刚刚进入怀州城,李光弼正忙着安抚城内民众、处置俘虏等事宜,正在此时,属下突然来报,称安太清的老婆让人带兵给抢走了。

根据多份史料分析来看,安太清当时很有可能是势穷投诚的,所以理应享受一定的优待,他的家眷自然也应该受到保护和尊重,因而出了这样的事情李光弼当然不能放任不管,否则传出去了,以后谁还敢投降呢?

于是,李光弼当即拍案而起,下令将安太清的妻子找回来。

可是命令发出去了,底下的人却没有立即行动。

原因很简单,他们知道,抢走安太清老婆的人叫作仆固玚。

仆固怀恩不用说,是朔方军蕃汉精锐部队的主将,和郭子仪、李光弼几乎可以平起平坐,三人素来被并视作朔方军的三驾马车,不是一般人惹得起的大人物,而他的公子仆固玚也很厉害。这位仁兄在战场上表现得一向十分剽悍，每次冲锋杀敌都会深入敌阵横冲直撞，连仆固怀恩也拦不住。由于被他冲杀的次数太多，且每次都伤亡惨重，叛军被他打怕了，常常是望见他的旗帜就转头跑路，故而年纪轻轻就大名鼎鼎，军中号称"斗将"。

事实证明，仆固玚不仅在战场上作战凶悍，干起别的事也彪得狠。他听说安太清的老婆十分漂亮，想都没想就率兵把人劫走了。当李光弼下令要人时，仆固玚不但不听，反而发兵将自己的营帐层层把守起来，禁止任何人接近。

这个消息很快就传到了李光弼的耳朵里，于是李光弼大怒，亲自带骑兵跑去要人。在接连射杀了七个仆固玚的士兵后，这才把安太清的老婆夺回来，送还给安太清。

但这下仆固怀恩也怒了：身为朔方军主将，居然为叛逆分子杀死自家兄弟？！还是不是人！

本来就不待见你，老子平日里服从管理已经够不错的了，今天竟敢为了这屁大点事儿杀我的兵，真是岂有此理！

虽说仆固怀恩很生气、很不满，可也不便发作，毕竟李光弼是他的上级，他也没有反叛朝廷的意思，只有忍气吞声。但自这一刻开始，一个念头已经在仆固怀恩的心底萌生，那就是取代李光弼，成为朔方军的一号人物，让朔方军不受外人领导。

在仆固怀恩看来，只有这样才能保证朔方军不会被李光弼一手毁掉。

而这一次恰巧是个良机，李光弼和皇帝最宠信的太监鱼朝恩出现了严重的分歧，只要帮助鱼朝恩站台，不仅能够获得鱼朝恩的感激，有效地打击李光弼，或许还能得到皇帝的认可，借此机会掌控军队的指挥权。

果不其然，仆固怀恩一表态支持鱼朝恩，称一定能够拿下东都，整个局势瞬间扭转了，李光弼一下子成了少数派，不敢再强硬反对。皇帝陛下则露出了欣慰的笑容，数次公开表扬仆固怀恩，称赞其公忠体国，勤于国事。

照这个节奏发展下去，李光弼不要说难以在朔方军立足，就连河东军或朝堂上都不能再待下去了。于是，为免功亏一篑，彻底失去对全局的把控，李光弼只好违心地表示愿意拼死一战，光复洛阳。

李亨得到李光弼这样的回答，终于满意了。于是，他通过鱼朝恩向李光弼及卫伯玉等前线众将下达了总动员令："可速出兵以讨残贼"。

这句话的意思是应该尽快出兵讨平"残贼"，可在鱼朝恩接连不断地派人催促下，却变成了马上出战，一点多余的准备时间都不给。

李光弼此时完全体会到了当年哥舒翰在潼关时的痛苦。

皇命难违，不打不行了。万般无奈之下，李光弼只好将河阳的防务交给李抱玉，自己则亲率唐军主力南下，协同陕州鱼朝恩、卫伯玉等部夹击洛阳。

上元二年（761年）二月二十三日，唐军抵达洛阳城北的邙山，开始列阵。

考虑到叛军以骑兵为主，自己这边则步兵太多，骑兵太少，搞骑兵对冲成本太高，胜算还不大，因此李光弼下令部队依托山险列阵，并尽可能地用弓箭和强弩远距离解决问题。

命令刚刚传下去，李光弼便看到了差点让他当场吐血的一幕：仆固怀恩已然率部在一望无际的平原上列好了军阵，准备迎战。

这是要疯啊！李光弼虽然不喜欢仆固怀恩，甚至还很乐意看到他被敌兵砍死，但这个时候也不得不派人提醒仆固怀恩注意地形因素——毕竟仆固怀恩死了倒没啥，只是可惜了那些百战之兵。

于是，仆固怀恩耳边响起了带有李光弼风格的话语："依托山险布阵，进可攻，退可守，列阵于平原，一旦失利就会全军覆没。对手是史思明，切不可掉以轻心啊！"

对于李光弼的担忧，仆固怀恩非常不屑，他拒绝了李光弼移师的命令。当李光弼强令部队转移到有屏障的山地时，仆固怀恩更是亲自出马予以制止。

正如李光弼所言，史思明着实厉害得紧，唐军就这么犹豫不决、进退未定地耽搁了一会儿便被对面的史思明瞧出了破绽，乘虚发起了进攻。

仆固怀恩的士兵们猝不及防，被蜂拥而至的叛军骑兵一冲杀，顿时陷入了混乱，仆固怀恩挥舞着马刀，想要稳住阵脚，却无奈叛军骑兵异常凶悍，四处猛砍，自己的手下惊慌失措之下四散奔逃，根本无法重整部队，组织起有效的回击。

仆固怀恩部就此不可避免地战败了。

仆固怀恩所部既是以骑兵为主，又是朔方军的精锐，他们就此轻易败退，对于后方各部自然有极大的消极影响，至少在士气上是下落了大半。因此，李光弼虽率兵据守险要，顽强抵抗，但最终也没能挽回败局。

邙山之战，唐军就此败北。其直接代价是阵亡数千人，兵器辎重全部遗失。深远一点的影响则是驻守河阳的李抱玉闻讯弃城逃走，史思明不费吹灰之力就轻易占领了河阳、怀州这两个至关重要的战略要地，解除了叛军大举入关西进的后顾之忧。

麻烦了，这下真的捅出大娄子了。邙山战败所带来的危局可要比相州大败还要凶险得多。因为今时不同往日，如今当年的大后方陇西、河西之地已被吐蕃、叛羌、党项等部族乘虚瓜分殆尽，不再具备供朝廷后撤、重整旗鼓的空间和兵源。而相州之败前后，亲唐的回纥王子叶护在宫廷斗争中失败被杀，老可汗不久也去世了，新登位的回纥可汗对出兵助唐平叛之事并不感冒，唐朝已经失去了回纥骑兵这一强有力的外援。雪上加霜的是，江淮地区经过刘展之乱和平叛的田神功军的劫掠已经变得残破不堪，所上缴的赋税也仅够维持朝廷的日常开支而已。

所以深知这些情况的李光弼前脚在闻喜（今属山西省运城市）稳住了败局，后脚就主动上表长安，向皇帝请罪。

李亨还是了解情况的，他知道此次战败并非李光弼的缘故，但他还是将李光弼召回了朝中。不久之后，李光弼以开府仪同三司、中书令的身份被改派为河南尹、晋绛等州节度使（后改任侍中、河南副元帅，知河南、淮南、山南东道、荆南五道节度行营事），出镇临淮。

虽然没有明令宣布，但是明眼人一看就明白，李光弼独掌大军的时代已经结束。

李光弼被调到了次要战场组织工作；郭子仪虽被起用却被圈在长安当作门神使，不给实权；仆固怀恩也因任性导致战败，让朝廷召回了长安，留任工部尚书。如此一来，三大统帅级人物全军覆没，唐军真正群龙无首，到了最为危险的时候。唐军将领当中已无人可以阻挡史思明进军的脚步了，这一点长安方面知道，史思明也知道，但他们并不知道的是，此时此刻，史思明命中的杀星正在逼近，天下形势将因为这个人的出手再次发生惊天巨变。

第六章
重演

史思明终于得偿所愿击败了李光弼，现在，他要做的只剩下乘胜西进，夺取长安，真正实现改朝换代了。

为了达成这最后的愿望，史思明决意趁着唐军新败之机，抢攻下陕州。于是，他找来了儿子史朝义率一路兵马作为先锋，从北路（沿黄河河岸）奔袭陕州，他本人则亲率大军走南道（主要是崤山峡谷）随后跟进。

三月九日，史朝义率兵进至礓子岭。在这里，他遭到了卫伯玉神策军的伏击，大败而归。

平心而论，史朝义和他老爹史思明在性格方面差异很大，甚至可以说是截然相反，但有一点两人是一样的，那就是打仗时（集中体现在被打败后）的执着。

被神策军击败后，史朝义并不甘心，又接连发起了数次进攻，但均被卫伯玉带兵击退，叛军就这样被迫在陕州门外停下了进军的脚步。

得知史朝义久攻不下的消息后，史思明也不敢贸然兴兵，强行深入，只好率大军退驻永宁（今河南省洛宁县东）。

好好的一场秋风扫落叶的戏，被搞成了这样，史思明很生气，据说当天就在营帐里大发脾气，还喊出了一句狠话："我就知道那个小子生性怯弱，不能助我成就大事！"

老子恨铁不成钢嘛，没什么，可以理解，可以理解。

然而，当这话传到史朝义的耳朵里时，他却真的吓得不行。因为他很清楚，老爹说的绝非一时气话，而是纯粹的大实话。

史思明并不喜欢史朝义，史朝义知道。虽说他是长子，为人宽厚，深受军中将士们爱戴。但这样的优点在史思明眼中却一文不值，他待见的还是小儿子史朝英，这次出来打仗，他就按照游牧民族的传统将爱子留在大本营（范阳）坐镇，而且还经常别有用心地命令长子史朝义去打头阵。

关于这背后的用心，史朝义早就听史思明的左右透露过了，这是想借故杀掉自己，好立史朝英为太子。

这一次，老爹扬言要依军法从事，斩杀战败的自己和随行的诸将一事再次拨动了史朝义内心深处最敏感的那根神经，让他越发感到不安。而且他还隐约听说，史思明要派人前往范阳请史朝英南来，取代自己统领兵马。

如果再失去统兵权的话，史朝义就更加百无一用了。所以，随着时间一天天流逝，史朝义的神经日益高度紧绷，直到彻底断掉的那天到来了。

三月十四日，史思明来到了史朝义驻军所在地，视察前一日交代的三隅城的完工情况。

所谓"三隅城"，是一种依托山险构筑的城堡，一般多用于存储军粮，所以结构并不复杂，一个月的时间足以搭建好。

史思明来的时候，城堡确实顺利完工了。然而史思明还是很不高兴，原因很简单，他只瞟了一眼，就发现城墙上没有涂泥。于是史思明登时火气陡涨，大发雷霆，把史朝义狠狠骂了一顿，大概意思是老子交代给你这么一点小事都做不好，要你这个废物还有什么用？

史朝义被劈头盖脸地骂了半天，心里非常委屈：兵士们太累，休整一下再干不也行吗？至于骂得这么难听吗？

史朝义很不爽，但更不爽的还在后面。

史思明居然一点面子也不给史朝义留，让自己的左右亲信当场客串了一把工程监理，监督施工。直至史朝义带人把墙涂好了泥，史思明涨红的脸才稍微有所缓和，但是他的怒气却似乎丝毫未消，所以瞪着史朝义又来了这么一句："待拿下陕州，定然斩你不饶！"

听到这句话，史朝义是强撑着才没让自己当场瘫倒在地。因为他很确信，在那一刻，他从自己父亲的眼睛里看到了杀意。这么多年了，他不会看走眼的。所以他真的害怕了（"朝义大惧"）。

史思明忿忿不平地回到了设在鹿桥驿的大本营，史朝义则留在了客店里，不知所措。

就在史朝义辗转难眠时，他的房门被敲响了。打开门一看，是几个异常熟悉的面孔——骆悦、蔡文景和许季常（许叔冀的儿子）等人。这几位都是史朝义的亲信将领，长期跟随史朝义外出征战。换句话说，他们也是史思明放话要与史朝义一起被干掉的人。

既然就要被干掉了，形势紧急，那索性就开门见山吧。

骆悦等人一上来便齐声说道："主上打算杀害大王，我们几个与大王都没几日可活了！"

史朝义闻言并不作声，但他知道，骆悦说的都是事实。史朝义虽然忠厚，但不傻，这些人大半夜一道跑来拜见，肯定有所计议，他们必然是带着办法来的。

不出所料，骆悦下面的一句就是办法："废黜旧主、拥立新君之事，自古以来就有，我们打算召唤曹将军来共举大事，您认为可以吗？"

史朝义依然没有立即给出回应，不过那位曹将军的身影很快就在史朝义的脑海中清晰了起来。

这位曹将军，为人很是低调，低调到直到今天我们都不清楚这位老兄的具体姓名，只知道他是史思明的心腹，总领中军，担任史思明的警卫工作，而且和许叔冀的儿子许季常关系很好，是个神秘但能量极大的人。

看到史朝义始终低头不语，骆悦这哥儿几个终于按捺不住了："殿下如果不同意，我们几个如今只有投奔李氏（指唐朝）了，如此一来，殿下更会受到牵连，不能得到保全了。"

不能不采取行动了，这几个人一走，那就真的是"人为刀俎，我为鱼肉"，只剩下任人宰割的份儿了。

在一番激烈的思想斗争后，沉思了许久的史朝义咬了咬牙，突然抬起了头，以少有的严肃语气回答道："你们自己看着办吧，只是，不要惊扰到圣人（当时对于皇帝的尊称）！"

这真是一句意味深长的话，既可以理解为让骆悦等人要小心行事，不要出了差错，又可以视作一种告诫，表明自己不打算做安庆绪，不愿背上弑父弑君的恶名。

虽说称帝后的史思明变得猜忌残忍，且更加心狠手辣，但如果他不在燕国皇帝的位子上，充其量也就是个坏脾气、心眼多的老头儿而已。不杀就不杀吧。

双方很快就这个最棘手的问题达成了默契，于是史朝义这边立即行动了起来，由许季常出面把曹将军骗了过来，然后几个将领把曹将军一围，说明了他们的行动方案。

面对虎视眈眈的这几位，曹将军不敢拒绝，只好点头答应。就这样，这天晚上，由曹将军前面带路，骆悦等人率领史朝义所部三百人马赶往鹿桥驿，并顺利地通过了森严的守卫——毕竟有史思明心腹曹将军在其中，哪个胆敢不长眼上前拦阻。于是一行人很快便来到了驿站中史思明的房间。

此时，卧房中的史思明刚刚被一个怪梦惊醒，他在梦中梦见一群鹿涉水过河，但只一眨眼的工夫，水就完全干了，而鹿也全死了。所以这一惊之下，人就起来了。

起来之后，他把这个梦告诉了身边侍候的伶人，让他们帮忙解释。

休息的时候安排伶人陪伴在左右，也是史思明的一个特殊癖好了。他本人很喜欢这些曲艺出众之人，但是这些人却并不喜欢史思明。因为在他们看来杀人不眨眼的史思明根本不懂艺术，而且史思明平日里动不动就灭人三族的残忍，也早已让他们厌恶至极。所以，虽然有人知道，可就是没人说。

见没人搭茬，史思明略显尴尬，便顺便起夜（解手）去了。

史思明刚离开，有人就发言了：

"鹿者，禄也；水者，命也。此人禄命即将俱尽矣！"

话音刚落，有几个侍卫便被突然砍倒了。与此同时，一道低沉的声音吼道：

"快说！史思明何在？！"

剩下的人闻声，立即不约而同地将手指向了厕所。

问话的人，正是骆悦。

得知了史思明的去向，他立即带兵奔厕所去了。出乎意料的是，他们又扑了个空。

史思明到底是经历过无数次生死考验的人，他对于危险已经养成了一种特殊的敏锐感，觉察到今晚情况好像不对劲，从厕所出来后的史思明就没有回卧房，而是直接翻墙跑到了马厩，准备上马跑路。

然而，就在史思明安好马鞍，解下马缰，正要疾驰而去时，一支冷箭射来，正中他的肩膀。

射箭的，是骆悦的手下周子俊。从实际效果来看，这位仁兄绝对是专业级的。史思明中箭后，当场便翻身落马，被赶上来的士兵拿下。

"是何人作乱？"

史思明到底是枭雄，成了俘虏后威风不失，反而突然这样大喝一声。

要说史思明的这一声喝还真的有点效果，很多士兵当场就愣在了原地，不知如何是好。

但很快，一个冷冰冰的声音传来，让一切又恢复了原样。

"我等是奉了怀王（即史朝义）之命！"

说话的，正是这次行动的总指挥骆悦。

知道对手是谁了，就有办法了。对于史思明而言，一直都是这样。于是，这位大燕皇帝马上将什么金口玉言、一言九鼎抛在了脑后，赶忙改口道："早上是我失言说错了话，才落得现在这个下场。可是，你们要杀我的话为时过早，何不等我攻克了长安之后再动手呢！现在杀了我，大事可就做不成了啊！"

紧接着，史思明开始再三大呼儿子史朝义的名字，却没有得到任何回应。

于是他开始求饶：

"莫杀我！"

依旧没人回应。

不过史思明并没有很慌张，他很了解史朝义的性格，所以他相信只要说出下面这句话，至少可以暂时保证自己的人身安全。

"你们囚禁我可以，但最好不要让怀王背上弑父之名！"

这句话绝对比防弹衣还顶用。

史思明和史朝义毕竟是父子，血浓于水，现在虽然闹到了这种地步，形同仇敌，但万一哪天两人决定共享天伦之乐了，来个和解，追求父慈子孝了，那可就大大地不妙了。届时，史思明这个太上皇可能并没有啥实权，但要灭一个大兵小将还是不成问题的。出来执行任务的这群人绝非二杆子，其中的利害关系，相信他们还是十分了解的。

果然，史思明此言一出，现场更沉默了，没有人敢多说一句话，而史思明的声音却突然间大了起来。因为他在人群中不经意间看到了自己曾无比信任的曹将军。

就这一眨眼的工夫，史思明全想明白了。他不禁勃然大怒，破口大骂："就是你这货坑害了我啊（'这胡误我，这胡误我'）！"

多说无益，为免夜长梦多，骆悦下令将史思明绑好，然后立即把人押送到了柳泉驿，先囚禁起来。至于骆悦本人，则赶忙跑去亲自向史朝义回报消息。

"事成矣！"

当这三个字从骆悦口中说出来时，史朝义一直悬在嗓子眼儿的心终于又回到了肚子里。他随即赶忙追问道："可惊吓到圣人了吗？可有伤到圣人？"

"没有！"

骆悦回答得很是干脆。

史朝义终于彻底满意了，他既保住了自己的性命，提前拿到了属于自己的权位，还不用像安庆绪那样背上终生抹不去的骂名，实在是太好了。

不过现在还不能放松下来，因为周贽和许叔冀还统领着后军驻扎在福昌，要是他们得知消息突然出兵来讨伐，那就麻烦了。

好在，史朝义手上虽说没有足够的精兵，但他有许季常。于是，许季常作为特使来到了后军，向后军全体通报了怀王已然总掌兵权的消息。

据说听完这个公告，周贽当时就震惊得险些跌倒，许叔冀倒是很镇定，赶忙组织整队，连夜带兵认真学习领会了最新的精神，并做好了迎接怀王的一切准备。

史朝义是第二天一大早带兵过来的。作为主将，周贽和许叔冀一道出营迎接。但二人的命运却大不相同，周贽因为是史思明的铁杆亲信，在骆悦等人的坚决要求下，当天就被拖出去杀了。至于许叔冀，当然是加以重用了，就此接替周贽成了后军第一统帅。

至此，一切都很顺利。但是骆悦却认定，最麻烦的事还没有得到妥善的解决。他指的，自然是史思明的处置问题。

经过激烈的讨论和深入的研究，史朝义最终决定接受骆悦等人的意见，就在路上解决问题。

于是，史思明就这样被缢杀在了柳泉驿。他的尸体一如当年的安禄山，被草草地用毛毯包裹了一圈了事，最后用骆驼运回了洛阳。

史思明终于死了，史朝义不久之后即宣布即位，建元显圣。

但讽刺的是，原本谦恭宽厚的史朝义显露出的并非他应有的一面，而是冷酷残忍的一面，因为他登基后的第一道命令就是命人伺机杀死自己远在范阳的亲弟弟史朝英。

于是，一场腥风血雨就这样不可避免地降临到了范阳军民的头上。

接到史朝义密令的，是向贡和阿史那玉两人。这两位在叛军中并不算什么大人物，甚至都称不上实力派，然而这个任务事实上比表面看起来要困难得多。因为史朝英手下养了三千死士，每个人都很符合他们的设定，动起手来不要命，而且还的确剽悍得紧，估计没几万人搞不定。

考虑到这种情况，向贡和阿史那玉便决定优先智取，因为史朝英这个人缺点很突出，不但和史思明一样凶狠暴虐，还特别爱喝酒，爱打猎。

众所周知，爱喝酒就很难保证长时间的清醒，爱打猎则很容易与部下走散，自己落单。所以，向贡和阿史那玉的计划完全是基于史朝英的这两大爱好量身定制的。

按照计划，向贡要首先出击，他的任务是撒一个真实的谎言。

"听说主上想要以大王为太子，而且现在车驾就在不远的地方，大王应当尽快入侍，落实名分啊！"

史朝英之前有没有小酌，我不清楚，但从他的行动来看，他确实正处在一个迷糊的状态，具体表现为向贡说啥是啥，史朝英当即行动，比亲生儿子还听话。

史朝英听完，便去自己的营帐换礼服去了。而趁着这个空当，向贡安排自己的部将高久仁、高如震率领一批壮士迅速进入了牙城。

"你们这是在做什么？"

史朝英到底还是注意到了一些异常，发出了疑问，却被大忽悠向贡轻轻松松地隐瞒了过去。

谁知，史朝英刚想回去继续，突然有人喊了很关键的一嗓子："有部队叛乱了。"

这可是件大事。史朝英立即清醒了，改换上了盔甲，登上城楼，查探具体情况，还臭骂了向贡一顿。

史朝英望向城外的时候，支持史朝义的部队已经在城楼下列好了军阵。一般情况下，一下子遇到这样的突发事件，难免会不知所措，但这位史朝英兄却绝对是个例外。他站在城楼上废话不说，直接开练，抽箭搭弓就是一阵猛射，楼下的士兵们猝不及防，当场被射死数人，随即立刻溃退。

史朝英亲眼见到了这队士兵的狼狈逃窜，大喜之下，他匆忙下楼，前往追击。然而，他刚刚走出城楼便被几条大汉结结实实地摁倒在地，随即被缴了械。因为这一切正是向贡计划中的原有部分，那批士兵是阿史那玉故意带着慌忙逃窜的，这样做的目的就是让自诩箭法过人的史朝英疏忽大意，能够在急于追赶时露出破绽，一举成擒。

现在计划距离完美落实只剩下最后一步了，而向贡似乎是个急性子，不等与阿史那玉等人商量，他便立即下令处死了史朝英以及他的母亲辛氏，解除了后顾之忧。

但是，二人很快发现，他们真正应该忧虑的并不是史朝英的亲信，而是史思明的亲信——张通儒。

就在史朝英被向贡和阿史那玉联手除掉的第二天，张通儒率兵在城中点燃了战火。经过数日激战，张通儒所部未能控制全城，他本人倒是在战斗中被人打死了。

按理说，范阳的乱局该结束了，但事实上却是刚刚开始。

不久，出镜率相对较低的阿史那玉突然雄起，袭杀了总领军事的搭档向贡，然后自称长史，统领全军，并以谋杀史朝英的罪状反手一击，抓了高久仁，明正典刑，传首三军。

高久仁被杀了，他的搭档高如震真的如同被调到了振动模式，全身乱抖，吓得不行，为了保证自己的人身安全，他当即拥兵据守，与阿史那玉死磕。经过长达五天的对战，阿史那玉竟然没磕过高如震，败走武清，继而被史朝义派人招降。然后史朝义任命部将李怀仙为范阳尹、燕京留守（《新唐书》中记作幽州节度使），去打高如震。最终，这场战乱以李怀仙设计斩杀高如震而告终。而此时，这场叛军间的内讧已经持续了数月之久，死掉了数千人，叛军的实力由此遭到了削弱。

但是，这对于叛军而言还不是最致命的打击，最要命的，还是所谓的燕国皇帝权威的无力化。想当年，大家都是跟着安禄山出来打天下的，而且平心而论，安禄山的个人素质很强，所以叛军几乎势如破竹。后来安禄山死了，安庆绪上位，虽说能力水平差得不是一星半点，但好歹是老领导的骨血，叛军众将还是要给面子的。接下来，安家把皇位禅让给了史家，也还能凑合，毕竟史思明的能力与资历都在那儿摆着呢，叛军上下基本上没有能和史思明相匹敌的，众人也都服气。可到了史朝义这里，那可完全凑合不了了。

史朝义是公认的为人宽厚，脾气好，但在素来讲究论资排辈的中国，仅凭这一点很难让所有人服气，毕竟他手下的这些大将中有相当一部分都曾与史思明平起平坐。在一没兵、二没钱、三没能力的情况下，史朝义想借燕国皇帝的名头来发号施令，几乎是痴人说梦。

事实上也确实如此。史朝义即位后，派人前往各地召众将前来洛阳朝见，却遭了一路的白眼，这下史朝义彻底没辙了。

经历了持续的战乱，洛阳一带的州县无一例外地变成了一片废墟，史朝义集结四处的部队也集结不上来，无法组织起对关中的进攻，于是摆在史朝义面前的明路似乎只剩下了一条——回幽州。

然而史朝义并不想这么回去，按照以往的习惯，临走前，他决定再试一把。

这一次，他一改老爹直击关中、入主长安、夺取李家天下的战略，而是把主攻的方向放在了唐军力量相对薄弱的东南地区，特别是刚刚经历了刘展之乱的江淮地区。

史朝义的算盘打得也很精，他清楚自己无力控制叛军的所有军力，不能速战速决，于是便有意识地想要将唐朝拖入持久战的深渊。为达到这一目的，插足江淮，断掉长安的主要经济来源，史朝义也是拼了，短短的三个月间居然连续三次向东发动了大举进攻。虽说每一次都以失败告终，但看那样子，似乎是不把底牌打光，绝对不会善罢甘休。

事业心强嘛，可以理解，完全可以理解。

不过屡战屡败无人搭理的史朝义还不是天下唯一一个糟心的人，若论糟心，李亨先生绝对可以称得上他的难兄难弟了。因为身为大唐皇帝，李亨发现他发话也不太管用了，而且不理他的人也开始变得越来越多了。就拿江淮一带的唐军为例，田神功打完仗后，李亨下令让他回到原驻地，可人家南渡后就是不想北归，一直滞留在扬州，赖着不走。又如青密节度使尚衡与前光禄卿殷仲卿这两位仁兄着实不拿李亨当个干部，因为彼此不和，在兖、郓二州之间缠斗得不亦乐乎，朝廷明令要求停战了，却均置之不理，大有不灭了对方绝不休兵的劲头。

朝廷对于前线军队的控制力正在以前所未有的势头锐减，而在朝中，李亨也开始感到自己越来越镇不住场了。能带给李亨如此强大执政压力的，当然有且只有一个人，那个人就是太上皇李隆基。

自打从蜀地回到长安后，李隆基就一直住在兴庆宫。这里是李隆基当年做太子时住的宫殿，毗邻街市。每当李隆基的身影出现在长庆楼上，楼下经过的长安百姓，往往会抬头瞻仰，跪拜叩头，甚至于山呼万岁。李隆基也很愿意与长安城内的百姓们互动，为此他特意命人在楼下准备了些酒肉，用来赏赐那些遥拜自己的过客。

不仅如此，李隆基的座上宾中还增加了像羽林大将军郭英乂这样在当时手握兵权的大将的身影。而且据传，一次剑南道来的奏事官经过长庆楼叩拜太上皇完毕后，太上皇特命玉真公主和自己的贴身宫女如仙媛出面，设宴招待这名奏事官。

当这些事情传到李亨的耳朵里时，李亨并不认为这是一个闲极无聊的退休老人在拾取一些当年的记忆碎片、追忆自己盛年的时光。他只看到了太上皇的政治影响依然存在，而且有不在少数的官员百姓仍旧心怀故君。所以李亨判定，局势非常凶险，自己不甘寂寞的老爹有复辟的企图，有必要立即采取行动，粉碎这场阴谋。

对于李亨的这一判断，李辅国表示完全赞同，并主动提出愿意充当行动的先锋。

李辅国之所以如此积极，除了向李亨表达忠心，稳定自己现有的地位外，还有自己不足为外人道的私人原因。

我们前面介绍过，李辅国出身低微，还做过高力士的仆人，因而即便他如今在朝中炙手可热，可在太上皇身边的那群人眼中，这个能够一手遮天的"五郎"，还是那个唯唯诺诺的丑奴儿，所以言行之间对李辅国就谈不上什么尊重。这样的巨大落差让已经习惯了众星捧月般待遇的李辅国难免接受不了，因此怀恨在心。

现在，他终于发现了能够一雪前耻的机会。

"太上皇住在兴庆宫，平日里却一直在与外界频繁地走动，尤其是陈玄礼和高力士这两人，行迹诡异，老奴担心他们在搞阴谋，将对陛下不利。如今，六军将士都是随从陛下在灵武登基的功臣，看到这种情况都深感忧虑不安，老奴虽反复劝解也无法令他们安心，因此现在想来，不得不向陛下禀报此事。"

李亨闻听此言，似乎很是激动，眼泪当场便流了下来：

"太上皇生性仁慈，岂容有此！"

"太上皇固然不会有这样的意思，但太上皇身边那些宵小之徒可就真的不好说了！陛下贵为天下之主，当以天下社稷为重，防患于未然，怎么能像凡夫俗子那样呆板地遵循孝道！况且，兴庆宫与市坊街道毗邻，宫墙低矮，不是太上皇宜居之地。依老奴之见，不如将太上皇迎回宫中居住，大内森严，居住的条件要比兴庆宫好太多了，而且又能杜绝小人的蛊惑，实在是一举两得。"

当然，为了强化说服的效果，让这次强迁行动不引人侧目，李辅国也准备好了听起来让人不由得感动的说辞：

"如此一来，太上皇能够享受长寿之安，陛下也能够每天朝见太上皇三次，尽到孝道，这是多好的一件事啊！"

然而，出乎李辅国意料的情况发生了。一向对李辅国的话言听计从的李亨这次居然拒绝了，且没有留下丝毫的回旋余地。

小样儿，以为你是皇帝，我就治不了你了吗？回到家中的李辅国立即派出身边的小太监出去叫人，于是不久之后，李亨就见到了令他震惊的一幕：禁军将士齐刷刷地跪在自己的寝宫外，一边嚎哭，一边叩头，口口声声要求李亨同意下旨将太上皇逢迎进宫内，住在西内（即太极宫）。

这当然是李辅国的杰作。因为他早就受命统领了禁军，皇帝的印章、兵符什么的也都由他掌管，因此要调动禁军只不过是小儿科。如果李辅国愿意的话，他甚至有能力在谁也不知道的情况下迅速包围皇宫，干掉李亨，然后另立新君。

养了多年的狗，没想到最后竟是只狼，而自己却混成了狗，这实在是莫大的讽刺。

但此时此刻，李亨的确毫无招架之力，只有痛哭。

他既不敢答应，怕背上软禁太上皇的骂名；也无力拒绝，怕搭上了自己的性命。哭泣，是皇帝陛下所能想到的最好的反抗方式。

在李亨和本应完全听命于他的禁军将士对着痛哭的时候，李辅国倒是笑了。他在这一刻终于认识到，自己才是这天下间最有权势的人。

李辅国挥挥手，示意禁军收兵回营，因为他已经不需要皇帝的表态了。他知道，自己将可以为所欲为，没人可以阻止自己，更没人胆敢阻止自己。

上元元年（760年）七月十九日，李辅国正式开始了自己的行动。

这天一大早，住在南内（兴庆宫的别称）的太上皇收到了来自皇帝的邀请。大致意思是夏去秋来，趁着天气日渐凉爽，想请太上皇同游西内。

反正闲着也是闲着，李隆基便欣然应允。纵使是李隆基这样的资深政治家这个时候也不会想到，区区一个太监李辅国竟敢矫诏设局，在宫里张开一张大网，向堂堂的太上皇下手。

李辅国要的就是一个出其不意。

就在太上皇和他的随行人员行至睿武门，准备穿过大门之时，侍卫们忽然发现了一个让他们惊恐不已的事实——中埋伏了！

说时迟，那时快，不等李隆基的卫兵们做出反应，五百名骑兵突然同一时间从各个角落冲了出来。只一眨眼的工夫，便将李隆基等人团团围住，困在了核心。

这支骑兵隶属于左右英武军下的殿前射生手，是至德二载（757年）李亨精选骑射本领高强的武士组成的，人数仅有一千，但个顶个的能征善战，弓马娴熟，非一般禁军可以匹敌。

而现在，这些射生军骑兵一个个刀剑出鞘，在向包围圈中心的李隆基一行逐步逼近。

不过，他们并没有立刻发动攻击。在走到一定距离后，为首的几人突然停下了脚步，垂手侍立，恭敬无比。

他们态度出现一百八十度大转变的原因并非见到了太上皇，而是他们真正的主子到了。

于是，在目睹了一群只认领导不认太上皇的大兵的腾腾杀气后，李隆基等人紧接着看到的是面带笑容的李辅国。

"皇帝以兴庆宫狭小，故差臣等在此迎接太上皇迁居大内。"

伴随着李辅国的启禀，是进一步逼近李隆基的骑兵。

李隆基之前突然被围受惊，几乎坠马，现在已经无法与李辅国对话，于是忠诚的高力士挺身而出，挡在了太上皇身前。

"此乃五十年的太平天子，你李辅国想要做什么？还不即刻下马跪安！"

高力士这突如其来的一嗓子，的确吓了李辅国一跳，但他很快就恢复了常态，不慌不忙地翻身下马。

我已不再是当年那个可以任你呼来喝去使唤的奴仆了，不，我从来都不是！

"老头儿！你可不要太不懂事了！一边去！"

随着李辅国挥手一招，一名射生军疾驰而过，当场斩杀了高力士身边的一名侍从。

这是一个极其危险的信号，大致意思是，你再废话、不老实，保管下一个死那儿的就是你。

谁知，高力士居然视若无睹，继续大声高呼："太上皇让我问各位将士，你们都还好吗？"

人家在向你问好，你还想抽刀砍人就不合适了。更何况，率先问好的还是太上皇。没办法了，李辅国只好整装下拜，在场的士兵们见状也赶忙纷纷收刀入鞘，迅疾下马跪倒，向李隆基行叩拜大礼，齐声高呼万岁。

"李辅国！还不速来为太上皇牵马，护送回西内！"

高力士又一次发声了。

李辅国没有办法，只好硬着头皮走过去，一脸不情愿地同高力士一起为李隆基牵马开路，直到走进西内，并侍奉太上皇安居在甘露殿才告终。

由于有李辅国在太上皇的队伍中，这一路上射生军也不敢轻举妄动，只能远远地跟在后面。

刚刚真的是千钧一发啊！要知道，太上皇这次出来，身边只跟着几十个侍卫，而且这些侍卫都一把年纪了，当真动起手来，只有被砍的份儿。届时，恐怕连李隆基也难保能够平安无事。

于是李辅国和他的人刚走，李隆基就激动地走了过来，紧紧地握住了高力士的手，深情且真诚地说道："如果今日没有将军，朕可能就要成为兵下之鬼了啊！"

高力士没有回话，因为他在哭泣，他已然哽咽得不能作答。不仅是高力士，李隆基左右众人无一不是泪流满面，不能自已。

倒是李隆基看上去并不那么伤感，他也不能伤感。他只是微笑着对大家说道："兴庆宫是我的龙兴之地，我多次要让给皇帝，皇帝却因仁慈孝顺没有接受。今日之事虽是李辅国之计，但也正合我意。"

这边李隆基安抚好了自己的旧臣侍卫，那边李辅国带着六军将士刚刚开始新戏。

这一次，李辅国和六军众兵将齐刷刷地换了一套白衣衫，来见李亨，声称请罪。

请罪请得如此兴师动众，气势汹汹，李辅国也算得上古往今来头一个了。而李亨显然没有怪罪的意思，只是派人传话道："南宫（兴庆宫）、西内（太极宫）其实没有什么区别，这朕是知道的。朕更清楚的是，诸位爱卿这样做是担心小人挑拨离间，避免太上皇受奸人蛊惑。卿等所作所为称得上防微杜渐，安定社稷。朕有你们在，也就没什么可担心的了。"

李亨不愧也是老油条，轻轻松松就把李辅国奉送的软禁太上皇的大黑锅分成小黑锅，送给了现场的每一个人——这个超级大黑锅，谁也别想跑，人人有份，我要背着，你们也得扛。

这下上到李亨、李辅国，下到禁军大兵都松了一口气。高高在上的庆幸权位不失，危机消弭，底下办事的放心于风险共担，不会哪一天被莫名其妙地杀掉。

可是得到太上皇被逼迁居的消息后，外廷的朝臣们却瞬间炸了锅。刑部尚书颜真卿带头发难，率领全体朝臣上表，严辞谴责了强迁太上皇的行径，同时请求前往西内看望太上皇。

看得出，在行动前，颜真卿有过严密的组织和谨慎的策划，所以才能搞得如此声势浩大且目标明确。但事实证明，他还是低估了李辅国的能量。

对于颜真卿发起的群臣请愿活动，李辅国完全不惊慌，只是通过一番操作，将颜真卿贬为蓬州长史，便轻轻松松地吓退了剩下的大臣。

解决了叽叽喳喳的大臣们，李辅国便开始对李隆基身边的亲信下手了。

最先遭到恶整的，自然是高力士。出于对高力士的无比畏惧与刻骨仇恨，李辅国给他头上安的罪名很重——谋逆。按理说这顶帽子一扣上，这人基本上就相当于在阎王那边挂了号，活不了太久的。

但上报到李亨那里后，李亨同意了给高力士定下的罪名和免职等处分，可就是没批准执行死刑。

于是，又经过一番操作，对于高力士一事终于有了明确的定性与处置，且还是皇帝陛下亲自确定的：高力士暗中勾结逆党，怀有叛逆之心，本该处死，但念其长期服侍太上皇，暂且免于一死，着免除一切职务，流放巫州。

高力士得知这一处分结果的日期是七月二十六日，此时距太上皇迁居西内刚好是第十天。

高力士为自己的忠诚与气节付出了应有的代价。当然，高力士只是第一个，而绝非唯一一个受到冲击的太上皇近臣，太上皇的贴身太监王承恩被流放到了播州（今贵州省遵义市），另一个贴身太监魏悦则被流放到了溱州（今重庆市綦江区）。

而继郭英乂被外调为陕西节度使、潼关防御使之后，陈玄礼也受到牵连，被勒令致仕。

然后，照顾李隆基起居的贴身宫女如仙媛被流放到归州（今湖北省秭归县），一直陪伴父皇的玉真公主被勒令出宫，回到她的玉真观，且没有召见不可随意入宫。就连李隆基身边的旧宫女、李隆基亲近的梨园弟子也先后被李辅国分批遣散。代替如仙媛和玉真公主等人的，是由李辅国精心挑选的一百多名宫女，以及太上皇的另外两个女儿万安公主和咸宜公主。这些人与其说是照顾，倒不如说是监视。至此，所谓的太上皇已经真正地成了一个囚犯。

亲近的人被一扫而空，和外界的联系被彻底断绝，甚至于连李亨也渐渐地不再出现，停止了亲自问安，这样的人生对于李隆基而言已然完全失去了继续下去的意义。

于是，在毫无预兆的一天，李隆基突然对外宣布，他将"辟谷"。

这里我们先简单解释下"辟谷"这个中国独有的名词。所谓"辟谷"，是一种养生方式，顾名思义，就是不吃五谷杂粮，具体说来又分为服气辟谷和服药辟谷两大类。它源于道家"不食五谷，吸风饮露"的一种修行境界，其后逐渐演化为道士们推崇效法的一种修炼方式。它在唐朝时非常流行，甚至在今天的减肥行业中，也能找到它的身影，可谓源远流长。

不过，就和减肥一样，其最终的结果到底是延年益寿、强身健体，还是饿到脱相、摧垮身体，你不到最后真不知道。总之就是一个字：玄。

特别是在科学和医疗水平有限的当时，普通人进行辟谷无异于拿命在赌。

从史书的记载来看，李隆基是属于辟谷失败的那一部分人。自从开始辟谷后，李隆基的身体便每况愈下，到了元年（762年，上元二年九月二十一日去年号"上元"，称元年）的夏天，死神终于降临到了他的头上。

他所爱的女人已经永远地离开了他，他亲近的旧相识们也不能再陪伴他左右，从前呼后拥到形单影只，从万众瞩目到无人问津，一个人来到这个世界后，现在终于要一个人离开了。

"须臾弄罢寂无事，还似人生一梦中。"

就这样吧。

四月五日，太上皇李隆基驾崩于西内，终年七十八岁。

我经常会想，做了半生明君加半生昏君的李隆基，在人生的最后时刻，到底在想些什么？

他应该很孤独吧，或许还有很多的不甘与哀怨。特别是对儿子李亨和李辅国，估计难免带有一份愤慨。但李隆基可能并不知道，在不来看望自己这件事情上，李亨真的没有骗人，他确实是想来，可是来不了。其中的原因，一是李辅国锲而不舍地百般阻挠，二是由于李亨自己的确是重病缠身，病痛已然将他折磨得奄奄一息，只能卧榻静养。在太上皇驾崩后，李亨的生命也进入了倒计时，此时唐肃宗活在世上的时间，还有十二天。

而就在四月五日到十七日这短短的十二天内，一场场更为狠毒、阴险的阴谋正在酝酿，并即将上演。

李亨对于自己的身体情况还是比较了解的，当太上皇驾崩的消息传来时，他已经很清楚，自己也将不久于人世。因此，在临死前，他决定燃烧自己剩余的生命力去做一件必须做的事——干掉李辅国。

李辅国这丑奴儿不仅是逼死太上皇的罪魁祸首，更是如今社稷的一大祸害，此人不除，必生事端。

但是谁能治得了将禁军变成自己私人武装，把宰相群臣当仆役使唤，权倾天下的李辅国呢？

之前排挤过李辅国的高力士倒是个好人选，通过一次改元和大赦，相信能够让高力士被赦免放还。不过，要派人秘密将他召回长安，估计还需要一定的时间，李亨不能确定自己能否挺到那个时候，又能否组织好有效的攻击。当然，目前看起来更要紧的事情还是防守，因为最近刚刚当上兵部尚书的李辅国很不老实，在将自己的屁股一个劲儿地往宰相的位子上凑，必须阻止他将军政大权集于一身，否则日后铲除李辅国便无异于痴人说梦。

事实上，在阻止李辅国登上相位一事上，李亨早有安排。他所依靠的，正是那些对李辅国这个宦官专权而深感不满的文臣，比如当时的宰相萧华等人。

所以，当李辅国向他明确地暗示，自己的愿望是当上宰相时，李亨是这样回复的："凭你的功劳，当什么官不行？只是内官当宰相并无先例，朝野反对的舆论压力估计会很大，这事我也没法子一人做主啊。"

担心舆论压力没办法？没关系，李辅国有的是办法。

退下来后，李辅国就找到了尚书仆射裴冕，让他出面带上一帮大臣联名上表举荐自己出任宰相。

但这点小动作并没有逃过李亨的耳朵，听到风声后，李亨赶忙秘密召来了宰相萧华进行确认。

"李辅国打算做平章事，朕听说你们大臣中间已有人为他写了举荐信，这事是真的吗？"

萧华没有回答，毕竟此事事关重大，在没有得到确切可靠的消息前，萧华也不敢乱讲。但是，他随即表示愿意根据目前得到的线索，调查一下。

现在看来也只有如此了。李亨点点头同意了。

于是萧华找到了裴冕，向他确认此事。

面对萧华的询问，裴冕先生是这样回复的："绝无此事，就算砍下我的胳膊，也不会让他李辅国当上宰相的。"

萧华听到这句赌咒，放心了，赶忙入宫禀报李亨。

李亨听了也很欣慰，高兴得大大夸奖了裴冕，连称此人可堪大用。殊不知，在两人欢欣鼓舞之际，裴冕已经坐在了李辅国的府中。

李辅国得知皇帝与萧华的事情后，简直气得要爆炸，不过他并不敢把皇帝怎样，于是萧华就成了李辅国黑名单上的头号人物。

要搞掉萧华对于李辅国而言可谓轻而易举，但是鉴于目前的形势，李辅国很清楚自己一时半会儿还做不了宰相，那么萧华空下来的位子就必须由别人来承接，而接替他的人最好是自己人。

说到自己这边足以替代萧华的宰相候选人，还真有一个。这个人就是自己老婆元氏的堂弟——元载。

是的，你没看错，身为太监的李辅国是有老婆的，而且他这个老婆还是由李亨亲自做的媒，娶的是故吏部侍郎元希声的侄孙女、梁州长史元擢的女儿，这位元载则是元擢族弟元景昇的继子。

在李辅国眼中，虽然元氏不是元载的真姓，但这个人的确称得上自己的亲信，而且还很有能力，靠得住。再加上他和自己的妻子关系很好，所以李辅国一拍大腿，决定就让他上。

计议已定，李辅国立即行动起来，狠狠地参了萧华一本。他用的力道也很足，直接给政敌安上了一个专权的名头，并恳请李亨将其免职。

然而出人意料的事情发生了。病床上的李亨不知道发了什么病，竟然拒绝了李辅国的请求。李辅国着实震惊了一下，但很快就恢复了平静，继续提出申请。因为他很清楚，皇帝是不可能一再拒绝他的要求的，他最终一定会同意。

果然，禁不住李辅国的软磨硬泡，李亨最后还是妥协了。他罢免了萧华的宰相职务，将其降职留任做礼部尚书，而让李辅国的亲信元载接任同平章事，同时继续兼任度支使、转运使等旧职。

李亨之所以不再继续坚持下去，一方面的确是因为李辅国不断施加的压力，但更多的原因却是一种直觉。他的直觉告诉他，这个元载虽然与李辅国走得很近，还有着亲戚关系，但他似乎与李辅国一党的其他人大不一样，他不是李辅国的忠实走狗，或者说，他并不甘于一直做李辅国的忠实走狗。

事后的发展证明，李亨的直觉非常之准。在不久的将来，李辅国的那条老命就将断送在这个人手上。

李辅国虽然没能如愿地全面贯彻自己的意志，但他的主要目的基本达到了。趁着皇帝没死，他已成功地把自己的心腹安插到了帝国的最高决策层。现在，内有元载听命，统领朝政、财政（元载兼任度支使并诸道转运使，直接掌控大唐的经济命脉），外有自己把持禁军兵权，天下已尽在李辅国指掌之间，无人堪与匹敌。

不对，不对，这话说得有点早了。事实上，李辅国还有一个劲敌存在，而这个人目前也在紧急行动着，意图在皇位交替这一关键时期抢占先机。

这个可与李辅国叫板的人，正是李辅国先前的盟友——张皇后。

说来惭愧，虽说这二位是老搭档，一起携手干过不少伤天害理的大事，但在各自达成目的后，两个人很快便分道扬镳了，这似乎正应了那句古话"以利相交者，利尽则交绝"。而现在，正是两人上演"过河拆桥、同室操戈"这一段的时候了。

于是，坏人之间的斗争就此开始。

眼看李亨马上就要不行了，而李辅国却已经逐步将军政大权集于一身，张皇后简直心急如焚。

毕竟是身在后宫，位居皇后，条件上不占优势，而且作为封建社会的一个妇道人家，眼光、格局也的确有限。因此这两年，张皇后发展自身势力的脚步远远赶不上李辅国，除收纳了一部分宫女太监外，她几乎没网罗到啥人才，在朝廷里更是没有什么可用的亲信。所以，当李辅国将萧华赶下台，并亲手送元载登上相位，狠狠地秀了一把政治肌肉时，她才真正意识到自己与李辅国间的巨大差距。

这可不只是要输的节奏，而是要命啊。

在认真思考后，张皇后决定抢先动手。在她看来，只有这样出其不意地一击，才能够让她抢占先机，提高胜算。

而她找来的帮手也很有意思，竟然是她日思夜想想要除掉的老对手——当年的广平王李俶，现今的太子李豫。

是啊，关键时刻面子是无所谓的，只有权力以及由之带来的利益才是实实在在的。所以，在借皇帝的名义召见了李豫后，张皇后立马送上了一张无比灿烂的笑脸，并成功地把李豫吓了一跳。

在李豫确定了张皇后不是要咬人后，双方决定开门见山，有话直说，速战速决（李辅国在宫中的耳目极多）。

"李辅国长期把持禁军，皇帝的诏书敕令都出自他的口中，早有矫诏的迹象。他本人近来更是肆无忌惮，为所欲为，擅自逼迫太上皇迁往西内，以身犯上，可谓罪不容诛！时至今日，此人唯一忌惮的就是我和太子您了。现在主上已进入弥留状态，经常昏迷不醒，而李辅国和他的同党程元振却在密谋作乱。我们如果不尽快设法杀掉他们，很快就将大祸临头了。"

李豫看着面前侃侃而谈唾沫横飞的张皇后，迟迟没有插话，直到张皇后都说完了，盯向了他，这才意识到是自己最后表态的时候了。

要说太子真不含糊，反应很快，立马就作出了决定："目前陛下生命垂危，那二人均是陛下的功臣旧部，不禀报陛下就突然将他们诛杀，陛下必定会因之受惊，儿臣恐怕陛下的病体会难以承受啊！如果不得不除掉这二人，依儿臣之见，我们也必须从长计议，慢慢谋划才好。"

说着，太子开始落泪。很快，他胸前的衣襟就被打湿了一大片。

见到太子的这副德性，张皇后连骂他的兴致都没有了："既然如此，太子请先回去，容我再考虑考虑。"

李豫退下了，张皇后却郁闷得要死。如果不是因为自己的长子兴王李佋早早离世，次子定王李侗年纪尚幼，老娘何至于找你来？！

而就在这时张皇后智慧的火花突然闪现：自己的次子不顶用，何不叫李亨的次子来试试看？

李亨的次子就是时任天下兵马元帅的越王李系。李系的生母身份也很低微，只是个普通宫人，因而他从小到大并不受外人重视，更何况他这个庶出的儿子上面还有个哥哥李豫，所以，皇帝的宝座无论怎么传也不太可能传到他这里。而现在，张皇后把他找来，并告诉他，一切皆有可能。她相信，李系无论如何都无法拒绝做皇帝这个诱惑。

"太子仁孝但性格懦弱，不足以克平祸难、诛杀奸臣，不知越王你能否担当此任？"

"万死不辞！"

果然，李系没有丝毫的犹豫，立刻便应承了下来。

很好，同盟者找到了，那就开始行动吧，行动的目的只有一个：罢黜太子，拥立越王！

而一旦越王承继大统，诛杀李辅国及其同党就是分分钟的事情了。

计划很有逻辑性，也很长远，但眼前却有一个非常现实的问题——没兵。

越王虽说是天下兵马元帅，但仅是挂名而已，根本指挥不动军队，所以要搞宫廷政变，他们无兵可用。不过这点事儿在李系和张皇后那里似乎算不得什么棘手问题，两人一合计，决定主要靠太监来搞定这件大事。于是，李系通过内谒者监段恒俊挑选了二百余名身体强壮的宦官，将他们武装了起来，埋伏在长生殿后面。然后假传旨意，召太子进宫见驾。

四月十六日，太子李豫奉诏入宫。不过他还没走到父亲的寝宫，刚刚路过凌霄门，便被一支军队拦住了去路。

挡在李豫面前的，不是张皇后的人马，而是内射生使程元振所统领的射生军。这位程公公别看是带兵的，搞情报工作也很有一套。他探知到了张皇后与越王的阴谋，秘密上报给了李辅国。现在他是奉李辅国之命伏兵于此，等候太子，并予以保护。

听了程元振所讲述的张皇后与越王的阴谋，太子不惊反笑："绝无此事，陛下病危紧急召见我，必有要事托付，即便消息属实，我岂能因为怕死而不去见驾？"

"社稷事大，太子一定不可入宫！"

不等李豫回话，程元振一挥手，几个士兵就跑过来强行将太子架起来，送往飞龙厩严加保护。

关键人物保护好了，李辅国这边终于放心了。于是他下令当夜行动，将张皇后和越王一党一网打尽。

就这样，唐朝开国以来，第一次由太监主导的宫廷政变的第一枪在当夜准时打响。在李辅国和程元振的亲自统领下，禁军以迅雷不及掩耳之势闯入三殿，当场逮捕了越王李系、段恒俊及知内侍省事朱光辉等一百多人。然后，李辅国指挥禁军包围了皇帝和皇后所在的长生殿，以太子的名义逼迫张皇后出居别殿。仅一夜的工夫，张皇后和越王辛辛苦苦谋划组织的政变便宣告破产，而他们以及他们的同党全部沦为了阶下囚。

对于敌人，李辅国向来没有丝毫的怜悯，哪怕他们的身份是皇后以及皇子。于是，张皇后及参与密谋的越王李系、兖王李僩当天相继被李辅国下令秘密处死。次日，受到一夜惊吓的李亨也终于驾崩。

就在李亨咽气的当天（四月十七日），在李辅国陪同下，身穿丧服的太子李豫在九仙门与宰相们进行了简短的会面。在这次时间不长的碰头中，几位朝廷重臣获知了几个信息量极大的消息：第一，皇帝已然驾崩；第二，太子将承担起监国重任（在李辅国的支持与指导下）；第三，皇后和越王谋反，已经伏诛。

听完以上叙述，几个宰相互相相视了一眼，马上做出了最合时宜的举动：叩头痛哭。

听听就好，故事背后的故事，就让它随风而逝吧。

四月十九日，大唐朝廷在两仪殿对外正式宣布了唐肃宗驾崩的消息，并宣读遗诏。

四月二十日，奉命监国的太子李豫遵照遗诏，登基即位，是为唐代宗。

又一个时代结束了，又一个时代开启了。

第七章
尘埃落定

　　三十七岁的李豫终于坐在了皇帝的宝座上，而就是这一落座，他已经创造了一个纪录——有唐以来第一位顺利即位的皇长子。然而，这位顺利即位的皇长子所接过的大唐却是一个彻彻底底的烂摊子：在内，皇帝的权力被李辅国、程元振、鱼朝恩等几个死太监瓜分得干干净净；在外，史朝义的叛乱尚未平定，唐朝周边的山蛮、吐蕃、党项等邻居也跟着闹起来，纷纷跑来占地抢东西。

　　内忧外患之下，李豫知道，不下点猛药，这一关很可能就挺不过去了。从目前的状况看，即刻收拾掉李辅国等人，夺回大权是不大可能了，所以，要先全力哄好，至少保证内部不出大乱子。

　　于是，四月二十六日（李豫即位的第六天），皇帝陛下便下诏尊称李辅国为尚父，要求朝廷内外不许再直呼李辅国的姓名，同时要求朝廷事务不论大小全都需要先行征求李辅国的意见，且朝廷群臣出入皇宫也都需要先到李辅国那里申请预约。

　　李豫给予了李辅国前所未有的高级礼遇，当然，他也满足了李辅国一直以来的愿望。

　　五月四日，李豫下旨晋升李辅国为司空兼中书令，让李辅国如愿以偿，当上了帝国的宰相。不久之后，又按照李辅国的意思，将礼部尚书萧华贬为硖州司马。

　　几番动作下来，李辅国终于满意了，他开始相信这是一个听招呼的人，没必要特别留意防范。

不管是出于真情还是假意，李豫总算想办法暂时将李辅国安抚好了。现在，他终于可以腾出时间和精力来完成爷爷和老爹未竟的事业，还大唐百姓一个天下太平。

然而，这在当时看起来是一件很难办到的事情。因为唐肃宗在位的最后两年，天下的局势只有一个字——乱。不但有叛乱有内乱，还有变乱，变乱的源头是河东军。

想当年，李光弼被调离河东军，前往就任朔方节度使后，河东节度使的职位由同一阵营（可称为河东系或蕃将系）的王思礼接任。

王思礼这个人说实在的，并不擅长用兵打仗，但搞谋略、发展军队却是一把好手。在他坐镇河东期间，河东军所存的军粮超过了百万斛，军中的器械之齐全与精锐，也是唐军各镇中数一数二的。但是这种盛况并没有持续很久，随着王思礼病逝于任上，加上继任节度副大使管崇嗣大手大脚，没有节制，王思礼死后仅过了几个月，河东的存粮就被挥霍殆尽，仓库中仅剩下一万斛陈米。

于是唐肃宗震怒，派邓景山接替了管崇嗣，立案调查河东军存粮丢失的问题。

由于河东军的很多将领和士兵都多多少少存在侵吞军粮的行为，所以邓景山刚刚到任时，大家都很害怕他。但是没过多久，这种畏惧就演化成了愤怒，因为一件违纪事件的发生。

当时河东军有一位裨将犯法当死，众将下跪为他求情，但被邓景山拒绝了。

这之后，犯事裨将的弟弟跑去请求代替哥哥去死，也没有得到邓景山的同意。

就在全军上下感叹邓景山真的人如其名，执法如山时，他们突然得到了一个令他们大吃一惊的消息：那位裨将居然被赦免了！

这是什么情况？几经探问之下众人最终得知，裨将之所以能够活命，是因为他的家人尝试着向邓景山献上了一匹马来赎罪，没承想瞎猫碰上死耗子，邓景山居然松口答应了。

"我们这些人的性命在那个人眼中竟然连一匹马都不如！"

于是众将集体愤怒了。他们愤怒的结果就是率兵冲进了邓景山的营帐，直接乱刀砍死了这个视大家性命如草芥的主将。

擅杀朝廷任命的军事主官，还侵吞军粮，无论怎么看，河东军都要面临一场浩劫。但事实却是一点事情也没有。河东变乱后，李亨只是数落了已死的邓景山贪污受贿等诸多罪状，然后宣布不再追究作乱者的责任，并派专人赶赴太原，对河东军将士进行安抚。

明白了。在这乱世之中，即便是朝廷也不敢轻易得罪军队，于是河东军诸将大胆地提出了一个要求，请求朝廷任命都知兵马使、代州刺史辛云京担任新一任的河东节度使。

经过十余天焦急的等待，一个令河东军全体惊喜的消息传来了。朝廷正式批准任命辛云京为北都留守、河东节度使。而辛云京代州刺史的位子，则由他举荐的把兄弟张光晟接任。

河东军轻而易举便取得了对朝廷斗争的胜利，这是他们做梦也没有想到的。其实平心而论，虽然河东军是大唐第二倚重的军事力量，但以李亨深忌军人闹事的性格，他并不会轻易向军队里的这帮刺儿头妥协。这次之所以妥协了，除了邓景山真的有过在先外，还有一个更重要的原因，那就是朝廷第一倚重的军事力量朔方军也在闹事。

朔方军闹事的地点是在绛州，闹事的根源也是粮食问题。

绛州不是粮食主产地，地方上的存粮本来就没多少，当地的老百姓更是饥一顿饱一顿，根本没有余粮可以供养军队。对于这一点，朔方等诸道行营都统李国贞（该职务全称是朔方、镇西、北庭、兴平、陈郑等节度行营兵马及河中节度都统处置使）有着清楚的认识，因此他几次三番向朝廷禀报军中缺粮的境况，希望朝廷能够尽快予以解决，以防军队哗变。

但直到军队在王元振的带领下闹起事来，将李国贞抓了起来，朝廷那边却依旧迟迟没有回音。

原因其实很简单，这年头，朝廷也没有余粮啊！

这下真的是命苦不能怨朝廷了。李国贞就此被王元振杀害。驻扎在翼城的镇西、北庭军也受到影响，躁了起来，杀害了他们的节度使荔非元礼，推举裨将白孝德担任镇西北庭行营节度使。

绛州、翼城相继发生变乱的消息传来，朝廷极度震惊，但对此却无能为力，只好默认既成事实，继续进行安抚。但李亨也知道，只是一味地安抚起不到什么积极作用，甚至可能会加剧事态的恶化。

果不其然，发现朝廷妥协示弱后，一部分变乱了的军队居然开始四处劫掠，祸害地方，搞得百姓怨声载道，鸡飞狗跳。现在，距离朝廷最担心的事态仅有一步之遥，再不采取有效措施镇住这群乱兵，他们就该联合太原乱军，投降史朝义了。而事情如果真的到了那一步，将是万劫不复的深渊。

没办法了，事已至此，不能不请那个人再度出山，充当一下救火队长了。

元年（762年）二月二十一日，朝廷下旨，晋封郭子仪为汾阳王，知朔方、河中、北庭、潞泽节度行营兼兴平、定国等军兵马副元帅，同时从京师国库调派四万匹绢、五万端布、六万石米接济绛州诸军。

这是自相州战败后，郭子仪第二次得到起复，第一次是在两年前，虽说只是挂了个名，出镇邠州，但竟令来进犯的党项军闻风丧胆，不战自退，那真的是比门神什么的好用多了。

所以，意识到郭子仪威力的李亨当时就有让这员老将官复原职，统领大军径直北上，直捣史思明范阳老巢的打算，可惜中途被鱼朝恩阻挠最后不了了之。但现在这个生死攸关的紧要关头，鱼朝恩已经不敢乱说话了，所以，终于轮到郭子仪讲话了。

"老臣（时年六十六岁）临危受命，将死于沙场，如果见不上陛下一面，将死不瞑目。"

郭子仪说这句话的时候，李亨已然卧病在床，但是在李辅国等人的封锁下，大臣们没有一个能见得到皇帝，了解到皇帝的具体情况。因此，路边社已有传言，称皇帝已经驾崩，搞得长安城中一片人心惶惶。

郭子仪此时提出面见皇帝，除了真心实意想要同李亨道别外，正是要确认李亨的最新境况，打破那些流言蜚语。

李辅国想了一下，同意了郭子仪的请求。

于是，郭子仪终于见到了病榻上奄奄一息的皇帝。

"河东之事，一以委卿。"

没有丝毫客套，没有任何犹豫，快断气的皇帝一见郭子仪就说了这样一句话。

什么都没必要再说了，仅此一句，足矣。

因为就在这一情境下，就在这一刻，郭子仪已然决定，以死相报。

因为他从皇帝的眼中读出了这个人对自己能力、抱负以及坚守的理解和认可。

郭子仪是带着满脸泪痕退出皇帝寝宫的。他知道，这一次是自己最后一次觐见李亨，自此一别，不仅将是天涯万里，更是阴阳两隔。不过他并没有停下前行的脚步，而是不回头、不回头地走下去。因为他很清楚他必须坚定地走下去，毕竟那十几万人还在闹腾，这个烂摊子，必须收拾。为了陛下，为了天下，他不能犹豫不前。

元年（762年）四月，郭子仪抵达绛州。

要说老领导就是老领导，就算中间隐退了几年，再出来时威势仍在。往各部军营走上一圈后,大家立马都安生了。

局势暂时靠着郭子仪的威信稳定了下来,但是,致乱的根源还在,所以郭子仪决定亲手根除之。

来到中军大帐坐定后,郭子仪派人找来了挑起变乱的王元振等人。

得知郭子仪传见,王元振和他的同党们十分兴奋。在他们看来,正是因为自己带头闹了一通,这才迫使朝廷起用郭子仪,让他回到朔方军,重掌兵权。所以这几位仁兄自以为是有功之人,将要得到郭子仪的亲自感谢,并就此飞黄腾达。

然而当他们见到郭子仪时,却发现事情根本不是自己想象中的那样,而且他们能够很明显地察觉到郭子仪变了!

以前那个温和宽容、慈眉善目的老郭不见了,取而代之的是一脸严肃、杀气腾腾的郭令公!

"我军驻地紧邻敌境,尔等怎敢杀害主将!如若敌兵趁机发起进攻,绛州不就丢了么!我身为宰相,岂能因与士卒间的私人情感而乱了国法!"

于是,不等王元振等人跪地告饶,郭子仪一挥手就让卫兵们将他们绑了,拖了出去。很快,经过审讯追查,参与挑起变乱的其余乱党悉数落网,然后以王元振为首的几十个人被拉了出去,全部砍头。

剩下的一些参与过抢劫的士兵一看形势不对,打算再行变乱,干掉郭子仪,却发现郭子仪的儿子郭晞早就听到了风声,给老爹安排了四千亲兵时刻随行。而且这些亲兵还甲不离身,弓不释手,日夜走来走去,完全没给他们一丝机会。就这样,乱党余孽蹲守了七十天也下不了手,不得不选择放弃,作鸟兽散了。

得知郭子仪整顿闹事乱党的消息后,在太原的辛云京反应也很快,一转手就干掉了当初袭杀邓景山的数十名乱党。在朔方军、河东军的示范效应下,唐军诸镇士兵动不动就砍主将的势头总算被压住了,各地唐军终于回到秩序井然、遵守朝廷法度的道路上来。

在整顿朔方军内部军纪的时候,郭子仪也没有忘记消灭叛军的本职工作。早在离京赴任前,他就调派定国军出京救援被史朝义叛军包围在泽州(今山西省晋城市)的李抱玉。等朔方军的乱象治理得差不多了,李抱玉那边也在定国军的增援下顺利地击退了敌人。动荡了数年的西北局势也得到了久违的稳定。

至此,郭子仪完成了他沉寂三年后的精彩复出,让天下人为之眼前一亮,不愧其中兴名将之名。而与此同时,另一位中兴名将李光弼也在新的职务和新的战场上交出

第七章 尘埃落定 · 135

了一份漂亮的答卷。

李光弼赶赴江淮地区就任的时候，东南战场的局势看上去十分危急。但事实证明，看起来的情况并不靠谱，局势应该说是万分危急。

邙山之战后，史朝义乘胜对江淮地区发起了全线进攻，申州、光州等十三个州均遭到了叛军的猛烈进攻，至于史朝义本人则亲率精锐部队包围了宋州，日夜猛攻。

唐军在江淮一带最能打的一支军队就是先前反叛的刘展部，刘展叛乱后，在江淮几乎打残了其余所有稍有战力的唐军部队。此时，唐朝在江淮地区已经没有部队能同史朝义的叛军相抗衡。而受到刘展之乱的影响，当地粮食绝收，发生了严重的饥荒，也没有钱财军粮来支持大规模的战争。此外，唐军内部之间还有严重的内斗，比如曾在讨平刘展的战事中立下汗马功劳的楚州刺史李藏用，履新不久就被属下污蔑谋反，然后不等上级批示，李藏用就被部下出兵袭杀，而身为上级的江淮都统崔圆则不问真相，顺水推舟清洗了李藏用在军中的亲信，换上了自己的人。

情况如果仅是这些还好，但事实上还要更糟糕。由于要应对刘展的乱军，江南各州曾仓促招募军队，导致地方仓库中的财物器械流失严重，朝廷则限期要求将仓储补足。于是，刺史把问题甩给县令，县令把问题甩给衙役，衙役就只能把问题甩给老百姓了。

其实以向来富庶的江淮地区的基础，不出三两年就能把亏空还清，但一年之内是搞不定的。原因我刚刚说过，在发生了饥荒，有些地区还出现了人吃人的惨剧的情况下，这么搞只能是逼上梁山的节奏。

果然，一个叫作袁晁的台州小吏因征赋不力而遭受鞭背之刑后愤然聚众起义，起义军攻下了台州，赶走了刺史史叙，并开始攻略浙东郡县，致使浙东大乱。

总而言之，可以说是一团乱麻，不可收拾。

然而在李光弼到任几个月后，无论是叛军、民军，还是饥荒、内斗，都被李光弼收拾了。那他到底是怎么办到的呢？且听我细细讲来。

据载，李光弼在上任途中了解到江淮地区的具体情况，马上决定取消前往临淮的计划，直接奔徐州前线去了。

等他马不停蹄地赶到徐州坐镇，却发现那里的将士们正准备收拾包裹退保润州。大家不仅要撤，随行的监军使也力劝李光弼跟着撤。原因很简单也很实际，李光弼带的兵太少，怕是打不过史朝义的大军。

对于以监军使为代表的众人的质疑，李光弼是这样统一回复的："朝廷的安危现在全寄托在我身上，如果我也退却了的话，朝廷还能指望谁呢？如今叛军虽然强大，却并不清楚我军的众寡，若能出其不意发起进攻，敌兵必然退走！"

太尉既然都这么说了，那大家就试一把呗。更何况，他老人家如果讲起军纪来，可比史思明的叛军恐怖得多，于是大家就跟着李光弼来到了更前线的泗州。

到了泗州后，李光弼却没有整军备战的意思，而是找来纸笔刷刷挥就一封手书，然后派人将亲笔信送往扬州，交给一个人。按照李光弼的说法，此人见信之后就会立即率兵行动，击败史朝义，解宋州之围，有此人出马便可成功。

李光弼这样说，一开始信的人并不多，当他们得知了收信人的名字，当即便深信不疑。因为那个收信人叫作田神功。此前击败刘展那种猛人的，正是此人。

田神功的确是一个很有军事能力的人，但他的毛病也很多。由于他是县衙里的小吏出身，在鱼龙混杂的下面混得久了，所以等做到了节度使，早年间留下的贪财蛮横的缺点被无限放大，不仅不听直属上级的招呼，有时候连朝廷的命令都当耳旁风。

但是在田神功那里，李光弼绝对是个例外。早在田神功刚刚崭露头角的时候，李光弼已是名扬天下的名将了，更何况田神功曾经在李光弼麾下打过仗，亲眼见识了李光弼的足智多谋、奇计百出，早已佩服得五体投地。

对于偶像级人物的命令，自然是第一时间执行了。于是，本来谁也指挥不动，一心杵在扬州吃喝玩乐的田神功竟然亲自带兵出动了，不远千里去进攻史朝义，解宋州之围。不能不说，李光弼的魅力太强大了。

不过，在我看来，李光弼的魅力还不止如此，他的名字代表的不仅是一种催人奋发的力量，还是一种可期盼的希望。

对于这一点，相信被叛军包围在城中的宋州刺史及守城的将士们也深有同感。

当时宋州已经被史朝义包围了数月，城中粮食用尽，守军的体力和精神都已到达了极限，眼看就要撑不下去了。刺史李岑至此也深感无计可施，准备弃城或投降。就在此时，协助守城的遂城果毅刘昌看出了李岑的想法，前来进谏道："城中仓库尚有数千斤酒曲，请您命人将其碾成细屑让战士们食用充饥，末将敢以性命担保，不出二十日，李太尉一定会发兵来救我们。"

李岑接受了刘昌的建议，并答应了让他前去防守最危险难守的城东南的请求。于是，宋州就这样硬挺了下来，等到了田神功大破叛军解除包围的那一刻。

叛军被击退了，李光弼开始全力应对民军。其实也谈不上什么全力，毕竟李光弼

第七章 尘埃落定 · 137

和袁晁完全不是一个量级的，李光弼只分兵一部去浙东打了几仗就彻底平定了袁晁军，并把袁晁本人俘获，送交朝廷处置，从而恢复了浙东的安宁。当然，李光弼虽然不支持袁晁在国家危难时期闹事的行为，但他很能理解，他深知江淮民众的疾苦，因此他做了两件事：第一件是派出军队帮助老百姓修复水利工程，恢复农业生产；第二件则是利用自己的威望将逗留在扬州的田神功打发回了驻地。

事实上，自李光弼到来后变得老老实实的不只是田神功一个。听说李光弼坐镇于江淮，本来互相攻打的尚衡和殷仲卿，拥兵襄阳不奉朝廷命令的来瑱都瞬间转入了低调的状态，然后在李光弼的欢送下相继入朝。

几个难题都解决后，李光弼立即转入反攻。

元年（762年）年初，李光弼亲自领兵收复了许州（今河南省许昌市），并生擒了史朝义委任的颍川太守李春；而后，他采用围点打援之计，又击败了史朝义派来救援的部将史参，获得了斩敌一千级、俘虏敌将二十二人的出色战绩。

此前，为配合李光弼所在的东线战场，陕州唐军曾主动向史朝义军发起进攻，在神策军节度使卫伯玉的指挥下，唐军乘虚攻下了位于洛阳西部的永宁（今河南省洛宁县东）、渑池（今河南省渑池县）、福昌（今河南省洛宁县东北）、长水（今河南省洛宁县西）等地，将战线推进到了洛阳周边地区。

而此时长期在北边同叛军交战的平卢节度使侯希逸因受到奚人的夹攻，遂率领全军两万余人奔袭李怀仙。在经过一场激战后由范阳南下，渡过黄河，在兖州与田神功和能元皓部成功会师。不久，侯希逸带领的平卢军收复了青州，大大增强了唐军在黄河南岸的存在感。

在李光弼一步步的调配与经营下，东部战场上的唐军已然做好了与叛军决战的准备，只要朝廷一声令下，李光弼麾下的唐军各部便可分进合击直趋洛阳。然而就在这关键时刻，有人掉了链子。

元年（762年）二月，淮西节度使王仲升在与史朝义部将谢钦让的激战中被敌人生擒，申州（今河南省信阳市）城陷，淮西震骇，叛军通往江南的门户再次洞开。好在李光弼反应迅速，得到消息后立即来了一招声东击西，调派侯希逸、田神功和能元皓前去围攻汴州（今河南省开封市），迫使史朝义急令谢钦让回军救援，这才使得淮西的局势转危为安，有惊无险。

而经此一役，朝廷意识到想要在东南有效地阻挡住叛军南下的铁骑，稳固朝廷的财赋命脉,非李光弼坐镇不可,于是李光弼的名字便消失在了平叛总司令的候选名单上。

李光弼走不开,郭子仪不招太监鱼朝恩、程元振待见,统统与平叛主帅的资格无缘。在这种情况下,主帅的位子只有一个人坐得了,这个人就是仆固怀恩。

很多人认为仆固怀恩这个主帅的位子是从李、郭二人那里捡来的,但我并不这么认为。因为在我看来,即便是李光弼、郭子仪不被人情事务纠缠,这个平叛主帅的位子也非仆固怀恩莫属。这是因为仆固怀恩不但是个有能力的人,还是一个有特殊能力的人,他的特殊叫作回纥。

四年前,当李亨含泪将自己的亲生女儿送上前往回纥和亲的马车时,仆固怀恩也在同自己的女儿挥手告别。

他的女儿也是响应朝廷号召前往和亲的,不过她和亲的对象并不是回纥的毗伽阙可汗磨延啜,而是毗伽阙可汗的小儿子移地健。看起来仆固怀恩的女儿是吃了亏,连毗伽阙可汗的老婆之一都没有当上,却去做了小王妃,但事实上,她却是捡了个大便宜。

跟着宁国公主嫁到回纥后仅过了几个月,毗伽阙可汗便因老病过世,宁国公主经过激烈抗争返回了唐朝,而新继位的可汗正是仆固氏的丈夫移地健(即登里可汗)。在宁国公主归国的情况下,仆固氏正式成为回纥可汗的正妻,号称光亲可敦。换句话说,随着女儿地位的提高,仆固怀恩已然今非昔比。他是回纥可汗的老丈人,更是朝廷向回纥请兵平叛的重要协调人,这个统帅的位子仆固怀恩不坐,还有谁人坐得?

然而,仆固怀恩这个主帅位子其实也险些没坐上,因为不等唐朝使者与回纥商议好出兵的条件,登里可汗已经亲自带领十余万人杀过来了。

登里可汗之所以会突然攻打唐朝,是由于他会见了史朝义的使者。史朝义的使者告诉他,唐朝刚刚死了两个皇帝,中原无主,兵力空虚,只要回纥立即出兵南下,大唐府库里的金银财宝将通通归他所有。

于是,登里可汗心动了。他和史朝义约好了一起攻取长安,事成之后,回纥方面取走财宝女子,史朝义一方接手城池。

在唐朝看来,登里可汗的行为是严重的背信弃义,是置双边长期友好交往的历史于不顾,伤害了大唐人民感情的不明智之举。但这对登里可汗而言,实在是件无所谓的事儿。这位新可汗并不像他的老爹和老哥那样同唐朝有着深厚的情谊,在他看来,此前回纥出兵入唐打叛军的事情只不过是简单的拿人钱财,替人消灾,是一件挣点外快的活儿而已,哪来的那么多事儿。况且,给谁干活不是干啊,何必叽叽喳喳的呢。

所以，在同史朝义合作这件事上，登里可汗完全没有任何心理负担，反倒是真心诚意地想要做成这笔买卖。所以他很认真，亲自出工，并几乎带上了全部家当（十万军队）。

回纥军的行军速度还是一如既往地迅速，当新登基的李豫得到确切消息时，登里可汗的前锋部队已经进抵唐朝的北边重镇三受降城了。

回纥人打进来了，刚接班的李豫当然非常紧张，但最紧张的人并不是他，而是一个叫作刘清潭的人。

刘清潭的身份是中使，即宫中派出的使者，说得再通俗点，就是太监。他之所以紧张，是因为他的使命就是出使回纥，恢复两国之间的友好关系，并促成登里可汗出兵，协助唐朝消灭史朝义。

现在登里可汗没说服得了，回纥大军却打上门来了，皇帝陛下肯定会不高兴的。皇帝陛下不高兴，就要找人算账，具体地说，结账的人就是他。而销账的方式如无意外就是被干掉，被干掉的具体方式则根据皇帝陛下心情的恶劣程度来定，反正是必死无疑，且死相注定很难看。但刘清潭并不是个轻易认命的太监，因而在那一刀砍下来之前，他决定再自我抢救一下。

于是，刘清潭想办法将李豫的亲笔信呈送给了登里可汗，并一再强调太上皇和大行皇帝虽然驾崩，但继位的当今皇上，就是昔日的广平王，即曾经与叶护太子一起浴血奋战收复两京的那位。

叶护是叶护，老子是老子，你是什么意思，又是哪位啊？

得到这一回复的那一刻，机灵的刘清潭立马意识到这位新可汗是位重财不重情的主儿。在被回纥人关押起来前，他派人给朝廷送回了一个至关重要的消息：回纥可汗、可敦亲发倾国之兵南来！

事情的发展表明，正是这个让人惊慌失措的消息，挽救了大唐，挽救了长安，也挽救了刘清潭自己。

有赖于同李辅国、张皇后多年来的斗智斗勇，李豫养成了非常良好的思考习惯，万事都能多想一步。通过刘清潭传回来的信息，李豫很快发现了关键点，登里可汗是带着老婆来的。

登里可汗的老婆是很多的，但能拥有可敦这一名号的，只有两个人，一个是李豫叔父荣王李琬的女儿小宁国公主，另一个则是光亲可敦仆固氏。无论是谁来了，只要能接上头，事情就存在转机。所以，当务之急是派人先稳住回纥军，探明具体情况和登里可汗的想法，而且必须在回纥军开始进攻前。

时间紧，任务重，顾不上那么多了。李豫直接钦点殿中监药子昂为特使，打着犒劳回纥大军的名义前往面见回纥可汗。

药子昂是在忻州南部赶上回纥大军的。此时，大军距离另一重镇太原已经只有咫尺之遥了。这一事实证明，登里可汗虽然年轻，但心眼可不少，他特意避开了易守难攻的三受降城，率军以不怕跑路的精神，跑了上千里来到太原，就是要在此与史朝义的军队会合，再一道发起进攻。一个人干苦工，大家一起分享胜利果实的事，登里可汗是不干的。这样便给了唐朝发挥的空间。

经过一系列公关，药子昂终于确定了可敦的身份正是仆固怀恩的女儿，并如愿见到了登里可汗本人。

由于这一路上亲眼看到了经历过叛军践踏的唐朝州县的残破景象，登里可汗对于大唐的最后一丝敬畏之心也消失无踪了。因此，见到药子昂这个大唐皇帝的特使，登里可汗表现得很是倨傲，几乎全程都是在用蔑视的眼光看药子昂。

药子昂被这种眼神看得发毛，又不便发作，只好派人快马加鞭回禀朝廷，请求速派仆固怀恩来救场。

去汾州请仆固怀恩的人其实早就在路上了，但他带回的消息却不是很好。仆固怀恩得知回纥大军南下的消息后深表关切，可他却拒绝了前去与登里可汗会面的要求，理由是避嫌。

虽说女儿现在已经贵为可敦，但这个女婿是个什么样的人，仆固怀恩心里并没有底。更重要的是，他无法确定这是不是政敌给自己设下的圈套。如果就这么去了，成功劝服可汗女婿还好说，一旦不成，打了起来，无论他人能不能回到长安，什么内奸、叛贼的帽子这一辈子算是再也摘不掉了。名节是仆固怀恩比生命还要看重的，所以他宁肯抗旨被杀也不愿意背上千古骂名。

李豫知道仆固怀恩担心的是什么，于是，他赐给了仆固怀恩一张铁券，又亲笔手书了一封诏书派人送了过去。那意思是朝廷完全相信你的忠诚，你就安心上路吧。

皇帝都这么发话了，再不动身就有点说不过去了。于是，仆固怀恩就带上了自己的老母（回纥可汗点名要见的）赶赴太原。

翁婿二人见面后，谁知竟一见如故，相谈甚欢。两个人具体聊了什么，我不知道，但史书上留下的记载表明，交谈后的效果十分明显。登里可汗会后表示完全赞同岳父大人对两国关系的评价，现场重申范阳、洛阳等地是大唐领土不可分割的一部分，表示将来会坚定不移地主张这一原则。仆固怀恩则代表皇帝和朝廷高度评价了回纥历代可汗为双边和谐发展所做的贡献，希望双方在平定史朝义叛乱这个方面有更进一步的合作。

最后双方决定，统筹协调两国军事合作，加快推进平叛工作，加强对史朝义叛军的武力打击，早日实现唐朝的和平、统一大业。

会谈结束了，登里可汗满意地派人递交了请和的国书，主动申请出兵讨伐史朝义。仆固怀恩则返回长安，向皇帝汇报具体的商议情况。

既然已经定下了要团结一致打史朝义，那么接下来讨论的就是进军的路线问题。

对此，登里可汗的意见是自蒲关（今陕西省大荔县东）进入，经由沙苑（今陕西省大荔县南）南下，再经潼关东进洛阳。

这一路线省时快捷，一看就是经过研究决定的，但是药子昂却无论如何也不能答应。因为走这条路的话，回纥军等于是不战而入关中，假如中途登里可汗突然翻脸变卦，袭击长安，那大唐就可以关门歇业了。因而，这个风险药子昂不敢冒，也冒不起。所以他提出了另外一条路线：从土门（今河北省获鹿县）南下，一路经邢州（今河北省邢台市）、洺州（今河北省永年县）、怀州（今河南省沁阳市）、卫州（今河南省卫辉市），直到洛阳。

这一路线的提出，充分说明李豫派来交涉的药子昂着实也不是一盏省油的灯。众所周知，这条线上回纥军经过的州县都是敌占区，这等于是让回纥军先同史朝义的叛军打起来，给唐军当先锋炮灰。

更可恶的是，用心如此险恶，药子昂还能一脸真诚地说什么关中地区屡遭兵灾，州县萧条，无法满足军队的给养，恐怕会令可汗大失所望，建议回纥军靠沿途劫掠敌人的财物来补充军队的给养。

登里可汗当然没有答应，这种折本的买卖他是不会做的。于是，药子昂又提出了一个备选方案，即从太行陉（太行八陉之第二陉，今河南博爱县北）南下，占领河阴（今河南省郑州市西北），直接卡住叛军的咽喉。

上来就卡住叛军咽喉所在，史朝义能不急赤白脸地来玩命吗？再者说了，这一路线虽然避免了回纥军队进入关中敏感地带或直接路过敌占区，但所经过的地区道路艰险，给养比较困难，更何况他们从来就没这么走过，因此这个提案也被登里可汗否决了。

没办法了，药子昂只能再退一步，用上最后的备用方案了。

药子昂的这个备用方案是请回纥军从陕州（今河南省陕县）大阳津南渡黄河，由太原仓（今河南省陕县西）供应粮食，在与各路唐军会合后，再一起向叛军发起进攻。

这个提议终于得到了登里可汗的认同，于是回纥军即刻启程，前往陕州驻屯等待总攻。

在回纥军赶路的时候，朝廷也正在紧锣密鼓地筹备与叛军的最后一战。

十月，唐朝方面终于一切准备就绪。

此次出征，唐军的中军由皇帝的长子、天下兵马元帅、雍王李适坐镇。由于这一年雍王殿下只有二十一岁，因此，事实上的军事主官是他的副手、刚刚荣升宰相（同中书门下平章事）的仆固怀恩。

一号和二号军事首长都是朝中的重量级人物，他们的副手及部将的级别标准当然应参照处理。于是，药子昂和前潞府兼御史中丞魏琚分别担任左右厢兵马使，中书舍人韦少华出任判官，给事中李进担任行军司马。

以上几位都是朝廷中新一代的中坚势力，是个顶个的精英，因而别看整个领导层的平均年龄不大，但水平并不低。事实上，皇帝陛下还曾想起用郭子仪，让他以副元帅的职务加入团队，谁知程元振、鱼朝恩双双出面强烈反对，李豫不得不放弃了这一想法。

不过就现有阵容来看，要击败谋臣凋零、猛将离心的史朝义集团是完全没有问题的。然而，上天一上来就和长安方面开了一个大玩笑，这个领导层还没到战场上发挥作用，就先伤亡了一半以上，而直接导致这一重大伤亡的正是历史上非常有名的"陕州礼仪风波"。

这个事情是这样的：雍王李适来到陕州后，出于礼节，便率属官和卫兵渡过黄河，主动前往拜会驻军在北岸的登里可汗。

按理说，李适一来就登门造访，这已经给足了登里可汗面子。但可汗却还是很不高兴，因为李适没跪拜叩头。而且，他还是以平等的礼仪同登里可汗相见，正面直视，头都不低。

这下一向自负的登里可汗的怒火像野草般迅速燃起，勃然大怒。他当场指责李适不把自己放在眼里，不愿以拜舞之礼（臣下向君王所行的一种大礼）觐见。

对于登里可汗的怒斥，李适站在原地，没有回答。

第七章 尘埃落定 · 143

李适会有这种反应其实不难理解。毕竟才二十一岁，刚刚来到一个陌生的地方，水还没喝一口，话也没讲两句，对面的仁兄就突然暴跳如雷了，这样莫名其妙的事，遇谁谁蒙。

事实上，李适就算没蒙，他也很难作出回答。

身为皇长子，在这个世界上能让他主动跪拜的人不超过五个，其中还在这个世上的仅剩下一个。所以，李适从小到大压根儿没有跪拜别人的习惯，自然更不会向素未谋面的回纥可汗行跪拜大礼了。

但是沉默不答是不成的，那样只会让登里可汗以为自己受到了无视，使事态恶化。所以，机敏的药子昂见情况不对，马上站出来替雍王发言："雍王乃唐天子长子，国之储君，于礼不当跪拜！"

"唐天子与可汗约为兄弟，可汗就是雍王的叔父，为何不用跪拜？"

说这句话的，是回纥将军车鼻。

看来一场论战势不可免了。不过药子昂并不畏惧，他闻言马上盯上了车鼻，不卑不亢地回答道："雍王是天子的长子，如今身为元帅，统领各军（包含回纥军）。哪有中国的储君向外国可汗跪拜的道理？况且，两宫（唐玄宗和唐肃宗）尚未入土为安，依礼法不应跪拜。"

说到底，药子昂是专业选手，车鼻只是即兴发挥，双方本就不是一个等量级的。因此说了半天，车鼻基本没有还嘴之力，惨遭药子昂理论加辩术的全面碾压。

于是车鼻也怒了。老子说不过你，还打不过你吗？！不等辩论结束宣布结果，恼羞成怒的车鼻当场就下了令，将药子昂和雍王带来的其他三位属官魏琚、韦少华、李进全部拉出帐外，各打一百鞭子。同时以李适年少不懂事为由，将李适强行逐出大帐，遣归唐营。

最后，经过这场飞来横祸，被抬回来的四人里，魏琚和韦少华过了一夜就死了。药子昂和李进虽然挺了过来，但也伤得很重，不宜继续留在部队工作。

还未与史朝义交手，唐军统帅部便两死两伤，这是对唐军士气的巨大打击，更是大唐王朝开国以来从所未有的奇耻大辱。用今天的话讲，是绝对可以称作重大外交事件的一件事了。但是，在将这事上报朝廷后，朝廷过了很久都没有给出相关指示，甚至官方表态。于是，年轻的李适明白了，这是父皇在暗示自己隐忍，以大局为重。

是啊，有求于人的时候，你还敢翻脸不成？李适就此硬生生地咽下了这口气。同时,一个信念也在他心中萌生,那就是重振大唐声威,让四方来朝!

他最终几乎实现了这一理想,在四十二年后。

礼仪风波在唐朝方面的低调处理下很快随风而逝,随着各路唐军的相继到来,战争终于再次打响。

十月二十三日,各路唐军几乎在同一时间正式出征,分别直奔他们的对手,完成他们的任务。

陈郑节度使李抱玉率军从河阳南下,直插中原,他的作战目的是分散叛军注意力,扰乱视线;

河南等道副元帅李光弼挥军从陈留进入敌占区,其战略意图是阻敌增援,同时牵制叛军兵力;

与叛军进行最后决战的重任则落到了从陕州出发的这一支唐军身上。

这支唐军以仆固怀恩及回纥大将左杀为先锋,观军容使鱼朝恩、陕州节度使郭英乂为后殿,自渑池进兵。由于出兵前将雍王李适留在了陕州后方,所以仆固怀恩再无顾忌,再加上他又是唐军的实际统帅兼回纥可汗的老丈人,说一不二,因此在他的统领下,大军很快便进驻同轨。

同轨在今天河南省洛阳市洛宁县东,离洛阳市区八十多公里,不堵车的话一个小时就能到,唐朝的时候如果马不限速,最多也就半天时间。

所以,当唐军大举进攻,先锋部队已进驻同轨的消息传来时,史朝义当即大吃一惊,即刻下令召集众将商议对策。此时此刻,史朝义身边众将中最有发言权的是阿史那承庆。作为叛军一直以来的谋略担当,他向史朝义献计看人下菜。具体说来就是,唐朝如果只派唐军前来,那就倾巢出动,与之决一死战;如果唐军是在回纥人的陪同下一道杀过来的,那就要避其锋芒,主动退守河阳。

史朝义考虑了一下,果断地拒绝了阿史那承庆的建议。因为在他看来,暂避风头实在是太孬了。如果一听说回纥骑兵到来就主动撤退,那以后凭什么夺取天下?夺取天下后又怎么面对回纥!所以史朝义下定了决心,无论唐军是独自前来还是与回纥人结伴而来,他都要与对方面对面决战,并亲自击破对方。

事后的发展证明,正是这个念头导致了史朝义的败亡。

史朝义下定了决心,仆固怀恩则在全力行动。

十月二十七日,唐军和回纥骑兵进抵洛阳北郊,仆固怀恩下令分出一部分兵力攻取怀州（今河南省沁阳市）。

二十八日，唐军攻克怀州，完成了对叛军北归道路的封锁。

二十九日，唐军各部就地休整。

三十日，战斗正式打响。

这一天一早仆固怀恩便率领唐与回纥的联军出现在黄水（《资治通鉴》作横水），这里是数万叛军的营垒所在地。

仆固怀恩似乎没有一上来就强攻敌营的打算，他率军在西原列阵，与叛军正面相向，然后派人前去挑战。

但是叛军似乎也没有出战的意愿，任凭仆固怀恩怎么派兵呼喝叫骂，营寨里的叛军士兵就是坚守不出。

决战无门，这就很尴尬了。不过在仆固怀恩的脸上却没有流露出任何表情，有的只是淡淡的微笑。因为他原本就没想着与叛军正面对决，挑战什么的只不过是转移注意力的烟幕弹。此时此刻，由唐军精锐骑兵和回纥军组成的真正的进攻部队已经绕道南山，出现在了敌人营垒的东北面。

当看到敌营东北角招展的红旗，仆固怀恩知道部队已经抵达进攻位置，于是他挥动了帅旗。

此时，隐藏在敌营后身的唐军精兵及回纥骑兵突然以雷霆万钧之势突入叛军营寨，对叛军展开了轮番冲击。联军骑兵在营房之中来往纵横，刀砍箭射，所向披靡！大部分叛军士兵还没来得及搞清楚发生了什么，就被疾驰而来的骑兵砍倒。

背后遭此痛击，又被仆固怀恩率军正面突破，叛军很快支持不住，全线崩溃，数万人被唐军当场斩杀（"一鼓而拔，贼死者数万"）。

胜利似乎就这样轻易到手了，比想象中的还要简单，让人有点不敢相信。所以士兵们不约而同地看向仆固怀恩，等待着主帅宣布获胜，欢庆胜利。

可是，仆固怀恩没有说话，因为多年的作战直觉告诉他，战事还没有结束。

很快，他的预测得到了验证。史朝义亲自统领叛军的真正主力赶到了现场，其兵力总计十万人，还是清一色的骑兵。

得到史朝义兵临昭觉寺的消息后，仆固怀恩意识到决一生死的关键时刻终于来临了。于是，他下达了命令：全军奔袭昭觉寺，与敌最后一战！

这最后一战果然打得很辛苦，列阵于昭觉寺的史朝义军在唐军和回纥兵的联手猛攻下展现了他们令人生畏的战斗力。双方先是骑兵对冲，然后变成了短兵相接，最后居然发展到了部分人直接肉搏。

时间一分一秒地过去，一批又一批的士兵倒在了血泊中，但战斗仍然呈现出一片胶着的态势，双方打了半天，一点进展都没有。即便是仆固怀恩这样的猛人亲自带了骑兵上阵冲锋，竟然也没能打开突破口，叛军大阵兀自岿然不动。

看到这一幕，后军的鱼朝恩也急了。他马上调来五百射生军瞄准敌阵人员密集处，一阵弓弩乱射，瞬间便射倒了一片叛军。但接下来，令鱼太监瞠目结舌的一幕上演了，被乱箭射散的叛军没过多久就又聚拢起来，恢复如初。

史朝义军的抗击打能力真的超出了仆固怀恩等人的预期，但事已至此，别无他法，只有作战到底，继续玩命或者能有一个像李嗣业那样的超级猛人爆发一下，单骑猛进杀入敌阵，杀出一条血路来。

可惜，李嗣业已经不在了。

但是，还有马璘在啊！

马璘，字仁杰，岐州扶风（今属陕西省）人。将门出身，开元末仗剑投效安西军，因作战勇猛，屡建奇功，深得李亨、李光弼赏识。此时此刻他也身处战场，已官拜镇西节度使，早已不再是带头冲锋陷阵的尖兵，因而自开战以来，他一直在负责指挥。但眼见仗打到这种程度，部队依旧没能取胜，这位马璘兄也按捺不住了。

"事情危急了！"

这是马璘的心声，也是他冲杀进敌阵前，士兵们听到的最后一句话。

当众人反应过来时，马璘已经单枪匹马，执旗冲进了对方大阵。

在纵马砍倒挡在自己马前的两名敌方盾牌兵，并夺过他们的盾牌后，马璘如同打了兴奋剂一般，在敌阵中左冲右突，砍杀了无数叛军士兵。虽只一人一马，但在万军之中，如入无人之境。

其实经过长时间的激战，叛军士兵的体力也损耗严重，只是靠战斗意志在死磕。突然杀过来这么个猛人，意志力就不管用了，叛军士兵开始溃逃，阵脚随之大乱。

仆固怀恩看到了敌阵的破绽，随即重新组织了大群士兵，并将他们重新整队编排，发动了最后的攻势。

无数唐军沿着马璘杀出的血路一拥而上杀入了叛军大阵，叛军阵型就此被完全冲垮，走向崩溃。

大势已去，真的是大势已去。

史朝义目睹了十万大军在一瞬间被消灭殆尽，惊慌失措之下，他统领卫队先行撤出了战场。

但史朝义到底是史朝义，他是不会轻易接受失败的。很快他便整顿好残部在石榴园再战，被击败。紧接着，他又带着残部的残部在老君庙与仆固怀恩交手，又被击败。

老君庙战败后，史朝义决定不打了。因为他能打的兵已经全部躺在了尚书谷，所以他只得带着身边残存的几百名轻骑兵向东逃窜。

至此，唐军终于获得了黄水决战的最终胜利。

经过这次艰苦卓绝的奋战，唐军斩首一万六千级，生擒四千六百余人，收降三万二千人，可以说是凭此役彻底歼灭了史朝义叛军的主力。

这一次有完全自主指挥权的仆固怀恩可不会再错过追歼残敌的机会了。他率军乘胜追击，相继收复了洛阳、河阳，而在意识到史朝义的底牌真的打光了后，仆固怀恩便将回纥军留在了河阳（因为人家是按里程和作战次数计费的），仅派出自己的儿子仆固玚协同北庭兵马使高辅成统领一万骑兵继续追击。

不出仆固怀恩所料，在唐军面前，史朝义和他的残余部队已无还手之力。仆固玚率军追到郑州很轻松地便将叛军接连击败，逼得史朝义不得不继续一路向东狂奔。

从郑州跑出来后，史朝义到的是汴州，可他的部将张献诚却不肯开门让他进城，无计可施之下史朝义只好连夜渡过黄河，逃往幽州。

史朝义已经很惨了，但仆固玚依旧穷追不舍。在接受了张献诚的投降后，他立刻马不停蹄地北上。先收复了滑州，又在卫州追上了史朝义，痛击一顿，再追，然后，他就看到了一片队列整齐、严阵以待的叛军。

说来史朝义的运气还不算背到家，在卫州战败后不久他便与田承嗣、李进超、李达庐等叛军将领先后会合，因此史朝义手中的兵力一下子又增长到了四万人，足够同仅带了一万人的仆固玚一战了。

所谓手里有兵，心里不慌。有了四倍于唐军的人马还跑啥？

所以史朝义决定，不跑了，回头，再战仆固玚。

事后的发展表明，这对叛军而言绝不是一个好主意，因为这一决定导致的一个十分重要的间接结果是，促使杜甫先生即兴创作了流传千古的《闻官军收河南河北》。

不过在当时，史朝义并不认为自己会输。首先，他的兵力比唐军多。其次，他身边的田承嗣也是个很有能力的人，是叛军上下公认的智谋水平能跻身前十的智将。最后，史朝义还占据了地利，他集中全部兵力在河边列阵，准备跟仆固玚玩一次"击其半渡"，等唐军前锋上岸立足未稳，后军还在河中跋涉之际，发动攻击，将他们赶进河里去。

应当说，这样看来还真不像会战败的。然而史朝义终究还是又败了，因为他低估了对手的实力。具体说来，是低估了仆固玚的实力。

要知道，仆固玚"斗将"的名号可不是白来的，那是打起仗来真像风一样，同时也像疯了一样，不但速度快，而且力度强，一般士兵根本扛不住。史朝义貌似并不知道这一点，直到来到战场上，他才确切地知道了。

在仆固玚的带头冲锋下，史朝义部署在河岸的军队完全抵敌不住。别说击其半渡了，连还手之力都没有，于是叛军纷纷跑路。仆固玚一直追到了昌乐（今河南省南乐县）以东，直到叛军来自魏州的兵马到达，才告结束。

虽说源源不断有部队过来，但史朝义依旧打不赢仆固玚。

领骁勇的魏州兵打了一场，战败，大将李达庐投降唐军。

会合了大将薛忠义的三万生力军后，在临清再打一场，又败，溃退。

好不容易鼓起勇气率军背水一战，与唐军大战于下博县，却又遇到了回纥骑兵，复大败。

看着这样的战绩单，史朝义简直是欲哭无泪，几近绝望。

就在这时，一直冷眼旁观的田承嗣发话了："请陛下允许我指挥下场对战，我自有妙法可破唐军！"

对田承嗣的话，史朝义已经无所谓信与不信了，既然你说你行，就且去试试。毕竟如今已是屡战屡败，难道还有比这更惨的状况？

答案当然是肯定的，有啊！

毕竟，在史朝义身边的那个人是田承嗣嘛。

史朝义同意了将下场作战的部署指挥全部委托给田承嗣。于是，叛军的命运就此离开了史朝义的掌控，走上了田承嗣的轨道。

田承嗣领命之后，随即开始了他的部署。他先命人找来军中的所有车辆，然后下令环车为营，将沿途掳掠来的女子放在车中，而后是辎重。

紧接着他出兵列阵，摆出了迎战的架势，静候仆固玚来攻。

仆固玚如愿到来，像以往一样挥军进击。叛军也同之前一样，在抵挡了一会儿后就抵敌不住，全线溃退。于是唐军奋起直追，叛军仓皇撤离，一切照旧。但很快情况便开始出现了变化。

在追击过程中，很多唐军士兵发现了田承嗣事先留在战场上的车辆，当有好奇的士兵走近发现里面的财物和美女时，不由得慢下了脚步，然后越来越多的士兵慢下了脚步，开始不约而同地争抢车中的财宝。

唐军已经进入了圈套，同时也走进了田承嗣预设好的伏击圈。于是，随着田承嗣一声令下，早已埋伏在周围的叛军发起了突然袭击，另一支叛军部队则以奇兵绕出猛攻仆固玚的侧翼，唐军就此战败，被迫后撤数十里。

说实在的，田承嗣这一手真的把仆固玚给打蒙了。他做梦都没有想到，一直被自己追着打的叛军居然战斗力尚存，还如此善用诡计。这一个不小心，可能就是全军覆没的节奏啊。

看来光凭手下这点兵力，要想全歼史朝义，是很难做到的。因此经过此战，仆固玚决意不再单打独斗，他也要搞团体合作。于是，他向外派出了使者，去邀请几个关系不错还能打的人来助阵。

经过不算漫长的等待，人终于到了。他们分别是都知兵马使薛兼训、兵马使郝廷玉、汴宋节度使田神功以及一个关系并不怎么好的人——兖郓节度使辛云京。

虽说不是完全如意，但是仆固玚可以确定在这几股力量的帮助下，他能够彻底战胜史朝义和他的任何属下，史朝义的死期已然不远。

此时的史朝义已经退守莫州，正在为今后的出路做打算，但还没等史朝义想清楚，他便惊喜地发现自己无路可走了。因为仆固玚、辛云京等人的部队已然将莫州城层层包围，现在想要走，却有些晚了。

不过这在史朝义看来并不算啥大事，反正手里有兵，打出去就是了。于是，在接下来的四十天里，史朝义指挥部队同参与围城的唐军交手八次，然后被打回来了八次，还折损了一个尚书，竟愣是没能解围。最后，被迫在围城之中度过了新年。

史朝义终于清醒地认识到，如果再不采取一些有效的行动，这个年恐怕将是自己这辈子过的最后一个新年了。

几经沉思后，史朝义终于作出了决定：检阅精兵，然后出城决一死战。

谁怕谁啊！

别价啊！

听说史朝义有意带兵出城死磕，田承嗣马上跑来劝谏。他告诉史朝义如今事态的发展还没到要拼个鱼死网破的最后关头，大燕还有出路，陛下不要绝望。

这一回史朝义是将信将疑了，他看向田承嗣："计将安出？"

田承嗣先生不慌不忙地说道："陛下不如亲率骁骑精锐返回幽州，找到李怀仙，然后带上他手下的五万大军回师解围，如此里应外合，可保胜利。臣愿坚守此城，等待陛下来援，仆固玚虽然厉害，但一时间也无法破城。"

史朝义认为田承嗣的话很有道理，因而当晚他就统领五千精锐骑兵突围而出。

且慢，且慢，稍微等一下。在出城之前，他还有几句话要交代，而这几句话对史朝义来讲是不能不说的。

当然，为保证讲话的效果，史朝义照例紧紧地握住了田承嗣的手，他的脸上也随之呈现出无比凝重的神色。

"我家阖门百口，老母幼子，现在都托付给将军你了！"

田承嗣闻言二话不说，当即干净利落地跪倒叩头，再起身时这位老兄已然是涕泗交流。

"田承嗣受陛下重托，敢不鞠躬尽瘁，死而后已！"

史朝义放心了，就此从北门突围而去。

田承嗣也放心了，自己的表演毫无破绽。

史朝义走后的那一天深夜，田承嗣召集众将，宣布决定——投降。

所有人都赞成。

于是次日黎明，田承嗣派人登城大喊，反复着同一句话："史朝义昨夜出城逃跑了，你们为什么还不派人去追？"

谁信你啊！

怀疑只是暂时的，很快就有唐军士兵将这一重要情报报了上去，因为很多人都亲眼看到了田承嗣率部出城投降。

田承嗣不仅把莫州城双手奉上，还亲自押着史朝义的老婆孩子外加老母前往仆固玚营中，算是真正实现了送货上门。

验明了史朝义家人的身份无误后，仆固玚立即带上高彦崇、侯希逸、薛兼训等将，领兵三万狂追史朝义。

经过锲而不舍的猛追，仆固场终于在归义县赶上了史朝义，打了一仗，完胜，却还是让史朝义脱身逃走了。

没说的，喝完这口水咱继续追就是了，谅他跑不了太远。

然而此时，令人意想不到的一幕发生了，本来急乎乎地要把史朝义追到手的仆固场居然摇了摇手，没有同意。

不同意出兵，是因为不需要出兵。

仆固场刚刚得到了确切的消息，史朝义委任的范阳节度使李怀仙已向中使骆奉仙送款请降，皇帝陛下已接受了他的申请。

现在仆固场要看的就是李怀仙的实际行动了，如果他是真心投降，那么他一定会抓到史朝义，再乖乖地送人过来。而如果他是假意，那也无所谓，届时将两个人一起消灭就行了。

此时的史朝义并不知道这一变故，他依旧在坚定不移地逃往范阳。在他看来，只要抵达范阳，他便可以绝处逢生，东山再起。然而现实是残酷的，史朝义走到自己老巢的门户范阳县（今河北省涿州市），却进不了城。因为在此驻守的兵马使李抱忠奉李怀仙之命，拒绝了史朝义的入城要求。

史朝义怒了，他派人向李抱忠发出最强烈的谴责，斥责对方不顾君臣大义。

说话前是要想清楚的。世人皆知史思明是逼死了自己的主子安庆绪才当上这个大燕皇帝的，史朝义则是弑君弑父界的典范，还好意思谈什么君臣大义？！

李抱忠不由得呵呵一笑，史朝义果然名不虚传，天真至极。

但既然人家义正辞严地开了腔，不回应岂不显得咱没礼貌还心虚吗？所以李抱忠给出了如下回复：

"天不佑燕，唐室复兴！如今我等既已归唐，岂能再行反复无常之举？但大丈夫耻于要什么阴谋诡计，因此我希望你能早点想好自己的出路，为自己求取自全之计！"

虽然如今道不同不相为谋，但李抱忠对于前任主公的态度还是值得表扬的。他不但没有打算抓住史朝义去唐朝邀功（李抱忠手上有三千兵马，此时史朝义身边仅剩下千余人），而且还好心提醒了一下史朝义："依我所见，田承嗣必然已经投降了，要不然唐军也不可能这么快就追到这里！"

一语惊醒梦中人，史朝义这才意识到自己被田承嗣给算计了。之所以主动请缨攻击唐军是为了显示能力并获得自己的信任，劝阻决战是为了自保，诱使自己出城则是为了献城降唐。好一个心思缜密、卖主求荣的田承嗣!

"老奴误我!"

史朝义发出了怒吼,但已于事无补。

在低头痛哭了一场后,史朝义向李抱忠提出了一个请求:给口饭吃吧!

为了赶路,史朝义和他的卫队从早晨到现在一口东西也没吃,已经饥饿难忍,而且按目前的情况来看,他们还有很长的一段路要赶,不吃些东西填饱肚子是不行的,因而史朝义硬着头皮提出了这个请求。

说到底,史朝义并不是一个十恶不赦之人。他能宽厚待人,体恤士卒,在军中的名声一直以来都不错,李抱忠对此也早有耳闻。所以他答应了史朝义的请求,命人在城东给史朝义一行安排了饭食。

餐毕,家在范阳的士兵纷纷辞别史朝义而去。转眼间,史朝义身边就剩下了几百名胡人骑兵。

擦干眼泪,史朝义再次上马带着卫队前往广阳,被拒;转投契丹和奚,却在路上被李怀仙的追兵赶上。虽然经过拼死厮杀,史朝义得以逃脱,但他已经意识到自己走到了人生的终点,于是在一片黑暗中,孤独的史朝义走向了那棵树。

李怀仙的士兵们在平州石城县温泉栅的地方搜索了很久,才最终在林子里找到了自缢身亡的史朝义。按照惯例,李怀仙的妻弟徐有济斩下了史朝义的头颅,传首长安。虽然大家都清楚,史朝义并非真正的罪魁祸首,更不是始作俑者,但是这样做依旧是必要的。唐朝必须用这种方式,表达一种除恶务尽的态度,同时宣示来之不易的胜利。

在史朝义自缢前后,他委任的恒州刺史张忠志、赵州刺史卢俶、定州刺史程元胜、徐州刺史刘如伶、相州节度使薛嵩以及李怀仙和田承嗣均以所辖州县降唐,唐军由此不战而得河北全境。

唐朝的旗帜终于再次飘扬在了大唐的每一个角落,这场由安禄山、史思明主导的,长达八年的安史之乱终于完全结束了。这一次,是真的结束了。

广德元年(763年)正月三十,仆固怀恩与诸将奉诏班师还朝。同一天,史朝义的首级被送入宫中。

看到史朝义首级的那一刻,李豫相信他亲手终结了这个乱世,并确信自己将会重建一个太平强盛的大唐。

第八章
谁主沉浮

当仆固怀恩、李光弼等将在外全力平定叛乱（史朝义、袁晁）的时候，皇帝李豫也在殚精竭虑部署反击。他的目标不用说，想必大家都猜得到，正是李辅国。

虽然已经过去了很多天，但李豫对那一天的那一幕仍记忆犹新。

当时新皇帝李豫刚刚接受了群臣的朝拜，李辅国就走到他面前，在他的耳边，对他说出了这样的话语：

"大家但内里坐，外事听老奴处置。"

这意思就是让李豫老老实实地做他的傀儡，不要闹事。

即便是一个普通人听到这样的话，想必也难免怒发冲冠，更何况是正当壮年气血方刚的皇帝陛下！但李豫却忍下了这口气。

不仅忍了，他还冲李辅国点了点头，露出了自然而不失客气的微笑。

因为他很清楚，在皇宫里，从太监到卫兵，所有人都是李辅国的眼线和爪牙，稍有不满的神色露出，他随时都可能在李辅国的"帮助"下驾崩。所以，当务之急是尽快取得李辅国的信任，让他误以为自己已经控制住了一切，获得安全感，降低警惕心。

这一点，李豫还是能办到的。所以他不断给李辅国和他的死党程元振加官晋爵，又很配合地下旨流放了李辅国的政敌、内常侍啖庭瑶、山人李唐等二十余人，并阻止了高力士回京的脚步（高力士放还途中，闻知太上皇驾崩的消息，因过度悲伤病倒，不久即吐血身亡）。

李辅国心安理得地接受了皇帝给予的所有尊崇与官职，在李豫永不消失的笑脸及唯唯诺诺的应声下，李辅国对这个昔日敌人的好感与日俱增。他开始觉得这个人相当够意思，相当识时务，这样一个乖乖听话的人，似乎没什么可担心的。至于他的心腹程元振也是同样的意见，他认为皇帝已然被搞定，没什么可担心的，倒是郭子仪、李光弼这样的老将，英雄盖世，军功、声望傲视天下，他们绝对不会甘心屈服于一群刑余之人，因而需要早点收拾。

李辅国点点头，表示完全同意程元振的看法，所以他先向没有任务且明显更懂政治的郭子仪下手，设法免去了郭子仪副元帅的职务，然后安排他去给先帝继续服务（充肃宗山陵使）。

果然，郭子仪很懂事，马上便上表谢恩，然后乐呵呵地收拾东西就去了咸阳（李亨的建陵所在地）。

看着郭子仪落寞离去的背影，李辅国不禁发出了冷笑，威震天下又如何，老子要你滚蛋，你不还得滚吗？

当然，此时志得意满的李辅国并不会知道，自己的下场要比去守墓的郭子仪惨得多。而且他更不会发现，在自己身边早有一双眼睛盯上了自己，在那双眼睛中有的只是妒意与杀意。

那双眼睛的主人不是李豫，而是程元振。

虽说程元振是李辅国一手提拔上来的，但他心中一直不服。他自以为自己的能力不在李辅国之下，甚至在某些方面还远胜对方，但为啥总是屈居于李辅国之下呢？更令他大为不满的是，明明发觉张废后（张淑妃）的阴谋，采取行动拥立太子的主导人是他，可新皇帝登基后论功行赏，最大的功劳给的是李辅国，二等功是属于李辅国的亲戚们（什么都没干的），三等功才落到了他程元振的头上。

如果程元振是个老实人，这事也就罢了。但他要真是个老实人，也坐不到现在这个位子上，因此程元振很愤怒。

接下来发生的事情就很老套了，大致是两个有着共同对头的人在日常交往后逐渐发现了志同道合的盟友，然后经过复杂的彼此试探，一拍即合，一起组团同仇敌忾的故事。

历经长时间的推导和策划，李豫和程元振秘密做好了所需的一切准备，终于在夏季结束前打响了推翻李辅国统治的第一枪。

宝应元年（762年）六月十一日，李豫在毫无预兆的情况下突然发难，一连罢免了李辅国担任的多个重要职务：比如闲厩、嫩牧、苑内、营田、五坊等使的位子被交给了左武卫大将军彭体盈代领，判元帅行军司马的职务则由右武卫大将军药子昂兼任（不久后改由程元振接任）。事实上，就算仅解除这两个职务也足够李辅国喝一壶的了，因为这意味着他丧失了统兵权，再也无法指挥禁军为所欲为了。

所以得到消息后，李辅国极为惊恐，但不等他有所行动，李辅国便又得知了另一个消息——一个好消息。

皇帝陛下以尚父劳苦功高，特意赏赐了一座位于宫外的大宅子，供李辅国及其家人居住使用。

这还不算完，没两天，李辅国又收到了一个不好不坏的消息：皇帝下诏进封他为博陆王，但同时罢免了他中书令的职务，不过仍允许他在朔望之际入宫朝拜。

事情已经很明了了，皇帝打算步步为营，逐步削夺他的一切，权力、地位、富贵，最后是性命。

李辅国彻底慌了，却还没有乱。因为他判定，李豫虽不喜欢自己，但也不敢公然杀掉自己，只要自己立即表现得老老实实，人畜无害，谅皇帝也找不到借口。

于是李辅国决定自保，赶紧写下一份谢恩表送上去，装回孙子。然而当他打算像平日一样走进中书省时，却被看门的拦住了。

"尚父已被罢相，不宜再入此门！"

人刚走，这茶就变冰茶了吗？！李辅国彻底愤怒了，于是他冲着门卫愤愤地抛下了这么一句话："老奴死罪，侍奉不了郎君了，我还是请求到地下侍奉先帝去吧！"

这话很快就传到了李豫的耳朵里，他马上下诏安慰了李辅国一番。同时也决定帮李辅国一把，实现他的这个小愿望。

于是十月十八日夜，一个黑衣蒙面人趁着月黑风高翻身进入了李辅国的大宅……

李辅国的尸首是十月十九日的清晨被他的家人在房中发现的。其实准确地讲不是尸首，应该是尸体，因为李辅国的脑袋已然不知所踪，甚至肢体也不是健全的——被凶手砍掉了右臂。

天子脚下，首善之区，竟有盗贼夜闯官宅，杀人毁尸，实在是太嚣张了。

皇帝陛下得到消息不禁大怒，他立即下令给有关部门，要求高度重视这一恶性入室抢劫杀人案，尽快捉拿凶手，恢复社会治安。

有关部门接到命令后当即表示责无旁贷,会加紧追查,同时研讨决定将在近期以长安城为中心,开展大规模的治安防盗教育宣传,提升居民的防盗自卫意识,杜绝类似意外再度发生。

于是李辅国被追谥厚葬了,长安市民的防盗意识增强了,类似的恶性案件也没有再发生了。唯一美中不足的是,凶手一直没找到。然而许多年之后,当李辅国的名字几乎已经被世人忘到脑后时,这个凶手居然主动现身,而且还做了官,成了梓州刺史杜济帐下的牙门将。据他本人宣称,那次并非入室抢劫,而是一场有计划的刺杀,至于幕后的主使者以及杀人动机,他绝口不提,当然也没有人追问。毕竟大家心里都很清楚答案,清楚到《新唐书·李辅国传》里都白纸黑字地写了出来——"自辅国徙太上皇,天下疾之,帝在东宫积不平。既嗣位,不欲显戮,遣侠者夜刺杀之。"

为被逼死的爷爷、被吓死的老爹以及受苦受难的天下人除此死太监,可以理解,完全可以理解。

内患已清,外乱已平。李豫终于可以大展身手,开创属于自己的盛世了。不过在施展拳脚之前,他决定先把年号换了,求一个好兆头。于是宝应二年变成了广德元年,一段险象环生的岁月就此开启。

广德元年(763年)正月,皇帝李豫得到了一个让他震惊不已的消息:叛军其实在唐军中有一个内鬼,正是因为此人与史朝义等暗中勾结,才致使淮西节度使王仲升在申州兵败被擒,并差一点令朝廷丢掉江淮的财赋重地,功亏一篑。

这实在是一个重大的爆料,但更劲爆的内容则是被爆料人和爆料者各自的名字。

被爆料的,是曾威震三军,吓哭叛军的来瑱"来嚼铁",而爆料人则是当年因来瑱拥兵不救被叛军活捉去了的王仲升本人外加皇帝现在最倚重的太监程元振。

这三个人的矛盾其实由来已久,而且还有那么点复杂。不过还是能讲得清楚的,具体包含了两对矛盾:来瑱与王仲升的矛盾,以及来瑱与程元振的矛盾,而其中来瑱与王仲升的矛盾又是最主要的矛盾。

所以,依据倒吃甘蔗的理论,我们先由来瑱与程元振的矛盾讲起。

来瑱和程元振之间绝对算是小事情。说来就是程元振还没特别发达时,曾托来瑱办事,来瑱很牛,没有理睬。后来程元振掌权了,征召来瑱入朝,来瑱理了,却一直拖着不到。这两件小事虽小,但都让程元振十分难堪,程太监由此怀恨在心,有意给来瑱点颜色看看。

至于来瑱和王仲升，那就是一段标准的以眼还眼、以牙还牙的故事了。

来瑱与王仲升之所以会结下梁子是因为一个小报告，打小报告的人，是王仲升。

想当年来瑱还在做山南东道节度使，坐镇襄州。他的威望很高，很受部下爱戴，而来瑱本人在当地待得久了，也不愿离开。所以，当朝廷征召他赴京时，来瑱耍了个花招，授意军队及州县一道上表朝廷，请求让自己留任。

果然，在军心和民意的强烈要求下，朝廷妥协了，来瑱如愿以偿。

来瑱很精，其他人也不傻，这其他人中就包括王仲升。所以事发后王仲升向朝廷打了来瑱的小报告，大致意思是此人善于收买人心，恐怕日后难以控制云云。于是朝廷很震惊，并很快采取了措施，宣布成立一个新的观察使区，将商州、金州、均州、房州四处从山南东道划了出来，致使来瑱的辖区一下子缩水到了六个州。

来瑱是何等聪明之人，突然被朝廷搞了这么一下就猜到一定是有人背后捅刀子，于是他开始发动关系查。查来查去，最后就查到了王仲升，这仇也就记下了。这才有了后来坐视王仲升城破被俘的事情。

而说起来是因为王仲升先来搞他的，所以一直以来来瑱对自己的袖手旁观从不觉得抱歉，所以更没有一声对不起了。

不过死里逃生的王仲升想要的还真不是来瑱的一句对不起，在遭受了这辈子最大的耻辱，并差点丢掉性命后，他想要的唯有来瑱的命。

说来也巧，王仲升和程元振关系不错（王仲升回朝后右羽林大将军兼御史大夫这份工作就是经程元振举荐获得的），于是两个人很快达成一致，弄死来瑱。

程元振、王仲升对来瑱的指控纯属诬陷，但这次诬陷的厉害之处就在于无论谁来看，怎么看都像是真的。究其原因，首先在于来瑱这几年的表现确实有些桀骜不驯，妥妥的一副军阀做派，让朝廷对他丧失了信任，这是最根本的原因。其次，由于来瑱的档案确实很黑，毕竟一开始举荐他出山领兵的是驸马张垍——投降叛军了；后来遇到的老爹帐下故将毕思琛——投降叛军了；再后来袭杀了当时的襄州刺史，打算谋乱投降叛军的将领张维瑾、曹玠一见到来瑱带兵过来，便立即归降了。

这几件事分开看并没什么不妥，但如果连在一起，你要硬说他来瑱跟叛军有啥勾结，讲真的，看起来倒也没错。

最后，就是王仲升的敌营三百天的现身说法加程元振的资格背书了。

就这样，假的成了真的，皇帝陛下终于怒了。

宝应二年（当时尚未改元，即763年）正月，李豫下令免去来瑱兵部尚书、同中书门下平章事、山陵使等一切职务，并褫夺其国公爵位，将来瑱贬为播州县尉。

不久，又派人快马赶上，在鄂县将来瑱赐死。

来瑱被赐死、籍没全家的事情就像一颗重磅炸弹，很快在朝廷内外引发了轩然大波。

最先不干的，自然是同来瑱情同父子的属下们，比如行军司马庞充。这位仁兄当时正带着两千士兵赶往河南驻守，听说了来瑱的死讯，立马就炸了毛，下一秒就领兵回师去突袭襄州。好在守城的左兵马使李昭当机立断，派兵登城固守，才迫使这支哗变部队在奔袭不成的情况下，逃亡房州。但是，事情到此还没完，由于李昭和襄州节度副使薛南阳都与右兵马使梁崇义有矛盾，因而襄州城内的内斗很快便轰轰烈烈地上演，最后的结果是梁崇义一人干掉了李、薛二人，在军中将士的一致拥护下自立为帅，并上报朝廷追授正式职位。朝廷因无力发兵讨伐，只得于这一年的三月顺水推舟，正式任命梁崇义为襄州刺史、山南东道节度留后。

襄州大乱只不过是来瑱被杀所导致的第一个后果，而且还是影响最小的一个后果。事实上，来瑱之死加上因违逆程元振被贬为施州刺史的宰相裴冕的遭遇，让大唐诸将都深感震惊，继而是由衷的恐惧。即便是李光弼这样无所畏惧的牛人，在得到消息后也是神色大变，不禁战栗，以至于后来李豫召他带兵入援京师，李光弼"迁延不敢行"。

李光弼尚且如此，其他藩镇和大将就更不用多说了，所以很多史书都写下这样的话："天下方镇皆解体。"

唐朝朝廷收复了失地，却至此失去了军心。这一恶果将在不久之后生动地展现出来。

不得不反了

仆固怀恩明显感到自己的压力非常大，这种重压之下的感觉是从所未有的。这也难怪，毕竟除了来瑱事件所带来的心理阴影外，他还面临着三大难题，并且都急需妥善处理。

这三大难题说来都是与仆固怀恩的身份息息相关的。首先，是回纥问题。

平心而论，回纥军在平定史朝义的军事行动中提供了很多帮助，但不可否认的是，这支大军给所到之处也带来了很大的破坏。因为回纥人将叛军占据的地方完全视作敌国的地界对待，因而洛阳及其周边州县基本被劫掠一空，东都的多处建筑还被放火焚毁，造成了重大的平民伤亡。后来鱼朝恩和陕州节度使郭英乂带着朔方军来了，愣是没压住，只得眼睁睁看着中原被扫荡一空。

据相关史料记载，登里可汗率军返程回回纥的时候，军纪也十分糟糕，沿途掳掠财物不说，还擅自杀掉了不少他们认为伺候不周的地方政府的接待人员。以至于当回纥大军路过河东，节度使李抱玉要选人负责招待时，他的属下们无一不吓得瑟瑟发抖，唯恐自己被选中。

回纥军最终还是被送走了，但是被他们一道带走的除了朝廷和皇帝给予的奖金和赏赐，还有取自中原民间的大量财物、粮食和无数的大唐百姓。

登里可汗朝廷是不敢得罪的，但打工的仆固怀恩就不好说了。回纥军造成的这些烂账很有可能被别有用心之人算在仆固怀恩头上，带来很大的麻烦。

仆固怀恩眼中的别有用心之人不是别人，正是曾和他一道参与平叛的河东军的将领们，如与李光弼关系特别密切的陈郑泽潞节度使李抱玉、河东节度使辛云京都是仆固怀恩一直以来重点关注及防范的对象。

事实上，仆固怀恩不仅始终盯着他们，还真的坏了他们的好事。

我讲过，安史之乱打到最后，消灭的其实并非所有叛军，而是史朝义和忠于史朝义的那部分军队。随着史朝义的屡战屡败，一溃千里，安禄山、史思明的许多旧将眼见史朝义大势已去，不愿跟着一起完蛋，当即选择了归降唐朝。

鉴于雍王殿下在陕州蹲守，仆固玚在追着史朝义跑，因而大部分叛军将领投降时选择了就近，比如叛军的邺郡节度使薛嵩主管的是相州、卫州、洺州、邢州、赵州，离中原地区近，就投降了陈郑泽潞节度使李抱玉；史朝义委任的恒阳节度使张忠志的辖区毗邻河东，他便以恒州、深州、定州、易州四州之地向河东节度使辛云京投降。

然而，李抱玉、辛云京刚刚接管了降军的地盘，薛嵩、张忠志等人也刚刚交出了军队和武器，他们就各自得到通知，要求他们恢复到一个月前的状态。

这是个莫名其妙的命令，但李抱玉等人还是老老实实地服从了命令，因为这个命令是由仆固怀恩亲自发出的。

说实话，李抱玉和辛云京作为河东系新一代的骨干，并不怕仆固怀恩，他们顾忌的只是仆固怀恩的第三重身份——唐军的实际统帅。

人在屋檐下，不得不低头啊。

于是李抱玉和辛云京相继率军撤出了接管下的地盘，薛嵩、张忠志等将则在不久之后再次向仆固怀恩的大军请降。

十一月二十二日，朝廷最终批准了由仆固怀恩提出的让叛军降官，特别是河北降将继续留任原职，职权不变的建议。正式任命张忠志为成德军节度使，并赐姓名为李宝臣，薛嵩为相、卫、邢、洺、贝、磁六州节度使，田承嗣为魏、博、德、沧、瀛五州都防御使，李怀仙为幽州、卢龙节度使。而这四位降将因辖区都在河北地界，故被合称为"河北四镇"或"河北四帅"。

没被消灭掉，也没有被追究罪责、降级调任，反而摇身一变从叛党成了朝廷的地方大员，薛嵩等将对仆固怀恩自然是感激涕零，因而四将迎接仆固怀恩入营视察时无一不是"拜于马首，乞行间自效"，表现得无比恭敬。

进入薛嵩等人军营视察并受降的那一刻，仆固怀恩原本愁眉不展的脸上终于露出了一丝笑意。因为他认为他圆满地解决了叛军降将的善后处理问题，而且是以不伤和气的方式彻彻底底地解决了。自此之后，朝廷会得到几个能打的大将来守边界，而薛嵩等人也能人尽其才，不至于报国无门，很好很好。

身为唐军的实际统帅，仆固怀恩深感欣慰，这一刻对他而言，同样是很光荣的。

可是他想不到，自己这一天真的设想，最终会为大唐埋下一颗永远拆不掉的定时炸弹，而他本人则将成为这颗炸弹的第一波受害者。因为在那天受降仪式结束时，一个流言开始在坊间流传：

仆固怀恩将河北降将拉拢到自己身边，有不臣之心。

这个说法得到了后来许多历史学家的支持和认可，但个人以为，这话是不可信的。因为我读到的史料告诉我，仆固怀恩的儿子仆固玚曾打算将叛军赶尽杀绝（至少对田承嗣是这样打算的）。但他之所以没有办到，不是由于他老爹叫停，而是因为他根本杀不了对方，田承嗣比他想象的要狡猾且厉害得多。

仆固玚不喜欢田承嗣，田承嗣知道。

在仆固玚看来，田承嗣奸诈阴险（曾出诡计击败自己并骗史朝义出城）、心狠手辣（把故主妻儿老母作为见面礼请降），而且又反复无常（此前投降过朝廷，不久就又反了），留下来绝对是个祸害。因此在接受田承嗣投降的那一刻，仆固玚就有心找个机会杀掉此人。

可是奇怪的事情发生了，每次仆固场找准时机准备出手时，不是被田承嗣巧妙地逃掉，就是被自己的手下人劝阻：人家田承嗣归降后从没犯啥错误，何必赶尽杀绝呢？何必呢？

这个世界上从来没有无缘无故的恨，当然也没有无缘无故的爱和连续多次的巧合。田承嗣之所以每次都能顺利地化险为夷，是因为他早早地就使出了千百年来屡试不爽的绝招——买通左右。

所以，仆固场的所思所想和一举一动，他都了解得清清楚楚，以至于仆固场多次想下手，却迟迟下不了手。然而，仆固场终究还是找到了一个可以出手的机会。

按照惯例，在举行正式的投降仪式前，归降方和受降方会有个高层参加的意向碰头会，商定好仪式的时间、地点、规模、流程等具体的细节问题，发觉部下可能被田承嗣重金收买的仆固场就打算趁着这次见面的机会，手刃田承嗣。

然而差不多到了双方约定好的时间，仆固场却突然得到消息，说田承嗣突然生病，且病得不轻，无法出门参加碰头会。

仆固场当即对田承嗣的身体健康状况表达了关切，他嘱咐田承嗣的使者转达自己的慰问，并告知对方，过两天自己便会亲自前往探视。

这就不好办了，田承嗣的病本来就是说说而已，而且大家心知肚明，可仆固场一心想要砍了田承嗣，这一来探病，田承嗣被堵在床上，岂有命乎？

但接到使者转告的田承嗣并不慌张，也丝毫没有再行反叛拼个你死我活的意思。因为这事虽说不好办，但还不是不能办，田承嗣自有他的应对办法。

约定的探病日期终于到了，仆固场带着他的卫队准时来到了田承嗣的卧房，见到了假装卧病在床的田承嗣，并与之进行了亲切的交谈，两人约定待田承嗣病愈，一定要找个机会把酒言欢，不醉不归，然后……

然后仆固场就走了，田承嗣安然无恙。

仆固场确实想杀掉田承嗣，但必须是在自己的生命安全不受到任何威胁的前提下。所以，当看到田承嗣卧房前后站满了带刀的侍卫，且紧盯着自己的一举一动时，仆固场就没敢动手。

仆固场回去了。说实话，他很不甘心，更觉得很窝囊。然而他前脚刚刚回到自己的营帐，后脚田承嗣的使者就来拜见，送上了田承嗣专门为仆固场准备的大礼——一大箱稀世珍宝。

面对随时可能因田承嗣而反水的手下们和重金厚礼的诱惑，仆固场妥协了，他就此彻底放弃了除掉田承嗣的计划，接受了田承嗣投降的事实。

可是，在仆固氏父子的政敌们看来，仆固家并没有除恶务尽的意思，反倒是公然接受叛军降将的贿赂，与昔日的敌人打得火热。

最先认定仆固怀恩在拉帮结派图谋不轨的，是辛云京。作为李光弼意志和职务的双料继承者，他对仆固怀恩的防范级别一直以来都是准交战级。因而在仆固怀恩送回纥可汗回国路过太原时，辛云京愣是担心遭到回纥军袭击，死也不开城门，更不派人犒赏，搞得仆固怀恩很是愤怒，当即上奏朝廷，狠狠地告了辛云京的状。

待送走了回纥可汗，仆固怀恩似乎就和辛云京铆上了，他率领朔方军驻军汾州（今山西省汾阳市），不走了。不但不走，还派部将李光逸驻兵于祁县（今山西省祁县），李怀光屯晋州（今山西省临汾市），张如岳守沁州（今山西省沁源县），并令儿子仆固场统兵一万，入驻榆次（今山西省榆次市）。

如果我们翻开地图查看的话，就会发现仆固怀恩做得很绝，可以说是在太原的南部搞出了半个包围圈，把辛云京的河东军与在长安的朝廷彻底隔绝了。如果考虑到当时的北边、西面已经基本上属于北方游牧民族的活动范围，东面与河东军仅有一山（太行山）之隔的河北四镇又是仆固怀恩阵营的新收小弟，一旦仆固怀恩翻脸要做安禄山第二，太原城将成为瓮中之鳖，会被仆固怀恩轻易吃掉。

每每念及这一问题，辛云京都是冷汗直流。更重要的是，他还没有办法将自己的担忧和困境上报给朝廷。因为南去长安的必经之路都属于仆固怀恩的防区，更要命的是如今的仆固怀恩已然今非昔比。平叛归来后，当年郭子仪麾下的小兵马使已经成了开府仪同三司、尚书左仆射、兼中书令、朔方节度副大使、河北副元帅、上柱国、大宁郡王，可谓位高权重，而他的儿子仆固场又刚刚官拜御史大夫，所以监察这条路也基本指望不上了。

在辛云京看来，形势很危险，仆固怀恩极恶毒，必须绝境求生，不然必死无疑。

经过观察和等待，辛云京终于发现了一个或许能帮上自己忙的人，这个人名叫骆奉先。

骆奉先，时任仆固怀恩监军，但是，他并不是仆固怀恩的人，因为他的身份是太监，也就是说，他先天就是皇帝的人。

这就好说了。趁着骆奉先前来河东军视察的机会，身为河东节度使的辛云京亲自出面，大排夜宴邀请骆奉先务必出席。

节度使的面子是不能不给的，骆奉先就去了，然后受宠若惊。

其实这个时候的唐朝太监看上去很厉害，但实际上并不全都厉害，能做到人人敬畏有加的，也就李辅国（官场人称"五郎"）、程元振（军中呼为"十郎"）这两个成功人士，说起来在当时连鱼朝恩都论不上成功。因此那些遍布军中的监军太监、中使什么的普通角色，地位看起来很高，但实际上并不招人待见，谁都看不上这些不男不女之辈。所以像骆奉先这样的，经常会感到空虚寂寞冷，人生不幸福。

然而这一回，在辛云京这里，骆奉先得到了前所未有的礼遇。不仅被奉为上宾，好吃好喝地招待，还送土特产、塞红包，客气到了极点。

于是骆奉先热泪盈眶了，不出数日，他便与辛云京称兄道弟，结为生死之交。

不过骆奉先到底是仆固怀恩的监军，到太原这里只能算是出差，不能长住，所以过了一段时间后，骆奉先就要告辞回去了。就在他临行的那一天，辛云京突然找到了他，说要告诉他一个自己发现的秘密，且这个秘密还与仆固怀恩有关。

这就不能不听了。于是骆奉先从辛云京处得到"可靠"的消息，仆固怀恩与回纥可汗已有密约，将在近期采取行动，兴兵造反，颠覆李氏江山。

骆奉先对辛云京的话没有丝毫怀疑。在他看来，兄弟是可靠的，兄弟的消息自然也是可靠的。于是，骆奉先带着对仆固怀恩的戒备离开了太原，回到了汾州。

其实，骆奉先和仆固怀恩也是拜过把子的，但如今两个人地位差距实在是太大了，骆奉先当然不敢再跟仆固怀恩像以前那样勾肩搭背。感情上是生分了，可礼数上还不能有亏，因而骆奉先回到汾州的头一件事，就是跟着仆固怀恩一道升堂拜母，向老太太问安。

谁知，骆奉先刚进内堂，人还没跪稳，就被吓到了，因为老太太说了这样一句话：

"你与我儿约为兄弟，如今为何却跟那辛云京走得那么近，做人可以这样两面三刀吗？算了，之前发生的事就不多说了，自今往后，希望我们母子兄弟能够和好如初就是了。"

娘啊，真是吓死个人。

骆奉先还以为老太太下一句就是"来人哪！将这个背信弃义之人拖出去斩了"，因此里面的衣服都汗湿了。

不等惊魂甫定的骆奉先回过神来，仆固怀恩便一把拉住他，带他前去备好的酒席上喝酒。

估计是发觉骆奉先脸色有异，席间，仆固怀恩主动起舞助兴，为骆奉先献上了一支独舞。骆奉先反应也很快，当场拿出了一大笔钱作为缠头彩（唐代人给歌舞技艺表演者报酬的一种主要形式）。这下轮到仆固怀恩不好意思了，随便跳了个舞，给这么多，太客气了！

考虑到明日即是端午节，仆固怀恩便热情地邀请骆奉先留下多住几日再回京复命，而骆奉先实在是心里有阴影，坚持要走，最终的结果是仆固怀恩命人把骆奉先的坐骑藏了起来。

个人以为，如果日后这一段要拍成影视剧，骆奉先此时的背景音应该是"你说你，想要逃，可是偏偏注定要落脚"，而镜头给到仆固怀恩时，则务必是那句"让我用心把你留下来，留下来"。

因为仆固怀恩此举真的并没有恶意，他只是觉得无端又让兄弟破费了，心里有些不安，所以打算还给骆奉先一个人情而已。只不过仆固怀恩先生比较强势，这才在未经知会哥们儿的情况下暂时收走了他的马。

"之前突然指责我背叛兄弟，现在又收走了我的马，这是要加害我啊！"

这是看到了空荡荡的马厩时，骆奉先跟随从们说的唯一一句话。

深感不安是此时此刻骆奉先的唯一感受。

这也难怪。要知道，他的名字虽然叫作奉先，但毕竟不是吕布啊，这要是动起手来，他一个太监只有被仆固怀恩的骑兵追砍的份儿。所以虽说是大晚上的，虽然现在马都没了，但骆奉先还是毅然决然地选择尽快离开。

于是，当夜恐惧中的骆奉先带头翻墙跑路，全力奔向长安的方向。可是他和他的随从并没有跑出太远，便被仆固怀恩派来的骑兵追上了。

军爷饶命！

这是被追上的骆奉先的第一个念头。但他很快发现，自己可能想错词了。因为这些骑兵不是来追杀他们的，而是奉命交还他们的马匹的。按照仆固怀恩的士兵解释，王爷并没有别的意思，只是想留骆公公多待几天。听说骆公公不见了，这才意识到被误会了，大惊之下赶忙命他们前来送马。

骆奉先当即表示完全理解王爷的美意，但他有要事在身，不便久留，因而面对盛情难却的王爷，只得不告而别。最后，他希望这些士兵们能代替他再次向王爷表示诚挚的感谢。

说罢这些，骆奉先就将坐骑赶出了赤兔的速度，风一般地消失在了夜色中。

骆奉先终究是安全抵达了长安，他回去的第一件事就是立即进宫面圣，检举仆固怀恩勾结回纥，暗通叛军余孽，意欲不轨。

仆固怀恩得知此事，当即大怒。他马上上表为自己辩解，同时连续奏请朝廷，点名要求诛杀辛云京、骆奉先二人。

眼见双方闹得很僵，都欲置对方于死地，朝廷不得不出面放大招了。于是，皇帝陛下亲自操棍，开始和稀泥。

要说皇帝不愧是皇帝，和起稀泥来，也真的是专业级的。他一上来不问事情究竟如何，先下了封亲笔诏书，要求双方奉旨和解。然后开始帮两人回顾历史，讲述平定叛乱是如何不易，仆固怀恩和辛云京都做了哪些突出贡献云云。最后表示和平来之不易，朕则需要安静，你们都不要再闹了。

事实证明，皇帝发话还是有些效果的，仆固怀恩和辛云京、骆奉先果然见到诏书后再也不敢对骂，只是各自暗中握紧了拳头。

仆固怀恩和辛云京算是彻底翻脸了，但是这似乎并不意味着整个河东系要同朔方系开始全面战争。至少当仆固怀恩路过潞州时，镇守在那里的河东系另一位重要将领李抱玉对他表现得还算友好，不仅亲自出面迎接，临走前还赠给了仆固怀恩钱财和好马。作为友好的回应，仆固怀恩也回赠了一些财物，以示答谢。

当然，他并不知道，自己转身刚走不久，李抱玉就把仆固怀恩赠送给自己的财物原封不动地送交给了朝廷，并上表暗示仆固怀恩私下交结大将，心怀异志。

这么反手一刀，实在是令人防不胜防啊。仆固怀恩悲愤了。他的确有伤心的理由，因为他虽然骄横强势，有时还恣意妄为，不遵法度，但他却从未有过背叛大唐的念头。自唐太宗贞观年间仆固怀恩的爷爷仆固歌滥拔延率部归降以来，经过一百多年的岁月，仆固家族早已将大唐视为自己的祖国。事实上，这个家族为了大唐也付出了极为沉重的代价。讫唐代宗广德元年（763年）正月史朝义兵败自缢为止，八年间，仆固怀恩家族就战死了四十六人，仆固怀恩自己失去了一个儿子（仆固玢），远嫁了两个女儿（即同时和亲回纥的光亲可敦及其妹妹）。仆固怀恩死后第四年，他的幼女又被朝廷封为崇徽公主，再嫁登里可汗。

没有一个家族像仆固家一样为了守护这个国家付出过如此沉重的损失，李光弼家没有，郭子仪家没有，辛云京家更没有！

说我拉帮结派可以，说我骄横跋扈可以，说我争权夺利也可以，从日常工作到生活作风所有的方面你们都可以骂，但唯独阴谋叛国这一条不行！就算我答应，我家中的满门忠烈也不会答应。所以，面对政敌的诽谤与民间的议论，仆固怀恩久久无法释怀。直到有一天，他将所有的郁结、委屈与愤懑都化作了文字，写进了呈送给皇帝的奏表中。

"广德元年（763年）八月二十三日，开府仪同三司、尚书左仆射、兼中书令、朔方节度副大使、河北副元帅、上柱国、大宁郡王臣怀恩，刺肝沥血，谨顿首上书宝应圣文神武皇帝陛下！"

在这篇情绪激昂、流传千载的奏表中，仆固怀恩如实写下了他的所知所见，所思所想，从血战疆场、载誉归来，到遭人构陷、谤满天下，可谓点点滴滴，面面俱到，且情真意切，字字见血。

读完这篇奏表后，皇帝陛下被深深地震撼了，他从未想到仆固怀恩想了这么多，背负了这么多，所以他决定派人前往抚慰一下。

按照奏表中仆固怀恩的提议，李豫任命同平章事裴遵庆为特使，前往汾州会见并安抚仆固怀恩。当然了，李豫认为这是仆固怀恩的一面之词，因而裴遵庆还有一个隐藏的任务，那就是实地观察仆固怀恩是否是真心拥护朝廷。如果一切顺利，他将与仆固怀恩一道返回长安，面见圣上。

毫不夸张地讲，初见仆固怀恩时，裴遵庆当真是被对方完全吓到了。因为仆固怀恩几乎是一见到他，就猛地扑了过来，抱住他的双脚便放声大哭，诉说自己的冤屈。

不过裴遵庆到底是做到宰相的人，见识过大场面，一惊之下，很快便恢复了正常。他赶忙从地上扶起仆固怀恩，向他宣传朝廷实事求是的一贯政策，并暗示仆固怀恩尽早入朝觐见。仆固怀恩答应了。然而仅过了一天，他就反悔了，这是因为他的副将范志诚闻讯找到他，说了这么一句话："大王与朝廷嫌隙已成，为何还要入朝自投罗网呢？您没见到来瑱、李光弼的下场吗？二人功高不赏，来瑱更是已被诛杀！"

所以当裴遵庆要带他一并前往长安时，仆固怀恩以担心遭遇不测为由谢绝了。不过他倒是提出了一个替代方案，那就是让裴遵庆带上自己的一个儿子入朝作为人质。

谁知还没等裴遵庆表态，范志诚又站了出来强烈反对。于是此事便这样作罢，仆固怀恩与朝廷和解的最后的机会也随之失去。

裴遵庆走了，留下了一声叹息，仆固怀恩则由此进入了冒傻气的阶段。

他做的第一件傻事就是私自扣留了出使回纥归来的御史大夫王翊（仆固怀恩为自保与回纥可汗私下一直有接触，这在回纥已经是公开的秘密，但在当时是很犯忌讳的），第二件傻事就是在部下的怂恿下命令仆固玚主动率兵进攻辛云京。

这两件事一出，再说仆固怀恩无心谋反，真的是鬼都不信了。

或许是时候对仆固怀恩采取行动了。无论他是否有意谋反，是主动还是被动，在李豫看来，把仆固怀恩早些拿下才是最稳妥也最符合国家利益的选择。

然而，还没等李豫调兵遣将讨伐仆固怀恩，有人就打上门来了。

来的不是仆固怀恩，也不是登里可汗，是另一个老朋友——吐蕃。

大唐自开国以来，在唐太宗、唐高宗、唐玄宗等数代领导人的关照下，经过李靖、侯君集、苏定方、哥舒翰等众多名将的浴血奋战，这才将帝国的西部边境线由陇右推进到河西，再由河西一直延展至西域，乃至更遥远的中亚地区。经过上百年的精心建设和稳步发展，帝国在广袤的西域地区已然构筑起了一个近乎完美的防御体系。

该体系仅防线就全长上万里，它深入中亚内陆区域，沿线均有唐朝堡垒、据点，甚至还配套了屯田和牧场，极为坚固，极为难搞。即便对手是无比剽悍的吐蕃骑兵也没能讨得便宜。一个多世纪以来，曾经纵横高原未逢敌手的吐蕃军无数次败退在这条防线前，不要说长驱直入的快感从未领略过，就连东西也没有一次真正抢痛快过。

可是历史已经告诉过我们，再坚固的防线，也有被攻陷的一天。这条坚持了上百年的防线在边军精锐被尽数调到中原内地平叛后，最终被吐蕃军队突破了。

据说一开始吐蕃人也不敢蛮干，所以出兵时特地找了两个小兄弟——党项和羌人一起去冒险。

结果真的是不试不知道，一试吓一跳。吐蕃人组织的联军竟然轻易便突破了防线，深入唐境数百里，抢了一个全军超载，而且安全地回去了。

这一下吐蕃上下都精神了，他们已经清楚地认识到留下来驻守的唐军真的只是一群老弱残兵，毫无抵御之力，西域乃至河西都将任他们的铁骑驰骋。

于是这八年间，唐朝在忙着平叛，吐蕃在忙着蚕食，等到唐朝好不容易补好了自家的东墙，才发现被拆过墙砖的西墙不但早已塌了，甚至连自家的后院都让人家给占了。

兰州（今甘肃省兰州市）、廓州（今青海省化隆县）、河州（今甘肃省临夏回族自治州）、鄯州（今青海省乐都县）、洮州（今甘肃省临潭县）、岷州（今甘肃省岷县）、秦州（今甘肃省天水市）、成州（今甘肃省成县）、渭州（今甘肃省陇西县），这些丝绸之路上的重要据点和军事要地不仅通通被吐蕃乘虚吞并，连大唐固有的河西、陇右之地也换了地主。到李豫接班时，凤翔（今陕西省凤翔县）以西、邠州（今陕西省彬县）以北都已不再是唐朝的地方。

一般说来，强占了人家的东西，是不好再抛头露面称兄道弟的，但吐蕃人似乎没有这个顾虑。无论是李亨即位，还是李豫登基，吐蕃都会派人前来道贺请和，缔结个盟约或进贡点土特产什么的。而本着抬手不打笑脸人的原则，唐朝方面虽然明知吃了大亏，却不便发作（当然，主要是没兵），只得默认既成事实。但是，李豫压根儿没料到吐蕃人翻脸的速度比翻书更快，距双方盟誓仅仅过去了一年，吐蕃人便单方面撕毁了盟约，突然向唐朝发起进攻。

这一次吐蕃军来势汹汹，兵锋直指长安。七月开打，十月就已兵临泾州（今甘肃省泾川县）了。

在没有援军的情况下，泾州刺史高晖兵败投降，改行给吐蕃人当了向导，引领吐蕃军深入京畿，渡过渭水，打到了邠州。

于是，京师震恐，素来报喜不报忧的程元振这一回也压不住了，只好赶忙把吐蕃入寇的军情如实禀报给皇帝。

混账！李豫真的怒了，敌人都打到家门口了你才说，是想给人家赞普送朕的人头吗？！

但愤怒归愤怒，骂完街后，燃眉之急总要想办法解决的。于是危急关头，李豫想到了此前那个曾数次提醒自己，要对吐蕃和党项做好防备的人——郭子仪。

偶像级人物

十月二日，皇帝昔日的战友、先皇陵寝工程质量总监理郭子仪受诏进入皇宫，接受皇帝陛下的接见。

皇帝见到这位六十六岁的老头子，说的头一句话就是，"朕已经任命雍王为关内元帅，而从今天起，你就是副元帅，不要辜负朝廷对你的信任。"

然后皇帝陛下又告诉郭子仪说，"元帅年纪太轻，打不了仗，既然你是副元帅，那国家就主要仰仗你了。现在应立即离京出发去咸阳,设法御敌于京师之外。"

郭子仪点点头,表示理解。

李豫表示很满意,然后他接着说,然而,我没有兵给你。

郭子仪想了一下说,好吧,那我自己找兵。

于是当天郭子仪找来了一些人,就赶忙上路了。

"一些人"的数量是——二十个,还不能保证每人一匹马,所以不得不临时征用民间的牲口,这才得以上路。

想当年指挥千军万马,现如今只有二十骑相随,但郭子仪还是上路了,义无反顾。与此同时,得到朝廷急报的李光弼却唯恐遭到程元振、鱼朝恩的加害,迟迟不敢奉诏入援("代宗诏入援,光弼畏祸,迁延不敢行")。

在我看来,这就是日后战功并不能媲美李光弼的郭子仪之所以能被公认为大唐第一中兴名臣的重要原因。

当郭子仪就带着二十个人,往咸阳猛赶的时候,吐蕃军已经抢过了奉天(今陕西省乾县)、武功(今陕西省武功县),随后会齐了吐谷浑、党项、氐族、羌族等部落的军队,进逼长安。此时,入寇关中的敌军数量已高达二十余万人,其军队"弥漫数十里",相当之可怖。

郭子仪是很有勇气的,但他也不傻,知道自己带的这二十人团队不是某战警,更没有绿巨人、雷神这样可以一个扫一片的人物,所以他在途中得到消息便立即派出自己的判官王延昌回京入奏,要求朝廷想办法增兵支援。然而王延昌进城后见到的却不是皇帝,而是程元振。

程太监果然名不虚传,阴人人阴,硬是阻挡住了求兵心切的王延昌,愣是没让他见到皇帝。

此时此刻,吐蕃军已经更进一步,在十月四日抵达盩厔(今陕西省周至县)。

盩厔的守将是渭北行营兵马使吕日将,此人比较有能力,也很尽职。从辰时吐蕃人到达城门口的那一刻开始,吕日将便身先士卒,率部与吐蕃军血战,战斗一直持续到酉时,唐军凭借着一股血性杀伤大量敌军(杀蕃军数千),但是自身也蒙受了相当惨重的损失,不过好歹迟滞了吐蕃军深入的势头。

直到十月六日,吐蕃军增加了兵力,再次进攻盩厔,盩厔城才因寡不敌众沦陷。城破后吕日将伤重被俘,其部下则全部战死。

鏊厔守军的拼死守城，为朝廷争取了宝贵的时间——宝贵的跑路时间。

十月七日，在程元振力劝下，李豫决定放弃长安，战略转移至陕州（今河南省陕县），继续指导抗战（此时吐蕃军前锋部队已越过便桥，进至咸阳西南）。

"又跑了，又跑了！"

真是倒了血霉，怎么又摊上了这么个说跑路就跑路，连声招呼都不打的皇帝！

啥也别说了，大家赶紧各自逃命去吧。

于是，天子六军一哄而散，满朝文武也易装出城。等到郭子仪得知皇帝幸陕的消息，急急忙忙带人回来护驾时，偌大的一个长安城只保留了一个张开怀抱等你的态势，来来去去的都是匆匆逃命的百姓。然而在熙熙攘攘的人群中，郭子仪一眼就发现了一个熟人——丰王李珙。

丰王李珙是当今皇帝的二十六叔，和郭子仪曾有过多次接触。郭子仪之所以能一眼就认出丰王，倒并不是因为丰王殿下长得非常显眼，而是因为他行动非常显眼，所有人都是往东面跑的（吐蕃人打西面来），唯独丰王李珙一行是逆人流而动，一路向西。

仅瞅了一眼，郭子仪就认定，其中必有古怪。

确实有问题，因为丰王李珙不是自愿行动的，他是遭人胁迫，胁迫丰王的人是射生将王献忠。

此人原本是随同皇帝一同幸陕的，但中途却起了歹意，率领部下的四百骑兵哗变了，他们劫持了丰王李珙等十位王爷，准备投降吐蕃。谁知刚到开远门，还未出长安，就撞上了回京的郭子仪。

在郭子仪的大声呵斥下，王献忠和他的人不敢继续走了。但他们很清楚，事已至此，任何人都不能回头了。于是带头的王献忠主动下马，笑吟吟地凑到郭子仪身前说道：

"如今主上东去，社稷无主，百姓惊恐，群龙无首。令公身为元帅，废立全在您一句话，何不伺机而动？"

在众人听来，王献忠的话虽然很是大逆不道，但这的确是大实话。只要郭子仪愿意，这个时候他完全可以拥立一个新君，宣布废黜李豫，从此不再受程元振、鱼朝恩的气，过上大权在握的生活。此后郭子仪是打算做曹操、司马懿，还是刘裕、杨坚，都可以根据时势，随心而定。这是一个巨大的诱惑，来自至高无上权力的诱惑，王献忠相信饱受打压冷遇之苦的郭子仪会心动的。

然而，他等到的却是来自郭子仪的冰冷目光。

在郭子仪的威严注视下，王献忠害怕了。他老老实实地交出了丰王等人，乖乖地束手就擒，他的手下们也不敢反抗，只得跟着郭子仪前去保驾。

李豫一行是十月八日抵达华州的。直到此时，他才切实体会到了当年爷爷逃出长安时的狼狈，官吏逃散，无人接待，堂堂天子居然忍饥挨饿，风餐露宿，而那些平日里信誓旦旦宣誓效忠的大将却一个也叫不来，踪影全无。

李豫寒心了，但他并没有意识到会出现这样的情况与他自己有着很大的关系。倘若不是那时他赐死了来瑱，任由程元振构陷逼死了同华节度使李怀让，怀疑毁家纾难的仆固怀恩，他现在的处境起码会好很多。

但是我并不打算过分苛责李豫，因为我并非不能理解遇事先想别人的问题，偶尔才反思自己的心理。毕竟这是人性，人不能违背人性，但是可以超越人性，超越了人性的人，我们称之为圣人。很明显，以李豫的生长环境和生存状态，他只能成为别人口中的圣人（唐朝时对皇帝的尊称），却无法成为现实中真正的圣人，所以他会不忿，会埋怨，可以理解。

然而接下来发生的一件事，不仅彻底倾覆了李豫心中的天平，同时也对后世产生了极其深远的历史影响——鱼朝恩带着神策军从陕州赶来护驾了。

皇帝陛下逃到陕州倚仗神策军的保护，和神策军主动前来保护皇帝，这是两个完全不同的概念。所以李豫非常感动，心里无比温暖。于是，鱼朝恩就此一跃超过了程元振，成为皇帝跟前和心中的头号红人。神策军也由此逐渐转变为皇帝的禁军，成为日后最为倚重的军事力量。

当然，还有更长期的两个影响：

其一，受李豫和这件事的影响，自此以后历代唐朝皇帝对武将的不信任感持续不消，越来越重视身边的太监，有意扶植他们的势力，太监群体由此强势崛起，影响了唐朝政局达百年之久，直到唐末朱温领兵入宫搞了一次大清洗，才算消停。

其二，禁军军权从此开始长期把持在宫中大太监的手中，成为太监干政这一国家顽疾久治不愈的根源。其后，许多唐朝皇帝因之沦为太监的玩偶，而几次中兴大唐的良机也因之毁在了禁军与太监这层关系上。

不过这些都是后话了，对于李豫而言，则基本上属于废话。在安全得到保障的前提下，李豫考虑要做的仅有两件事，一个是收复长安，另一个则是收拢人心。

广德元年（763年）十月九日，吐蕃军兵不血刃便占领了长安，这是长安第一次被吐蕃军攻陷，也是大唐国都的第二次沦陷。

按照以往的惯例，吐蕃军在长安及其周边地区抢掠了一通，并烧掉了所有他们带不走的东西。但接下来，吐蕃人突然不按惯例玩了，抢完烧完，他们居然不走了。然后，一个令全天下震惊的消息就传来了：原泾州刺史高晖与吐蕃大将马重英等人居然在长安拥立了新君，建立了新朝廷！

被拥立为皇帝的，是广武王李承宏。此人是唐高宗李治曾孙、章怀太子李贤之孙、邠王李守礼之子，按辈分算，是李豫的堂叔。当然，这位叔叔之所以光荣入选，不是因为他辈分高，而是因为他是金城公主的兄弟，吐蕃前赞普尺带珠丹（赤德祖赞）的舅子，现任赞普赤松德赞的亲舅舅。

当然，这里一定要多说一句。由于当年金城公主被自己爷爷辈的唐中宗李显收养为女儿，所以有的书上将李承宏记作金城公主的侄子，但不管怎么算，在吐蕃人看来，李承宏和他们有亲戚关系，更亲近。因此打定主意要让李承宏出任吐蕃驻关中办事处治保主任兼大唐皇帝，下次来抢东西时也好实现更多更快更爽的目标。

这种未经许可私自更换大唐公司法人资格的侵权行为，自然是要禁止的。于是，在陕州的李豫即刻昭告天下，发兵勤王。

在各镇得知皇帝陛下还安好，且就在陕州的情况下，有些还忠于朝廷的藩镇终于开始向关中调兵了。但所谓远水解不了近渴，要想力挽狂澜还得靠郭子仪这些离得近的将领。

事实上，郭子仪也确实不负众望，一直在来回奔波。

在命人护送丰王等人去皇帝处后，郭子仪便率领身边仅有的三千骑兵（《资治通鉴》记作三十骑，更惨些）直奔商州。因为他听说逃跑的六军将士大都逃到了那里，而深谙军事的郭子仪很清楚，只要能将这些散兵游勇重新集结起来，守住几个西去的重要关隘，便可不战而屈人之兵，迫使吐蕃军主动退去。但却有一个问题，那就是去往商州必须从长安西南的御宿川沿着南山向东而行，可那里已经是吐蕃骑兵经常活动的范围了，一不小心被吐蕃军发现，这三千骑兵必将全军覆没。

郭子仪知道其中的凶险，但他还是坚定地发出了命令：进发！

郭子仪带队出发了！由于长安附近已被抢得干干净净，郭子仪行军又很谨慎低调，因而一行人马顺利地进到了山里。然后，他们在蓝田遇到了由元帅都虞候臧希让、凤翔节度使高升统领的近千人的部队。

这支人马是特别藏匿在此地的，为的就是避免同吐蕃军交战，毕竟以他们的人数和战力，出去了基本就是炮灰，而他们也不愿趁火打劫，以乱军的身份骚扰地方，为非作歹。所以，想来想去不如与世隔绝，就这么躲进了山里。

郭子仪没有责怪这些人，反而受到了他们的启发：唐军在无组织的情况下很容易发展成为无纪律的乱兵，为祸所经地域，然后在抢掠之后迅速把自己藏起来——正如当年相州之败后，鲁炅的部队和部分朔方军的表现那样——这样的话可就真的大大不妙了。届时不但会无兵可用，还会引发民怨，授人以柄。

想到这里，郭子仪立即派出王延昌先抄小路赶往商州，安抚逃散的士兵。

不出所料，随着聚集在商州的逃兵人数越来越多，有一部分人已经结成团伙开始兼干车匪路霸的活儿了。但是在听到郭子仪前来征召他们的消息后，奇迹发生了，逃至此地的禁卫六军兵将们当即达成了共识——追随郭令公。

郭子仪并不知道，这几年里他虽然算是彻底地退出了军界，但军界却从未有一天少过关于他的各种传说。在不知不觉中，他早就名声在外，他的光辉形象也早就刻印在了唐军各部士兵的脑海深处。所以得知偶像级人物来了，这群士兵毫不迟疑地相继投到了郭子仪麾下，短短数日之内，郭子仪便收得四千人。再加上附近驻防武关的守军，郭子仪军的总兵力终于接近了一万人。

至此，郭子仪终于拥有了一支可以一战的部队了。不过在开赴战场前，他有话要说：

"诸位都是有血性的汉子，自你们当兵之日起，就有守土卫国之责任，朝廷给你们按时发饷银，百姓供你们衣甲粮秣，就是望着有朝一日你们能上阵杀敌，护佑一方安宁。现今西戎入寇，圣人蒙尘，正要仰仗诸位共雪国耻，收复长安！"

在短暂的沉默之后，郭子仪听到了雷鸣般的回答：

"愿随郭令公破敌雪耻！不复长安，誓不罢兵！"

夺回本就属于自己的领土，为铁蹄下哀嚎的同胞复仇，无须犹豫，也不必犹豫。

经过郭子仪催人泪下的演讲鼓舞，唐军的士气前所未有地高涨。他们不再畏惧战争，他们终究成了战士，那么可以行动了。

俗话说得好，兵马未动，粮草先行。郭子仪深知军粮对于部队的重要性，因此他请来了擅长理财的太子宾客第五琦担任粮料使，负责供应军粮。然后同六军兵马使张知节在洛南实现了会师，随即在商州举行了盛大的阅兵仪式。

举行阅兵仪式的目的有两个，一是威慑吐蕃人，宣示郭子仪又出山领军了；另一个则是凭借自己的威信，号召各地唐军起兵勤王。

从事情的后续发展来看，郭子仪的这两个目的都达成了，而且达成的效果还很好。

不过，最先对郭子仪的阅兵做出反应的，是朝廷。皇帝陛下派人给郭子仪带了话，大致意思是既然有兵可用了，应火速将部队开往陕州护驾，谨防吐蕃军东出潼关。

对于皇帝的担心，郭子仪认为并无必要，他马上写下了一封奏表告诉李豫，自己如果收复不了长安，便无颜回朝面圣。至于吐蕃人，只要自己出兵蓝田，他们一定不敢远离长安，出兵潼关。

李豫认可了郭子仪的看法，并任命郭子仪为各路勤王军队的总指挥，伺机光复长安。

去，还是不去呢？这对于各地唐军的主将而言都是个非常棘手的问题，但对于鄜坊、邠宁节度使白孝德而言，这个问题似乎不需要考虑很久。在得到消息的第二天，白孝德就统兵上路了。因为驻守在邠宁的这支唐军就是当年的安西军，更因为这支军队中那个叫作段秀实的人还在。

安西军在翼城哗变杀掉节度使荔非元礼时，许多安西军的将领也跟着一道遇害。在军中的高级将领中，只有一个人的营帐没有遭受任何乱兵的冲击和骚扰，这个人就是段秀实。

安西军的士兵们虽说不太认荔非元礼，但无一例外都是认已故的老领导李嗣业的，甚至有很多士兵将李嗣业奉若神明。他们都记得很清楚，这个段秀实素来得到李嗣业的敬重，对他的话李嗣业莫敢不从，换句话说，这就是偶像的偶像。因此，士兵们也很服段秀实，对他很讲礼貌，不敢加害（"皆罗拜不敢害"）。后面白孝德上台，做了节度使，对段秀实这样的狠角色当然也很给面子，他将段秀实委任为自己的判官，后来被改派为鄜坊、邠宁节度使后，更是主动奏请朝廷，将段秀实升为支度营田二副使。

段秀实也的确是个很聪明很有能力的人。平常从不干预军中事务，只是在军队遇到难题时才会主动出手，在他的帮助下部队成功渡过了军粮匮乏、士卒逃散、群盗骚扰等多个危机，因此全军上下都很服气。更难能可贵的是，段秀实从来不居功自傲，平时待人还很和气，因而一般情况下，大家都亲切地称呼他为段老。

段老从来对大家没有任何请求，这一次劝白孝德入援京师算是破例。所以段老提议后，全军上下一致达成共识：这就走！

十月中旬，白孝德军及时赶到了京畿地区。稍后，忠于朝廷的蒲州守军、陕州的皇甫温部、华州的周智光部也接踵而至，他们在与驻军商州的郭子仪部先后取得了联系，决定配合出击，伺机收复长安。

于是，收复长安的作战正式开始了。

第一步是疑兵。

郭子仪派遣张知节率乌崇福、羽林军使长孙全绪为前锋，驻军韩公堆。虽说这路前锋部队多达一万人，但他们的任务不是直接作战，而是把一万人的先锋部队搞出五万人的声势来。所以张知节和他的部下们白天是在欢山把战鼓擂得震天响，将军旗插满了营地周围的各个角落，晚上则在各处点燃火炬，搞得这一片灯火通明，犹如白昼。

与张知节配合呼应的，是混入长安城内的禁军旧将王甫，他入城后迅速召集了一批天不怕地不怕的"少年豪侠"作为内应。

一夜，他带着这帮人突然出现在朱雀街，一起击鼓，并大声呼喊"王师至"的宣传口号，然后又突然消失在了夜色中。这应该算得上中国最早的一起"快闪"案例了，虽说不是白天，也没啥人围观，但这次活动还是成功地引起了极大的群众反响，点燃了长安居民喜迎唐军入城的热情。

一队目测至少有五万人的前锋部队，外加一支不知何时混入城中，神出鬼没的唐军奇袭小部队，吐蕃人的心理有些崩溃，生怕不知不觉就着了郭子仪的道儿，回不去了。

所以，经过内部讨论，吐蕃军高层决定唐朝人的事情，就交给唐朝人自己解决，我们先撤。所以，他们将城防工作交给了李承宏，然后开始收拾包袱，他们打包的范围不仅包括近几个月抢掠来的各种财物，还有人：长安城中的读书人、女子以及工匠都在其中。看那意思是要来个不分人、物的混搭大打包，把所有能用得上的，通通带回国内用（"欲掠城中士、女、百工，整众归国"）。

对于吐蕃人的这一行径，李承宏提出了强烈的抗议，毕竟如果连这些人都被搞走了，那长安城里就剩不下什么了，他的这个朝廷完蛋也就是近在咫尺的事情。

然而吐蕃人完全没有理会李承宏。十月二十一日，在占领长安城十二天后，吐蕃军突然全部从长安城中撤离，一个兵也没留，此前更是什么人也没知会。

于是，高晖愤怒了。吐蕃军是他一路带来长安的，现在招呼都不打一声就没影了，实在是太没义气了。不过愤怒之后，紧接而来的就是恐惧，无与伦比的恐惧。因为如果路边社的消息不差，郭子仪已然集结了数十万大军将要攻打长安，自己是挡不住的，而一旦被捉，像他这样典型的带路党，一定会死得很难看。因而，高晖决定好汉不吃眼前亏，走为上策。

高晖带上麾下的三百骑兵向东跑路了。不过他的运气不好，才走到潼关便被守将李日越抓获，当场砍了脑袋。

天道好轮回，苍天饶过谁。高晖为自己的背叛付出了应有的代价，接下来该轮到其他人了。

十月二十四日，李豫下诏任命郭子仪为西京留守。次日，郭子仪率军从商州出发，前往长安。

郭子仪到达长安后，立刻干净利落地收拾了带着两千兵自立为京兆尹的乱将王抚，然后命人收拾好朝堂和宫苑，现在距离恢复如初仅剩一步之遥——迎圣驾还京。

当郭子仪收复长安的捷报以及迎请皇帝回宫的奏表同时送到时，李豫十分满意。但他身边的人，神色却无比慌乱。没错，那个极度紧张的人，正是程元振。

自长安沦陷，皇帝幸陕以来，各地弹劾程元振欺君误国的奏表就从没断过。虽然程元振权势熏天，管控严格，但皇帝也难免会听到一些风声。特别是如今，大难已过，势必要回头算账。不用想也知道，程元振这个名字会排在最前面。那有什么办法能堵住天下人的嘴，转移矛盾和关注点呢？程元振想了半天，终于想出了一个——迁都。

这个诡计的精妙点在于，只要迁都，让所有人都忙碌起来，就不会有人再顾得上说自己的事儿，这样慢慢也就没事了。而执行起来，理由也很充分，毕竟如今西域已失，西北不守，无论是吐蕃、回纥，还是党项、叛羌，只要下得了决心，都可能打到长安城下。所以，迁都洛阳，保全皇室，未尝不是一个极有说服力的理由。

事实上，李豫确实被这个理由说服了，并下诏表示要迁往东都办公。

然而诏书下发不过两天，郭子仪的表奏就到了。

郭子仪当然是极力劝阻李豫迁都的，而且这篇文章估计是拿出了当年武举考试的老底子，写得是文采飞扬又有理有据，发自肺腑。结果，皇帝陛下看完，当场就流泪了："子仪真是社稷之臣哪！朕决意西行了。"

就这样，皇帝带领文武百官返回了长安，程元振的阴谋彻底破产了。

十一月二日，李豫下诏免去程元振所有官爵职务，贬为庶民，放归乡里。

应该说，李豫对待他已经很仁慈了，这事要是搁到李世民那里，程元振估计已经死过几百回了。

程元振幸运地捡回了一条命。但是事实证明，程元振是个要权不要命的主儿。

在没有请示朝廷的情况下，他竟然私自易装（据说是打扮成妇人）偷偷进京，谋求面见皇帝，重新得到重用。可最终皇帝没见到，他却见到了京兆府派来捉拿他的士兵。

这一次，可就没么客气了。

广德二年（764年）正月，程元振因擅闯京师，图谋不轨，被判长流溱州。不久，程元振死于江陵。

与程元振几乎同时被处理的，是李承宏。作为吐蕃人拥立的傀儡皇帝，李承宏的问题比较严重，但李豫却出人意料地没有杀他，只是将他流放到了虢州。不过不知道是不是因为心理压力太大的缘故，他到达贬所后不久就死掉了。

事到如今，剩余的问题人物仅剩下了一个，那就是仆固怀恩。

由于仆固怀恩在吐蕃入寇期间，一没有与吐蕃军勾结，二没有趁机攻打陕州，不太像是图谋不轨，阴谋颠覆大唐江山的样子，因此李豫对仆固怀恩的事开始转向持审慎态度。

所以，在回到长安后，他没有急于派遣现成的大军前去讨伐仆固怀恩，而是紧急召见了一个人。这个人就是我们的老朋友——颜真卿。

之所以会找来手无缚鸡之力的颜真卿，是因为早在李豫刚刚来到陕州时，颜真卿便出面请求征召仆固怀恩带兵前来勤王。当然，出于安全原因的考虑，当时李豫毫不犹豫地拒绝了他的建议。现在想来，颜真卿真的是有先见之明啊，说不定靠他前去即可解决仆固怀恩的问题。

出乎意料的是，得知了皇帝陛下的用意后，颜真卿居然谢绝前往。

他的理由很简单：之前陛下躲避吐蕃军兵锋逃到陕州时，形势危急，臣去见仆固怀恩，可以责以《春秋》大义，激发起他的忠义之心，使他带兵赶来救驾。那种情况下，仆固怀恩来朝，相助讨贼，是大义之举，也理所应当。可如今吐蕃退兵，陛下重新回到了宫中，再无危险。仆固怀恩再来，进则无勤王之功可立，退则不愿放下兵权，现在召他入朝，他岂肯前来！

李豫恍然大悟，但他还是不打算善罢甘休，于是就多问了一句：那你说现在该如何是好（"然则奈何"）？

"如今说仆固怀恩谋反的，唯有辛云京、李抱玉、骆奉先、鱼朝恩四人而已，其余朝臣都说仆固怀恩是被冤枉的。众所周知，仆固怀恩麾下将士都是郭子仪的旧部，陛下不如下令以郭子仪代替仆固怀恩，如此可不用大动干戈便可消弭隐患，并可令朔方将士自此完全服从朝廷。"

不得不说，颜真卿的这招釜底抽薪之计非常绝妙。所以，皇帝立马就批准执行了。

郭子仪由此以河东副元帅、河中节度使的身份再次上路赶往河中，去见他那些多年未见的朔方军旧部。

在郭子仪略带兴奋地赶路时，仆固怀恩正陷入化不开的哀愁中。他的哀伤是由于自己的儿子仆固玚死了，之所以发愁则是因为他的母亲要杀他。

乍一听起来似乎十分不可思议，毕竟不久之前仆固怀恩还在发兵猛攻太原，怎么一转眼就落到如此田地呢？且莫急，容我慢慢道来。

很多史书上都在说，仆固怀恩在受到辛云京和骆奉先的联手诬陷后就破罐破摔，逐渐走向歧途了。但在我看来，事实很可能并非如此。至少在他打太原的主意之时，他的首要目的仍是杀掉仇人辛云京。所以，仆固怀恩选择了伤亡最低的一种破城方法——找内应。

仆固怀恩找到的内应是河东都将李竭诚，大致计划是偷开城门迎入仆固怀恩的部队，并找机会控制住辛云京。然而，不等这位李竭诚出手，辛云京就察觉到了异样，继而立刻出手干掉了李竭诚，并加强了太原城的守备。

事实证明，辛云京在守城方面从李光弼那里学到了很多。他把一座偌大的太原城守得滴水不漏，即便是仆固玚这样的猛人亲自带领敢死队冲锋，也没能拿下，反而被辛云京看到破绽出城袭击，以致大败，被迫撤围。

太原城看来一时不好拿下，于是仆固玚退而求其次，率军转攻榆次。但出乎意料的是，榆次的守军也极为顽强，仆固玚统兵围攻了榆次十余天，却丝毫没有进展。没办法，只有增加兵力，强化攻势了。

距离最近的可调兵地点是祁县，仆固玚便遣使前往祁县，紧急征调当地部队。祁县的守将李光逸不敢怠慢，他马上集结了手中的所有士兵，将这些兵全部交了出去。

由于是紧急集结，大部分被征调来的士兵都没来得及吃饭，加上他们又是以步兵为主，因而行军速度比较缓慢，抵达榆次时，已经比仆固玚要求的时间迟了很多。所以仆固玚很愤怒，下令鞭打了这些来迟的援军。祁县兵们则更愤怒，因为他们刚刚得知，此次征调并非抵御外侮，而是被拉来当两个节度使内斗的炮灰。于是就在这一刻，饥饿、疼痛、疲劳一起点燃了众人心中的怒火。

当夜，祁县兵在偏将焦晖、白玉的带领下，联合仆固玚部将张惟岳，一道袭杀了仆固场。不久之后，他们就得知了郭子仪驾临河中，重任朔方节度大使的消息。

于是，袭杀仆固场的祁县兵毫不犹豫地前往归附。失去主将的朔方军在听说老领导归来后，也极为激动，纷纷表示不愿意再跟着仆固怀恩干。因此，众人在将军浑瑊的统领下也前去投奔了郭子仪。

仆固怀恩得到这些消息时，几乎站立不定。最得力的儿子兼助手被杀，最主要的部队投奔了朝廷，这基本可以宣告仆固怀恩即将彻底完蛋。而唯一的破局办法似乎只剩下了一个——返回朔方军大本营重整声势，伺机联合回纥，甚至吐蕃的力量，使朝廷投鼠忌器，实现自保。

然而，当仆固怀恩将他的遭遇和想法告诉其母时，意外却发生了。

老太太当场暴起，破口大骂：

"早告诫过你不要意图谋反，朝廷待你不薄，现在这是什么意思？！如今众心已变，我家即将大祸临头，这该如何是好！"

仆固怀恩是个孝顺的人，所以老太太一开骂，他当即跪地给老太太赔不是，同时老老实实地低下头听骂，不敢看老娘一眼。

然而没多久，仆固怀恩发现骂声消失了。他偷偷抬头瞧了一眼，没人了。咦？娘呢？

但就在下一秒，仆固怀恩便大喊了出来："娘啊！"

因为他亲眼看见老太太提着刀，奔着自己来了。

子曾经曰过"小杖则受，大杖则走"，更何况动刀动枪的呢。于是，仆固怀恩撒腿便跑。

可老太太真的是老当益壮，紧追不舍，她一边挥舞着手中的长刀，一边发出了大声的怒吼：

"我要为国家杀掉此贼，拿他的心向三军谢罪！"

这么个闹腾法，老太太是不能带上了。于是，仆固怀恩当机立断，放弃了老娘，自己带上了三百轻骑一口气跑到灵州（今宁夏回族自治区灵武市）去了。

他还会回来的，两年后，带着满腔怒火，与二十万大军。

第九章
忠臣诀：各自的落幕

郭子仪回到朔方军时，朔方军很乱，由于多年不加节制地扩招和长年的放养式管理，当兵的经常成群结队扰乱乡里，为非作歹，跟强盗叛军没啥根本性区别。而其中有一支来自云南的军队更过分，他们仗着同乡人多势众（总计有一万多人），横行不法，每到一地都放开抢，军纪特别败坏，群众反映强烈，影响极其恶劣。

郭子仪到了河中，第一件事就是办这群人。

当然，不是全办。还是老办法——抓典型，先把领头的拿下。

领头的拿下后，就是审，公开审理。这些兄弟的犯罪证据自然不难找，一抓就是一大把，案情很快就查清楚了。

然后就是判。

罪大恶极的十四个头领级别，没的说，全部砍头。

次一级的骨干分子三十人，暂饶一命，但全拖出去打屁股。

剩下的人，考虑到安定团结（主要是人太多）就不再追究。

如此恩威并施之下，大家都服了。

下一件事，就是四处宣传，告诉所有分散在各地的朔方军将士一个统一而明确的消息：郭子仪回来重掌朔方军了。

于是，各地朔方军闻风而来，不过数日，汾州城内就已聚集了数万朔方军士兵，而其中有很大一部分是从仆固怀恩帐下不远万里赶来归附的。

最后一件事，是论功行赏，严肃赏罚。郭子仪先是派出了牙官卢谅前往张惟岳军中探访诛杀仆固玚之人。谁承想，这位张惟岳兄很不地道，为了独吞功劳突下杀手，除掉了焦晖、白玉二将，而后又以重金收买了卢谅，为自己报了头功。然而纸终究是包不住火的，郭子仪到底老谋深算，很快便发觉汇报有异，并秘密查明了真相，下令将卢谅杖杀。至此，军中再无人敢欺上瞒下。

曾经桀骜不驯连朝廷都敢正面对抗的朔方军，在郭子仪的大力整顿下顿时焕然一新，变成了拥护朝廷、爱护百姓的模范之师，这一巨大的转变，着实令皇帝及文武百官大为惊叹。

李豫更是没想到郭子仪仅用了不到两个月的时间就实现了他"汾上之师必不为变"的期许，稳定住了河中纷乱的局势。

不愧是能臣兼忠臣啊！

经过了这么多，郭子仪终于获得了皇帝陛下的绝对信任，此后即便是鱼朝恩出面背后捅刀子，郭令公也不怕了。

广德二年（764年）九月，皇帝下令进郭子仪为太尉，兼领北道邠宁、泾原、河西通和吐蕃及朔方招抚观察使。

年近七旬的郭子仪的事业第二春就此开启，关于他的故事还很多，未来要走的路也还很长。

郭子仪的权势威望再次重回巅峰，几乎与此同时，那个曾经与他并驾齐驱，甚至完全掩盖过他光芒的李光弼却急速跌落到了人生的最低谷。

吐蕃人退去后，朝廷对于"迁延不至"的李光弼看起来并没有处罚的意思，相反，还很客气。在陕州时，皇帝陛下亲自屡次询问李光弼母亲的身体健康状况，关怀备至。等到圣驾回到了长安，李豫还马上给了李光弼一个东都留守的职务，让其担任。

然而，李光弼拒绝了。他以入援诏书没能送达为由，解释了自己不入援京师的缘由，而后以江淮地区的粮食转运需要派兵保护，且军中缺粮为由，率军返回了徐州。

事情已经很明显了，李光弼同仆固怀恩一样不愿交出手中的兵权，也不太愿意配合执行朝廷的指令。

那么，是时候对李光弼也采取一点必要的措施了。

广德二年（764年）正月，在皇帝授意下，郭子仪秘密地将李光弼留在河中地区的老母送入长安。说得好听点，这是关爱功臣尊长；说得露骨点，就是扣为人质。

不过，朝廷显然还是从仆固怀恩事件中吸取了一些教训的，在施加压力的同时，也学会了刚柔并济，当众亮出了橄榄枝。

李母入宫后不久，李光弼的弟弟李光进就被加封为太子太保、兼御史大夫、凉国公、渭北节度使，得到了朝廷与众不同的特别优待。明眼人一看便知，这是朝廷在向李光弼隔空表示友好。然而奇怪的是，李光弼并不为所动。原因很简单，只有他领军在外，他的家人以及他自己的安全才能得到真正切实的保证。因为程元振虽然死了，但鱼朝恩还在，这位鱼公公受皇帝恩宠信任的程度并不逊于程元振，而他对于李光弼的仇视则更甚于前者，所以有这么一位大敌在，继续装傻，明哲保身，才是首选。

李光弼就这样蹲守在了徐州，自给自足，谁也不去招惹，但谁的调遣也不接受。可他慢慢也发现这样的举动令他的威信逐日递减，最终除了他自己的直属部队，附近的唐军已不再听从他的指挥。昔日喏喏从命的田神功等将居然都不再把自己放在眼里了。这对于五十六岁的李光弼而言无疑是一个巨大的心理打击。于是在那一年，李光弼病倒了。

次年，他的病情日益恶化。到了七月时，李光弼已然意识到自己时日无多。所以，他派遣衙将孙珍带上自己的遗表送往长安，向皇帝作最后汇报，并交代自己的后事。或许在他看来，这也算是最终了了入朝的心愿吧。

七月十四日，这位再造唐室的中兴名将在徐州病逝，享年五十七岁。去世前遗言如下：

"吾久在军中，不得就养，既为不孝子，夫复何言！"

他是怀着深深的愧疚离开这个世界的，他有不甘，有委屈，我知道。只能说，这并非完全是他的过错，而是这个特定时代的悲剧。

李光弼去世后，根据他的遗愿，他遗留下的绢布（在当时可抵铜钱用于交易）被分发给部将，而他的部将们则自发地用这笔钱为李光弼举丧。最后，收到消息的朝廷还是出面了。皇帝特意遣使前往李光弼母亲处吊丧，然后下令追赠李光弼为太保，追谥为武穆。

送葬之日，皇帝陛下又特地要求朝中官员自宰相以下务必前往送葬。

总而言之，李光弼离世后最终还是获得了他应得的殊荣与礼遇。相信如果李光弼泉下有知，想必也可瞑目矣。

唐代宗永泰元年（765 年），叛逃到灵州据城自守的仆固怀恩回到了久别的关中，他不是一个人。在他身后，有由吐蕃、回纥、党项、羌、浑、奴剌等西北民族部落组成的联军，号称三十万人。

这不是仆固怀恩第一次招引他国军队来攻长安了。上一次是几个月前，当得知被朝廷接入宫中奉养的老母去世后，他便果断找来了十万吐蕃军来攻关中。但是那次势头迅猛的攻击却被老领导郭子仪以坚壁清野、固守不战之策轻易化解。所以这一次，仆固怀恩学聪明了，他找来了更多的帮手，而且吸取了上次的经验，先攻陷凉州，击破了在那里留守的河西军，然后选择分进合击的策略，兵分三路，杀向关中。

按照仆固怀恩的意见，联军分兵进发的路线如下：

以党项人为主的东路军，在将领任敷、郑庭、郝德等人的率领下朝同州（今陕西省大荔县）进发，目标奉先；

以羌、浑、奴剌等部落兵为主力的西路军，直扑鳌屋，取凤翔；

以吐蕃人为先锋的北路军则杀奔醴泉，直逼奉天。

而仆固怀恩则亲率朔方军及女婿亲情赞助的回纥骑兵压轴，紧随吐蕃人之后从北路而来。

消息传来，长安戒严，无论是皇帝还是郭子仪都清楚地认识到，这一回仆固怀恩是要豁出去玩命了，他不仅是拿自己的命在玩，还已然疯狂到了要拿数以十万计的性命在玩，且很有不死不休的势头。

既然动了真格的，那就以命相搏吧，谁怕？！

永泰元年（765年）八月，李豫下诏亲征，并即刻调派军队应战。

命郭子仪屯泾阳，淮西节度使李忠臣（即董秦）屯东渭桥，渭北节度使李光进（李光弼弟）屯云阳，镇西节度使马璘、河南节度使郝廷玉（均是原李光弼爱将）屯便桥，凤翔陇右节度使李抱玉屯凤翔，华州刺史周智光屯同州，杜冕屯坊州，骆奉先、李日越屯鳌屋。

以上节度使、刺史宜各自领兵扼守险要，等待朝廷的作战指令。

作为众所瞩目的军中第一人，郭子仪自然是第一个抵达朝廷指定的阵地的。此时他的手中只有一万人，兵力严重不足，而周边的友军不是尚在来援的路上，就是被敌军团团围困在城里，动弹不得。因而此时此刻，郭子仪的处境可以用一个词完美地概括——孤军。

在战事的大幕正式拉开之前，它的结局，似乎已经注定了。

很明显，单凭这支唐军，是无法挡住三十万大军的。而且实事求是地讲，以指挥水平而论，郭子仪其实并不如仆固怀恩，老郭更擅长的是统御以及调兵遣将，而非攻城略地。如果李光弼还活着，估计还有一线生机，但仅郭子仪一个人的情况下，要是真正摊开了打，以郭子仪的能力，是顶不住的。

但是，郭子仪在上前线之初就早早下定了决心，即便顶不住，也要死死顶住。

因为，如果在自己背后那片土地上生活的人还心怀希望，那么自己很可能就是他们最后的希望。

我无法平息仆固怀恩的怒火，也没有十分的把握战胜他，可我依然要留在这里，战斗到最后一刻。

在我看来，这是我应尽的责任。

虽死，不辞。

来吧！仆固怀恩！与我一较高下！

此时是永泰元年（765年）九月。

郭子仪已经抱定了为国捐躯的打算，但他没有成功，因为他并不知道，几乎与此同时，那个昔日的战友、今朝的大敌，已然病入膏肓，将不久于人世。

或许上天并不愿看着仆固怀恩就此坐实叛臣的名号，所以当仆固怀恩领军进抵鸣沙县（今宁夏回族自治区中卫县）时，便一病不起。其部下见仆固怀恩的病情出现了日益恶化的状况，便一道恳请仆固怀恩尽早班师。

仆固怀恩木然地听完了部下七嘴八舌的劝谏，然后向着东方昂起了头，看了很久很久。

许久之后，仆固怀恩下达了命令：

班师！

就这样吧。

九月九日，仆固怀恩死于灵武，其部队由军中大将张韶接掌。但这位张韶兄很明显镇不住场子，没过多久便被一个名叫徐璜玉的将领干掉了，而徐璜玉也不争气，上位时间不长又为范志诚所杀。最后，为了转移大家的斗争焦点，范志诚干脆带着部队又杀向了关中，直趋郭子仪驻守的泾阳。

仆固怀恩既然不在了，这支反出去的朔方军在郭子仪眼中已然全无威胁。目前对于郭子仪而言，真正需要留意的对手只剩下了两个，而且仆固怀恩这一死，又给了他各个击破的可能。

其实这次进来闹事的人虽然很多，但真正能打仗、对于态势发展有重大影响的，有且只有三股力量，即仆固怀恩部、回纥人和吐蕃人。而这之中，仆固怀恩又是以回纥、吐蕃这两大势力的协调人和驾驭者的角色存在的。如今，仆固怀恩已死，回纥和吐蕃两边必然互争雄长，难以长时间共处。所以，只要想办法加剧剩下两方的矛盾，让他们难以形成合力，大局必定。

这三股力量中，仆固怀恩的那一股已经不足为惧，所以下一个要解决掉的目标势力是回纥。

当然，郭子仪要想解决回纥军，当务之急是先解决一个更现实的问题——出城。

自郭子仪率军入城以来，泾阳城便被吐蕃和回纥人组成的联军层层围困（"虏围之数重"），而鉴于兵力上的差距，唐军只有闭门固守之力，暂无办法解除围城之势。所以一直以来，在郭子仪的严令下，守城唐军的对敌策略都是"敌不动，我不动，敌若动，且让他动去"。然而十月八日这一天，情况突然起了变化。城外联军发觉唐军竟然一夜之间转为主动，破天荒地摆出了一副积极应战的架势来。

这一回唐军虽然依旧没有出城一战的态势，但防守体系安排得格局很大：大将李国臣、高升据守东城，副将魏楚玉守南城，骁将陈回光守西城，猛将朱元琮守北城，郭子仪本人则不顾年事已高，亲自披甲上阵，带领两千重甲骑兵在城内四处巡视。

在战场上，这样的举动不用说，是非常引人注目的。因而郭子仪一圈还没转下来，城外联军的目光便不约而同地聚焦在了他身上，并异口同声地提出了同一个问题：那人是谁？

消息很快传来：郭子仪。

于是城外的联军表示震惊，特别是回纥军上下，一致表示不信。因为根据仆固怀恩此前向他们透露的内部信息，郭子仪郭令公已经离世，而且天可汗（即唐代宗李豫）也已驾崩，现在突然又出来个带兵的郭子仪，有鬼不成？

带着诸多疑惑，回纥军方面提出了疑问：郭令公真的还在世？天可汗也在世吗？

对此，唐军方面的回答就很有趣了，只有一句话——皇帝万岁无疆！

这就很尴尬了。回纥人本来是想趁着大唐国丧、中原无主的时机进来发一笔横财，没想到几个老熟人都还健在，而且有一个还就在自己包围的城中。

仆固怀恩，这次可真的被你坑苦了哟！

就在回纥人惊疑不定之际，郭子仪的使者牙将李光瓒来了，他代为传达了来自郭子仪本人的致意与质疑：

"公等顷年远涉万里，翦除凶逆，恢复二京。是时子仪与公等周旋艰难，何日忘之。今忽弃旧好，助一叛臣，何其愚也！且怀恩背主弃亲，于公等何有？"

这两句话表达的大致是如下两个意思：

一、大家都是老朋友，你突然打我作甚？

二、你帮坏人（即所谓的叛臣仆固怀恩）打我，对你有啥好处？

这两个问题不好回答，却不能不回答。

于是回纥人想了一下，回复道："我们本以为郭令公离世，这才率军前来，不然，绝不敢举兵东向。"

接下来的则是一个足以令李光瓒挠头的要求：

"如果郭令公真的尚在人世，那能安排我们见个面吗？"

面对半信半疑的回纥人，李光瓒不敢现场拍板，更不敢怠慢，赶忙打马回城，把回纥人的要求禀报给了郭子仪。

虽说在得知仆固怀恩已死的消息后，相互提防的回纥人和吐蕃人已经分开扎营，郭子仪此去成为人质的风险可以说降低了一半，但是被扣留的危险依然存在，而且极高。一旦郭子仪被敌人扣下了，这仗就更没法打了，守城的唐军必然分崩离析。

这一点，郭子仪知道。但他更清楚地认识到，如若不能说服回纥军一起进攻吐蕃，那么长安城失陷只是时间问题。涉险一搏是拯救背后黎民百姓唯一的机会，所以郭子仪不会放弃也不能放弃。

面对众将回纥人不可轻信、主将不可亲涉险地的劝谏，郭子仪平静地告诉大家，他必须走这一趟。

"如今众寡不敌，难以力胜。唯有示以至诚，方有可能不战而胜。"

"请选铁骑五百卫从！"

郭子仪笑了："那样做反而会惹出麻烦来的。"

于是他摆摆手表示不需要，便独自上马，准备出城。

就在此时，一个身影突然闪现在郭子仪马前，挡住了去路。这个挡道的不是别人，正是郭子仪的儿子郭晞。

"回纥人如狼似虎，大人您是国家的元帅，为何要如此轻易地把自己的安危交给敌人呢？"

郭子仪看了一眼焦虑不安的儿子，慨然道："今日如果勉强与敌决战，我父子二人势必都要战死沙场，国家也将由此陷于危难之中；如若我只身前去，晓之以理、动之以情地靠真诚说服他们，他们或许能被我说动，那将是四海之福啊！即便事情不成，我虽身死，我家门却能够保全。"

说罢，不等郭晞回话，郭子仪举起马鞭，一鞭子便向郭晞拉住马缰的手抽去。

"去！"

在少量骑兵的扈从下，郭子仪坚毅地向城门走去，不再回头，也不再言语。

回纥人的大军驻扎在泾阳城西，由于先前的沟通到位，郭子仪一行十分通畅地抵达了回纥军营门口。

这时，郭子仪不慌不忙地叫来了身旁的随行人员，下了个命令："大声通报我的名字。"

这样真的没问题吗？大家看得可是真切，回纥大营那边刀枪林立，弓弩手更是准备就绪，已然张弓搭箭，只需一声令下，便可万箭齐发，一拥而上，将自己这支不足百人的小部队全歼。而站在队列最前面的郭子仪等人更将首当其冲，遭到重创。

但事已至此，想调头逃跑肯定也是跑不掉的，至于主将的命令更是必须执行，于是左右壮了壮胆子，大声呼喝道："郭令公来了！"

见到唐军队伍的那一刻，回纥士兵很是惊讶，他们做梦也没有想到，郭子仪竟然还活着，而且这位传说级的牛人、唐军的最高指挥官身边竟然只带了这么点人。

如果对面来的人真的是郭子仪的话，那么刀剑相向、弓箭直指的架势就有点不太合适了。

于是，守门的将领立即命人喊话，表示自己这边并没有恶意，只是例行公事，而军中的高层也不敢有诈，仅是想见见郭令公。

听明白了回纥人的喊话，郭子仪向前一步，朗声道："在下便是郭子仪！"

回纥方面并不接话，只是接着喊道："烦请阁下摘掉头盔。"

万军丛中，郭子仪没有流露出丝毫的慌乱，只见他不慌不忙地摘掉了头盔，同时马不停蹄，单人匹马闯入敌阵，直奔身在中军的回纥大帅、合胡禄都督药葛罗而来。

这下子，药葛罗和他身边的侍卫倒不由得显露出了一丝慌乱。由于当时双方仍处于战争状态，敌友未定，难保唐朝方面不会重金招募死士假冒郭子仪来一场"荆轲刺秦"的把戏，借此搅乱回纥大军的指挥系统。因而，药葛罗本人十分紧张，出于自卫的本能，他立即弯弓搭箭，准备随时向对方放箭。

药葛罗警惕地注视着来人的一举一动，而郭子仪接下来的举动却让他大为吃惊。只见策马前来的郭子仪手上的动作并没有停下来，摘掉头盔后，他又卸下了身上的铠甲，丢掉了防身的长枪以及佩剑。当他抵达药葛罗近处时，众人看到的已然是一个片甲不着身，且手无寸铁的普通老头儿。

如果不是张三丰，这把白须飘飘的年纪，还能在千军万马的环境下掌毙敌军主帅的可能性基本为零，因此药葛罗和他周围的人终于放心了，几个见过郭子仪的回纥军高级将领也立刻围拢过来，来辨认这个一下马便径直走到药葛罗面前的老者的身份。

郭子仪并不在意围上来的回纥众将，他依旧镇定自若地向前直行，直到来到药葛罗跟前，这才一把拉住药葛罗的双手，用略带责备的语气高声道："近来可还安好？！老夫一向了解将军，深知将军乃忠臣义士，今日却何至于此啊！"

此时此刻，包括药葛罗在内的回纥兵将已经确认了郭子仪的身份，赶忙纷纷下马并放下兵器，个别对郭子仪无比崇拜的，还当场下拜，兴奋地齐声高呼"郭令公在此"。

小兵靠"刷脸"就可以搞定了，不过对方的主将还需要再努把力，毕竟药葛罗先生是登里可汗的弟弟，是见过世面的人，只靠郭子仪的威名还不足以实现既定目标。于是乎，郭子仪亲切地拉着药葛罗的手继续说道：

"你们回纥于我大唐立有大功，我大唐也待你们不薄，你们为何要违背盟约，深入我境，侵犯我京畿要地？如此弃前功、结怨仇、背恩德地协助我朝叛臣，实在不是明智之举！况且，那仆固怀恩背叛君主，丢下老母，乃是背恩忘义之人，他对你们国家又有什么益处！现在我只身来到你们军中，任凭你处置，不过我麾下的将士们之后定会与你们死战的。"

药葛罗被郭子仪震慑住了，不仅因为对方临危不惧的威势，还有从容赴死的勇气。当然，更为重要的是，他虽然贵为可汗的亲弟弟，但违约背盟，结怨大唐的黑锅却是无论如何都背不起的。所以，药葛罗赶忙赔笑道："这是仆固怀恩欺骗了我，他说天可汗已经晏驾，令公您也已不在人世，国中无主，我这才敢前来。如今既然知道了天可汗尚在京师，令公您在此统兵，而那仆固怀恩又因遭天谴身死，我们怎可能再与令公交战呢？"

很好！等的就是你这句话。

第九章 忠臣诀：各自的落幕 · 189

郭子仪马上露出了一副欣慰的表情，然后趁机劝道："吐蕃本来与我大唐是甥舅之国，今无故而来，乃背弃亲情之举，该当征讨。现在吐蕃军中羊马杂畜，漫山遍野，绵延数百里，如果都督能够倒戈一击，那么这些牲畜都会成为贵军的战利品。这是上天所赐，机不可失啊！而且都督倘若能够驱走吐蕃人，两国定能重修旧好，这难道不是两全其美的办法吗？"

药葛罗笑了。他的确很不喜欢吐蕃人，觉得对方太过蛮横无礼。郭子仪的这个建议不但给了他一个收拾对方的充分理由，还可以让他重获大唐的友情。有吐蕃人的战利品和天可汗的谢礼双份财物可拿，何乐而不为呢？

于是药葛罗愉快地接受了郭子仪的建议，挥手招来了宰相磨咄莫贺达干、暾莫贺达干、护都毗伽将军、揭拉裴罗达干等军中高层陪同郭子仪一道饮酒。事实证明，郭子仪也很会来事，见状立即挥挥手，让侍从奉上了带来的美酒与锦缎。

如此贴心，如此周到，不愧是郭令公啊！

见到不可辜负的美酒与锦缎的那一刻，药葛罗和回纥的宰相、将军们无不笑逐颜开，连声致谢。最终在酒桌之上，郭子仪、药葛罗分别作为唐朝与回纥的代表，达成了携手收拾吐蕃的共识并当场赌咒盟誓，欢饮而散。

奇迹就这样发生了。没有折损一兵一卒，没有割让一寸土地，没有付过一文退兵费（酒钱等公关物料费用，由郭子仪友情赞助提供），郭子仪就劝退了回纥人的数万大军，解除了京师的兵患，还顺手拉回了一个厉害的盟友，将斗争的矛头一致指向了宿敌吐蕃。此等借力打力、空手套白狼之壮举，可谓绝无仅有，堪称不世之奇功。

郭子仪之所以能够完成这样不可能完成的任务，在我看来，除了充分继承和发扬了班超等老一辈名将"不入虎穴，焉得虎子"的敢打敢拼的敢死队精神外，更重要的可能还是一股永不动摇的信念——济世救民、蹈死不顾。

我一直相信正是在这样信念的激励下，我们这个多灾多难的民族才能坚强地走过数千年的风雨之路，一直走到今天。

从郭子仪到岳飞、文天祥，到于谦、张居正，再到曾国藩、孙中山，我知道这些人即使一穷二白之时，百口莫辩之际，纵使被误解、被污蔑，依然不坠青云之志，依然坚持原则、坚定信念、坚持以天下为己任，坚信国家危亡之际，自己必须挺身而出，毁家纾难，不去管代价如何，不去理会是否有人知晓，去捍卫那些自己未曾蒙面、从来不熟的芸芸众生，直到燃尽自己的生命，至死方休。

药葛罗这个人还是比较守信的，与郭子仪会晤的第二天，他就派出了大酋长古野那（又记作石野那）等六人入京朝见皇帝，缔结新的正式盟约。与此同时，开始调兵遣将准备突袭吐蕃大营。

然而，前去吐蕃人营地侦察的探子很快便传回了一个令药葛罗意想不到的消息——吐蕃阵地上已然人去营空。

这一情况超出了回纥人的预料，却早在郭子仪的意料之中。他料到吐蕃人同回纥军分营驻扎后，为了防范对方，势必派人对回纥军营地上的一举一动实施全天候的全程监视。自己昨日闹了那么大的动静，又同回纥军高层宴饮到深夜，发觉形势有异的吐蕃人肯定当机立断趁夜撤军了。

不过郭子仪认为并不打紧，这仗还有的打，且更容易取胜了。

原因很简单，吐蕃军人数众多，又随军携带了大量劫掠来的财物、牲畜，行军的速度必然大受影响。再加上撤退之际吐蕃军上下归心似箭，急于带着战利品回国享受，自然战心不再，必败无疑。

在将自己的判断转达给药葛罗后，两边一拍即合，决意立即出击。于是，郭子仪派部将白元光率领精锐骑兵与回纥军一道赶往追击。

十月十五日，唐与回纥的联军在灵台（今甘肃省灵台县）以西五十里的赤山岭追上了吐蕃军队。

次日清晨，趁着风雪停歇，联军对身披毛毯缓缓行进的吐蕃军队突然发起了猛攻。

不出郭子仪所料，看似人多势众的吐蕃军被一举击溃，大败而逃。五万人被当阵斩杀，一万人被俘，基本上被打残了。唐与回纥的联军缴获了大量的骆驼、牛、羊、马等牲畜，并解救出被掳妇孺男丁四千余人。

三天后，联军再接再厉，继续追歼残敌，在泾州东部地区击破吐蕃和朔方叛军组成的联合部队，仆固怀恩旧将张休藏等率部归降。

十月二十三日，李豫下诏宣布取消亲征，解除长安城长达一个月的戒严状态。

十月二十四日，在郭子仪的斡旋下，朝廷下令赦免仆固怀恩的侄儿仆固名臣、李建忠等朔方军猛将的一切罪状，予以招抚优待。仆固名臣率所部精锐骑兵离开回纥军，回归唐朝。与此同时，根据郭子仪的建议，开府仪同三司慕容休贞施行的招抚工作也进展顺利，党项头领郑庭、郝德等人相继前往凤翔请降。搭伙而来的羌人、浑人见大势已去，也已知趣地跑去向李抱玉投降。

至此，断断续续持续了三年之久的仆固怀恩之乱正式宣告终结。但对于李豫和郭子仪而言，上天对他们的考验才刚刚开始。

闰十月，乙巳，郭子仪入朝。

作为力挽狂澜，凭一己之力便挽救了整个国家的英雄，郭子仪得到了皇帝最为隆重的接见。此时此刻，李豫已没有财物可以赏赐给郭子仪了，因为此前为款待好以回纥胡禄部落都督为首的庞大特使团（有二百余人），朝廷已把国库里的财物赏赐一空（据载，百官的俸禄都因此停发）。同样地，李豫也没有更高的官职可以授予位极人臣的郭子仪了，所有可以给予的荣誉和从未轻许的殊荣（比如李世民曾担任的、百余年空缺的尚书令的职务）都给了，所以李豫只能通过亲自下阶迎见的方式来报答这位老臣拼死卫国的情谊。

这看似寒酸，但在郭子仪眼中，这种情真意切的表达远比金银珠宝、加官晋爵更贵重。于是，郭子仪提出了一个建议，他恳请皇帝批准令朔方军粮使路嗣恭前去镇守刚刚收复的灵武城。

李豫同意了。

郭子仪顿了一下，又表示河西节度使杨志烈刚死，河西地区动荡不安，希望皇帝能够派遣使者赶赴河西进行安抚，并设置凉州、甘州、肃州、瓜州、沙州等长史，逐步恢复常规的管理状态。

李豫也听从了。

然后，郭子仪谢恩告退，皇帝陛下则热泪盈眶。因为这个立有不世奇功的人从头至尾并未为自己表功，且连泾阳期间的万分凶险都没提过一句，他所考虑的只是国家大事，所进言的也均是定国安邦之策。

这究竟是个怎样的人啊！功成不居，不求富贵，那他为什么要这样做，又为何甘心拼上自己的性命？

在又一次望向郭子仪蹒跚远去的背影时，陷入迷惑中的皇帝突然找到了想要的答案，在明枪暗箭、钩心斗角的人生中一路走来的李豫第一次开始相信"忠臣"并不只存在于传说中。

"令公，且请慢行。"（按照当时礼仪规定，大臣朝见皇帝和退下时必须小步快跑。）

泾阳退敌是郭子仪一生中最为凶险也最为闪光的一刻，但也正是因为这次赴险改变了整个时局并奠定了郭子仪在皇帝心中和朝堂之上不可动摇的地位。不过，赢得了皇帝信任的郭子仪并未自此放松对自己和家人的要求，因为他很清楚，朝中的致乱之源尚在，而那个人也已经成长到比李辅国、程元振还要危险的地步。

鱼朝恩的确今非昔比了。自统率神策军迎驾以来，鱼朝恩不仅从地方直接入据中央，独掌宫中监权，还将神策军的兵权完全收归于自己囊中。

神策军兵将大多是边军出身，久经沙场，战斗力极强，与程元振所统辖的禁军完全不是一个量级的，所以要想拿下鱼朝恩，难度要比程元振大得多。而众人对鱼朝恩的畏惧，也比他的几个前任多得多。

鱼朝恩能够明显感受到别人对他的畏惧，不过他不以为意，反而十分享受这种被众人害怕的感觉。而随着职务的日益擢升，鱼朝恩也变得越发趾高气扬、气焰嚣张起来。而能充分体现出鱼太监飞扬跋扈的，是这样两件事情。

第一件事发生在仆固怀恩引吐蕃和回纥大军入侵关中期间。

一天上朝，大臣们在朝堂上等了半天也不见皇帝陛下的身影，正在群臣感到有些不安的时候，更令他们深感不安的一幕上演了：鱼朝恩突然带着十余名手持长刀的士兵，出现在大家面前，继而一拥而上，把群臣围得严严实实。

许多大臣都被这突如其来的举动惊得目瞪口呆，变颜失色。

看着朝臣们惊恐的面容，鱼朝恩不由自主地露出了得意的微笑，只听他高声说道："吐蕃屡次进犯京畿，皇帝打算临幸洛阳，你们意下如何？"

刀光剑影之下，一时间无人敢回答，就连几个主事的宰相也都保持了沉默。

鱼朝恩的笑容越发得意了，然而这种得意没有维持多久就被一个声音打断了。

"敕使（唐朝对宦官的敬称），你是想要造反吗？如今京中驻军兵力充足，足以抵御敌人，你却想胁迫天子放弃宗庙社稷逃跑，是何居心？！"

发言的，是一个名不见经传的给事中（据说姓刘），但他的这番话却令贵为天下观军容宣慰处置使的鱼朝恩瞬间冷汗直流，无言以对。

鱼太监原本打算让皇帝逃离长安前往洛阳避难，为强压舆论才上演了这出吓唬众臣的戏码，没承想却被一个小小的给事中活生生地挡了回去，还惹上了意欲谋反这种大事，这戏自然是演不下去了，只得灰溜溜地退了下去。

而南逃洛阳的馊主意也在郭子仪等人的力谏下被废弃。

这一次耍威风不是很成功，但鱼朝恩已经成功地成了唐朝历史上第一个胆敢公然亮兵刃胁迫群臣就范的太监。

第九章 忠臣诀：各自的落幕·193

既然有了胁迫群臣的经验，看这发展趋势，估计再过几年，鱼太监连皇帝也不会放在眼里了。

事实证明，不用估计，鱼朝恩真的就这么做了。

有一天，鱼朝恩的小儿子鱼令徽（时年十四五岁）在早朝时为和同列的黄门侍郎争路，不小心被某位公卿误碰了一下胳膊。于是乎，这位鱼公子瞬间就气得不行，朝也不上了，直接就跑回家向鱼朝恩告状，说是因自己的班次在后，被同列者欺负了。

鱼朝恩闻言当即大怒，第二天就找到了李豫，准备替儿子向皇帝要一个金玉带（唐制，金玉带为三品以上官员的配饰，鱼令徽当时的官职为五品下，这还是特赐的待遇），以示位高权重。

而鱼太监请赐腰带的方式可以说是极有创意了，其过程是这样的：

"陛下！您是不是想赐我儿子一个金腰带？"

说实话，鱼朝恩这句没头没尾的话，当时的确把李豫先生给整蒙了，但是鱼太监似乎也并不在乎皇帝是否配合。不等李豫反应过来，他把手一招，便有人捧来了象征三品待遇的紫衣，而他身边的儿子鱼令徽则立刻向皇帝谢恩。

此情此景摆明是把皇帝当傀儡耍，李豫很是愤怒，但碍于鱼朝恩的权势，他知道不能当场翻脸，于是皇帝陛下马上强装笑脸，指着鱼令徽赞赏道：

"令郎穿紫衣，扎金腰带，真的非常合适啊！"

鱼朝恩终于满意了，他向皇帝拱拱手表示感谢，便带着自己的儿子潇洒地走了，留下李豫一个人坐在皇位上神色尴尬。

混到了这份儿上，鱼朝恩也就离死不远了。当然，他此时此刻还沉浸在只手遮天的美梦中不能自拔。无论是李豫还是郭子仪为了一举击倒这个可怕的对手，都暂时选择了隐忍。他们在耐心地审视着这个死太监的一举一动，寻找破绽，同时也在发现更多的盟友。

在日复一日的揣摩与观察中，反抗鱼朝恩专权的力量在不断壮大，可李豫和郭子仪依旧不准备立刻摊牌。因为想要获得胜利，完全肃清鱼朝恩在宫中和军中的势力，现在的条件还不够。现在能做的，是翦除鱼朝恩的羽翼，而目前所缺少的，正是一个突破口，一个合适的攻击目标。

还好，这个人到底还是被找到了，那个合乎要求的人名叫周智光。

周智光，很嚣张，这几乎是所有认识这位仁兄的人的一致看法。当然，这其中并不包括鱼朝恩。因为在鱼太监面前，周先生是很听话的，比鱼朝恩的亲儿子还乖还懂事。而也正是由于周智光身上的这一闪光点，他从行伍中的一介小兵被鱼朝恩火箭提拔为了节度使，当上了同、华二州的土皇帝。

当然，有必要承认的是，周智光这个人是很有点能力的。当年仆固怀恩引兵入寇，打到奉天一带，这位仁兄率军与敌激战于澄城（今陕西省澄城县），竟然击破了来势汹汹的敌军，把对方一直追到了鄜州（今陕西省富县），还夺得了数以万计的战利品，可谓威风。

不过，周智光之所以带兵追到鄜州，不只是因为他忠于职守，尽职尽责，更是因为他打算浑水摸鱼，借机行凶，报仇泄恨。

周智光的仇家叫作杜冕，时任鄜坊节度使，此时统兵驻扎在坊州，不过他的家眷却留在鄜州。因此，周智光趁乱挥军攻入鄜州，杀害了鄜州刺史张麟，并将杜冕一家八十一口不分老幼全部活埋。临走前为掩盖自己的罪行，他又派兵假装乱军，将坊州三千余家百姓的房屋付之一炬。

周智光自以为此事做得天衣无缝，但事实证明，真相总有大白的一天。朝廷最终还是听到了风声，于是便召周智光入朝，想借机削去他的兵权。谁知周智光人精得很，无论如何就是不肯入朝，还派出军队去杜冕的防区游弋。

这么个主儿，朝廷本来完全有理由派兵讨平的，不过碍于鱼朝恩的面子，朝廷最终还是选择了让步，将杜冕调到了梁州，平息了可能出现的事端。

按说朝廷率先做出了妥协，周智光如果有自知之明，该收敛一些才是。谁知这位大哥早已在骄纵不法的道上彻底失控了。

大历元年（766年）十二月，周智光因口角擅自处死了陕州监军张志斌，而后又将前虢州刺史庞充杀害，开始公然兼营强盗、路霸的副业，且无论公家私人，价值多少，都要强留一部分充作过路费。于是，各地节度使进奉朝廷的货物、江淮等地转运京师的二万石大米、淮南节度使崔圆自淮南交纳的百万方物统统进了周智光的腰包。

与此同时，为了适应日益拓展的抢掠业务的需要，周智光开始公然广泛招募各地的犯罪分子，扩编军队。

抢劫各地的贡赋，自行组织扩充军队，不受朝廷差遣，以上迹象已经充分证明了周智光的不臣之心。然而出乎众人意料的是，皇帝得知这个消息后，却并不想动手，他希望和平解决。

为达到这个目的，皇帝李豫派中使余元仙拿上委任周智光为尚书左仆射的诏书，去鄜州找周智光，希望对方能够悬崖勒马，放下屠刀。

可是下面发生的事情却出乎李豫的预料。

接过圣旨后，周智光显得无比愤怒，不久竟然当着余元仙的面破口大骂起来：

"我有大功，圣上怎不给我做平章事？！"

接着，他又盯着余元仙气势汹汹地嚷道：

"不给个宰相也就算了。同州、华州地方狭小，还不够老子伸腿的，如果给我的辖区再加上陕、虢、商、鄜、坊五州的地盘，那还差不多。"

见余元仙不吭声，周智光更加嚣张起来，他明目张胆地对着余元仙说道："智光有好几个儿子，人人都能使得二百斤的硬弓，皆是万人敌的角色，堪出将入相。如今要是挟天子以令诸侯，天下只有周智光做得！"

于是余元仙害怕了，李豫愤怒了，周智光终于作死成功了。

大历二年（767年）正月，李豫密诏关内河东副元帅、中书令郭子仪率兵讨伐周智光。之所以要用密诏的方式，不是李豫真的把周智光视作曹操，而是由于周智光控制下的同州和华州切断了朝廷与河中的联系，李豫只好召见郭子仪的女婿、工部侍郎赵纵接受口头诏令，赵纵将诏令写在帛上放进蜡丸中，秘密派遣家童走小路送到坐镇河中的郭子仪手中。

在诏令郭子仪出征的同时，李豫又下令给刚好入朝觐见的淮西节度使李忠臣（即董秦），让他领兵随同神策军将领李大清一起跟进，作为第二波战力参与围剿周智光所部。

这样看来，皇帝陛下是真的被惹急眼了。

事实证明，郭子仪并不仅仅是名声在外，他在国内也是很有影响力和威慑力的。在听到郭子仪亲自前来征讨的消息后，周智光麾下大将李汉惠就在同州率领本部人马向郭子仪投降了。

几天之后，朝廷关于同、华二州人事任免的最新安排也紧跟着传来。

依据皇帝的诏令，周智光被贬为澧州刺史，同华节度使的职务设置被撤销，华州刺史的职务将由兵部侍郎张仲光担任，同州刺史的职务则将由大理卿敬括担任。

应该说，皇帝对于周智光一伙还没有赶尽杀绝的意思，他在诏书中特意说明允许周智光带一百人前往澧州赴任，并承诺赦免周智光所部将士一切罪责。但是谁也没想到，皇帝网开一面了，那周智光最后还是死了。

正月十三日，华州牙将姚怀、李延俊刺杀了周智光，并生擒周智光的两个儿子周元耀、周元干，将二人与周智光的首级一并献给了朝廷。

不战而乱平，李豫自然是十分高兴，于是他决定趁机杀鸡儆猴，拿周智光作为反面教材来敲打一下其他不奉皇命的节度使们。

既然圣上主意已定，群臣自然没有异议。

本着首恶必办、胁从不问原则，周智光的两个儿子被腰斩示众，周智光的同党判官监察御史邵贲、都虞候蒋罗汉等人也一并被杀，其余党相继得到了应有的制裁。

周智光的叛乱就这样还没正式开始便匆匆结束了。此事对于整个帝国并未产生什么沉重的影响，但是它对于鱼朝恩而言却无异于迎头的一记暴击。说到底，周智光是他一手提拔上来的，而且地球人都知道，他和周智光平日关系紧密，情同父子，所以无论怎么看，鱼朝恩都难逃责罚，最轻也要背上个举荐非人的罪名。

然而鱼朝恩到底是鱼朝恩。毕竟有神策军在手，浪大水深，几次自我辩白后，他就撇清了自己同叛将周智光的关系，平安地渡过了舆论这一关，继续他的胡搞乱搞、作威作福去了。

对此，李豫和郭子仪都没有多作评论，因为他们很清楚，时机尚未成熟。

就让他再继续嚣张一段时间吧，下一次，下一次一定会与你好好算清总账的。

可是，还没等皇帝和郭子仪找准机会再度出手，一个让郭子仪差点晕过去的消息就传来了：郭子仪他爹郭敬之的坟让人给扒了。

郭子仪位极人臣，但生性宽厚仁爱，办事厚道，超级会做人，因而在军中、朝中人缘极好，几乎没有什么政敌，非要说有的话，那就只有一个——鱼朝恩。就当时的朝局而言，对郭子仪如此忌恨，且能想出这样缺德的打击报复办法的人同样很少，有重大嫌疑的也只有一个——鱼朝恩。

这不仅是接手此案的办案人员的看法，也是坊间舆论的看法。事情刚出不久，街头巷尾就有了相关传闻，称鱼朝恩素来与郭子仪不和，近来鱼太监更是对亲信放话要给对方点颜色看看云云。一时间，朝野都倾向于相信这事就是鱼朝恩指使人做的。

若果真如此，那此事则非同小可，这意味着鱼朝恩准备同郭子仪摊牌，神策军和朔方军更是有全面开战的可能，而且这种可能性还极大。因为在皇帝下令对此事进行严密审查的同时，郭子仪已经出了驻地奉天，正在向京城进发，动机不明。在很多人

第九章 忠臣诀：各自的落幕 · 197

看来，这是稳定情绪后，带人来长安要与鱼朝恩拼命。

这场风暴似乎越来越猛烈了，局势分分钟可能失控，酿成大祸。于是京师风声鹤唳，从上到下，一片人心惶惶。

然而不久之后，众人得到了一个确切的消息：郭子仪没有带兵。

郭子仪确实没有带兵，他只想面圣，不想斗殴。

这倒不是说郭子仪完全没有脾气，而是证明了他很聪明。

在得知老爹的坟被人刨了后，郭子仪是非常愤怒的，据说一天之内哭晕过去好几次，抢救了好几次。他完全有冲冠一怒为老爹，提兵数万上长安的理由。但他却没有那么做，原因我刚才说了，因为他很聪明。他明白发兵进京只会授人以柄，让自己多上一顶叛臣的帽子，继而完全落入对手的圈套。他不会再犯仆固怀恩的错误，所以郭子仪决定单人匹马入京，讨个说法。

皇帝陛下第一时间接见了风尘仆仆进城的郭子仪，并主动提及此事。接下来，不符合常理的一幕出现了，郭子仪虽然泪流不止，但绝口不提一查到底之类的话，倒是说了这么一句话："臣长期带兵在外，有时不能节制士兵，致使手下士兵经常挖掘他人坟墓，发生今日之事，可能是上天对臣的惩戒吧！请陛下不必再追查下去了。"

晕了，晕了，这唱的到底是哪一出啊？所有人得知这一结果，无不是一头雾水，但有一点大家还是看得清楚的，那就是一场迫在眉睫的两军混战不会上演了，长安城和京畿百姓再次获得了宝贵的安宁（史载"朝廷乃安"）。

应该说这件事从发生到结束，整个过程都很奇怪，让当时乃至后世的关注者都如坠云雾。

首先，最大的疑问是：这件事是不是鱼朝恩干的？答案：很可能不是。

我查了一下，郭子仪老爹被挖坟事件发生的时间是大历二年（767年）十二月四日。这一年年初，鱼朝恩的亲信将领周智光刚刚被干掉，处于风口浪尖的鱼朝恩正在装孙子，主动承揽着修建寺庙，为李豫亡母吴氏祈福的活儿，应该无暇更没胆子闹出这么大的动静激怒郭子仪，所以在这件事情的背后，必然另有隐情。

确实如此。

基于作案者必定是受益者这一动机准则，我们可以肯定的是，这件事应该与鱼朝恩无关，因为他虽然人阴手狠，也想搞郭子仪，但却不蠢。更何况当时鱼太监正处于千夫所指，舆论压力极大的环境下，没必要再给自己找麻烦，急着作死。所以，跟所有探案故事一样，最有嫌疑的人反而一定不会是真凶，幕后的主使者应该另有其人。

那么，谁会无端开罪于郭子仪，他的动机或者受益之处又是什么呢？

为了搞清楚事实的真相，我特意抽了一天的时间翻看了那一年各种能查阅到的历史资料，然后终于找到了答案（我的答案）。

在查阅这一年前后出现过的历史事件时，一件小事引起了我的注意。

这件事情真的很小，微不足道，因为它只是一对夫妻之间闹的一场小矛盾。但是这场小矛盾却很出名，影响很大，以至于后来有人根据此事写了一出广为流传的戏，唱了上千年，甚至还多次被搬上银幕，这出戏的名字叫作《满床笏》，俗名又称《醉打金枝》。

《醉打金枝》的故事用一句话来形容的话，应该是惧内老公"酒壮怂人胆"，怒打剽悍妻子。虽说还不至于让女人看了会沉默，男人看了会流泪，但这事的确做到了让当时大唐最有权势的两个人，一个沉默，一个流泪。

考虑到大家可能并不全都听过《醉打金枝》的故事，因而我们在这里简单介绍下这个历史上真实的故事。

故事发生在郭子仪的家中，故事的主人公是郭子仪的第六子郭暧和他的妻子、李豫宠爱的四女儿升平公主。

大历二年（767年）二月的一天，郭暧和升平公主这小两口因为一点家庭琐事开始拌嘴，由于两个人都是各自家中的宝贝，平时很受家人宠溺，所以吵开之后双方互不相让，且越吵越凶。不过升平公主论身份自然更为尊贵些，因而渐渐占了上风，把郭暧骂了个脸红脖子粗。

最后，郭暧估计是真的被呛得厉害，实在忍不住了，就吼了这么一句：

"你别倚仗着你老爹是皇帝，就这么欺负人，告诉你，我爹还不屑于当这个皇帝呢！"

据说，吼完之后还打了升平公主一下。

升平公主出离愤怒了，于是二话不说就破门而出，回了娘家，进宫向老爹李豫诉苦。

听完宝贝女儿的叙述，特别是郭暧那句怒吼，李豫沉默了好一会儿。

然后，他给了女儿一个想象不到的回复：

"这你就不懂了。他说的没错，他父亲假如真想当这个天子，天下岂是咱李家的！"

按照部分史料的记述，讲这句话的时候，皇帝陛下的声音在笑，泪在飘。

在家里头的郭子仪很快就听说了这件事，他马上亲手将郭暧绑了起来，亲自把人押送宫中面圣请罪。

没想到皇帝陛下依旧是一脸笑呵呵的表情，并不生气，他亲手扶起了郭子仪，温言道：

"俗话说：'不痴不聋，不作家翁。'儿女闺房里的话，又何必当真呢！"

话是这么说，但逆子还是要管教一番。郭子仪回家后，便当着全家人的面把郭暧杖责了数十棍，算是给皇帝和公主一个交代。

故事就此结束了，但可想而知，这事势必在李豫心中留下了难以磨灭的阴影。他意识到，郭子仪虽然是真正的忠臣，不会谋反，但他的家人、部下难保不会有拥戴之心，所以，郭子仪不会做王莽，却有可能成为曹操、司马懿，威胁到李家的天下。

在我看来，这对李豫而言已经构成了一个十分充分的动机。

考虑到必须有人去保卫国家但又不可让郭子仪一枝独大，威胁到皇权，以鱼朝恩的神策军一系牵制郭子仪的朔方军自然是最理想的法子。

那为何会选择盗挖郭子仪父亲的坟墓这样有些下三滥的手段呢？

这其实也不难解释，原因有二：

第一，根据古人的传统观念，先人的坟墓及其所处地带的风水布局对于后人是有影响的，在一定程度上决定了后人的气运，比如像郭子仪这样逢凶化吉、位高权重的，他们家的祖坟形势绝对爆好，甚至可能有"王气"。加上李豫又是一个资深的佛教徒，对于风水阴阳非常相信，因而找人破坏郭子仪家族的坟墓，断其王气，就成了捍卫李氏江山成本最低且风险最小的一种选择。

第二，如今支持帝国的主要就是郭子仪统领的朔方军和鱼朝恩统领的神策军这两大军事力量，如果郭子仪和鱼朝恩冰释前嫌，实现合作，这个国家就没有他这个皇帝什么事儿了。因而，务必加深郭子仪同鱼朝恩之间的矛盾，甚至让两方火拼一番，斗得两败俱伤，方能将权力逐步收回自己手中。当然，作为郭子仪的亲家，李豫是倾向于让郭子仪趁机率领朔方军除掉鱼朝恩的，因为相比狂妄的鱼朝恩，宽厚的郭子仪更易于掌控些。

但是李豫强化皇权的尝试最终还是破产了。入京后的郭子仪似乎已经觉察出了什么，而他貌似也不是愚忠，至少不愿意被李豫当枪使，还搭上自己家族和整个朔方军的命。所以，看破背后真实意图的郭子仪明智地选择了下船跑路，主动叫停了对案件的调查。

在我看来，这才是这场盗墓风波背后全部的真实故事。

郭子仪既然无意跟着蹚浑水，李豫也无法强求，因此他只剩下唯一一个选择——借助文官集团的力量。

文官集团具体说来就是以宰相为首的朝臣，这帮人虽然手无缚鸡之力，打不过鱼朝恩麾下的神策军，但是他们却有着独有的制胜武器，那就是他们的智慧。而在一朝文臣中最长于计谋的，就是身为宰相的元载。

元载，字公辅，凤翔岐山（今陕西省岐山）人。原本姓名已佚，幼年家贫，后随母改嫁，故冒姓元氏。

一般说来，像元载这样跟着母亲改嫁的小孩生存环境都不会很好，长大后养成的性格通常也会非常极端，不是特别孤僻，敏感暴躁，就是特别能察言观色，会来事。元载的性格大致属于后者，因而自入仕以来他便混得很不错，先后得到了监察御史韦镒、东都留守苗晋卿、江都采访使李希言等高官的欣赏和喜爱，不断晋升。最后更是搭上了李辅国这层关系，一飞冲天，当上了宰相。

不过元载这个宰相绝非一窍不通的关系户，事实上他博览经史，学富五车，写得一手好文章，又能言善辩，更是厚黑学界新一代学员里的高手高手高高手。此前帮助李辅国掌控朝政的是他，协助李豫策划刺杀李辅国的也是他。之所以如此厉害却搞得无人知晓，只因这位仁兄善于将自己隐藏于黑暗之中。

元载虽然很早就投奔到了李豫的阵营，但李豫在除掉李辅国之后却没有重用他，因为皇帝陛下看得清楚，这个为了权力可以出卖恩人兼亲属（李辅国乃其堂姐夫）的人，不可以委以重任，更不可不防。可现如今李豫发现，若想扳倒鱼朝恩，他不得不借助元载的智谋，因而本来不可任用的人也不能不用了。

更让皇帝陛下喜出望外的是，这位元载恰巧与鱼朝恩有过不愉快。

不愉快的经历发生在一年前。

永泰二年（766年，该年年末改元为大历元年），在安史之乱中被毁坏的国子监房屋经过近半年的重修终于宣告竣工。八月四日，依照李豫诏令，国子监举行了祭奠先贤的盛大典礼，朝中重臣照例出席观礼。

不过这次照例也有一个例外，那就是登上高座，为众人宣讲先贤典籍的不是某位经学大师，更非见解独到的青年才俊，而是鱼朝恩。

原来，自从显贵之后，为了让自己显得不那么没文化，鱼太监平日里也喜欢舞文弄墨，讲经写文。虽说是仅能粗通文墨而已，但鱼公公自我感觉异常良好，自以为已经达到了文武双全的境界，天下无人能及。所以，这次他毛遂自荐登台宣讲，所讲的还是非常高深难懂的一部奇书——《易经》。

让一个不学无术的太监为一群文官讲解《易经》，这就如同让街头大妈给一班研究生上高数课一样，是件足以让人抓狂的事情。好在能出席典礼的都是有一定文化修养且深谙官场潜规则的政治老油条，所以虽然安排儿戏了些，大家还能耐住性子，捧场听一听。

然而事实证明，也就只能安静地听一会儿。

在听讲的过程中，在场的大臣都能明显地发现宰相越听脸色越难看，等到鱼朝恩阐释"折足覆𫗧"这一句，话中有话地侃侃谈到鼎足如果折断，鼎里的食物就会倾覆出来时，宰相王缙终于忍不住了，他当即满面怒容，离席而去。

因为所谓的鼎足一直以来都被大家用来象征宰相，鱼朝恩言语中不断强调什么鼎足折断，用意很明显，就是在暗讽当朝宰相"智小而谋大，力薄而任重"，不足以胜任宰相的职务，所以听出弦外之音的王缙这才愤而离席，以示不满。

那一天王缙因极度愤怒而涨红的脸给鱼朝恩留下了极为深刻的印象，但留下更深刻印象的是元载。

因为在整个过程中，同为宰相的元载一直不动声色，面含微笑。

这就很可怖了。因此刚一出国子监，鱼朝恩就对左右亲信小声地说道："发怒是人之常情，而发笑就深不可测了！"

就此鱼朝恩开始对元载严加防范，而精明的元载也很快便瞧出了端倪，自此与鱼朝恩势不两立。

经过认真的观察和谨慎的试探，李豫将元载重新纳入自己的行动团队中，并让其充作行动的总策划人。

紧接着又是长时间的调查研究，君臣二人最终达成了一个共识：如果没有郭子仪和他的朔方军支持，任何试图铲除鱼朝恩的计划都将不可避免地以失败而告终。所以，无论如何，不管用什么方法都必须得让郭子仪参与进来，配合行动。

元载也一再向皇帝陛下表示，只要郭子仪能够旗帜鲜明地给予支持，并不需要他真的出兵，自己就有办法除掉鱼朝恩。

李豫表示完全相信元载的能力，但他也提出目前要争取郭子仪入伙是不太现实的，只能等。所以在等待郭子仪期间，为了增加胜算，李豫与元载商定，要在继续麻痹鱼朝恩的同时，最大限度地扩大元载的权力，并悄没声儿地削减鱼朝恩的权力。

就这样，在接下来的两年内，鱼朝恩和他的子侄不断得到新的、更高的官职，鱼朝恩原本夹紧的尾巴也随着皇帝的优待而再次翘到了天上。

鱼朝恩终于放弃了最后的警惕，在他看来，皇帝已经完全被他捏在了手里。因此，每当朝廷裁决军国要事，而鱼太监的意思没有得到贯彻执行时，他动不动就会面露怒容，抛出这样一句惊世骇俗的话：

"天下事有不由我乎！"

敢公开这么说话，可以说是很嚣张了。但这正是李豫所希望看到的，因为鱼太监越骄横他就会越看不清楚形势，越可能被一举击垮。

事实上，在这两年里，李豫和元载为了实现目标还做了不少重要的事。战果如下：

大历三年（768年）四月，李豫成功地从衡山请回了隐世高人李泌，并让他作为自己的私人顾问，安置在身边。

同年，以江西观察使、宗室李勉替换下了鱼朝恩的心腹干将黎干担任京兆尹，又在李勉与鱼朝恩发生了直接冲突后，采取保护性措施，帮李勉安全离开长安。

此外，元载还以重金成功收买了鱼朝恩的一些亲信充作内线，这其中就有经常率兵负责鱼朝恩警卫工作的射生将周皓，以及被鱼朝恩视作自己外援的陕州节度使皇甫温。这两人将在不久之后的行动中发挥至关重要的作用。

类似的改变双方力量对比的地下工作还有很多，我们在这里就不一一叙述了，大家只需要知道，元载的公关拉人能力的确异常强悍，基本上拿下了鱼朝恩身边所有可拉拢的死党，并让他们成了可置鱼太监于死地的同党。

李豫和元载从未离目标这么近过，就在君臣二人摩拳擦掌准备再接再厉，争取斗争的新的胜利时，意外却发生了。鱼朝恩主动邀请入朝的郭子仪一起出城到章敬寺（该寺由鱼朝恩的庄园改建而成）会面游玩，而郭子仪居然答应了。

当然，郭子仪之所以会选择接受宿敌鱼朝恩的邀请，这在很大程度上与元载当时大力倡导推行的移镇之议有关。

几个月前，为更加有效地应对吐蕃军对关中地区的侵扰，元载提议把唐军的最前沿防线推进到陇山以西的泾川（今甘肃省泾川县）一线。这样一来，唐军就可以更好地利用陇山险要的地形屏护关中，使唐军在关中北线的战略态势处于有利地位。这一设想得到了时任邠宁节度使马璘的支持。

然而，单凭马璘统领的原属安西、北庭的军队，显然难以完成固守泾川，设置泾原镇并建起陇山战线的任务，所以元载便想到了率军驻屯在河中（今山西省永济市）腹地、兵强马壮的郭子仪部。

元载认为，驻屯在河中的朔方军已然无法完全起到应有的边防作用，于是趁着郭子仪入朝之机，他找到了马璘合作演了一出戏，迫使郭子仪表态同意将部队部署到邠州（原本驻屯于此的马璘部进驻泾州，是为泾原镇）。

平心而论，元载的这一新部署比之前更为合理，也更能有效地防御吐蕃，但元载的处理方式却难免让郭子仪感到心里不是滋味。再加上划给朔方军的新防区（邠州、宁州和庆州）是吐蕃军入侵时最爱走的一条路线，因此移镇命令下达后，在朔方军中下层引起了强烈的不满，这让郭子仪耗费了很大的精力才勉强安抚下去。

这里顺便多说一句，马璘所部士兵在得知要移镇泾川时就策划了兵变，多亏我们的老熟人段秀实冷静机智地采取措施，诛杀了带头的几人方才使得三军顺利地迁到了新驻地。

基于以上这些不太愉快的经历，郭子仪在长安期间很是郁闷，而鱼朝恩正是探知了这一点，才适时试探性地向郭子仪发出了邀请。而且他做梦也没有想到，郭子仪居然欣然应允了。

李豫最为担忧的状况发生了，假使处于不满状态的郭子仪同鱼朝恩见面后，决定冰释前嫌，携手合作，那么不只这两年的努力要付之东流，整个大唐帝国也将改由这两个人真正主宰。

没办法了，不管郭子仪是否有心与鱼朝恩联手，当务之急是赶紧掺沙子，阻止局势向更坏的方向发展。

于是公关大师元载再度出手了，他通过暗中指使郭子仪军中的将校"善意"地提醒郭子仪，称鱼朝恩欲行不轨，还是不要前往为好。

谁知，郭子仪的公关难度要大得多，他根本没听。

这下收了钱的几个将校急了，他们赶忙找来了更多的将领一起奉劝郭子仪谨慎赴约，即便是非去不可，也当带上三百名内穿铠甲的卫士同行方可。

听了众将的话，郭子仪不由得露出了少有的冷笑。

"我是国家的大臣,他鱼朝恩如果没有天子的命令,又岂敢加害于我!假如他是奉命行事,你们认为怎么做又能改变得了什么?!"

郭子仪毅然决然地出发了,身边只有两三个随从,一如四年前一样亲涉安危未明之地。

见到郭子仪轻装简从地来了,鱼朝恩不禁大吃一惊。看到鱼朝恩难以置信的神情,郭子仪只是微微一笑,将临行前说给部将们的话又重复了一遍。然后,他笑着走进寺内,回头望向愣在原地的鱼朝恩又加了一句:"我这么来也是恐怕敕使您动手时麻烦啊。"

鱼朝恩被深深地打动了,他生平第一次为一个人的肚量与真诚所折服。于是,他先捶了自己胸膛两下,然后赶忙紧握住郭子仪的双手,热泪盈眶地说道:"要是令公您不是一位忠厚长者,听了这样的谗言,岂能不生疑心啊!"

于是,宾主双方携手落座,把酒言欢。会面就这样在和睦的气氛中结束,郭子仪安然无恙地回家了。

没有人知道那一天郭子仪和鱼朝恩之间具体谈论过什么,也没有人知道那一天在章敬寺里是否埋伏着准备随时砍人的刀斧手。大家只知道郭子仪去见了宿敌鱼朝恩,聊了很久,毫发无伤地回去了,并在与鱼朝恩见面的十天后,返回了河中,着手安排移镇事宜。

郭子仪并没有站在鱼朝恩一方,他依旧是中立的。

这是元载在分析时局后作出的判断,事后的发展表明,这个判断很准确。

在元载的建议下,李豫决定继续执行原来的计划,并想办法减少计划中对郭子仪的依赖。

既然他想保持中立,那且随他去吧!我们就靠自己,全力一搏吧。

为了进一步麻痹鱼朝恩,元载建议充分利用移镇带来的机会。他提出可以将李抱玉部从凤翔迁往汉中,而以鱼朝恩的亲信皇甫温担任凤翔节度使,这样表面上看是扩大了神策军的势力范围,但实际上皇甫温已经被元载收买,一旦事情紧急,李豫便可秘密调动皇甫温部火速进京,配合元载所掌握的南衙卫军控制住局势。

为了让事情看起来更自然,在将皇甫温部从陕州移镇凤翔后不久,李豫又依照元载的建议把兴平(今陕西省兴平县)、武功(今陕西省武功县)、天兴(今陕西省凤翔县)、扶风(今陕西省扶风县)四地划归神策军统辖并给鱼太监增加了实封。

就如君臣二人所料,鱼朝恩被接踵而至的喜讯哄得笑逐颜开,更不把元载和其他朝臣放在眼里了。

很好，接下来就可以采取试探性的攻击了。

大历五年（770年）二月，鱼朝恩的心腹将领刘希暹工作上出了问题，被李豫和元载揪住了。这位心腹犯的本来是个可大可小的事，所以李豫向鱼朝恩暗示，此人位居要职（神策都虞候），树大招风，很多人都在盯着，但只要鱼朝恩肯出面自罚，背个领导错误，其他人自然不敢再多讲，而他也好出手，帮刘希暹大事化小，小事化了。

刘希暹是鱼朝恩最看重和喜爱的心腹将领，自然是不能不救的。于是鱼朝恩答应了，上表请求给自己降罪。

耐人寻味的是，请罪表刚送上去就批了，皇帝下令，免去鱼朝恩观军容使的职务，解除了他对神策军的领导权。

这和说好的不一样啊！

鱼朝恩得到消息后极为惊恐，毕竟神策军是他的立足之本，现在本钱没了，以后该怎么耍？！

然而不等鱼朝恩进宫打探情况，他又得知了另一个消息——一个好消息。

皇帝下旨加封了他的食邑数，且一封就是一千户。

鱼朝恩有些晕了，凭他的智商已经猜不透皇帝在打什么主意，倒是被他力保下来的刘希暹嗅出了危险的气息。他提醒鱼朝恩，入朝时要提起十二万分精神，谨防有人背后下黑手。

鱼朝恩害怕了，但他到底是个太监，由于工作的特殊性和专业性，班还是要继续上的。但经过一段时间的谨慎观察，鱼朝恩发现皇帝对自己恩礼如常，与往日没有什么不同。而他虽然被免去了观军容使的官衔，不过神策军的统领者还是自己的死党兵马使王驾鹤等人。更令他精神为之一振的是，自己的另一亲信皇甫温近期也将统兵入京，那老子还有什么可怕的呢！

鱼朝恩再次渐渐放心了，而真正的机会也跟着到来了。

元载已经做好了铲除鱼朝恩的行动准备，他把皇甫温留在了京师，并和周皓那边打好了招呼，制订了缜密的行动方案。最后，他将一切汇报给了李豫，静静地等待皇帝陛下作最后定夺。

皇帝那边的回复迅速且简短，只有一句话：好好干，但切勿引祸上身（"善图之，勿反受祸"）！

明白！那就行动了！

大历五年（770年）三月十日，是一个特殊的日子。因为这一天是中国传统节日寒食节，也是元载拟定的行动日。

这一天一大早，皇帝便起来了，他要在皇宫设宴款待王公大臣，就像往年一样。唯一不同的是，这一次宰相元载缺席了，因为他被皇帝安排留在中书省值班。

没有元载碍眼，鱼朝恩情绪大好，喝了不少酒，很欢乐。然而等到大家吃饱喝足，纷纷起身告辞各回各家时，鱼朝恩却接到通知让他留下，说是皇帝有大事需要找他商议。

既然是大事，那就等等你吧。

当然，就这么一等，鱼太监便没机会活着回家了。

李豫不久便出现在了皇帝的宝座上，他的脸色似乎与往常不太一样。不过有些喝高了的鱼朝恩看得并不真切，也不打算多想。

李豫在皇位上坐好了，然后开始算账。

鱼朝恩的罪名很多，包括徇私枉法、擅杀朝臣、贪污腐化、结党营私，等等，当然，还有大家都爱用的图谋不轨的罪名。反正是哪条可以当即处死就往哪条上靠。

喝得七荤八素的鱼朝恩被这一箩筐的罪名一吓，当即便酒醒了。

鱼太监到底是多年的老油条，听完自己的罪状，居然没有晕过去，而是凭借二十余年混江湖的功底，立即为自己辩白。不过他的态度十分傲慢，口出不逊，还恶狠狠地死盯着皇帝，完全没有一点恐惧悔恨的意思。这也难怪，毕竟身边就有亲信周皓带领的百人护卫队在，即便你是皇帝，又能奈老子何？！

然而皇帝陛下只一句话，就让鱼太监气势全消，直接陷入了半昏迷的状态：

"周皓！给朕将他拿下！"

于是周皓带兵一拥而上，将鱼朝恩捆得结结实实，然后在皇帝的授意下缢杀了鱼朝恩。

鱼朝恩死了，除了少数参与行动的人外，没有人知道这件事。

而现在距离计划的圆满施行只剩一步之遥。

在元载的安排下，鱼朝恩的尸体被秘密运回他的家中，伪装成投缳自缢的样子。

然后李豫假装惊闻噩耗，一边下令赐给鱼朝恩家人六百万的丧葬费，以便风光大葬，一边颁旨提拔鱼朝恩的死党刘希暹、王驾鹤同时兼任御史中丞，来安抚神策军。

当时绝大部分人都相信了外界关于鱼朝恩在家中畏罪自杀的传闻，但唯独刘希暹不信，还四处乱讲他的发现。这样的人，自然留不得了。于是，刘希暹被赐死。朝廷里也跟着掀起了一股清除鱼朝恩党羽的大潮，跟鱼朝恩交往密切的礼部尚书、礼仪使裴士淹，户部侍郎判度支第五琦等一干大臣相继获罪被贬出朝廷，但李豫并没有对鱼朝恩的党羽赶尽杀绝，他只是灭掉了诸如刘希暹这样有可能威胁到自身安全的危险分子，至于其他鱼朝恩的非死忠型同党都得到了皇帝的下诏宽宥。

李豫之所以如此，并非不懂得除恶务尽的道理，而是因为他很清楚地意识到，鱼朝恩虽然倒下了，但自己身边已然出现了新的威胁，这个威胁叫作元载。

元载在策划除掉鱼朝恩的过程中，没少暗中发展自己的势力。当鱼朝恩倒台后，元载一党已经变成了朝堂上最强大的一股势力。当时不仅京兆尹这样的重要职位是由元载的亲信把持，而且鱼朝恩的许多手下也纷纷改换门庭，向元载效忠，比如早就臭名昭著的万年县吏贾明观就在元载的庇护下继续官运亨通，被安排到江西任职，准许其"立功自赎"。

元载大肆结党，预谋控制朝政的作为很快便引起了李豫的警觉。鉴于不久之前还是生死与共的合作伙伴，李豫也不好意思即刻就向他下手，于是趁着一次接见之机，李豫严肃告诫了对方。谁知元载却不当回事，不知悔改，君臣二人便由此正式决裂。

元载敢把皇帝的警告当作耳旁风，是因为他的确很有能量。在当时，他不但总揽了朝廷大部分的政务，而且还掌握了朝中的财政大权，所以即便是李泌一时间也奈何不了他，只能在李豫的保护下出任江西判官，逃离了京城的政治旋涡。

在李泌临行前的会面中，皇帝意味深长地看着这个朋友，一如多年前他看着自己的样子：

"元载容不下你，朕就把你先送到魏少游（时任江西观察使）那里，等到朕决心除掉元载之后，会写信告知爱卿的，届时，卿可再来长安。"

李泌笑了，几十年过去了，当年那个少不更事的年轻王爷终于成长为深不可测的皇帝，他很欣慰。

"好的，我去江西任职。时候到了，你就派人来找我吧。"

我知道，你一直在隐忍中等待着，在一步步努力实现自己的中兴梦，我祝福你，朋友！

第十章
李豫的奋斗

斗倒了鱼朝恩的元载是很嚣张的,他仅用了不到一年的时间就在三省六部的关键位置都安排了自己人,甚至连同为宰相的王缙也没挡得住他的糖衣炮弹,被一道拉下了水。与此同时,凭借着同军队的特殊关系(元载的老婆是名将王忠嗣的女儿),他又与禁军中的诸位高级将领称兄道弟,获得了军方的力挺。

如此一来,文臣武将都有他的支持者,元载把持朝政的底气也更足了。

但是,这个世界上从来都不缺少不畏强权之人,成都司录李少良就是一个。

大历六年(771年),李少良愤然上书,检举元载的贪污行径。

接到李少良的上书后,皇帝陛下表示关切,下令将李少良留在宫内的礼宾馆居住,并派士兵予以严密保护。

按理说,这种情况下,李少良绝无性命之虞,但是谁也没想到,李少良竟还是没能逃过死亡的厄运。因为他在留宿期间见了自己的朋友韦颂,并把一些内幕消息透露给了他。而李少良这位叫作韦颂的朋友,实在是不够朋友,出来之后,他就把谈话的内容告诉了殿中侍御史陆珽。

陆珽是元载的人。而根据某些资料来看,韦颂同元家的子弟也私交甚密,于是神仙也保不住他了。

李少良的结局再一次证实了有文化的元载比没文化的鱼朝恩更可怕,在他的逼迫下,李豫下令将李少良以污蔑朝廷重臣的罪名送交御史台审讯。

当时刚刚接任御史大夫一职的，是张延赏。他不是元载的同党，但是很明显，他也不打算得罪元载，于是这位仁兄灵机一动，干脆称病在家。所以，最后的审讯结果就只能让皇帝失望了。

李少良被定罪为居心叵测，朋党比周，泄露宫中之语，意欲离间君臣，定刑为死刑。

李豫愤怒了，但他毫无办法，只能把一腔怒火发泄在依附元载的小人物身上。

于是，在皇帝陛下的特别关照下，陆珽、韦颂两人被判与李少良同罪。

五月二十三日，三人一并被交付京兆尹执行了死刑。

李豫苦苦等来的第一个机会就这样错过了，只留下了深夜中的一声长叹。

李少良事件发生后，精明的元载当然察觉到了皇帝对自己的忌惮，所以两个月后，他主动提议吏部和兵部不再按照旧例复核皇帝对六品以下文武官员的直接任用，这算是自削相权，主动向李豫示好。

李豫毫不犹豫地接受了。因为他很清楚，现在不是彻底撕破脸皮的时候，他还需要等待，等到下一个合适的出手机会。而这一等，就是两年的时间。

大历八年（773年），吏部侍郎徐浩、薛邕与京兆尹杜济三人操纵选官案案发，这三位仁兄恰好都是元载的党羽。经御史大夫李栖筠的深入调查，还发现徐浩在从岭南节度使调回朝廷的过程中曾经向元载行贿，送去了价值数十万的奇珍异宝。

李栖筠是一个比较认真负责且不怕事的人，因此他第一时间向皇帝汇报了案情的最新进展。

看过报告，李豫兴奋了。在他看来，这是一个打击元载势力的大好机会，他立即命令礼部侍郎于邵等人出面审理此案。

然而审讯的结果却再次让李豫失望了，于邵等人的结论居然是薛邕几人所犯的罪发生在大赦之前，故而不该予以处罚。

糊弄谁呢？！明明是怕事吧！

既然怕事就赶紧滚蛋，让不怕事的来办这个案子。

就这样，案子再次回到了李栖筠手上。

李栖筠办事是很有效率的，没用多久就把案情搞清楚了，证人证词也都准备好了，然后他向皇帝征求最后的处理意见。

到了这个时候，李豫又有些犹豫了。因为天下正值多事之秋，外面的吐蕃人，国内的各藩镇都不是省油的灯。现在看来只有元载这种有手段的坏人才能镇得住，其他人恐怕暂时难以取代他空下来的位置。此外，考虑到元载本人在朝中树大根深，一个小小的受贿罪名很难将他及他的党羽连根拔起。所以一时间，李豫感到手足无措，不知如何是好。

恰巧当时正赶上月食，李豫便找来了李栖筠，问他这天象是怎么回事。

李栖筠大致猜到了皇帝的所思所想，便趁机回答道："月食，自古以来预示着天子要行杀伐之举，如今徇私舞弊之人尚未受到追究，臣私以为上天是在以此警示陛下。"

李豫就此下定了决心，放大惩小。

大历八年（773年）五月十一日，李豫下诏将徐浩贬为明州别驾，薛邕贬为歙州刺史；次日，又将杜济贬为杭州刺史。那位不愿担事的于邵于侍郎也受到了惩戒，被贬为桂州长史，论被惩罚的力度要比犯罪的那几位还惨。

李豫正是要用这件事告诫文武百官，让他们知道元载并不是任何人的保护伞，朕才是这个国家的真正主人！

李栖筠自然在事后受到了李豫的垂青，皇帝陛下经常会找他过去商议军国要事，在用人方面也会暗中征求他的意见，甚至还曾打算将李栖筠扶上宰相的宝座。但李豫终究还是放弃了让李栖筠做宰相的想法，因为他不愿过分刺激元载，那就只好委屈李栖筠了。

可是李豫做梦也没想到，李栖筠先生的心理素质实在是太差了。在得知自己如此卖力工作，却无缘宰相名分，竟然没过几年就抑郁而终了。不过他并不知道，虽然自己与宰相一职无缘，但自己的儿子和孙子却跟这个位子结下了不解之缘，且一坐就是八年十年，显赫一时，甚至厉害到了直接影响整个帝国的政局走向。当然，这个是后话了，在此暂不细表。

李栖筠死后，新上来的御史大夫叫李涵，是皇室宗亲。但此公和光同尘，不愿与元载一党作对，李豫整肃朝纲的行动由此再次被迫中断。

实际上不中断也是不行的，因为这期间，朝廷内部务必保持高度团结，一致对外，去解决摆在面前的三大难题。

第一个难题，不用多说，就是吐蕃。

自那年铩羽而归后，吐蕃人心里就留了个疙瘩，每逢想起，便会大举进犯唐朝，很有点形成条件反射的意思。一开始，吐蕃军入侵关中还是能尝到甜头的，但随着泾原镇的建立和元载规划的灵武—邠州防御体系的成型，吐蕃人渐渐发觉这仗是越来越难打了。

当他们进攻灵武的时候，唐军的增援来得很快，而且来自邠州的朔方军还能轻易地威胁到军队的侧翼和后方基地。如果他们想要同朔方军决战，则势必要攻克邠州；要攻克邠州，必须攻克灵武；要攻克灵武，已经被多次证明是不可能的了。

所以，自大历三年（768年）之后，吐蕃人对关中地区的威胁大大减轻了。可以说，这是元载和前线将士共同的功劳。

看到局势有变，唐军很难对付，吐蕃人决定先不打了。

大历六年（771年）四月，吐蕃遣使请和，作为友好的回应，李豫派出了御史大夫吴损出使吐蕃。谁承想，所谓的谋求和平仅是吐蕃人放出的烟幕弹，当年九月，吐蕃便单方面撕毁盟约，出兵青石岭（今甘肃省泾川县西北），并把先锋部队派驻进了那城（今宁夏回族自治区固原市东南）。

不等在长安的李豫做出反应，驻守在邠州的郭子仪先火了。

我们前面提到过，郭子仪的朔方军所在的邠州是吐蕃军队进攻长安的最优路线上的必经之地，因而每次吐蕃人来，郭子仪和他的部队都难免要大动干戈，折腾个把月。早些年还好，可如今郭令公已然是七十多岁的高龄老人了，这么个闹腾法儿，老爷子实在是受不了了。

开始的时候，本来听闻吐蕃主动请和，郭子仪还以为可以平平静静地安度晚年。谁知，不到半年工夫，吐蕃人就出尔反尔了。于是，一向待人宽厚的郭子仪怒了，他派人前往吐蕃军队处，怒斥了对方的背信弃义，并且撂下了狠话，这一次定要叫打进来的人都回不去。

吐蕃人害怕了，他们了解郭子仪的实力，相信以朔方军的水平，这绝不是吓唬人。于是，第二天吐蕃军队即自行撤去。而在此后的两年之内，吐蕃人都没有发动大的进攻，只是各种试探。

经过了长达两年时间的试探，吐蕃人似乎想到了破局之法。

所以，大历八年（773年）八月，吐蕃人举兵六万，再次杀奔灵武。

听闻吐蕃军来袭，灵武城立即进入全城戒严状态，准备凭城一战。但是，奇怪的事情却发生了，在将城外的庄稼毁坏殆尽后，吐蕃军并没有围城或攻城，而是虚晃一枪后即南下去了。

是的，进攻灵武只是虚招，吐蕃军这次真正的目标是泾州、邠州，而他们的真正兵力是十万人。

得知吐蕃军的最新动向，郭子仪立即派出了朔方兵马使浑瑊率领五千军队前去迎战。

十月十八日，两军在宜禄（今陕西省长武县）相遇，战斗打响。

五千对十万，无论怎么算，唐军都没有获胜的可能，事实上也确实如此。交战的结果是唐军大败，几乎全军覆没。

对于这场败仗，许多人都把账算到了朔方军老将史抗、温儒雅等人的头上。

因为据史料记载，这两人倚老卖老瞧不上领兵的浑瑊，拒不执行他的将令。等到浑瑊下令总攻时，两人还喝得烂醉，由此贻误了战机，导致了战败。

我个人并不完全认同这一观点。在我看来，这个锅应该有郭子仪的一半，而且还是很大的一半。

以军中日常的情况，明明可以预料到资历不足的浑瑊可能指挥不动老将们，却还是让浑瑊做主将，令老资格的随行，更是仅仅给配了五千人，这只能说明郭子仪是脑袋进水了。

击败了浑瑊后，吐蕃军士气高涨，很快又在盐仓（今甘肃省泾川县以西）击败了前来迎战的马璘部，并将马璘本人给困住了。

主将至夜未归，形势十分险恶，于是有人建议留守在城内的都虞候段秀实关闭城门，登城固守。

"主帅生死不明，如今更当奋勇杀敌，前驱应战，岂能贪生怕死，只顾着保全自己性命？"

于是段秀实召来了率领残兵败将夺门逃入的泾原兵马使焦令谌等人，把这些丢下马璘逃命的将领训了一顿：

"军法上写得很明白，军中遗失主将，麾下兵将当斩！你们忘记这一条了吗？"

此言一出，当即跪倒了一片。焦令谌等将纷纷叩头求饶，恳请段秀实留给自己一条生路。

"军法无情，我是救不得你们的。"

段秀实长叹一声。但是，还有但是。

"但是，你们却可以救你们自己。"

段秀实告诉众将，为今之计，只有集中全城兵力，想方设法迎回主将马璘，方可有一线生机。

既然如此，众将就不再犹豫了，当即各自叫上所有人手，跟着段秀实一道出动，在城东的平原地带摆出了与敌决一死战的阵势。

吐蕃人被唐军这种不要命的姿态震慑住了。说到底，吐蕃士兵中的大部分只是来抢点东西的，根本没有玩命的心情和理由，因此见到对方完全是一副不要命的架势，顿生怯意，主动后撤了数里。

就是这次后撤，带给了马璘生机。他乘势率军突破包围（估计吐蕃人也没想到自己竟围住了唐军的节度使），最终成功杀回了城里。

连战连败，再这么打下去，整个防线不仅要垮掉，郭子仪的威武人设也会跟着崩溃。于是，郭令公终于回过味儿来，大吼一声："开会！"

会议伊始，郭子仪率先当众作检讨，表示战败的责任全在自己，与众将无关。当然，这是场面话，听听就成，大家都知道接下来要讲的才是关键。

接下来，郭子仪没有说别的，只提出了一个问题，一个很关键、很现实的问题：

兵强马壮、名闻天下的朔方军如今被敌人接连击败，大家说该如何报仇雪耻？

无人吱声。在座的也都是老狐狸了，知道此时开腔，无异于请缨出战。目前吐蕃军兵锋正锐，更加难打，而如若再次战败，必然会获罪，受到重罚，所以保持沉默，明哲保身，是最有利的选择。

看没人说话，浑瑊站了出来。

他向郭子仪拱手说道："我身为败军之将，原本没有资格插话。但今天斗胆请令公再给我一次机会出战，如若再败，甘愿领刑。"

郭子仪答应了。

于是，浑瑊奉命率军攻取朝那（今宁夏回族自治区固原市南），截断吐蕃军队的归路。

在浑瑊赶赴朝那的时候，吐蕃军队正打算劫掠汧水、陇山一带。盐州刺史李国臣得到消息，想到了抄后路袭击吐蕃后军的办法。

在他的带领下，盐州唐军来到了秦原（今甘肃省清水县东）打起了游击，到吐蕃军侧翼进行骚扰，不是搞掉几支外出巡逻的骑兵小队，就是不知躲在哪个边边角角擂一夜的战鼓，搞得吐蕃军的士兵们都有点神经衰弱。

本来吐蕃人已经进抵百城（今甘肃省灵台县西），却被来了这么一手，抢东西的效率和积极性自然大减。考虑到郭子仪尚在，很可能准备抄自己的后路，吐蕃主将便不敢再继续深入，索性下令西撤。

在撤军的途中，吐蕃军和早就等在交通要道上的浑瑊部遭遇。

浑瑊以逸待劳，又巧妙地利用了地形，远道而来且大包小包的吐蕃人被打了个措手不及，大败溃逃，一路上抢来的东西一眨眼又全被唐军抢了回去。

与此同时，马璘也打响了自己的复仇之战。他派出精锐部队在潘原（今甘肃省平凉市东）袭击了吐蕃人的辎重，当场杀死数千敌军，并焚毁了吐蕃军的粮草，然后迅速离去，算是彻底打翻了吐蕃人的饭碗。

这下真是不好玩了，吐蕃大军就此相继撤军，这场大规模的进攻终于以吐蕃军的主动撤退而宣告结束。

吐蕃军的这次大举进攻给唐朝关中地区带来了巨大的人员、财产损失，同时也暴露了唐军移镇之后的一些问题，比如泾州无险可守，易被越过；边防军兵力严重不足，难以有效增援灵武；等等。

应该说，元载虽不是个好人，却是个好宰相，在战后发现这一系列问题后，他马上出了份报告，建议把马璘部再次前移到原为帝国牧马场的原州（今宁夏回族自治区固原市），再让郭子仪军移镇泾州，然后分兵扼守石门（今宁夏回族自治区固原市西北）、木峡（今宁夏回族自治区固原市西南），开通前往陇右的通道，谋取安西，夺取吐蕃人的心腹地带。

平心而论，元载的计划是很好的，也很有战略眼光，但唯一美中不足的是，这个计划只能停留在理论层面，难以付诸实施。

为什么这样讲呢？不用急，郭子仪马上会告诉大家。

听说了元载的这一计划，郭子仪匆匆跑到了长安，面见李豫，解释了自己的反对理由。理由有三：

一、经过长达二十年的不断征战，朔方军军力损耗严重。用郭子仪的话讲，现在朔方军的兵力不过是过去的十分之一，且一直以来未得到充分补充。

二、要面对的对手比以前更加强大了，不可小觑。这也是实话，当时吐蕃已完全占据黄河、陇右之地，把边境线推进到了今天的宁夏，且兼并了能征善战的羌族、浑族诸部落，其国力之强是刚刚遭受安史之乱重创的唐朝所无法匹敌的。

三、遍布全国各地的藩镇军队唯有数量，不讲质量，还耗费了巨额军费，直接影响了边军战斗力的提升。而这一点更是点到了李豫的心坎上，让皇帝陛下连连点头。

既然有此三个难题，令公可有排忧解难之法？

答案是有的。

按照郭子仪的说法，精选各镇精兵送入关中，打造出一支数量在四五万人的强大军队才是制胜之道。

李豫完全相信郭子仪有能力锻造出一支这样的大唐第一强军，但问题是，要让他下令命各镇各自派遣精兵聚集于关中，皇帝做不到啊。

藩镇问题，正是李豫心心念念力图破解的第二大难题。

当年为了平定叛乱，他爷爷和他爹在全国各地设置了众多军镇，并赋予了节度使极大的权限，节度使在其藩镇内可自行征税、征兵，且拥有很大的军事自主权，能按照自己的意愿调派军队，组织出战。这在当时对于抵御叛军是有着积极作用的，没错，但叛乱平定后，实力大损的朝廷却发觉自己已无力收回下放的大权，而各地的节度使似乎也迷恋上了土皇帝般的特权，拒绝上交，于是就出现了大家耳熟能详的藩镇割据的局面。

不过，藩镇虽是那些藩镇，但藩镇之间还是有差异的，有的差异还极大。依据地理位置及各镇同朝廷的亲疏远近，遍布唐朝的藩镇其实可以分为四类。

第一类是边地藩镇。说起来，这部分藩镇并非由天宝年间的九大军镇直接演变而来，实际上这批藩镇属于新生品，且不只分布在北方。这是由于安史之乱期间，吐蕃人不仅乘虚占据了西域、陇右，还在南方屯兵，相继攻陷松州（今四川省松潘县）、维州（今四川省理县）和保州（今四川省理县西北）以及云山（今四川省理县北）唐军新修筑的两座城堡。剑南西川节度使高适不能救，自此，剑南西川各州都落入了吐蕃之手，吐蕃人顺利地将国境推进到了四川盆地西缘。这样一来，剑南东川、剑南西川及山南西道节度使辖区都成了战区。而且当时在吐蕃人的怂恿和支持下，南诏也趁机出兵夹攻，因此黔州观察使和安南经略使的辖区也跟着变为了可能随时开战的边地，所谓的边地藩镇的数量也从昔日的九个增长为两位数，广泛分布在岭南、剑南、陇上地界。

边地藩镇的任务主要为防御外族入侵，因而能够得到朝廷的各种支持，其节度使一般也由朝廷直接任命，与中央的关系是最为亲密的。但也因为要承担边防重任，不容有失，这些藩镇对朝廷与其他藩镇的斗争仅能予以精神和道义上的支持，无暇多顾。

相对应的，第二类可称作中原藩镇。这类藩镇数量最多，统辖的区域有大有小，配属的兵力也差距极大，但大多缺乏存在感。在安史之乱结束后，它们的存在本来也跟着失去了意义，可仗着数量优势，竟然硬是死撑了下来，没被朝廷撤销建制。因而它们与朝廷的关系可谓不好不坏，不远不近，一切全看时局，或由在任节度使的个人喜好决定。

这些藩镇后来主要的作用是保护漕运，以及围观朝廷同其他藩镇的斗争，并为获胜的一方鼓掌喝彩。当然，个别有些实力又耐不住寂寞的，如山南东道节度使梁崇义之流，会加入客串一把，但始终也是重在参与，满足一下近距离围观的视觉体验而已。

第三类叫作江淮藩镇或江南藩镇。这类藩镇的共同点就是两个字：有钱。由于基本上没有受到安史之乱的影响，发展经济的基础尚在，江淮便成了朝廷税赋的主要供给地，没有之一。江淮藩镇的作用自然是保证给朝廷供应物资、钱粮，防止这一财赋重地遭到战火威胁。鉴于江淮地区对帝国存亡非常重要，朝廷对江淮藩镇的节度使人选也十分看重，若非皇帝亲信之人很难出任这一地区的节度使，所以江淮藩镇的节度使同朝廷的关系比较亲密。

不过越富庶的地区，人就越向往和平稳定的生活，越不愿打仗，因此，江淮各军镇士兵的水平相对有限，守卫乡土还成，出去一打就尿。故而它们对朝廷与其他藩镇的战争基本上是爱莫能助。

最后，是最牛的一类：河北藩镇。我们之前曾多次提及的"其他藩镇"其实大多数时候说的就是它们。这些藩镇的节度使清一色是安史旧将，能征善战，手下的兵也最为能打。不过，鉴于有着从逆的黑历史，所以基本上不跟周围的藩镇作过多的交流，而是自己互相抱团（间或互相暴打）。在经过了宝应二年（763年）朝廷主导的辖区调整后，还是四家，由所谓的河北四帅各自统领。

作为未来朝廷与藩镇百年斗争中真正的主角，节度使和领地你要不知道，那就对个号吧：

幽州节度使李怀仙统领幽州（今北京市）、莫州（今河北省任丘市北）、妫州（今河北省怀来县）、檀州（今北京市密云区）、平州（今河北省卢龙县）、蓟州（今天津市蓟县）六州之地。

成德节度使李宝臣（即改名后的安禄山义子张忠志）统辖恒州（今河北省正定县）、定州（今河北省定州市）、赵州（今河北省赵县）、深州（今河北省深县）、易州（今河北省易县）五州之地。

相州节度使薛嵩（薛仁贵长孙，《薛刚反唐》中薛刚的历史原型）管理相州（今河南省安阳市）、贝州（今河北省清河县）、邢州（今河北省邢台市）、洺州（今河北省永年县）四地。

魏博节度使田承嗣领有魏州（今河北省大名县）、博州（今山东省聊城市）、德州（今山东省陵县）三州。

总的来说，河北四帅跟朝廷都不太对付，可彼此之间也有些差别。四镇之中，幽州的李怀仙对朝廷的效忠度是最高的，这是因为当时平卢城已经沦陷，落入了契丹、奚人之手，所以幽州就成了前线，肩负着抵御契丹、奚人南下的重任。考虑到这一点，朝廷调整四镇区划时，李豫便没有削弱幽州镇，反而是改范阳、平卢节度使之名为幽州、卢龙节度使，并使李怀仙领衔。所以，后来朝廷不再过分担忧契丹和奚人的入侵，而历任幽州、卢龙节度使中效忠朝廷的人数和程度也是河北诸镇中最高的。

对朝廷的好感度仅次于李怀仙的，是李宝臣。由于当年李宝臣是安史旧部中最先投降的，其弃暗投明的行为给其他叛将的归附起到了积极的示范作用。因而李豫投桃报李，对李宝臣的辖区予以完整保留，所以李宝臣很是感激，而这也是促使他在大历十年（775年）的那件事中主动选择站在朝廷一方的重要原因之一。

剩下的河北两镇就没有那么幸运了。相州的薛嵩本是管辖相州、卫州、邢州、洺州、贝州和磁州六州，但皇帝陛下手一挥，便将其中的卫州分给了忠于朝廷的郑陈泽潞节度使李抱玉，又笔一涂废置了磁州，所以六个州变成了四个，损失了三分之一的地盘。

然而还有更惨的，那就是田承嗣。

由于老田在最后阶段表现得最为出彩，给李豫留下了特别深刻的印象，因此皇帝陛下决意特别关照下这个心眼最多、下手最黑且最有政治才能的田承嗣。于是，魏博原有魏州、博州、德州、沧州、瀛州五州被朝廷裁减成了三州，沧州和瀛州都让李豫划给了青淄节度使侯希逸。

在宝应二年（763年）的这次重新分配中，谁都看得出朝廷对田承嗣的打压最重，而得利最多的则是青淄节度使侯希逸。这位仁兄不仅拥有了山东故地，而且还得到了魏博的沧、瀛二州以及位于河北腹地的冀州，实力大增。郑陈泽潞节度使李抱玉则紧随其后，收获了怀州（今河南省沁阳市）、卫州（今河南省卫辉市）、河阳（今河南省孟州市）三地。

这样一来，局势就看得很明朗了。朝廷拉住幽州的李怀仙、成德的李忠臣，以河东的辛云京为西部依托，郑陈泽潞的李抱玉为西南依托，将朝廷的势力延伸至卫州，屯兵相州南门，监视住了可能的潜在威胁薛嵩；同时让汴宋节度使田神功挡在南面，阻止河北藩镇向南发展势力，并以青淄节度使侯希逸为主要依靠，从东部伸出触角深入河北腹地，化身为一颗钉子，楔入成德、幽州、魏博之间来震慑四镇，伺机清除威胁最大的田承嗣。

我们的田承嗣先生当然不是傻子，事实上，他比李豫还要明白朝廷要做什么以及应该怎样做。不过，他是不会举兵反叛的，那样太傻，只会瞬间成为众矢之的，自取灭亡。真正的绝境求生之法只有一个，那就是妥协隐忍，暗中积蓄力量。

田承嗣是这么想的，也是这样操作的。

接下来的几年间，他异常低调，低调到让整个帝国都知道他向朝廷认怂了。而在外人带有嘲笑和轻蔑的眼神中，田承嗣在秘密发展壮大自己。

虽说仅剩三州之地，但田承嗣依旧不打算放弃。他下令将现有辖区内的所有壮丁全部征召入伍，只留下老弱耕田；然后又将税率加重，攒下钱财来修缮兵甲。数年之间，奇迹居然发生了，魏州、博州和德州三州不但没让田承嗣搞崩溃，反而让他练出了一支十万人马的军队。

田承嗣又从这十万人里挑选了一万精壮，组建了一支自己的私人卫队，号称衙兵。据称其战斗力可以同当年朔方军最善战的仆固怀恩部相媲美。

更令人啧啧称奇的是，这几年田承嗣不向朝廷缴纳税赋，不遵朝廷法度擅自扩军，朝廷居然从未采取措施进行处置或干涉。不仅没管，还给加官。几年之内，田承嗣获得了检校尚书仆射、太尉、同中书门下平章事的职务，爵封雁门郡王，受赐实封千户，他的儿子田华还娶了李豫之女永乐公主，同皇帝结成了亲家。

时间本应是消磨一切的利器，但在田承嗣手中却变为了使自身强大的武器。于是，本应再过若干年，只需一纸诏书或者一场中等规模的战争，即可彻底解决的田承嗣终成大患。

田承嗣的运势的确可以用否极泰来这个词来形容，就在他个人日渐强大的时候，他周边的环境也出现了有利于他的变化。

首先是负责震慑他的侯希逸因后期工作期间不务正业，被手下人造了反，驱逐了。

而后是河东镇的辛云京去世，幽州的李怀仙被部将所杀。

周围足以制约田承嗣崛起的力量相继凋零。但最令田承嗣兴奋不已的，还是昭义节度使薛嵩的死。

薛嵩是大历八年（773年）正月病死在军中的，出于对薛嵩的热爱，昭义军上下按照惯例决定拥戴薛嵩的儿子薛平为新一任节度使。

对于众将的拥戴，薛平内心深处是拒绝的，毕竟当时他只有十二岁，要想镇得住这帮骄兵悍将，基本上是件不可能完成的任务，说不定哪天就被人赶下台，灭族了。薛平不打算步李怀仙的后尘，因此他假装同意，一边与众将周旋，一边暗中将位子让给了叔父薛崿，自己则带着老爹的灵柩连夜赶回老家去也。

事情的发展证明，薛平的选择是无比明智的，薛崿的节度使仅仅做了两个年头，就被昭义军兵马使裴志清带兵驱逐了。

薛崿被驱逐后逃到了洺州，上表乞求入朝，获准，被召入长安。裴志清则举州投奔了田承嗣。

对于其他人来说，此时前来投奔的裴志清无异于一个烫手的山芋，处置不当就很有可能惹祸上身。但在田承嗣看来，却来得正是时候。

其实早在薛嵩还活着的时候，兵强马壮的田承嗣就有袭夺昭义镇的图谋，只不过碍于昭义镇、魏博镇和汴宋镇三家存在联姻关系（田承嗣的女儿嫁给了李宝臣弟弟，李宝臣的女儿嫁给了令狐彰的儿子），互相制衡，而薛嵩身边又有婢女红线那样身怀绝技的侠女辅佐，所以一直不敢轻举妄动。

现在好了，昭义镇主动来归，永平节度使令狐彰也死了，刚好可以正大光明地吞并相州，进一步扩张自己的势力。

于是，田承嗣一不做二不休，打着前去救援薛崿的旗号，率部奔袭相州，最终顺利地将相州置于自己的掌控之下。

田承嗣虽然如愿占领了相州，但同属昭义镇的卫州和洺州的刺史都还是由薛嵩的同族子侄担任，不是那么轻易就能拿下的。而田承嗣很清楚，皇帝陛下看似宽柔无怒，实则很有主意，他要想办谁，无论花多长时间，耗费多少精力也一定会坚持到底。所以，对于自己的这一举动，朝廷绝对不会置之不理，且必定不会善罢甘休。

为今之计，只能加快动作，尽早实现对昭义镇的完全实际控制，造成既定事实，这样才能迫使朝廷予以承认。

田承嗣把他的对手想得太过简单了，无论是对长安的李豫，还是对卫州的薛雄，都是如此。

田承嗣是正月初袭取的相州，李豫的使者在正月底就来了。

皇帝陛下的意思很明确，现在识趣的话，赶紧收兵走人，还可以既往不咎，不然的话，就找人收拾你。

谁知，田承嗣态度很是坚决，千言万语只有一句话：你来打我呀。

田承嗣没有周智光那样花式作死的习惯，他这么做的目的只有一个，迷惑朝廷，为自己争取时间。

大历十年（775年）正月十九日，田承嗣派遣的大将卢子期领兵攻克了洺州。

同一时间，其部将杨光朝前往进攻卫州。

二月一日，田承嗣派人前往卫州劝说卫州刺史薛雄投降，薛雄不答应，随即被田承嗣派出的刺客刺杀，卫州城陷。

至此，相州（今河南省安阳市）、卫州（今河南省卫辉市）、洺州（今河北省永年县）、磁州（今河北省磁县）四州之地都被田承嗣收入囊中。

拿下昭义镇后，田承嗣第一件事就是直接自行任命了各州的主要官员，而接下来的第二件事便是下令将四州的精兵良马全部弄回魏州（今河北省大名县）。然后，田承嗣强迫皇帝的使者孙知古与他一道巡视磁州和相州。在田承嗣的安排下，两人所到之处，当地将士们以各种形式恳请朝廷同意让田承嗣兼任昭义节度使。

消息传回长安，李豫愤怒了。见过不要脸的，还真没见过这么不要脸的。

既然给脸不要，那就只好打你脸了。

大历十年（775年）四月，李豫下诏讨伐田承嗣。

皇帝陛下的这一决定当即得到了两个藩镇自告奋勇的支持，让人万万没想到的是，这两个藩镇居然是和田承嗣同为河北藩镇的成德镇，以及同魏博毗邻的淄青镇。

这两镇之所以主动请缨，不是因为他们热爱朝廷，而是因为他们厌恶田承嗣，都想乘机报个仇。

其实，成德节度使李宝臣和田承嗣的关系本来是非常好的，两个人同为安史军大将出身（个人以为，李宝臣的水平可排第七位，田承嗣可位列第十），降唐后又做了邻居，所以自然要相互照应着。

于是，李宝臣为自己的弟弟李宝正娶了田承嗣的女儿，两镇结为了亲家。谁知好景不长，一次李宝正在魏州同田承嗣的儿子田维打马球时，马匹突然受惊，误将田维撞死了。田承嗣闻讯大怒，便把李宝正扣押起来，并派人给李宝臣传话，要个交代。

李宝臣得知此事，立即写信给田承嗣道歉，表示诚挚的哀悼，并命人送去了一根木棒，那意思是让田承嗣用这根木棒亲自痛揍李宝正一顿，以解心头之恨。

李宝臣本以为看在自己和他女儿的面子上，田承嗣最多简单教训一下弟弟，这事也就了了。没承想，他最后得到的竟是李宝正的尸体。田承嗣亲自出手，将李宝正给活活打死了！

李宝臣气得要吐血，但他也不好找田承嗣算账，毕竟木棒是自己亲手送去的，而且这又算是一命换一命，为此打起来不够名正言顺，所以他硬生生咽下了这口气，但两家的梁子却就此结下了，而且是比天高，比海深。

至于淄青节度使李正己同田承嗣之间倒没什么深仇大恨，李正己只是愤恨田承嗣素来不把自己放在眼里，所以就想利用这次机会，给目中无人的田承嗣一点颜色瞧瞧。

既然这么多人都不喜欢田承嗣，那么就去教训他一下吧。

接到李宝臣和李正己请求讨伐田承嗣的奏表后，李豫当即下诏将田承嗣贬为永州刺史，命令河东、成德、幽州、淄青、淮西、永平、汴宋、河阳、泽潞九道同时发兵，前往魏博。皇帝陛下特地交代了，假如田承嗣抗命，九路军即行讨伐，予以消灭；如果魏博军临阵投降，便只追究田承嗣及其侄儿田悦之罪，其余倒戈归降之众将士，一概既往不咎。

大历十年（775年）五月，九镇之兵由北、南两个方向向魏博杀来。

其中，北线唐军由河东节度使薛兼训与成德节度使李宝臣、幽州节度使朱滔的军队组成，南线唐军则由淄青节度使李正己、淮西节度使李忠臣与昭义节度使李承昭、永平军节度使李勉、汴宋节度使田神玉等人的部队组成。九镇总兵力保守估计在六万人左右，人数虽然看起来不多，但均是各镇精锐，十分善战。

五月三日，在唐军的压力下，田承嗣部将霍荣国献出磁州（今河北省磁县）投降。

五月十五日，李正己攻克德州（今山东省陵县）。

与田承嗣有着血海深仇的李忠臣虽然暂时没有斩获，但他老人家一个人找来了四万人，并亲自上阵统军猛攻卫州（今河南省卫辉市）。

面对来势汹汹的九镇联军，田承嗣丝毫没有慌张。他的战术很明确：先北后南，各个击破。

田承嗣派去北上进攻冀州（今河北省冀州市）的是曾带头迎降的裴志清。

要说这位裴志清兄实在是个妙人，眼见田承嗣很可能要倒霉，马上带头迎降了田承嗣的死对头李宝臣。

田承嗣闻讯气得不行，亲自统兵包围了冀州，却被李宝臣的成德军赶了回来，情急之下只好自焚辎重，逃往贝州。

此时战争已经持续了一个多月，魏博军接连战败，多地失守。唐军在朝廷特派的御史大夫李涵的统一协调下从四面杀来，不仅是田承嗣的部将们，就连田承嗣本人也深深感受到了恐惧与绝望。

在干掉了几十个打算归降朝廷的部将后，田承嗣决定亲自出面向李豫认怂请罪。

他派出了牙将郝光朝前往长安，奉表请罪，表示愿意离开魏博镇入朝，当面接受皇帝责罚。

这一次李豫没有上当。

果不其然，八月二十八日，田承嗣派出侄子田悦与大将卢子期领重兵南下，猛攻磁州。

磁州是九镇部队的连接点和粮草枢纽，一旦被魏博军攻破，后果不堪设想。

但是宣慰使韩朝彩等人在城内死守了一个月，却没有看到一个援军，这是咋回事呢？

原来是充作主力的李宝臣、李正己两军闹了些不愉快。原因则是在两军会师于枣强联欢时，李正己的士兵发现，他们从李宝臣处得到的犒赏没有成德军给自己人的多，于是集体发了脾气。李正己听说了，怕部下有人闹事，便当即带兵不告而别了，只留下李宝臣和朱滔继续攻打沧州。

沧州是一座坚城，且由田承嗣的堂弟田庭玠驻守，仅凭两军之力，短时间内很难拿下，所以北线的战事由此陷入了僵局。

不过大家都清楚，磁州是不能不救的，因此河东节度使薛兼训统领一万骑兵日夜兼程，赶到了磁州西山驻扎，成德和幽州也各遣精兵来援。再加上新任的昭义节度使李承昭借来了神策军和射生军的一部，与河东军实现了会师，唐军终于具备了解围磁州的实力。

大历十年（775年）十月，唐军诸镇兵与魏博军大战于清水河畔，魏博军大败，损失九千人、战马千匹。统军大将卢子期及魏博军将士二千三百人被俘，田承嗣引以为傲的精锐损失殆尽。

清水之战后，唐军乘胜进军夜袭田悦军营。宣慰使韩朝彩亲率精兵杀入魏博军大营，第一个来回就斩首五百。

田悦闻讯吃了一惊，惊慌之下，他选择了带兵跑路。于是唐军乘势追击，又大破田悦于陈留。

魏博军主力被击破了，剩下的事情就好说了。

在看到被绑在城下的卢子期后，洺州、瀛州相继开门投降。

李宝臣部下大将张孝忠也击破了魏博军将领高嵩岩所守的宗城，斩杀高嵩岩，将部队开到了魏博军的老巢周围。

败报相继传到魏州，田承嗣才发现他的手开始颤抖起来。

不过不要紧，事到如今，田承嗣还有办法。

"来人啊！把牢里的那个人给我带上来！"

田承嗣相信牢里的那个人能够让他躲过一劫。

牢里的这位仁兄，史书上并没有记录他的姓名，但是却清楚地标明了他的身份——李正己的使者。

这位使者兄是在李正己出兵前被派来魏州的，当时话还没讲两句，便让田承嗣大吼着拖了出去，所以再次被拖上来的时候，被折腾得半死的使者先生血都凉了，因为他一睁眼就看到了一席丰盛的饭菜，这莫不是传说中的最后的晚餐之断头饭吧！

在使者以为自己要被杀头即将昏死过去的那一刻，一声怒喝惊醒了他：

"混账东西！谁让你们如此对待贵使的！还不赶快松绑！"

当使者再次睁开眼睛时，凑上前来的是一张笑容可掬的老脸。

"尊使请先用餐，餐后有要事相商！"

就这样，李正己的使者莫名其妙地美餐了一顿，又莫名其妙地被迎入了书房。

进入书房，他看到的是一摞登记簿。作为政府中人，他认得出，那是军镇内部记录境内户口、兵马、粮食、税赋等具体数字的登记簿，极为机密，也极为重要。

不等使者开口，田承嗣二话不说就把这些登记簿交到了使者手上，抢白道："我田承嗣老了，今年已经七十多岁了，身体一日不如一日，离死不远了。我的儿子们都不成器，侄儿田悦也没什么本事，不足以保有现在的事业，我今天所有的东西，不过都是替您家大帅代管而已，何劳大帅兴师动众、亲自前来呢？"

说完，田承嗣让那位使者面向南方站在厅堂之上，然后自己以极为迅速而标准的动作，向使者叩拜。

"请尊使代大帅受老夫一拜！"

拜完了，田承嗣又恭恭敬敬地送上了自己的亲笔书信，请使者务必送到李正己面前。

一般说来，作秀作到这里已经够火候了，但田承嗣不愧是田承嗣，总是有更绝的一手。

在使者的注目下，田承嗣煞有介事地走到一幅画像前，焚香叩拜。

画像上的人，使者更熟悉了，正是李正己啊！

看到田承嗣像拜神一样虔诚地顶礼膜拜，使者被吓到了，久久不敢相信眼前所见的一切。

听完了使者的汇报，说实话，李正己也真的是被吓到了，久久不敢相信他亲耳听到的一切。

但当使者拍胸脯保证其真实性后，李正己就信了，随即心花怒放。

这样的粉丝，虽然老了点，但很疯狂，李正己很喜欢。所以他决定不再进军，放田承嗣一马。

淄青镇的平卢军是南路唐军的主力，他们按兵不动了，南线其他部队自然不敢轻举妄动，只得跟着观望，南路唐军就此集体熄火。

现在田承嗣可以专心致志地对付北线剩下的三位了。薛兼训是不足为惧的，河东军虽说曾风光一时，但在李光弼死后已经败落了，如今只是跟班的角色，真正要处置的只有李宝臣和朱滔。而对于这两人，田承嗣准备采取分化瓦解之策，先搞散，再有的放矢地逐一智取。

就在田承嗣寻思着退兵之策时，李宝臣那边又闹不愉快了。

这次的不愉快发生在李宝臣和皇帝派来犒劳军队的宦官马承倩之间。

为了给李宝臣和前线士兵鼓劲，让大伙儿再接再厉，彻底灭掉田承嗣，李豫派出了内侍马承倩去劳军并进行慰问。

宣旨、探视、抚慰、吃饭，一切进行得都很正常，直到马承倩准备返回长安复命时，才出事的。

事情的起因很简单，马承倩要走了，李宝臣觉得需要意思意思，就派人拿了一百匹上好的丝绸和他一起前往马承倩所住的驿馆送行。

从这件事情上就足以断定，李宝臣看人断事的水平大大不如田承嗣，因为他跟马承倩面也见了，话也说了，酒也喝了，竟然没看出这位仁兄的性格属于刚正不阿型的，不收黑钱。

所以，当马承倩看到李宝臣以及他带来的那些东西时，感觉自己受到了侮辱，当场便爆炸了。他不但当众对李宝臣破口大骂，还把送来的丝绸一股脑儿地扔到了大街上。

李宝臣是绿着脸离开的驿馆，他可真的给马承倩气坏了，被骂倒不要紧，但在众多部下面前被骂，那就太有损威严了，这让老子以后还怎么带兵？！

不出所料，李宝臣送礼被辱之事很快在成德军上下传开了。兵马使王武俊得到消息，趁机劝李宝臣保存实力，留下田承嗣，作为军镇长期存在的筹码。

李宝臣想了一下，觉得有道理，便下令减缓了进攻的节奏。

狡猾的田承嗣自然觉察到了李宝臣行为背后的心理变化，他立即顺藤摸瓜，对李宝臣展开了心理攻势。

田承嗣知道李宝臣的老家是范阳，而李宝臣一直有一个愿望，那就是把范阳纳入自己的掌控，所以，田承嗣接下来的所有计划就是基于李宝臣的这一心理动机展开的。

田承嗣先秘密派人找来了一块有些特点的石头，然后命工匠在石头上刻下了两句话，再把石头做旧，偷偷地运进成德镇的辖区某处埋起来。然后，他找来了一个有些名气，据说会望气的术士跑去告诉李宝臣，在他的辖区某处有玉气。

人的好奇心是永远挡不住的，李宝臣听术士这么说，就派人去那里挖挖看。这一铲子下去果真就挖出了那块石头，然后，李宝臣便看到了田承嗣想让他看到的东西。

那是两句谶语："二帝同功势万全，将田为侣入幽燕。"

所谓"二帝"，指的是李宝臣和李正己，那个"田"自然就代指田承嗣。所以这句话的意思大致是说李宝臣和李正己将要了不起，建立起不朽的功业，但是想要进入幽、燕地区，必须有田承嗣伴驾方可实现。

这也就是说，李宝臣想要做自己家乡的主，田承嗣必须是活的。

就在李宝臣对石头上的谶语有些将信将疑时，田承嗣的使者到了。

田承嗣的这位使者并非专业的使者，他的真实职业，是辩士。就是像早些时候的苏秦张仪、蒯通陆贾一样是靠接活儿，帮别人做说服工作谋生的，所以要忽悠李宝臣，人家是专业的。

使者表明身份后，上前就开门见山：

"大帅与朱滔一起攻打沧州，即便攻下了，沧州之地也将为朝廷所有，大帅您是拿不到的。而如果您能宽恕田承嗣，不再追究他曾经的罪过，我便能做主让他把沧州拱手送给您，并情愿率部追随大帅北取范阳作为回报。成德骑兵之骁勇，天下闻名。如果大帅统领精锐骑兵作前锋，让田承嗣带领步兵跟从，那便无往而不利，大事可成！"

这不是巧了嘛，果然上天是要我李宝臣制霸幽燕啊！

李宝臣闻言大喜，便与田承嗣暗中达成和解，并约定一起偷袭幽州。

平日里诡计多端的田承嗣似乎也老实了一回，主动陈兵边境，做出随时准备北上作战的姿态。

李宝臣就此对田承嗣深信不疑。那么当务之急就是想办法以最小的代价除掉朱滔了。

李宝臣经过一番思索后，最后决定选用斩首行动，先打掉幽州军的指挥部，再趁乱吞并对方。

但是问题来了，成德军的兵将们都没有见过朱滔，不知道他人长什么样子，届时动起手来，优先砍哪个呢？

对此，李宝臣有办法。他对朱滔派来的使者表示，自己久闻朱节度使相貌非凡，素来仰慕，因此希望求得一张画像，瞻仰一下。

得悉这一要求，朱滔很高兴地命人把自己的画像送给了李宝臣。

当着朱滔使者的面，李宝臣和他的将士们一道观看了悬挂在演武堂上的朱滔画像。

"如此相貌，真是一位神人啊！"

李宝臣对朱滔的使者不绝口地赞叹着，他相信现在自己的溢美之词越多越花哨，今夜的行动便会越轻松。

当晚，李宝臣亲自挑选了两千精锐骑兵，一夜疾驰三百里赶到了朱滔军的军营所在地瓦桥。

在这月黑风高之夜，他召集了随行的所有部下，下达了此次行动的唯一命令：不惜一切代价杀掉演武堂上的画中人！

夜袭开始。

一切如李宝臣所料，非常顺利，朱滔军果然没有提防，被成德军轻易击败。不过，李宝臣的行动目的并没有达成。因为朱滔先生那晚睡得比较早，听说出事后，随便披了一件衣服，就上马跑路了。虽说当年打扮前后的差距没今时今日那么邪乎，可要在大晚上认出未经梳洗整装的朱滔，这个难度还是比较大的，所以朱滔最终逃过了一劫。

瓦桥夜袭得手后，李宝臣立即带兵北上，意图乘胜攻下范阳。谁知，朱滔早就派出了手下大将刘怦担任范阳留守，把城池守得无懈可击。李宝臣得知范阳戒备森严，只好引军撤回。

见到李宝臣和朱滔两军打起来了，田承嗣终于放心了。他当即率领自己的部队撤回了魏州，撤退前，他还不忘再给李宝臣来个会心一击。

"河内有紧急军情传来，我没工夫陪李大帅一起进攻范阳了！对了，你挖出的那块石头上的谶语，其实是老夫找人写的，逗你玩而已，您老可千万别继续当真啦！"

听到田承嗣派人传来的这番话，李宝臣险些一口老血现场喷出来。

田承嗣缩回了魏州，朱滔被自己彻底得罪了，李正己则出工不出力，这仗是打不下去了。于是羞怒交加之下，李宝臣也只好选择撤军。

不久，在李正己的出面担保下，田承嗣再次上书请求入朝，负荆请罪。

眼见田承嗣的确是灭不掉了，朝廷决定给李正己和田承嗣一个人情，也给自己一个台阶。

大历十一年（776年）正月三日，朝廷派遣谏议大夫杜亚出使魏州，宣慰魏博军上下。

二月二十二日，田承嗣又一次上表，言辞恳切地请求入朝。李豫遂下诏赦免了他的罪状，恢复其官爵，并同意田承嗣携家眷一起入朝。同时，还赦免了参与叛乱的魏博军将士们。

田承嗣讨伐战就这样虎头蛇尾地结束了。不过有意思的是，虽说看似半途而废，但参战的各方对最终的结果都还算满意。

对李豫而言，他没有花费太大的代价（但说句公道话，朝廷还是砸了不少钱的）就进一步削弱了河北藩镇的实力，加剧了四镇的分裂，而且朝廷更是拿到了最为实惠的东西——土地。

从昭义镇处，朝廷拿到了邢州和磁州（两州后来被交给泽潞留后李抱真代管）；从魏博镇手中，朝廷获得了瀛州（后出于分化河北四镇的目的，瀛州被划归了幽州节度使朱滔），在一定程度上树立了朝廷的威望。

对李宝臣来说，他虽然没能打回老家，又被田承嗣要得团团转，但捞到了易守难攻的沧州这个兵家必争之地，挺满意。

对朱滔来说，死里逃生，却得到了朝廷的认可，分到了瀛州，也还可以。

对李正己来说，一战之下，得到了德州外加一个超级粉丝田承嗣，很扬眉吐气，值了！

至于对田承嗣而言，他的德州是被李正己占领了，瀛州是让吴希光献给朝廷了，沧州是他自己送给李宝臣了，但考虑到他此前吞并了整个昭义镇，这样加加减减算起来，田承嗣还赚了一个州，并不吃亏。

当然，什么入朝请罪，不过随便说说，田承嗣才不会轻易涉险，自废武功呢。所以，以后田承嗣在与朝廷的往来公文中压根儿对进京、入朝、长安等敏感字词绝口不提，甚至在缓过了一段时间后又派兵攻略滑州并援救了被朝廷征讨的汴州叛将李灵耀。

按理说，面对出尔反尔的田承嗣，李豫完全有理由再次集结重兵，将其讨平。但他没有那样做，因为此时此刻，李豫不得不处理第三个问题，回纥问题。

对李豫而言，回纥人是朋友，但不仅仅是朋友。因为回纥人只喜欢交有钱的朋友，而李豫已经没钱了。

大历四年（769年），为了把仆固怀恩的小女儿风光地嫁给登里可汗，财政极其困难的朝廷不得不借用朝臣家中的骡子、马和骆驼随行，并由李豫带头削减生活开支这才凑足了给回纥的足额嫁妆。

但是，回纥人并不完全满意，特别是回纥驻长安的使臣赤心非常不满。因为他有一次出门，想要带走街上的一名唐朝女子回去好吃好喝，竟然遭到了该女子和长安地面治安人员的强烈阻挠，最后被迫自卫将治安官打成了重伤。

还有一次，他组织了三百名好朋友骑马想径直冲进皇宫随便逛逛，居然又接连在金光门和朱雀门受到无礼阻拦，吃了一天闭门羹。

更使使者愤慨的是，他在长安市场上吃拿东西，却遇到了小商贩索要钱财。

这也太欺负人了吧！于是，使者向他的可汗打了报告，要求近期再送一万匹马来长安！

回纥人每年用他们的马匹来换取唐朝的丝织品等日用品，这笔生意是李豫他爹李亨那会儿就谈好了的。

但是李豫做梦也没有想到，回纥人送来的马匹质量能够差到这种地步：不是老就是小，不是瘦就是弱，跑二百米要喘仨小时，配备了这样马的骑兵还不如步兵的行动速度快。而更可怕的是，就这种破马居然一匹要换四十匹绢布，且动不动就送来数万匹。

用今天的话讲，回纥人的行为应该属于恶意倾销，有搞乱唐朝经济、摧毁帝国根基之嫌。因而，为了避免财政崩盘，后来唐朝常常不会全部购买回纥人赶来的马匹（根本无法使用）。所以，这一次面对回纥使者赤心带来的一万匹马，有关部门表示经费有限，只能购买一千匹。眼见赤心先生开始吹胡子瞪眼了，郭子仪出面了。他请求拿出自己一年的俸禄替国家买下这批马，以免伤害回纥人民的感情。

这怎么好意思呢？

李豫拒绝了。但经过朝廷研究决定，大家还是勒紧裤腰带，咬咬牙购买了六千匹。

回纥人不高兴了，在他们看来，这是唐朝人在做戏，故意减少购买量。于是，出于报复心理，大历九年（774年）九月，一名回纥使者白日行凶，杀死长安市民一人。用不着白夜追凶，办案人员很快便将凶手缉拿归案，但此人没多久就被李豫下令释放了。

第二年还是九月，回纥使团又有一人在光天化日之下动手伤人，导致一名百姓肚破肠出，差点没救回来。这下子，整个长安城都愤怒了。在强大的舆论压力下，京兆尹黎干下令将行凶之人逮捕，送往万年监狱关押。

然而，意想不到的事情发生了，回纥使团的负责人赤心竟然率众冲入监狱，打伤狱卒，劫出了行凶者。

这个情节就很严重了，属于公然藐视大唐国法的恶劣挑衅行为，就算把相关参与者拖出去砍十个来回也不嫌多。

当然，如果要从两国友好相处的大局出发，朝臣们一致认为可以做一些让步。从犯是可以考虑赦免的，不过闹市行凶者和带头劫狱者一定要得到应有的制裁。

但是了解情况后，皇帝陛下却表示，当然是原谅他们啦！赦免所有人！

为了办大事，务必要能隐忍，肯舍得。

吐蕃、回纥、藩镇，这困扰着帝国的三大难题一时半会儿李豫是无力解决了，不过身为大唐皇帝的他还是能够摆平除此之外的任何问题的，这其中就包括元载。

此时的元载其实依旧强大，甚至可以说是更强大了。他的党羽包括吏部侍郎杨炎（两税法的倡行人）、起居舍人韩会（著名的韩愈的哥哥，为时称有王佐之才的"四夔"之一）、知内侍省事董秀（此前对付鱼朝恩时，李豫与元载的联络人，当时宫中最有权势的太监）、户部侍郎赵纵（郭子仪的女婿）以及韩滉、韩洄兄弟（太子少师韩休之子，兄弟二人在朝中分管财政和检察），几乎可以说是囊括了当时最为杰出的人才和关系最硬的世家。

这样一个盘根错节、关系复杂的政治集团想要拿下无论怎么看都不太可能。

但李豫说，我能。

他的办法很简单，就是借力打力。借助当年鱼朝恩未被完全肃清的残余势力以及其他看不惯元载的大臣来对抗元载一党。

于是，鱼朝恩当年的亲信干将黎干被调回京师，取代了元载的党羽于邵出任京兆尹。宫中太监刘清潭（又名刘忠翼）被培养起来暗中对抗董秀。吏部尚书刘晏被任命为湖南、荆南、山南东道转运、常平、铸钱使，用以制衡杨炎。最后，就连郭子仪也在众人的影响下欣然登场，加入了对抗元载的行列，为九泉之下的老爹报仇（从种种迹象看，挖掘郭敬之坟墓嫁祸给鱼朝恩，很可能最初就是元载提议施行的）。

大历十二年（777 年），李豫决定摊牌，拿下元载一党。

由于事关重大，在行动开始之前，李豫只同自己的舅舅、左金吾将军吴凑进行了商量，并敲定了最后的执行方案。

三月，朝廷有关部门接到群众举报，称元载和王缙曾在深夜设坛斋醮，欲图谋不轨。

李豫立刻下令吴凑率兵赶往政事堂逮捕元载、王缙二人。随后，元载的次子元仲武、主书卓英倩等人也相继被捕入狱。

受命负责审理此案的，是由吏部尚书刘晏与御史大夫李涵、散骑常侍萧昕、兵部侍郎袁傪、礼部侍郎常衮、谏议大夫杜亚组成的会审团，然而这只是表面上的设置，其实真正负责确定调查重点和方向的人是皇帝陛下本人（"辩罪问端，皆出自禁中"）。据说李豫还曾另派太监直接下到狱中诘问一些宫廷隐秘之事。

人家具体说了些什么，史官们自然没有得到内幕消息的权限，所以我们今天也就不得而知。但可以确定的是，几场提审下来，曾经不可一世的元载和王缙都认罪了（"皆服"）。

既然如此，那就更没什么好说的了。

三月二十八日，李豫下诏赐元载自尽，其妻王氏、长子扬州兵曹参军元伯和、次子祠部员外郎元仲武、亲信校书郎季能一并赐死。与此同时，皇帝又命人挖开了元载爷爷、老爹的坟墓，斫棺弃尸，算是为郭子仪报了仇。

既然李豫下定决心要将元载一党一举铲除，自然不会像几年前处置鱼朝恩一党时那样放水了。于是，元载被赐死的当天，左卫将军、知内侍省董秀便被棍棒打死在宫内。

起初，李豫也下令将王缙处死，但由于刘晏说服了李涵等人，一起劝皇帝慎刑，最后考虑到王缙的确不是元载的同党，只是元载贪污受贿的合伙人这一事实，李豫听从了，仅将王缙贬为括州刺史了事。按皇帝意思本应和元载一道上路的同党们（如杨炎、赵纵），也得到吴凑的救护，被分别改判贬职、流放、禁锢终生，朝中元党由此被连根拔起。

在元载被赐死、王缙被贬谪的第二个月，两个新宰相奉诏上任了。这两个幸运儿一个是礼部侍郎常衮，他被任命为门下侍郎、同平章事；另一个是太常卿杨绾，他被拜为中书侍郎兼同平章事。

任命消息一传开，整个长安城都轰动了：那个人居然当上了宰相？！

一时间所有官员不论级别高低，全都如临大敌，就因为听到了那两个字：杨绾。

这绝对不是开玩笑，这个名字给官员们带来的心灵震撼真的超出你我的想象。

比如诏命下发之日，郭子仪本来正在府中设宴款待宾客，听说杨绾当上了宰相，当即下令将宴会上的乐队人数减去了五分之四，就差把交响乐改成个人独奏了。

而平日里去哪儿都带着一支阵容庞大的仪仗队的京兆尹黎干，在得知杨绾做了宰相的当天便当机立断、大刀阔斧地裁撤了自己的随行人员，再出门时只保留了十个侍卫骑马跟随。

至于御史中丞崔宽当时在城南建造了一座非常豪华的私人别墅，当他得到风声确定了杨绾拜相的事实后，赶忙命人即刻拆毁。

之所以会出现如此奇特的一幕幕景象，是因为大家都知道这位杨绾是个十分清廉简朴的人。而且此公出身高门，性格非常耿直，从来不怕得罪人，特别是遇到他看不惯的事情，如果不最终改正到他满意的状态，他绝不会善罢甘休。总之，是特别讲原则，特别能战斗。所以广大官员宁可委屈自己，也不愿被杨绾给盯上。

有杨绾这种廉洁的道德模范坐镇政事堂，可想而知，一夜之间，朝廷风气大变，贪污腐化的行为得以收敛，拿钱办事的弊政得以纠正，帝国又一次实现了正本清源，开始逐渐恢复昔日的生机与活力。

在杨绾和同样节俭自律的常衮的主持下，朝廷开始进行一系列的改革，在元载时代遭其打压的一批正直而又有才干的人（如颜真卿、李揆）经由二人的推荐相继返回了朝中任职，而对元载留在地方上的余党的清理工作及削弱地方藩镇权力、强化中央集权的工作也在有条不紊地深入开展中。可以说，大唐王朝在经历了长达二十二年的混乱后，终于又有了蒸蒸日上的迹象，且发展前景十分看好。

然而，在此百废待兴之际，李豫的身体却再也无法支撑下去了。

暗淡了刀光剑影，远去了杀伐权谋，大历十四年（779年）五月，病床上的李豫终于迎来了永久的宁静，走到了自己人生的尽头。这一年李豫是五十四岁，相对于三个月前先行一步的田承嗣（终年七十五岁），应该说这是个并不算大的年龄，可谓年富力强，但李豫是真的不行了，从发病到发病危通知，经抢救无效去世，整个过程只持续了短短一周的时间。究其原因，除了长年不间断的政治斗争与复杂严峻的外交形势已然耗尽了他所有的精力外，他真正喜欢的儿子郑王李邈（嫡子）及最爱的女人独孤贵妃的猝然离世，估计也给了李豫相当大的精神打击，在这个夏天导致李豫的身体彻底崩溃。

五月二十一日，李豫意识到告别的时刻终于到了，所以他下达了最后一道诏令，命太子李适监国。当天晚上，这位饱经艰险的皇帝即在紫宸内殿去世。

身为现代中国四大史学家（学者严耕望语）之一的吕思勉先生曾对唐肃宗、唐代宗这父子俩有过评价，他说唐肃宗李亨一生昏庸，而唐代宗李豫则是阴鸷之主。

对于老前辈的说法，个人相对认同，但觉得还可以进行一些补充。

在我看来，李亨应该说是糊涂一世、聪明一时之人（在与李林甫斗争、马嵬驿兵变等几个关键节点的灵光一闪都可圈可点）。

而李豫正好和他老爹相反，属于聪明一世、糊涂一时的类型（在处理田承嗣、回纥等问题上总会棋差一招而致满盘皆输）。

接下来即将登场的李适又和他的父亲有些和而不同了，倒是更有点他爷爷的意思，或者说是综合了他爹和他爷爷的特点。于是，一个继承而又有变革的时代随之开启。

第十一章
指定幸存者

大历十四年（779年）五月二十三日，太子李适继位了，这一年，他三十八岁。

终于安稳地坐到了这个位子上，终于等到了这一天，真的不容易啊！

因为就连史官都知道，甚至还白纸黑字地写了出来。

据史料记载，李适刚刚生下来的时候，由于他生得太黑且长相不好，无论是他的爷爷李亨，还是他的老子李豫都很嫌弃他。只有两个人对李适喜爱有加，其中一个是李适的母亲沈氏，而另一个则是李适的曾祖父李隆基。

据说看过保姆怀中的婴孩，李隆基只说了一句话："这真是我的后嗣啊！"

"你不及他。"

这句话是李隆基对李适的爷爷讲的。

"你也赶不上他，他倒是很像我啊。"

这句话是李隆基对李适的老爹讲的。

就是这三句话，为这个本不受待见的普通宫女所生的皇曾长孙的未来打下了最初也是最为坚实的政治基础。

而从事情的后续发展来看，李隆基看相的水平已经超越了今天大街上大部分算命的，那是相当地准。

李适在位二十七年，最后活到了六十四岁，他的爷爷唐肃宗李亨仅在位七年，活到了五十二岁，他的老爹唐代宗在位十八年，活到了五十四岁，从在位时间和寿命长短来看，李适的爷爷和老爹的确比不上他。

李适是唐朝历史上在位时间仅次于唐高宗、唐玄宗的皇帝，排在第三，这一点，他确实比较像他的曾祖父。当然，更像的或许是人生轨迹，毕竟两个人都是前好后坏，有始无终，至于具体情况，我们后面再慢慢说。

虽然有李隆基的钦点认证，但李适这个长子的地位一直都不稳固，因为他遇到了一个最为强大的竞争者，这个人就是李邈。

李邈，李豫次子，母亲为崔妃，也即最初的广平郡王妃。换句话讲，李适是长子，但李邈是嫡长子。

按照嫡长子继承制"有嫡立嫡，无嫡立长"的原则，李适这个长子本应该是没戏唱的。因为崔妃一口气生了两个儿子，除去郑王李邈，召王李偲也是她的儿子，所以这样看，李适基本可以退出太子之位的竞争了。

但是凡事总有意外，原本根红苗正的李邈遭遇的意外就是马嵬驿之变。马嵬驿之变中杨国忠、杨贵妃一族被彻底消除，而这也意味着李邈的太子之路到此可以宣告终结了。因为他的母亲崔妃是韩国夫人的女儿，这就是说，杨贵妃就是崔妃的姨母，是李邈的姨姥姥，而杨国忠则是李邈的舅姥爷。

要知道，肃宗一朝硕果仅存的朝臣们都多多少少同杨国忠有隔阂，因此让同杨国忠有血缘关系的李邈做太子，大家是不同意的。这也难免，万一哪一天你做了皇帝，心血来潮要为你舅姥爷平反，那大家的麻烦就大了。所以，为了安定团结，一致向前看，就只好委屈郑王殿下了。

在这种情况下，李适最终凭借着以天下兵马元帅的身份彻底平定安史之乱的政治资本，入主东宫，成了皇太子。

然而，出于对李邈的喜爱，李豫到底还是搞了暗箱操作。在册立李适为太子后没多久，他就免去了李适兼任的天下兵马元帅一职，然后转手就把这一职务交给了郑王李邈。

天下兵马元帅理论上掌握全国军队，权力极大，这个位子说实话在当时那个兵荒马乱的动荡年代，其含金量不亚于皇太子这个名头，甚至可以说更为实惠。李豫将宝贝儿子安排到这个位子上来，可谓司马昭之心——路人皆知。

但人算不如天算，大历八年（773年），李邈去世。

根据某些史料的说法，终年二十八岁的李邈很可能不是正常死亡，因为人突然就没了。所以得到消息的李豫十分悲痛，下令废朝三日，并破格追赠其为昭靖太子，然后就此彻底取消了天下兵马元帅一职。

无论李邈的死是否有人为因素促成，结果却是明确的，李适少了一个巨大的威胁。但是，潜在的威胁仍然存在，那就是独孤贵妃。

独孤贵妃是崔妃失宠去世后，李豫最为宠爱的妃子，没有之一。而且以她专房独宠的程度，眼看着就要扶正为皇后了。这对于李适而言，无疑又是一个极其巨大的潜在威胁。因为独孤贵妃也是有儿子的，她和李豫的儿子韩王李迥也很受皇帝喜爱，所受恩遇仅次于郑王李邈（"虽冲幼，恩在郑王之亚"）。一旦独孤贵妃成了独孤皇后，韩王李迥就是嫡子了，李适这个太子恐怕很难再稳稳地做下去。

就在李适不得不面对更严峻的挑战时，巧合再次出现了，大历十年（775年）十月，独孤贵妃也突然离世，韩王李迥就此丧失了同李适竞争太子的资格。

没有明确的证据可以证明李适与李邈及独孤贵妃的突然死亡有直接联系，但李适依旧被后来的学者列为重点嫌疑人。一是这两个关键的人死得都很及时，而两人死后，最大的受益者都是李适。二是在李适的支持者中有一位非常擅长阴谋诡计和政治暗杀的，这位仁兄不用说相信大家也猜得到，他就是元载。

元载在鱼朝恩倒台后，大部分时间都是作为李豫的斗争对象存在的，李适为何会站错队，和元载凑到一起呢？

李适不是傻子，不会看不到朝廷背后的激烈斗争。他之所以与元载走得近，原因其实很简单，他不喜欢自己的父亲。因为这个被他称作父亲的男人深深地伤害了他的母亲。

李适的母亲沈氏是一个身份极其低微的宫女，想当年被选入东宫后不久就被当时还是太子的李亨赏赐给了李豫，后来虽然诞下了长子李适，但沈氏似乎并没能母以子贵。安禄山叛乱后，李豫跟着幸蜀时只是带上了年幼的李适，而没有把沈氏带上，所以致使沈氏就此落入叛军之手，被送到洛阳去充斥安禄山的后宫。直到至德二载（757年）年底，李俶（李豫）以广平王兼天下兵马元帅的身份率军攻入洛阳，沈氏这才重获自由。

可是李豫对沈氏依旧十分冷漠，他并没有安排沈氏与儿子见面，甚至根本没打算把她送回长安。于是，当乾元二年（759年）年底唐军在相州大败，史思明乘胜再次攻陷洛阳时，沈氏再度落入敌手。

中国的史书是很神奇的，对于李豫这种层次的人，做得再不露脸的事也能写得貌似十分合理。沈氏从被唐军解救到再次被敌人俘获，中间的时间长达两年，史书上却用了"俄而"一词，给读者造成了一个时间间隔极短，事发非常突然的假象。就好像是李豫因忙于军务，无暇将沈氏送回长安，结果却突遭变故似的。

当然，李豫的作为骗得了别人，却骗不过李适，父子间最初的隔阂便就此产生了。

几年之后，当唐军再次收复洛阳、赶走史朝义时，身为天下兵马元帅的李适赶到前线却得知自己的母亲沈氏已然下落不明了。

悲伤、失落、彷徨、愤怒，我们很难想象到时年二十岁的李适当时的情绪中哪种占据了主导，但可以肯定的是，他对自己父亲的不满在以几何倍数激增。

李适的感受，李豫是知道的。但是鉴于国家面临内忧外患，政局不稳，且李适已被册立为太子，如若把李适拿下难保有人不会以此为契机兴风作浪，而在李豫看来，风雨飘摇的帝国已经经不起那样的内耗和折腾了。所以，李豫一边拖着，迟迟不将心爱的独孤氏晋封为皇后，一边做出姿态，派人去四处寻访沈氏的下落，以便安抚太子，避免后院起火。

李豫并不想找到沈氏，在他看来，沈氏死于乱军之中，对于大家而言才是最好也是最省事的选择。因而一开始，李豫只是对外下发了命令，并没有积极地调派人手去侦查寻访，但具有讽刺意味的是，就是这样一个命令，在发出后不久就突然得到了反馈。

永泰元年（765年），即李适被立为太子的次年，寿州崇善寺有一位尼姑自称是太子的母亲沈氏。寿州地方得到消息，赶忙将此事汇报给了朝廷，朝廷马上派人前来确认。经过核查，最后的结论是，此女尼不是沈氏，而是太子的乳母，于是李豫下令以欺君之罪将这名女尼用皮鞭活活打死，此事就此告终。

这件事看上去除了最后量刑过重外，似乎没什么问题，但如果我们再琢磨一下，就会很明显地发现事有蹊跷。

在我看来，蹊跷之处有三：

第一，是行为动机。当时李适贵为太子，假如这位崇善寺的尼姑只想求取富贵，她只要亮明自己太子乳母的身份，就能得到李适的奉迎，颐养天年，完全不必自称太子生母，去冒被人识破的风险。

第二，是辨认过程。这位尼姑的身份并不是由李豫、李适父子确认的，而是让见过沈氏的后宫女官和宦官前往寿州辨认的。要知道，当时独孤贵妃早已是宫中的无冕之后，宫女、太监都在她的掌控下。且不说沈氏一直地位低微、存在感低，一般宫女、太监很难留下深刻印象，即便是他们认出了这就是太子生母，出于对独孤氏和皇帝的畏惧，想必他们也不敢实话实说。

第三，是处置结果。按理说，像这样冒认皇亲以求富贵的案子，属于大案要案，应当送交刑部严审，公开判决，以儆效尤，但李豫却没让人将这位尼姑送到长安治罪，而是在自己作出决断后就匆匆派人前往寿州痛下杀手，这不能不让人怀疑这位尼姑很有可能就是沈氏。

当然，以上只是一些个人推断，由于史料的缺乏和人为的掩饰，我们很可能永远无从得知沈氏的真实下落到底是怎样的，而事情的发展似乎也印证了这一点。在唐代宗在位期间，对沈氏的寻访是"十余年寂无所闻"。在李适继位后，力度加大了，范围也扩大了，但最终却只找到几个想借机发财的女骗子（"自是诈称太后者数四，皆不之罪，终贞元之世无闻焉"）。

李适最终还是没有找到自己的母亲，由于长年的分离，他甚至已经记不清自己母亲的容貌和声音。对于他而言，母亲这个称谓已经变成了一个熟悉的名词、一段模糊的记忆以及一种永远触碰不到的温暖。

好在李适没有让母亲失望，他长大成人，挺过了风风雨雨，熬过了很不地道的老爹，最终平安地坐到了那个万众瞩目的位子上。

我会成为你的骄傲的，无论你能否知晓。

我会的，母亲。

坐在皇位上，看着下面那帮毕恭毕敬的朝臣，李适却并不糊涂。他清楚地知道有些人恭顺的表象下其实波涛暗涌，而且许多事情完全不在自己这个皇帝的掌控之中。比如，当时朝臣间的斗争就搞得明目张胆，有时完全是意气用事，作无谓之争。所以，刚上台的李适决意优先解决这一不正常的现象，并借机树立起自己皇帝的权威。

被李适找来开刀做典型的，是当时的宰相、门下侍郎常衮和他的死对头中书舍人崔祐甫。

平心而论，在中书侍郎杨绾去世后，常衮这个宰相还是非常尽责、非常给力的。此人在工作上素来勤勤恳恳，踏实肯干，可谓是个够格的员工，美中不足的是，个性太强，小心眼，所以来来往往之下就同当时主持中书省常务工作、个性同样非常强的崔祐甫擦出了较真的火花，经常因为一点公务发生言语冲突，继而闹得不可开交。闹到最后，双方已经发展到了"你反对的我就支持，你支持的我就反对"的地步，完全置政策的合理性于不顾。

这样的两位仁兄也就是遇到了李适刚刚参加工作不懂朝政，要是赶上了李世民、李隆基这种做太子时就熟悉业务的，估计早就让两个人一齐收拾包袱滚蛋了。李适不敢乱来，所以他决定赶走一个。

崔祐甫运气不好，他挨了第一枪。

那会儿常衮和崔祐甫正因朝廷群臣的服丧期限问题掐架，常衮恰好处于进攻态势，弹劾崔祐甫做事轻率，变更古礼，请求将其贬为潮州刺史。

弹劾的文书报上来后，李适只把潮州刺史改为河南少尹，顺手就给批了。

于是斗了这么久，常衮就这样轻易地获胜了，将政敌赶出了朝廷。

但常衮包括李适在内其实并不知道，崔祐甫之所以敢在朝中与宰相死磕，并不仅仅是由于他性子直、胆子大，还因为他有别人没有的底牌。

如今崔祐甫被贬，他的底牌便由此浮出了水面。

大历十四年（779年）五月，中书令郭子仪和检校司空、同平章事朱泚相继上书皇帝，替崔祐甫辩护。

这下子李适真的有些蒙圈了，因为当时在看常衮递送上来的那份弹劾崔祐甫的奏表时，李适记得很清楚，郭子仪和朱泚是附议了的，自己明明看到了这两个人的名字，现在两人居然出尔反尔，又上表为崔祐甫辩解求情，这是怎么回事？逗朕玩吗？

李适不干了，他找来了郭子仪和朱泚，质问二人为何要这样做。

一问，把郭子仪和朱泚也问糊涂了，因为这事他们压根儿就不知道！那两个名字根本不是出于他们的亲笔！

李适愤怒了，他感到自己受到了欺骗和玩弄，所以李适决意要予以坚决的反击。

于是，在月华门外服丧的常衮接到通知，他被贬为河南少尹（后来再被贬官为潮州刺史）。与此同时，刚刚行至长安近郊的崔祐甫也得到通知，他被任命为门下侍郎、同平章事，尽快返回长安上班。

仅仅隔了一天，常衮和崔祐甫的职位和境遇就出现了戏剧性的对调，这令整个长安官场为之一震。

通过这件事大家认识到，皇帝他真是不懂业务啊。

其实，常衮并没有欺君的意思，也没那个胆子，他所做的一切事实上都是按规矩来的。

从唐肃宗李亨时期开始，由于朝廷草创，国家事多，宰相的能力和人数也有限，因此遇上并非军国大事级别的事件，没必要集体决策的，皇帝往往就让值班宰相代签其他宰相的名字，时间久了，这也就成了一种不成文的惯例。特别是像郭子仪和朱泚这样因军功而被封为宰相，但实际上并不参与朝政的，一般情况下都是直接代签了事。

没想到这一次常衮却因此出了事，被误认为胆大包天，欺君罔上，被贬到了潮州。因而，一时间文武群臣都蒙了，不知道这位新皇帝在打什么算盘。

既然看不出苗头，那就先等等，反正是狐狸早晚都要露出尾巴的。

于是，朝中百官不约而同进入了观察期，开始静静地注视新皇帝的一举一动。

李适让大家失望了。等了半天，李适除了给老爹守丧，就是吃饭睡觉上厕所，完全没有多余的举动。在此期间，他将国家事务全都交给崔祐甫全权处理，基本上是崔祐甫请求一件，他就批准一件，没有任何异议。

崔祐甫可以说是大权独揽了。但是这个人却没有什么非分之举，除了在担任宰相不足一年的时间里，任命了八百多名各级官吏，被部分朝臣认定为收买人心外，再无黑点。

事实上，任命大量官员也算不上黑点，因为崔祐甫任命的这些官员到职后大多反映良好，工作称职。时间久了，别人也没话说了，朝政就此再次进入一个较为平稳的时期。

有人的地方就有江湖。朝廷里不存在斗争，自然是不可能的。之所以一切看似平静，是因为旋涡深藏于暗处，而它需要发展得足够强大才足以影响对手，并让其措手不及。

等等，再等等，那个时候，那个人一定会来的。

大历十四年（779年）闰五月，中书令郭子仪入朝参加国丧。

作为大唐的再造功臣，郭子仪自然而然地得到了皇帝最为隆重的接待。对于这样的礼遇，郭子仪已然习惯了，所以他理所当然地在众人的仰视下祭奠先帝，慷慨陈词，事后便在前呼后拥中返回自己位于长安亲仁里的超级大宅（当年的里相当于今天的居民小区，郭子仪的大宅则占整个里的四分之一），与自己同为朝中重臣的八个儿子、七个女婿，以及数十个孙辈同享天伦之乐。

不过，郭子仪老先生马上就该乐不出来了，因为那张为他量身打造的巨网已然铺开。

十五日，郭子仪突然接到宫中太监的通知，得知自己将被皇帝陛下奉为"尚父"，且如无意外，自己即将被晋升为太尉、中书令，增加实际封邑至两千户，并自此每月得到由政府发放给郭家的特殊补贴：一千五百人的口粮及二百匹马的草料。

得到这个消息，郭家人极为兴奋。在他们看来，皇帝对自己家恩宠不衰，今后的日子必定会越过越红火。但郭子仪却有点额头直冒冷汗，因为他记得没错的话，除了第一代尚父姜子牙外，其余得到这个称号的人大多没什么好下场，远到董卓，近到李辅国，通通完蛋了。如今新皇帝把这个生命中不可承受之号冠以自己，是否意味着马上要出事？

事情的发展证明，郭子仪猜对了一部分，也猜错了一部分。对的部分是，要出事；不对的部分是并非马上，而是现在。

在郭子仪正式接到太尉的委任令的同时，他兼任的实职突然被皇帝的一纸诏书全部免去，现如今，他唯一的实职只剩下了山陵使（先帝陵寝修造办主任）。

郭子仪被明升暗降一番，算是基本被废了神功，但他也毫无脾气，因为他的军职和实权全部被分给了自己朔方军的老部下们——李怀光、浑瑊、常谦光，这朔方军的新一代三驾马车都各自收获颇丰。所以，即便郭子仪真想闹事，得到实惠的李怀光们也不一定愿意奉陪。再加上郭子仪自己虽然实权散尽，可他的八子七婿都得到了朝廷的晋升，这样一来，郭子仪的家人们也不一定会团结在他的周围跟着他一起行动了。

司徒、中书令领河中尹、灵州大都督、单于、镇北大都护、关内河东副元帅、朔方节度使、关内支度使、盐池、六城水运大使、押蕃部并营田及河阳道观察等使郭子仪，最终还是没有笑到最后，当然，决定他这一结局的并不是李适，而是利益。

郭子仪服气了，他并没有想当皇帝的野心，这个年龄了，还争个什么劲儿呢。于是，想明白后的郭子仪选择了归隐——大隐隐于朝，只露面列席，不干预政事。

两年后，郭子仪安详地病逝于家中，享年八十五岁。

关于郭子仪我们已经讲过不少了，最后就不再啰唆，只讲两句，算是评价吧！

平叛御侮，重建社稷，有力！

晚节可保，大节不亏，难得！

郭子仪被李适解除兵权后，最为恐惧的是两个人。他们一个是兵部侍郎黎干，另一个是宦官、特进刘忠翼。

因为这两个人和郭子仪曾有一个共同的身份——韩王党，他们想当年都一度支持唐代宗李豫废掉李适改立韩王李迥为太子。只不过郭子仪老谋深算，与独孤贵妃及其儿子韩王李迥拉关系的同时，又注意保持了一定的安全距离，所以仅算得上是韩王党的外围名誉成员，而黎干和刘忠翼就不同了，这两位仁兄当时可是冲锋陷阵在前的，如果真要划成分，绝对属于韩王党的骨干。

如今郭子仪被李适摆平了，想想也知道过不了多久就该轮到哥儿几个了。

于是惊慌之下，黎干和刘忠翼决意积极展开自救，相互奔走串联，以求自保。

两个人万万没想到正是此举引起了李适的注意，并为自己招来了杀身之祸。

因为刘忠翼到底是个太监，而黎干则是外臣，又是掌管军队的，两个人成天凑在一起，即使只是聊天喝酒也难逃谋反之嫌，更何况两人并不只是单纯的吃吃喝喝。于是，黎干和刘忠翼的命运就此被注定了：撤职流放（二人行至蓝田，被皇帝下诏赐死）。

黎干和刘忠翼的事其实只能算大计划下一段意外的插曲，只是由于惹得皇帝陛下心烦了，这才顺手灭了。事实上，李适瓦解郭子仪势力后，真正想要开刀的对象并不是韩王党，而是神策军。

有鉴于当年老爹被统领神策军的李辅国、鱼朝恩逼得步履维艰，即位之初李适就立下了重掌禁军兵权的目标。这就意味着他要想办法安全拿掉统领禁军十余年的神策都知兵马使、右领军大将军王驾鹤。

想做到这一点自然不能强来，而要讲究方式方法，李适想到的方法可谓绝妙。

在下诏之日，他让宰相崔祐甫亲自出面去请王驾鹤谈心，与此同时派出自己的心腹白琇珪带上诏书前往接管神策军。由于王驾鹤被崔祐甫拖住了，且一拖就是多半天，所以当王驾鹤从崔祐甫那里出来时，神策军已经被白琇珪掌控住了。于是，原司农少卿白琇珪被授神策军使，王驾鹤则被贬为东都园苑使，直接被安排去看园子去了。

朝政、权臣、禁军，在短短几个月内被李适逐一搞定，如此效率让人不能不惊叹。不等朝中的老狐狸们反应过来，他们便惊讶地发现自己就将被一批新人取代了。

确切地讲，新人这个用词也不是很准确，因为有些人之前已经上过场了，比如这批新人中最为耀眼的名叫杨炎的人。

杨炎，字公南，凤翔天兴人。唐代最成功的财政改革家，两税法的创造者和推行者。

请注意，杨炎的改革家称呼前，冠以的是成功二字。

唐玄宗开元十五年（727年），杨炎出生在一个有着优良传统的耕读世家。

所谓有着优良传统，绝非玩笑，因为杨家是烈属。杨炎的曾祖父杨大宝是李渊任命的龙门令，武德年间因抵御刘武周，守城不降，在城破后被害，朝廷事后加以表彰，追赠为全节侯。杨炎的祖父杨哲奉母至孝，闻名乡里。杨炎的老爹杨播则才德兼备，不慕名利，明明考中了进士，进一步便可以享有荣华富贵，前途无量，但见奸人当道，却甘愿急流勇退，隐居不仕，可以说是很正派，很有自己原则的人。杨炎就是在这样的家庭中，在父祖言传身教的环境中长大的，所以这造就了日后杨炎性格中最为重要的两个特点：一、知恩图报，有着自己的正义；二、坚定不移，讲求自己的原则。

杨播虽说始终不乐意出山为官，更向往隐逸的生活，但这并不妨碍他教导和鼓励自己的儿子用功读书，为国效力。

而杨炎也没有辜负父亲的谆谆教诲，十年如一日地苦读下来，不但写得一手雄丽的文章，还养得一身豪迈之气，以至于在地方上颇有名气，号为小杨山人。

学而优则仕，特别是在国家处于百废待兴之际，更需要人才，而这个时候出于治国平天下的情怀，读书人往往会当仁不让，挺身而出。

杨播是有家国情怀的读书人，杨炎也是，所以背负着父亲和自己的理想，杨炎拜别了父母家乡，踏上了仕途。

杨炎找到的第一份工作是河西节度使吕崇贲麾下的掌书记，主要负责文书工作。就是在这个职位上，杨炎一举成名。不过，促使他成名的不是一篇言辞优美、切中要点的模范公文，而是一场殴斗。

其实，说是殴斗并不完全准确，说是殴打倒可能更切合实际，因为被打的李大简还手也只用了一分钟而已，一分钟后他就被几个人按倒在地，随即被杨炎连击二百铁棒，险些去下面找阎王报到。

杨炎为何会对这个叫作李大简的人下如此狠手呢？原来，这个李大简在成为杨炎的同僚前，曾任神乌令，在任期间他曾经借着酒醉侮辱过杨炎，据说这件事给杨炎造成了一定的心理创伤。因而，当得知李大简要来，杨炎便找了几个关系好的哥们儿，上演了这么一出。

光天化日之下，聚众殴打同僚致重伤，这个罪状着实不小，足够把杨炎流放到西伯利亚去了。但是，最后杨炎其实并未受到任何责罚或处分，甚至连个检讨书都没写。出现这样的结果，一是因为李大简人缘本就不好，得罪的人太多，没人同情他；二是因为节度使吕崇贲比较爱才，且特别看重杨炎，不愿就这么毁掉一个才华横溢的青年的大好前途，所以吕崇贲就把这件事给压了下去。

不过世界上没有不透风的墙，杨炎怒打李大简的事迹还是流传了出去。于是不久之后，吕崇贲便接到了来自李光弼的公函，向他索要杨炎。

吕崇贲本以为李大简同李光弼有什么亲戚关系，此番派人前来是要找杨炎兴师问罪。但后来一打听才知道，情况并非如此，而是恰恰相反，李光弼十分赏识杨炎这种既有才华又有性格的人，所以这次派人过来是想请杨炎去他军中担任判官一职。

吕崇贲和李光弼虽说都是节度使，但其实差距很大。李光弼是唐军的二号人物，天下兵马副元帅，其影响力不是十个吕崇贲，而是吕崇贲的十次方，不要说去李光弼那里做判官（相当于私人秘书），就算是去做李光弼的跟班，也比在吕崇贲这边继续做书记员有前途。

这个邀请一般人是不会拒绝的，但杨炎不是一般人，他拒绝了。

这一决定实在是太让人意外了。就在大家议论纷纷，表示不能理解时，更令众人摸不着头脑的事发生了。杨炎居然又坚决辞掉了朝廷的征召，拒不入朝出任起居舍人。

恰好噩耗传来，老爹去世，杨炎索性辞官回家，去为父亲守孝。

杨炎这一走就走了很久很久（"服阕久之"），甚至过了三年的守制期，却依旧没有一点回归的意思，可以说是久到离谱，久到忘记了朝廷。

沉浸在悲痛之中的杨炎似乎完完全全忘记了国家的存在，但国家并没有忘记他，得知杨炎丧期已满，朝廷当即起复杨炎为司勋员外郎。这一次，杨炎没有拒绝，因为他很清楚选择这个时候回归朝堂，实在是再合适不过了。此时朝廷你死我活的斗争基本已经结束，程元振、鱼朝恩都完蛋了，朝中大事基本是由元载主持，且西面的边界防御体系已然成型，再也不用担心吐蕃或回纥兵临京师，一切刚刚好，可以出去真正做点事了。

来到长安的杨炎已经脱胎换骨，走上了一个新台阶。数年来的观望思考和继续学习让杨炎认识到了自己真正的理想是什么，也知道了自己该如何去实现它。

所以入朝为官后不久，这个本就才华横溢的青年人便脱颖而出，先被点名要到兵部，然后转到礼部任郎中、知制诰，再升为中书舍人，专门为皇帝陛下写诏书。

由于"善为德音"，他和当时的同事常衮一道走红，并称"常杨"，被誉为自开元以来诏书写得最好的一任。

像杨炎这样能力突出、德行也好（时称杨家"三世以孝行闻，至门树六阙，古所未有")的有为青年自然是各派政治势力极力拉拢的对象，找他入伙的人从来不缺，可杨炎却从未松过口，谁招呼也不去，只是每天闷头写诏书，似乎根本不把未来的前程放在心上。

事情的发展证明，杨炎的心中并非只有工作，他之所以谁也不跟，是因为那些人他都不想跟，而他想跟的人还没来找他。

杨炎的等待不是没有效果的，他的出类拔萃和稳重沉着最终成功地引起了那个人的注意。于是有一天，这个人终于站到了杨炎面前，对他说，跟我走吧。

杨炎毫不犹豫，立即点头答应。

因为这个人是元载。

如果单以智商而论，代宗一朝的第一聪明人非元载莫属。此人精于权谋，善于揣测，且政务、军事、外交、财务无一不通，更是目前的朝廷支柱，在他那边不仅能够学到不少东西，安身立命，而且根本不必担心仕途问题。

果不其然，自他跟随元载后，可谓如虎添翼，一路高歌猛进，几年内就升到了吏部侍郎、史馆修撰（修国史会接触大量机密材料，非高层亲信不能胜任）。更为重要的是，元载是将杨炎当作自己的接班人来重点培养（"载亲重炎，无与为比"），所以两个人名义上是上下级关系，其实情同师徒，恩比父子。鉴于两个人是同郡老乡，杨炎的母亲也恰巧姓元，杨炎事实上也是将元载视为自己的长辈对待。

然而，就是这样一位在工作上不时指导，在生活中无微不至的元载舅舅居然突然倒台了，而且还落得个抄家灭门的凄惨下场，这对当时的杨炎而言无异于晴天霹雳。而这场霹雳的余波很快也波及了杨炎自己。

所有人都知道他和元载的关系，知道元载这几年都在努力提拔、栽培杨炎，希望他成为自己的接班人。所以，身为元载一党的"太子爷"，杨炎当然不可能幸免，随即被一纸诏令贬为道州司马。

此时杨炎已不再年轻了，这一去道州很可能意味着他的仕途就此终结，再无出头之日。但杨炎对此毫无办法，朝堂之上风声鹤唳，谁也不想与元载扯上半毛钱关系，所以，没有人为杨炎出头说话，大家只是沉默地目送这个曾经风光无限的人黯然离开。

杨炎走了。无论怎么看，这个人都是一路走到黑的节奏。可上天注定要让他出场，再以更为悲凉的方式画上一个句号，所以两年之后，又一个机会来临了。李豫驾崩，李适继位，新皇帝决意改弦更张，励精图治，却突然意识到自己虽然想折腾，但自己的宰相团队却折腾不动了。

这是个比较残酷的现实，毕竟所谓的宰相班子真正干日常工作的只有崔祐甫一个人而已。而且崔祐甫年事已高，老来多病，经常干得起早贪黑，加班加点，看着就可怜，如果再要额外搞事情，估计崔宰相的这条老命就要搭上了。

为了崔祐甫的人身安全和自己的事业有成，李适决定扩充宰相班子，引进几个干将一道干大事，为此，他向崔祐甫征求了意见和人选。

崔祐甫完全赞同新皇帝干大事的做法，也十分支持李适扩大团队的决定。于是，他向皇帝推荐了杨炎，称此人有文采，有器量，堪当大任。

对于崔祐甫的这一推荐，李适很是认可。早在东宫做太子的时候，他就已听说过杨炎这个名字。后来机缘巧合之下，李适又读到了杨炎的代表作《李楷洛碑》，特别喜欢，所以此时听崔祐甫提起，皇帝陛下当即拍板，任命杨炎为门下侍郎、同中书门下平章事。任职令同时告知，立刻启程回长安，皇帝急着见你。

就这样，杨炎急急忙忙从贬所赶回了长安，并第一时间见到了皇帝。

皇帝对于新宰相杨炎只有一个要求——增收。

李适的志向是极其远大的，他不只要对内平定割据自守的藩镇，还要对外威服吐蕃与回纥。而要实现这些目标，李适很清楚，朝廷必须有钱，而且需要非常有钱。所以，皇帝交给杨炎的第一项任务就是理财，想尽办法增加朝廷的收入，为未来的有为打下坚实的经济基础。

杨炎接受了皇帝陛下委以的重任，没有丝毫推脱，不过他也提出了一个要求。

在杨炎看来，如果这一要求不能得到满足，增收大计难免功亏一篑。

杨炎提出要解决的，是"左藏"和"大盈"的区隔问题。

所谓"左藏"是唐朝的国库，而"大盈"则是唐朝皇帝的私人金库。"左藏"里存放的是国家的钱，由度支使和太府寺管。"大盈"里存的是皇帝的私房钱，由皇帝自己掌管，且不受任何人干涉（包括后宫的老婆们）。

在唐代，中央的财政制度是很严格的，国家的钱是国家的，皇帝一个人无权动用，能够让皇帝随便花的，只有大盈里的钱。而左藏和大盈也不相统属，各有一套自己的账和收支体系。特别是左藏，监管措施非常严格，全国每年的税收都会按季节由太府寺官员分批点验，由比部（审计部门）现场核对，确认无误后再登记入库，呈报皇帝。所以说，想要把左藏的钱倒腾到大盈里，完成皇帝的私有化，就连皇帝本人也办不到。

然而，大唐立国一百四十余年后，这种公私有别、泾渭分明的格局就被打破了。打破它的人还不是皇帝，而是第五琦。第五琦之所以这么做，是因为不得不这么做，他也是被人逼得没办法了。

逼第五琦的，是一群武将。

在第五琦担任盐铁使和度支使时，京城里有一帮权势显赫的大将经常跑到第五琦那里借钱花。当然，这部分借出去的钱往往是有去无还，但更恶劣的是，这些借钱的大爷还喜欢当回头客，经常来。最后竟搞得蔚然成风，诸将相互攀比，各自以借出的钱多为能事，且借了钱连收据都不打了，搞得第五琦和他的属下们应接不暇，焦头烂额。

这些大将因重兵在握，所以平日里骄横跋扈惯了，连皇帝都对他们客客气气的，第五琦自然不敢得罪。但这么继续借钱出去，国库迟早会被他们掏空，届时就算自己有天大的能耐也平不了这笔坏账。

为了避免事态的进一步恶化，第五琦灵机一动，主动上奏皇帝，请求将左藏的财物移入大盈内存放，由皇帝派太监统一管理。了解到第五琦的苦衷，皇帝便批准了。自此，大将们私自强借钱款的事情绝迹了（谁敢进宫强要皇帝陛下的钱），但新的问题却因之产生。时间久了，皇帝发现把国库里的钱放到自己的小金库里花起来很爽，资金持久充裕不说，还不需要层层审批，想花就花，所以就没有恢复常态的打算了。于是，这种全国赋税收入直接被收入皇帝私人钱库的状态就一直延续了下来，直到李适登基。

要知道，皇帝陛下日理万机，是没时间老查账的，而鉴于大盈的私属性质，原先负责审核左藏收支的部门也不便插手，于是管理大盈的宦官们便趁机中饱私囊，肆意侵吞国库财物，并形成了规模庞大、关系牢固的既得利益集团，极大地影响了国家财政的健康运行。

杨炎在元载那里跟宦官接触很多，因而对其中的猫腻知之甚详，深知如果不把左藏从大盈体系中再独立出来，自己辛辛苦苦为国家攒下的钱早晚要落入那群死太监的个人腰包。

在听杨炎分析了其中的利弊后，李适当即表示同意，并马上下诏要求将应属于国库的财物全部送归左藏，自此恢复旧制。

隐患解除了，杨炎终于可以放心大胆地提出他的计划了。

建中元年（780年）正月初一，李适下令改元的第一天，历史上鼎鼎大名、具有划时代意义的两税法作为新年的头号新政被颁布执行，中国赋税史上新的一页就此被翻开。

为什么这么说呢？我们这一次用有别于历史教科书的方式来说明一下两税法的伟大意义，保证大家都能看懂：

自国家诞生以来，老百姓缴税，国家收税并用这笔钱进行管理，保证治下老百姓的正常生产与生活，这已经形成了一种约定俗成的习惯。

鉴于一个国家之所以能够存在主要是靠了人口和土地这两大要素，所以，唐之前的各朝各代主要征收的是两种税，一种叫作丁税，另一种叫作地税。

所谓丁税，就是人头税，按人头缴纳，只要在法定年纪内的（一般为十六岁到六十岁），有一个算一个，一个都不能少，要缴足份子钱，这是最基础的。

然后就是地税了。

地税是按亩收粮，规定好了多少亩地缴多少粮食，明码标价，童叟无欺。

从北魏开始用到唐朝德宗年间的租庸调制，就是在这两大基本税种上衍生出来的。这也就是我们熟悉的"有田则有租，有身则有庸，有户则有调"。

相较于前代，租庸调这一征税制度虽然依旧是建立在户籍基础之上，按一家一户的人头纳税，但在服徭役时可以纳绢代役，雇人替自己干活。

要知道，徭役这种义务劳动内容可是五花八门，县太爷可能安排你去驿站当差喂马，可能送你去修桥铺路，也有可能让你去县衙后厨炒菜做饭，这都说不准。但"闻道有先后，术业有专攻"，有些人就擅长种地，砌墙就不行；有的人就擅长砌墙，搬砖就不行。所以你让厨子去搬砖，他的工作效率绝对没有专业的苦力劳动者高。而庸的出现，就可以给厨子一个机会，让他只用坚持炒菜，多做几桌。要服徭役时，只须拿出一部分自己下厨挣来的钱找一个专业的体力劳动者搬砖即可，这样既不耽误他的本职工作，又可以提高徭役的效率，可谓一举两便。这用今天的话来讲，就是找专业的人做专业的事。

所以租庸调制自施行以来深受老百姓欢迎，一用就用了三百多年。不过，这一政策虽好，却有时间限制，因为它是依托于政府不断给百姓分配土地的均田制。战乱频仍、人少地多的情况下，均田制还可以玩得转，但和平日久，连政府也找不到空闲的可耕地来分配给日益新增的人口的态势下，均田制就无法执行下去了。相应地，租庸调制也出现了危机。

因为新分的地明显缩水了，再加上旱涝灾害等不可抗力因素的影响，有很多农民不得不卖掉自己的那份土地，去做佃户，给村里的地主打工。按理说，地都不在农民手里了，而是集中到了地主那边（不可否认，许多地主最初也是靠节衣缩食、玩命劳作，经过几代人才实现发家致富的），所以应该向土地的实际所有者征税。不过很可惜，这种想法只能想想。因为想当年政府是把地分给你的，白纸黑字你能不认吗？况且谁让你把地拿去卖了的？家里遭灾怪我咯？所以无论你的地是多了还是少了，有还是没有，该缴还得缴，就按账面上的来，不多收你的，也少不了你的。

对于地多的人而言，这种收税法，他们当然不反对，还会称颂朝廷的英明，但对于失地农民而言，这就是把他们往绝路上逼啊。实在没辙的最后只能卖儿卖女卖自己，或者直接连夜跑路，或者干脆揭竿而起。

这就很影响社会的安定团结了。

于是，杨炎决定改变这一局面。他借鉴了以往赋税改革试点的经验，推出了全新的两税法。

两税法的内容比较多，比如取消以前所有税种一概改为两税，缴税时间统一固定为每年夏（六月之前）、秋（十一月之前）两季，重新进行人口普查、户籍登记、资产评估，等等。但是其精髓所在其实用一句话就可以概括，那就是"户无主客，以见居为簿；人无丁中，以贫富为差"。

简单说来就是，不管你是这片土地上的原住民还是外来户，只要在当地有土地和资产就要登记入籍，依法纳税。而征税的标准也不再是人头本身，资产总量和田地面积成了新的缴税指标，从此以后，钱多地广的多缴税，钱少地狭的少缴税，没钱没地的不缴税。

地税的征收方式虽然还是一如既往地缴粮食，但户税部分已经由实物税变为货币税了，统一改成收钱，说多少贯钱就多少贯钱，不再任由官员盘剥。此外，全国范围内不管是田赋、徭役还是人头税或其他杂税、杂役，都不复存在，有且仅有的就是按贫富户等缴纳的地税和户税。如此一来，穷人的日子好过点，富人虽然多缴了钱但不用再担心被逼得造反的农民军劫富济贫，也算是花钱买了个平安。而朝廷则扩大了税源，增加了收入，并巧妙地将安史之乱之时下放到地方的财政大权重新收了回来。除了极少数人可能有不爽的感觉外，其效果可谓皆大欢喜。

事实也证明了，的确如此。两税法颁行仅一年，朝廷就获得了一千三百多万贯的两税收入（当年朝廷的全部财赋收入为三千余万贯），创造了开元盛世之后朝廷收入之最。而两税法缓和社会矛盾的功效也基本上达到了，史称："天下便之"。

两税法的巨大成功让杨炎收获了极高的声誉，并得到了皇帝进一步的倚重。用史书上的原话讲，是"中外翕然属望为贤相"。这种得到朝野一致推崇的状况自开元最后一位贤相张九龄之后，已有将近五十年没有出现了。照这个形势发展下去，他必能跻身于大唐贤相之列，与房玄龄、杜如晦、姚崇、宋璟等早已成为传说的猛人一起名垂青史，受万世景仰！

然而身处一片夸赞之声中的杨炎似乎并没有任何自得的神色，甚至看起来也没有大家想象中的那么开心。

是的，杨炎内心深处并没有由衷的喜悦。因为那个他心中最想分享这功成名就一刻的人已然不在这个世界上了。

无数个深夜，杨炎不是辗转难眠，就是从睡梦中惊醒，那个曾无私指导、全力提拔、栽培自己的人的身影从未在他的脑海中黯然褪色。

是时候算这笔账了，让那些忘恩负义的小人付出代价吧！

经过几个月的思索和观察，杨炎准备向那些曾经依附，但最终却背叛了元载的官员展开报复。

杨炎这个人的一大特征就是有仇必报，这一点在他当年痛揍李大简的事情上已经展现得淋漓尽致了。那会儿杨炎不过是个普通的基层公务员，都险些将自己的同僚报销了。如今大权在握，皇帝宠信，报仇雪恨起来自然不在话下。

在他的出手下，几个当年倒戈的元载旧党相继落马，或被贬斥到边远地区扶贫开发，或所有职务被一撸到底打发回家。不过，连续将数人扫出朝廷的杨炎依旧不满意，因为在他眼中，这些人不过是小鱼小虾，是自己真正采取行动前的热身活动而已。他要报复的对象其实另有其人，而那个人一向人缘不错，又属于特殊专业人才（做理财的），还长年身居要职，不是那么容易搞定的。

这个让杨炎不得不小心翼翼的复仇目标，叫作刘晏。

刘晏，字士安，曹州南华（今山东省菏泽市东明县）人。唐代著名经济改革家、理财家，是列名于《三字经》的神童，名震一时的能臣。

当然，他也一度得到了元载的青睐和帮助，并因元载的大力引荐才重获李豫的信任（刘晏此前因同程元振交往密切而遭到雪藏），一路坐到了吏部尚书兼湖南道、荆南道、山南东道转运使、常平使、铸钱使的高位。

刘晏到底是神童出身，灵醒得紧。在新的工作岗位上待了不久，他便敏锐地觉察到皇帝陛下对元载的不满，并预料到迟早有一天李豫会下手除掉元载及其朝中的党羽。因此，在牢牢地掌握了朝廷财政大权和人事选拔权后，刘晏便主动与曾经帮助过自己的元载逐渐疏远，正式改投在皇帝麾下。其后，元载出事，刘晏更是被任命为案件的主审官，最终间接促成了元载的定罪被杀。

此仇不报，何以告慰元载的在天之灵呢？

当然，除了这一原因外，杨炎和刘晏其实也有私怨。

刘晏担任吏部尚书时，杨炎是他手下的吏部侍郎，就如今天很多部门里正副主管之间关系难处一样，在当时两个人就有明争暗斗。当然，在我看来，会出现这种情况，也是在所难免的。因为两个人都是牛人，且专业领域还基本重合，要说没有竞争，那才是怪事。

刘晏的理财水平并不逊于杨炎，甚至按照一些人的观点，还更胜杨炎一筹。

在刘晏接管帝国财政以前，朝廷每年的财政收入基本稳定，大致在四百万缗上下浮动，而刘晏上任后，仅用了一年时间，就帮朝廷财政突破了一千万缗大关，史称"军国之用，皆仰于晏"，"后来言财利者皆莫能及之"。

这里面的后来者，在写《旧唐书》的史官们的语境里，是包括杨炎的。

事实上，杨炎本人也很清楚，如果没有刘晏这十余年来的工作作铺垫，自己的两税法是不可能这么顺利推行的。

他们本可以成为亲密无间的搭档，让这个国家变得更为富强，但命运却偏偏将这两个天才设定为了对手，让他们相互敌对，搏杀至死。失败者将被无情地遗忘，胜利者则将独享那至高的权力，指点江山。

接招吧，刘晏。我们两个之中只有一个可以作为胜利者活下去，而我，绝对不会输。

刘晏之所以难搞，除了这人是个天才外，很重要的一点在于他手中同时握有财政与人事大权。而他之所以一人掌握着两种大权，是由于他深得皇帝的倚重和信任。因此，要扳倒刘晏，务必瓦解他同皇帝间的信赖关系。要实现这一目的，最有效且快速的方法是用流言。

杨炎派人散布的流言是这样的：刘晏曾经秘密上书给先帝，支持拥立独孤贵妃为皇后，更立太子。

这一流言充分证明了杨先生的厚黑水平，绝口不提刘专家的工作生活，甚至连一句坏话也没说，只讲了一个故事——支持废掉李适。

这就够了。

程元振、元载的前亲信，不要紧；个人生活作风问题，不要紧；废太子的同谋，这就要命了。

要知道，这件事是李适这辈子永远的痛，而且其危险程度还不是摸老虎屁股那种档次，而是直接在打老虎的脸。

按照李适的性格，如无意外，他听到风声之日，即是刘晏毙命之时。

在静候了一段时间后，杨炎从宫中的内线处得到消息，皇帝听说了民间的这一传闻，当时的表情很不好看。

杨炎意识到，自己的计划已经成功地完成了一半，只要找到一个合适的机会，适时引爆皇帝陛下心中的怒火，刘晏必定会粉身碎骨，在劫难逃。

而合适的机会对于杨炎来讲，并不难找。

一天，趁着刘晏没来上朝，杨炎奏事完毕，突然在毫无征兆的情况下跪倒在皇帝面前，泪流满面地大声哀号道："臣罪该万死啊！"

坐在皇位上的李适被这突如其来的一嗓子吓了一跳，他看着跪倒在地的杨炎，好奇地询问这位清廉能干的大臣何出此言。

听到李适问话，杨炎这才抬起头，一字一句地说道："刘晏与黎干、刘忠翼其实是谋乱的同党，臣身为宰相却没有尽到责任，为国家除掉此人，所以真的是罪该万死啊！"

李适沉默了，杨炎的话的确触动了他敏感的神经，所以沉默之后，皇帝无疑将会暴怒，把大逆不道的刘晏下狱治罪。

杨炎静静地趴在地上，等待着皇帝的怒吼。在他看来，那是对自己胜利的一种最佳的宣示。

然而，出人意料的事情发生了。一向在旁边不作声的崔祐甫居然像打了鸡血一样，为刘晏说情。他的看法是坊间传闻真真假假难以辨别，皇帝登基之后既然已经宣布了大赦，就不该捕风捉影，继续追究过去的事情。

这下轮到杨炎吃惊了，因为一直以来，崔祐甫都是坚定不移地站在自己这边，在背后支持着自己，现在他突然站在了刘晏一方，着实令杨炎感到有些措手不及。碍于崔祐甫的面子，杨炎不敢就此将刘晏逼到死地，于是他赶忙再次叩头，换了话题：

"尚书省素来是国家的政治中枢，但这些年间设置的转运等各使的职务，分割了尚书省的权力，且降低了办事的效率，因此臣建议恢复旧制，裁撤诸使。"

这句话看似与刘晏无关，但其实依旧是冲着刘晏去的。因为兼任转运、租庸、青苗、盐铁等使职务的，朝中就刘晏一人。很明显，杨炎是在暗示皇帝削减刘晏手中的权力，以退为进。

李适采纳了杨炎的建议，下诏命令今后从全国各地征收上来的钱、粮分别归尚书省下的金部和仓部管理，取消转运、租庸、青苗、盐铁等使的职务设置。皇帝的这一举动说明他是倾向于相信坊间传言的，而且他对于刘晏已经失去了信任。

现在距离目标的实现，仅有一步之遥，杨炎自然不会错失良机。趁着崔祐甫病逝之机，他先经过一番运作将刘晏在朝中的最强支持者崔宁（行伍出身，以能征善战闻名）外调出了长安，然后找了个由头怂恿皇帝将刘晏贬为忠州刺史。

贬谪刘晏并非意味着复仇的结束，而是意味着下一个阶段的开启。要知道，在天子脚下，有些招数是不方便施展的，只有把目标赶到皇帝的视野之外，才好顺利地进行下一步。事实上，下一步行动的具体执行者杨炎早就安排好了，那个即将帮他把刘晏置之死地的人叫作庾准。

庾准，时任荆南节度使。此人没啥突出的能力，他之所以能够坐到这个位子上，完全是因为他也曾是元载的同党，当年和杨炎私交很好，且同杨炎一样与刘晏有过节。说白了，杨炎调他去做刘晏的顶头上司的那一刻，杀心已定。

建中元年（780年）七月，庾准密表奏称刘晏在与京兆尹朱泚的通信中，语句多怨恨朝廷之词，且向朱泚求救，有谋反之嫌。

有庾准言之凿凿的弹劾，再加上杨炎恰到好处的煽风点火，皇帝相信了。他当即下令亲信太监持诏书前往赐死刘晏。

七月庚午，刘晏死，年六十五。

史载："天下冤之。"

刘晏被杀之后，按例要被抄家。可当抄家人员进到刘晏家里热火朝天地忙了一阵后才发现，他们的人派得多了。在这个并不大的宅子里，除了生活必需品外，唯一有点价值的东西，就是两车的杂书和数斛米麦。

执掌国家财政这么多年，数以千万计的钱财从他手中经过，这个叫作刘晏的人竟然会穷到如此地步，实在是触目惊心，触目惊心啊！

第十一章 指定幸存者 · 253

这些人本来是趾高气扬地来，但当他们离开时，无一例外变得安静而谦恭。因为他们知道这是一个值得他们发自内心敬重的人，是一个了不起的人。

对刘晏抱有同情的人并不仅仅是这些来抄家的小人物，连平素与刘晏交往不多的淄青节度使李正己也看不下去了，毅然上表皇帝，为刘晏鸣冤，并言辞恳切地请求召还刘晏被流放岭南的家人。结果，李正己的奏表如石沉大海，杳无音信。

虽说李正己的请求没有得到任何回复，但他的行动在事实上还是形成了一定影响的，而且还是两方面的。

第一方面的影响是杨炎害怕了。毕竟做了亏心事难免会心虚，被李正己这么一搞，杨炎生怕成为众矢之的，于是一生精明的杨先生在惊慌之下终于糊涂了一回，做了一件蠢事。他派出一批心腹打着宣慰的旗号前往各地藩镇为自己与刘晏之死撇清关系。按照杨炎提供的说辞，刘晏之所以获罪被杀，完全是因为他曾经依附奸臣，阴谋册立独孤贵妃为皇后所致。也就是说，刘晏之死是皇帝的意思，与其他人没有半毛钱的关系。

拿皇帝陛下当挡箭牌使，只能说杨炎是脑袋进水了，而且还是开水。

李适不久就得知了此事，但他却不相信，在他看来，杨炎是不会做出如此愚蠢之事的。

然而在派亲信太监外出求证后，李适发现情况属实，那一刻深感遭到背叛的皇帝简直气炸了。不过李适到底是老江湖了，虽说气得不行，但嘴上却绝口不提。因为他知道两税法还在试行阶段，还有许多后续工作要推动，如果此时把杨炎给办了，此次税制改革和自己的中兴梦想必然会受到影响。想到这里，李适硬是把一口恶气暂时压在了肚子里。

李适已经下定了除掉杨炎的决心，可杨炎对此却一无所知，他还沉浸在赞誉和掌声之中，没有意识到危险的迫近，但李适已经为他找到了下一个对手，那个对手的名字叫作卢杞。

卢杞，字子良，滑州灵昌（今河南省滑县）人。这位仁兄可谓标准的忠烈之后。

其父卢奕官至东台御史中丞，天宝末年在洛阳保卫战中英勇抗敌，最终为安禄山的士兵所杀。

其祖父卢怀慎官拜宰相，在开元之初同姚崇一起搭班子，鉴于自己能力远不及姚崇，遇事多迁就对方，故被时人讥为"伴食宰相"（意为只会跟班吃白饭的宰相）。

别的不说，就看这传承，相信大家的脑海里只会冒出三个字：老实人。

是的，卢杞的爷爷、老爹都是官场上少见的老实人，但是，这份老实并没有遗传到卢杞身上。事实是，卢杞先生非但不老实，还很奸。奸到了连朝中的那些老狐狸、老油条都执着地相信，卢杞先生是个忠实地继承了其祖其父忠厚质朴家风的好同事。除了一个人例外，这个人就是郭子仪。

一次郭子仪生病了，百官前来探望。郭子仪便让自己的侍妾引导他们到自己的病床前回礼致谢，从无例外。然而当他听说卢杞在府门外求见时，马上严肃起来，他当即让所有的侍妾全部回避，一个都不许露面，自己独自一人倚靠在茶几上静待卢杞前来问安。

奇了怪了，卢杞又不是什么大人物，何必搞得如此郑重其事呢？郭子仪的家人均大为不解。

于是在卢杞离开后，家里人赶忙跑来询问郭子仪其中的缘故。

郭子仪是这样给全家人解释的：

"卢杞此人面相丑陋，内心险恶，我身边的妻妾们如果见了他，必定会忍不住发笑，一旦如此，此人必将记仇。他日卢杞当权，恐怕我们家族就要被他灭门了（'吾族无类矣'）！"

郭子仪果然是阅人无数的老江湖，看人的眼光准到了极点，不但看出了卢杞的真正为人，还提前数年便断定此人必掌朝中大权，风云一时。

这个老江湖秉持"看破不说破"的原则，几年来，郭子仪一直在看。

他看着这个顶着忠义之后（卢杞的老爹卢奕最后的确是被写进了《忠义传》）名头的奸险之人凭借父祖的门荫入仕，一路高升，从地方干到中央，从闲散部门做到机要机关，从跑腿打杂混到了大权在握。

郭子仪知道，卢杞是一个无比危险的人，无论是对他周围的人，还是对这个国家而言，都很危险。但他没有出手阻止，也没有出言预警，因为他知道没有人会真正相信他，而他自己也绝非这个人的对手，更何况此人已然获得了皇帝的完全信任，远非一个人一句话便可以撼动的。

郭子仪观察得没错，朝廷中没有人可以战胜卢杞，包括杨炎。

杨炎是在建中二年（781年）二月才开始对卢杞这个名字真正有印象的。因为这个月皇帝下诏提拔杨炎为中书侍郎，同时任命卢杞为门下侍郎兼同平章事。这意味着杨炎的"独相"时代正式结束了。但杨炎似乎并不这么看，因为他发现卢杞不仅长得抱歉（史称"杞貌陋而色如蓝，人皆鬼视之"），而且文化程度也不怎么高，所以虽然多了个人，但在政事堂里杨炎依旧我行我素，完全不把卢杞放在眼里，还经常借故不与卢杞同桌吃饭，以示区隔。

对于这一切，卢杞似乎并不在意。他很清楚，自己初来乍到，根基不稳，无论杨炎如何不给面子，他现在都不能翻脸。所以，他决定等待，在最合适的时机发起那最致命的一击。

这个时机将在不久的将来，由一场下个不停的雨带来。

是的，正是在那个雨季，这个叫卢杞的人将彻底摧毁杨炎眼前美好的一切，并顺手葬送李适的远大理想。

当然，此时的李适并没有预料到这一点。

相比而言，第二方面的影响有点歪打正着：那就是将李适的目光重新引到了不遵朝廷命令的藩镇上来，且时间刚刚好。因为事发不久，成德节度使李宝臣就去世了。

作为实力和谋略仅次于田承嗣的河北强藩，李宝臣自然不愿意把自己的地盘拱手交给朝廷，所以一直以来他都是想把节度使一职传给儿子李惟岳的。可惜的是，李惟岳年纪太轻，能力也非常有限，如果让他接班，李宝臣很确定自己的宝贝儿子能够百分百玩砸。

既然没有时间好好培养李惟岳，提升他的能力，李宝臣就只能选择降低自己部队的驾驭难度了。

于是成德军大将辛忠义、卢俶，定州刺史张南容、赵州刺史张彭老等二十余人相继被李宝臣骗去处死了。最后在李宝臣的屠刀之下，有幸活下来的只有两位仁兄。

这两个人一个是成德兵马使王武俊，另一个是易州刺史张孝忠。

王武俊在我们前面的文章中已经露过面了，由于他自从军以来作战非常勇敢，深得李宝臣的喜爱，因而最终混成了李宝臣的心腹兼亲家（王武俊的儿子娶了李宝臣的女儿）。加上王武俊同李宝臣的左右侍从关系处得非常好，这样的一个人，自然让李宝臣不方便下手。

至于张孝忠，他的存活就很有技术成分了。

李宝臣是打算杀掉张孝忠的，为此他曾派人前往易州，传令召见张孝忠。

张孝忠不是傻子，那么多一去不复还的同僚已经让他充分认识到了此行的凶险，所以他拒不接受命令。

李宝臣没办法了，只好派张孝忠的弟弟张孝节再召他入见。临行前，他派人给张孝节传了话，如果他带不回他老哥，那么他的家人就将为这次失败付出代价。

张孝节几乎是跪地哀求哥哥跟自己回去，但即便如此，他还是只得到了一个"不"字。

张孝忠看得很明白，如果自己据守易州不出，李宝臣一定不敢动弟弟和他的家里人，而一旦自己离开易州，和弟弟一起去见李宝臣，那才要全家死光光。他是这样想的，也是这样告诉弟弟的。所以，末了，张孝忠让弟弟给李宝臣带去一句话，他确信，李宝臣听到这句话后他和弟弟便可自此脱险。

"众将无罪却接连被杀，司空（指李宝臣）不知军中将乱吗？！我张孝忠怕死不敢前往拜见司空，也不敢反叛司空，这就像司空不入朝觐见皇帝一样，是担心给自己招来灾祸，但却绝无二心。"

张孝忠的回话既是求饶，也是威胁，李宝臣对此再清楚不过了。以张孝忠的能力和他麾下的七千精骑，如果此时鼓动成德军众将反抗李宝臣滥杀大将的暴行，一道起兵，虽然最终很可能失败，但对李宝臣而言无疑将是一个沉重的打击。而如果张孝忠投向朝廷，引神策军及其他藩镇像当年围攻田承嗣那样来攻成德军，那就更麻烦了。毕竟成德军善战的将领已经被李宝臣自己杀得差不多了，仅剩一个王武俊能打且肯继续卖力，其他人的忠诚度已经不好说了，临阵倒戈都是有可能的，所以李宝臣不敢赌这一把，自然也就不敢继续难为张孝忠兄弟了。

李宝臣放过了张孝忠，但死神并没有放过李宝臣。

建中二年（781年）正月初九，六十四岁的李宝臣在病榻上咽下了最后一口气。临死前，他写下遗表，请求朝廷以其子李惟岳接替自己，统领成德军。

李适接到了李宝臣的遗表，看得十分感动，然后他拒绝了李宝臣的请求。因为有着七十六万在籍兵力、一千零八十九万贯财政收入以及二百一十五万余斛军粮储备的李适相信，他已经具备了足够的家当和底气，来一举解决老爹遗留下来的藩镇问题。

无需多言，打完再说！

于是，一场旨在削藩的战争逐渐拉开了序幕。不过，它的最终结局却将是所有参与者都没能料到的。

第十二章
看不见的敌人

　　李惟岳无论如何也想不通，为何朝廷批准自己接替老爹的手续就这么难办。两年前田承嗣死时将魏博节度使一职传给其侄田悦，也就是奏表一上，自己的老爹李宝臣再出面帮衬一下，力劝朝廷接受，朝廷就答应下来了，咋换了个皇帝，就不按规矩出牌了呢？

　　不过说实话，李惟岳也并不焦虑，因为早在李宝臣还活着的时候，成德军便同魏博军、淄青镇达成了秘密协议，约定相互扶持，帮助彼此将各自的地盘和军队都传给各军的指定接班人。先前，成德军已经信守承诺扶田悦上马了，现在是等待回报的时候了。

　　田悦一直在努力，自接到李宝臣去世的消息后，他已经连上多道奏表恳请朝廷任命李惟岳，可结果却是田悦将嘴皮子都磨破了，李适却充耳不闻，坚持不肯。这让田悦感到很没面子，但碍于君臣名分，新上位的田节度使却也不好发作。

　　然而田悦很快就意识到，自己不能不发作了，因为他听到了皇帝关于此事的一番最新表态。

　　据朝中内线传回来的可靠消息，曾有人劝皇帝接受李惟岳的求职，理由很简单，李惟岳已然继承了其父的基业，如若不顺势承认这一既成事实，成德军一定会发起叛乱。可李适的态度很强硬，表示正是由于此前朝廷一味迁就妥协才致使天下的叛乱越来越多，因此他决意通过武力解决所有敢于反叛朝廷的势力，并拿李惟岳先开刀。

原来皇帝削藩的决心已下，田悦不由得倒吸了一口凉气。

这样一来的话，就不是李惟岳一个人的事情了，而是大家的事。有鉴于此，田悦向成德军派出了使者，表示希望携手同心，共同抵抗朝廷，抵制任何形式的削藩之举。

无独有偶，李正己也得到了类似的消息，他也派人找到了李惟岳，表达了同样的看法。于是，成德、魏博、淄青三家一拍即合，结成了反削藩同盟，秘密备战，准备与朝廷随时开打。

然而三家万万没想到，他们刚刚结盟，各自的内部就出事了。

魏博的问题是内部意见不统一，魏博节度副使田庭玠并不赞成与其他两家结盟，对抗朝廷。

别人的意见都可以忽略，但这位田庭玠的意见，却不可以。因为此人是田承嗣的堂弟，按辈分讲，田悦是要恭恭敬敬地叫声"叔父"的，且他曾有力保沧州之功（田承嗣因叛乱被围殴的那次），在军中、地方威望极高，不能不小心谨慎地应付。

此前，田悦因为担心田庭玠不从命，已经解除了他兼任的相州刺史的职务，将其召到身边看管，谁知这正方便了这位老叔天天跑来劝谏。最后，田悦终于还是没忍住，把老叔几句话打发回了家。没承想，田庭玠的脾气也大得很，就此称病在家，谢绝见客，就连田悦亲自登门道歉，都吃了闭门羹。最终，田庭玠本人还因为此事在一年后郁郁而终。

田庭玠死了，田悦的阻力大为减小。不过他此时并不知道，田庭玠心向朝廷的精神却被其次子田兴继承了下来。多年后，继任魏博节度使的田兴将率领魏博镇归顺朝廷，并从当时的皇帝唐宪宗处获得新的名字：田弘正。

成德军遇到的问题同样是军中分歧很大，许多人不赞同公然与朝廷为敌，比如成德军判官邵真听说李惟岳要反后，当时就哭了。他一把鼻涕一把泪地劝谏李惟岳千万不要在服丧期间叛国，而是应当把李正己的使者押送到京师，并主动请求替朝廷讨伐李正己，以此得到朝廷的认可。

李惟岳的智商本就不够用，当时听了邵真的话，觉得很有道理，就让邵真起草奏表，准备执行。

就在这时，长史毕华又来劝李惟岳，说此前成德与魏博、淄青二道结好二十余年，现在突然翻脸实在有些不地道。而且虽然送上了李正己的使者，朝廷却未必会相信；即便信了，也未必会有褒奖。倒是李正己很不好惹，假如他得到消息突然发兵来袭，得罪了众人的成德军势必将陷入孤立,处于险境之中。

李惟岳觉得毕华说得也很有道理,就又听从了,叫停了邵真。

然后,前定州刺史谷从政来了。

这个谷从政是个比邵真、毕华加起来还要厉害得多的人物,此人有胆有识,又喜爱读书,连李宝臣、王武俊都对他忌惮三分,李惟岳更不必说,见了面从来都是老老实实的。当然,李惟岳不老实也是不行的,因为这个谷从政还有另外一个身份——李惟岳的亲舅舅。

俗语有云,天大地大舅舅最大。作为超脱于中国传统的父系家族之外,唯一一个有血缘关系但是没有直接利益关系的男性亲属,舅舅这种存在对于外甥来说是最可以依靠的外援,也是纯天然、无条件的代理人和保护人,没有之一。因而大多数情况下,舅舅说的话都是算话的,当外甥的一般都会听从,但这一次是个例外。

估计是感到老听别人的意见办事显得很没主见,因而这一次李惟岳拒绝听从舅舅向朝廷妥协的建议,准备豁出去与朝廷死磕。谷从政无奈之下,只好返回家中,饮药自杀。其死前曾留言如下:

"我并不怕死,只是痛惜你们张家(李宝臣本名张忠志)就要遭遇灭族大祸了啊!"

诚如是言。

相对于魏博、成德内部的议论纷纷,淄青那边的意见是很一致的——坚决服从司徒(即李正己)的指示!

不过淄青镇也有他们自己要担忧的问题,那就是汴州城的扩建事宜。

汴州就是今天河南省的开封市,这座城当时掌握在忠于朝廷的永平军手里,由于它位于漕运枢纽地带,关系着朝廷的财政收入,因此朝廷很是关注汴州的稳定与发展,经过研究讨论,朝廷决定扩建汴州城,以强化城防,并进一步便捷漕运。

消息传来,李正己不淡定了。因为汴州城距离他的地盘很近,一旦此城扩建计划启动,汴州势必会成为朝廷重兵集结的所在,保不准李适哪天心血来潮决定搂草打兔子,顺便袭击一下淄青镇,那可就麻烦大了。

于是,为了自保并向朝廷施加压力,李正己派出一支精兵驻屯在济阴,成天操练不停,摆出了时刻准备大战的姿态,同时又向徐州方向增兵,严密关注江淮地区的一举一动。

在李正己的影响下,山南东道节度使梁崇义也在襄阳积极整军备战,以防备朝廷或李正己的军队来攻。

怎么，还没说要打你们就主动来挑衅了吗？还把不把我这个皇帝放在眼里！

于是，身在长安的李适也怒了。作为回应，他下令重新调整了中原一带的军事布防：

一、把宋州、亳州和颍州三州单独拿出来组成一个新防区，由新设的宋亳颍节度使统领，而这一职务由宋州刺史刘洽担任（不久该镇被改名，变成了大家更熟悉的那个称呼：宣武军）；

二、把原归永平军统领的泗州划给淮南节度使统领；

三、任命东都留守路嗣恭为怀州（今河南省沁阳市）、郑州（今河南省郑州市）、汝州（今河南省汝州市）、陕州（今河南省陕县）以及河阳三城节度使；

四、以永平节度使李勉为总指挥，统领宋州节度使刘洽和怀郑节度使路嗣恭，并把郑州划给李勉直接指挥。

总之，朝廷是摆出了一副要打就打、你来啊的架势，与李正己等人的兵马直接对峙起来。

一时间，中原之地大有山雨欲来之势，可谓剑拔弩张。但是，最先发生战斗的却不是态势看似最紧张的中原，而是一直安安静静的河北。

建中二年（781年）五月，田悦突然指派兵马使康愔率军八千包围了邢州（今河北省邢台市）。与此同时，魏博军的另一员将领杨朝光则率领五千人马在邯郸西北的卢家砦安营扎寨，直接切断了昭义军的粮饷通路。至于田悦本人则亲率数万人猛攻临洺县（今河北省永年县）。

邢州和临洺县都是当年田承嗣讨伐战中，朝廷从魏博军手中夺回的战略要地，是李豫留在魏博腹地的钉子，如今田悦既然已经决定联合李惟岳反叛，自然要率先拔除这一心腹之患，才好大显身手。

不过既然是心腹大患，自然不是那么容易就能解决的。朝廷对于魏博军的突袭其实早有防范，安排在这两处担任地方官的也不是等闲之辈。所以田悦虽然暂时切断了朝廷的援兵道路并以数倍的兵力加班加点攻打，但在邢州刺史李洪和临洺守将张伾的率众坚守下，魏博军完全没有任何进展，被完美地挡在了城墙之外。

邢州和临洺的表现很给力，而朝廷也没有让前线的守军失望。

李适得到消息后，立即调派河东节度使马燧、昭义节度使李抱真统领所部，并神策先锋都知兵马使李晟一道前往解围。

应该说，李适能做到这种程度是相当不容易的，因为就在河北燃起战火后不久，朝廷和梁崇义那边也打起来了。

其实对于梁崇义，李适一开始是并不打算动手的，因为朝廷此次着重要解决的是李惟岳、田悦和李正己三人，梁崇义虽然与李正己等人有勾结，但他毕竟是地盘最小、兵力最弱的一个，且往日对朝廷还比较恭顺，因此李适最初对他采取的是拉拢并稳住的策略。为此，李适一再拒绝了淮宁节度使李希烈讨伐梁崇义的请求，并杖责、流放了向朝廷检举梁崇义谋反的流民郭昔。

李适所做的这一切都是为了向梁崇义传达一个清晰的信号：别来掺和，就不动你。

但是梁崇义却误解了。或许是当年老领导来瑱的悲剧在梁崇义心中投下的阴影过于巨大，梁崇义对于朝廷的所有动向都异常敏感。特别是这一次，当他听到朝廷派来慰问自己的使臣的名字时，一种厌恶感便油然而生，且挥之不去，因为那个人是李舟。

李舟，时任金部员外郎。这位仁兄担任此职前不过是一个跑腿的使者，他曾经奉旨前去说服据城造反的叛将刘文喜，但估计是说客的本事的确没练到家，还没讲两句就被刘文喜不耐烦地关了起来。但是李舟先生虽说口才不行，可运气好啊，进去不久，刘文喜的部将就反正了，砍了刘文喜归降了朝廷。本来这件事同李舟没有什么必然联系，但不知怎地，各地都开始风传李舟善于鼓动中下级军官，鼓动他们造反主将的，是个仅凭一张嘴便能破城杀将的牛人。

本来就怀疑你们动机不纯，现在居然派了这么个人来我这里，是想拆台吗？！

于是，梁崇义下令严禁李舟入境，并上表给朝廷，称军中疑惧，请求换别的使者来。

李适同意了。他不仅答应了梁崇义的换人请求，还晋升其为同平章事，封赏他的妻子儿女，并赐给梁崇义铁券，任命他的心腹部将蔺杲为邓州刺史，只为一个结果：顺利征召梁崇义入朝。

这一次，御史张著是作为朝廷的特使，携皇帝陛下的亲笔信来的。但梁崇义没有感到荣耀，只是感到了恐惧，前所未有的恐惧。

在梁崇义看来，这是皇帝在把自己往绝路上逼，想让自己步老领导（来瑱）的后尘。

为了确保自己的人身安全，梁崇义下令全军戒严，这才见了张著。

不过这次见面，梁崇义和张著并没有做深入的交流，解除双方心中的种种疑惑。因为在张著宣读完诏令后，梁崇义自始至终只做了一件事：号啕痛哭。

很明显，梁崇义是不肯奉诏入朝的。而遇见这么个一打算做交流就哭得哽咽的活宝，张著也是实在没辙了，只好就此告辞，回长安复命。

回去一报告情况，李适就怒了。在皇帝陛下看来，梁崇义是在装傻充愣，玩弄自己，所以他决定给这个给脸不要的家伙一点颜色看看。

建中二年（781年）六月六日，李适下诏晋封李希烈为南平郡王，加汉南、汉北兵马招讨使，都督各道军队讨伐梁崇义。

此令一经公布，宰相杨炎马上就赶到宫中请求李适收回成命。

他告诉皇帝李希烈这个人绝对不可委以重任，因为此人身为李忠臣的养子，却能毫不留情地赶走对他亲近无比的养父并取而代之，由此可见这个人的薄情寡义。所以，杨炎对李希烈断言如下：

"李希烈为人残暴冷酷，身无战功尚且胆敢骄横不法，一旦他讨平了梁崇义，朝廷将更加难以约束住他！"

别的抛开不讲，就凭杨炎的这句判词，就让人不能不服啊。他的这句话居然说准了未来五年朝廷与李希烈的关系演变，其准确率还是百分之百。

可惜的是，杨炎的所料虽准，但李适却已经不再相信他了。特别是在杨炎一再劝谏后，李适变得非常恼火，倔脾气一上来便更加坚定了任用李希烈的决心。

大错就此铸成，但李适却一无所知。

其实从战略角度看，李适选择在河北地区开战前，抢先灭掉位于唐军侧翼的梁崇义是很明智的一步棋，但问题是出招的时机和打法都不在点上，且一出手就直接搞成了最为不利的两线作战模式，让其他人连补救的机会都没有了。

起初，我也一度认为李适将一手好牌彻底打烂是水平问题，但后来翻看的史料多了，才慢慢意识到，这与水平无关，而纯粹是一个认识问题。李适一开始就高估了朝廷的实力，以为自己能够双拳并出将两边的敌人同时碾压成粉，可现实却通过时间向李适证明了，它比想象中要残酷得多。

对于朝廷的讨伐，李正己和梁崇义早有联合应对的方案。所以一听到风声，李正己的军队就进驻了徐州，扼守在甬桥（今安徽省宿州市）、涡口（今安徽省怀远县）两地，梁崇义则配合着封锁了襄阳周边的所有水陆通道，两个人由此一举切断了江淮通往关中的所有运输通道。

我们前面讲过，由于北方迭经战乱，经济被破坏得很严重，因此自安史之乱以来，朝廷的财政收入主要仰仗江淮的支持，而漕运则可以说是朝廷的命脉所在。现在李正己和梁崇义一上来就截断了漕运和其他运输线路,这无异于拦喉给了朝廷一刀,很是毒辣。

不过,接到通报的李适并不着急。他缓步走到书案前,拿起了一份早就拟好的诏书交给近臣道:"命和州刺史张万福为濠州刺史,处理此事。"

这个张万福就是李适不慌的原因。

张万福,魏州元城(今河北省大名县)人。这位仁兄本出身于儒学世家,但他读书读到一半就弃文从武,改学骑射去了。且十七八岁时就从军辽东,等再回来时已经做了将军。此后,他历任寿州刺史与舒庐寿三州都团练使,打过响马,砍过乱军,守过边关(防秋),名震江淮。用皇帝陛下的话讲,那是草木知威,无人堪与匹敌。

事后的发展表明,李适没有乱捧,而张万福也的确是名副其实。

张万福赶赴涡口主持工作时,已有千余艘来自江淮一带的进奉船滞留在这里,不敢继续前进。

张万福到了之后,没见他调兵沿途保护船队,只见他跨马立在岸边,这就下令让所有船只起航,继续北上。

没开玩笑吧,如果路上被人劫持了咋办?这个责任谁担?

张万福笑了:"放心吧,那种事情不会发生的。因为我在这里。"

于是奇迹真的出现了。在张万福的目送下进奉船缓缓地驶向目的地,而站在对岸的淄青镇士兵居然没有采取任何行动,只是跟着张万福目送船队消失在远方。

这个世界上,所谓的奇迹并非都是巧合,大部分奇迹般的现象其实都是有原因的,只不过它们的因果关系更为隐蔽而已。淄青镇的士兵之所以没有截击进奉船,是因为他们不敢动。他们很清楚张万福的能量,只要眼前的这个人愿意,江淮各地的唐军都甘愿为此人效力,所以一旦起了冲突,淄青镇的老巢很有可能会陷入被群起而攻之的境地。两害相权取其轻,只好让张万福完成他的任务了。

漕运的问题暂时得到了妥善的解决,但李希烈那边却出了岔子。本该立即向梁崇义发起进攻的淮宁军居然迟迟未抵达战场,打响战斗。

面对朝廷派来质询的使者,李希烈对自己贻误军机的行为供认不讳,但他似乎并不认为自己要负责任,因为他有着一个自认为很充分的不打的理由:雨一直下。

下了点雨而已,又不是下刀子,这对行军打仗有什么影响?真是奇了。

李适相信,这绝对是个借口,这其中定有什么隐情。

就在李适深思李希烈的想法时，卢杞说话了。

"陛下！李希烈之所以故意拖延，完全在于杨炎啊！"

这句话提醒了李适。是啊，不久之前杨炎刚刚竭力劝说自己不要任用李希烈，莫非李希烈那边听到了什么风声，所以才找了这么个理由来搪塞朝廷？

不等李适心中下定论，旁边的卢杞解决问题的办法已经讲出来了：

"陛下何必为顾惜杨炎一日之名而坏了军国大事？臣以为，不如暂且免去杨炎的宰相职务，让李希烈放心满意，等到淮宁军平定梁崇义之后，再下诏起用杨炎也不迟。"

说得有理！李适一拍腿，认同了卢杞的权宜之计。

建中二年（781年）七月三日，李适下诏罢免了杨炎的相位，改任其为尚书左仆射，以前永平节度使张镒为中书侍郎、同平章事，以崔宁为尚书右仆射，重新调整了高层领导班子。

就这样，在不知不觉中，杨炎被完全架空了。

杨炎很清楚，什么平叛之后再行起用，都是忽悠。那个位子盯着的人实在太多了，且是一个萝卜一个坑，谁会让位给你，谁愿意分掉自己手中的权力？所以此次离开政事堂，难免会人走茶凉，运气不好的话，还会招来昔日政敌的打击报复。

事后的发展表明，杨炎的运气不是不好，而是很差。因为他被罢相后不久，严郢就上来了。

严郢，字叔敖，华州华阴（今陕西省华阴市）人，进士出身。

杨炎当宰相时，这位仁兄在做京兆尹，因为名气很大，又很有能力，所以别的朝臣都去杨炎那里拜码头，他就不去。

对当时炙手可热的杨炎来说，不依附自己的，自然要给以颜色。

于是，他指使御史张著弹劾严郢，称严郢征发百姓疏浚陵阳渠不力，到头来却将民怨引到了皇帝头上，搞得地方怨声载道。

皇帝怒了，便下令将严郢打入金吾大牢，准备严惩。

然而，事情很快就出现了逆转。

长安百姓在得知严郢的情况后，自发组织了一个有数千人的上访团，每天都准时准点跑到皇宫门外替严郢喊冤。时间久了，李适听到了风声，就把严郢给放了。

可杨炎却依旧不放手。后来，严郢又曾因天旱请求朝廷减免自己辖区百姓的赋税，杨炎趁机指使度支御史前往实地察看，回来之后，御史上奏称严郢所言不实，皇帝便由此将严郢贬为大理卿。

所以有了这两件事，杨炎和严郢的关系可谓极其恶劣，不共戴天。

由严郢出面的话，必能将杨炎置于死地，而且还不会暴露自己。

想到这一点，卢杞便向朝廷举荐严郢出任御史大夫。

考虑到严郢为人还是比较正派的，而且还有做监察、司法的工作经验，所以皇帝批准了。

杨炎的悲惨结局就此注定。要知道，兔子急了还会咬人呢，更何况是连遭杨炎恶整的严猛人。

不出所料，严郢出任御史大夫后，已经完全被复仇的念头所支配，一上来就奔着杨炎去了。不过，严郢的目标不是老谋深算的杨炎本人，而是他更好突破的儿子杨弘业。

估计是既要推两税法又要搞斗争，实在太忙，杨炎对子女的教育放松得太严重。他的儿子仗着老爹权大势大做了不少违法乱纪的事情，所以严郢二话不说就派人把杨弘业抓起来审讯。

杨弘业也就是个狐假虎威的公子哥，哪有什么硬骨头，打了几下再一吓，就什么都交待了。

从杨弘业的供词中，严郢敏锐地发现了足以彻底扳倒杨炎，并让他永远不能翻身的关键点：家庙。

传统社会的中国人是非常讲究"敬天法祖"的，所以一族在村里有宗祠，一家在家中会有先祖堂，而像杨炎这种级别的高级干部档次会更高一点，往往会盖一座家庙用来供奉祖先。杨炎修的这座家庙，位于长安城东南的曲江岸边。为了把庙修好，当时杨炎曾委托时任河南尹的赵惠伯把自己在洛阳的一座宅院卖掉，拿卖房钱充作建庙费。

恰好赵惠伯有更换河南尹官署的想法，所以他当即拍板拨款（公款）将杨炎的宅院买下，当作新的官衙使用。

平心而论，赵惠伯的行为的确有讨好杨炎的意思，但严郢则认定这不只是讨好那么简单，在他看来，杨炎是利用职务之便，从中牟利，而赵惠伯则是帮凶，为杨炎输送利益，属于变相行贿。所以他下令将赵惠伯逮捕，并严加审讯。

赵惠伯拒不承认他是在杨炎的指使下购买那处宅院的，当然，他更拒绝了做污点证人换取免罪的提议，坚称自己和杨炎都是清白的。

严郢并不是一个坏人。如果此事与杨炎无关，得到赵惠伯这样的回答，他会重新梳理案情，再作定论。可是这一次他早已化身为一个真正的复仇者，程序、法理，一切都不重要了，重要的是唯有让杨炎付出应有的代价。

"大刑伺候吧！"

严郢不假思索地下达了命令。

建中年间的监狱虽然比武则天时期的文明得多，但那会儿流传下来的各种能够令人后悔生出来的刑具都没丢下，说用就能用。

几番操演下来，赵惠伯终于被屈打成招。

拿到严郢送上的最新供词，卢杞终于露出了笑容。他随即找来大理正（相当于今天的最高法院院长）田晋议罪。

田晋想了一下，回答道："宰相授意属下官员操纵市价，并在公物交易中获利的，依照相关法律，相关主管官员应视同索贿论处，予以撤职处分。"

卢杞的笑容当即僵在了脸上。

费了那么大功夫，最后就仅仅是免官吗？！去你的吧！

他一怒之下将田晋贬为衡州司马，选了另一个官员来出任大理正一职。

这位新人就很乖了。不用卢杞多讲，他就给出了令宰相大人非常满意的答案。

"这是监守自盗，理应判处绞刑！"

很好，很好。不过要保证杨炎死得透透的，这个罪名之上还要再加上一点：占据王气之地。

按照卢杞的说法，杨炎买来修家庙的那块地是一块有王气的土地。开元年间，宰相萧嵩曾看中这里，想要在此立家庙，但被玄宗皇帝发现不妥，撵走了。如今杨炎胆大包天，明知此地特殊，却偏偏在上面盖庙，实在是别有用心。

果然，这么一报罪名，效果便大不一样了。皇帝陛下是脸色大变，当即下令复核之后，贬杨炎为崖州司马同正，不久又追加新命令，直接赐死。

杨炎就这样死了。他是被冤杀的。

那又如何？

刘晏死得也很冤枉。

只能说杨炎输给了一个比他更奸狡狯猾、更精于算计、更心狠手辣的人。

卢杞的确比杨炎更狠毒，他不但进谗言害死了杨炎，杀了受到杨炎牵连被贬官的赵惠伯，还把黑手伸向了作判决的严郢，找个机会整了严郢一把，将其贬为费州刺史。

在前往费州的途中，严郢遇到一户人家出殡，一问之下，他才得知这是赵惠伯的家人在送丧。

这一刻，严郢终于醒悟了自己的罪过，作奸犯科、草菅人命，卢杞固然是主谋，他却也是帮凶。

严郢深感惭愧不安，所以他只比杨炎、赵惠伯多活了一年，最终在贬所抑郁而终。

卢杞无疑是这次事件的最大胜利者，他在不惹人注意的情况下，借刀杀人，除掉了大敌杨炎，又略施小计清理了可能的隐患严郢，还同时博得了李希烈等不爽杨炎的藩镇将领的好感，可谓一举在朝中站稳了脚跟。而他的运气之好还不止于此。他代替杨炎主持朝政后不久，一直不见起色的战场上居然传来了捷报——马燧等将击破了田悦，解除了临洺、邢州之围。

接到朝廷命令的那一刻，河东节度使马燧就清楚地意识到，此战的难点不是击败魏博军，而是顺利抵达战场。因为此番行军一路上多是险要地形，又有田悦部将杨朝光率兵驻扎在前方，如果魏博军沿途步步阻击，处处设伏，估计自己手上的这两万兵马等不到踏上河北的土地就打光了。所以，必须让田悦不在路上打埋伏才行。

这就有点异想天开了吧，田悦又不是你儿子，更何况兵法有云：兵者，诡道也。你不想让他阴你，他就乖乖听话不下黑手了吗？

面对诸将的怀疑，马燧笑了：

"我当然是有办法的。"

在率军穿越壶关天险之前，马燧向田悦处派出了使者。

马燧的使者恭敬地向田悦传达了马燧的问候与敬仰，田悦表示很是受用。这也难免，因为五年前在讨平汴州叛将李灵曜的战斗中，田悦曾被马燧击败过，而且还是以数万人败给四千人的大败。现在当年的胜利者主动派人认怂，这着实是一件让人身心愉悦的事啊！

在马燧的示弱下，田悦被成功麻痹了。马燧遂与昭义节度使李抱真合兵一处，日夜兼程，终于在七月初抵达邯郸近郊。

马燧赶到河北的时候，固守临洺县的张伾已经到达了他的极限。此时的临洺城中，能吃的食物基本已经吃光，能赏的财物也几乎已经赏光，张伾已经没有办法再鼓励他的士兵们继续坚守下去了。

不，或许还有一个。

在召集了全城的守军后，张伾把自己打扮好的爱女带到众将士面前，宣布将卖掉自己的女儿作为将士一天的费用。

那一天所有的守军将士都泣不成声，他们发誓，将以死捍卫这座城市，至死方休。

虽说守军的士气大振，但面对敌军的优势兵力和更大规模的进攻，张伾敏锐地觉察到，临洺的抵抗将很快再次抵近极限。

再也不能拖延了，需要增援。

此时张伾已经得知马燧的河东军、李芃的河阳军以及昭义军已然奉诏来援，且已进至狗山、明山一带，但就是迟迟没有进一步的行动。张伾急了。鉴于不能派人出城询问情况，张伾派人连夜制作了一只巨型纸鸢（史载："高百余丈"）放飞了出去。

这只纸鸢上一定有着十分机密且关键的信息。当纸鸢飞过城外的魏博军营地时，田悦立刻作出了这样的判断。于是，他赶忙命令军中的神射手将天上的纸鸢射下来。但是得令的神射手却发现这是一件很难办到的事情。因为这只纸鸢飞得极高，已经大大超出了箭矢可以达到的范围。

就这样，纸鸢飞啊飞，飞出了魏博军的视野范围，来到了马燧军驻扎的营地上空。

如此巨大的纸鸢几乎是第一时间就引起了马燧士兵的注意，在一番努力下，马燧的士兵们成功拿到了纸鸢上的书信，并将信件立即呈送给了主将。

马燧马上打开书信，却发现上面并没太多的内容，只有一句话：

"三日不解，临洺士且为悦食。"

这下马燧也急眼了。三日之内如果不打赢，这趟就白跑了，孙子也白装了。

于是，马燧一转手就干掉了田悦派过来的使者并派兵击破了魏博军一部，射杀其统兵将领成炫之。

当时田悦正亲自率军围攻临洺，挡在唐军各部前面的，是田悦麾下大将杨朝光所部。这位杨朝光兵力大约为一万人，他在临洺南面的双冈设立了东、西两座营寨来抵挡马燧。杨朝光本以为在深沟坚营面前，唐军必然不敢贸然行动。谁知，马燧居然带着李抱真、李晟部直接冲了进来，还在魏博军构筑起的栅栏之间搭起了营寨（"营于二栅之中"）。

冲过来了不开打，却搞起了土木工程，这令魏博军上下大惑不解。东营驻军的胆子比较小，怕出事，所以当晚就跑回去找田悦了。

所以第二天一早,马燧立即进兵明山,占据了魏博军丢弃的东营,进一步接近了临洺。

对于马燧的最新动向,魏博军的高级将领纷纷表示忧虑,但田悦却显得胸有成竹:"杨朝光那边营垒坚固,手下有一万兵马,假使马燧真的尽遣精锐全力攻打,没有几天的时间也是打不下来的。就算他侥幸地攻破了杨朝光部,他部队的损失肯定也不会小。我此番一定会攻下临洺,届时犒赏三军,乘胜与马燧决战,定能大胜!"

话是这样讲,但田悦也不打算赌运气,因此他还是派出了从李惟岳那里借来的五千士兵前去助杨朝光一臂之力。

距离张伾给出的三日之期,时间已经不多了。所以不要说对方有一万人,就是有十万人,马燧也要咬着牙带人拿下杨朝光的阵地。

马燧带领唐军发起了开战以来最为猛烈的攻势,其进攻的凶猛程度连久经战阵的杨朝光都深感震惊。只见唐军像潮水一般,一波接一波地涌上来,且每个人看起来都格外激动,甚至有许多人还赤膊上阵,提着刀毫不躲闪,就是一味地猛冲过来,碰谁斩谁。

唐军几次冲锋后,杨朝光前军几乎全线崩溃,营中也因此开始混乱起来。再这样下去是不行了,杨朝光赶忙派人找田悦请求援兵。

田悦很愤怒,他意识到自己被马燧给耍了。是不是先攻下临洺,对于田悦而言已经不再重要了,重要的是干掉马燧,并将他碎尸万段!

田悦带了上万人就这么朝马燧军所在的方向猛扑过来,但是来势汹汹的田悦只走到双冈就过不去了。因为有一支唐军在此对魏博军发起了阻击战。

这支唐军是马燧提前安排的,由马燧部下大将李自良、李奉国统领,以河东军的骑兵及神策军的一部为主要战力,其任务就是在双冈不惜一切代价挡住田悦的援军,以保证唐军大部队彻底击垮杨朝光。

由于此战胜负事关重大,甚至可能直接影响临洺城的得失,所以马燧也下了死命令,表示如果放田悦过去了,就斩掉李自良。所以在李自良的亲自督战下,唐军打得非常顽强,魏博军士兵们猛攻了几次也无法突破唐军的防线,最后田悦被迫领军撤退,折回到了临洺城下。

李自良出色地完成了阻击任务,马燧那边也没有辜负大家,凭借着火车(火攻的木制推车),唐军焚毁了杨朝光营前的重重栅栏,成功突破,最终击败守军,并斩杀了杨朝光和魏博军的另一员大将卢子昌。

五天后，马燧进军临洺。在这里，他再次与老对手田悦相遇，一场大战自然在所难免。

田悦这一次押上了自己所有的家当（"悦悉军战"），摆出了破釜沉舟的架势。唐军这边也不白给，马燧为鼓励士兵，亲自统领一支精兵上阵参加冲锋，且见哪里战事激烈就往哪里扑。

此战无须介绍什么战术了，因为双方基本都没有战术可言，就是两军骑兵对冲，步卒对斩，谁更能砍，谁更善砍，谁就能赢。

激战几乎整整一天，交锋了一百多个回合后，马燧取得了最后的胜利。

田悦再一次大败了，这一次他一下子损失了一万多人，三十万斛军粮，以及不可胜数的盔甲兵器。战败当天，田悦连夜收拢败兵溜掉了。临洺、邢州之围就此解除。

不过，选择离开战场的田悦并没有撤回自己的老巢，而是引兵退保洹水，并向淄青、成德军求救。

关于下一步该怎么走，其实田悦心里是没数的，他只知道如果自己就这么灰溜溜地回去，说不定没多久就被手下那些骄兵悍将给轰下台了。所以他需要的是一场胜利，至少能够挽回一点面子。可由于水平有限，田悦苦思冥想了半天，也没想出一个高招来。

田悦没办法了，只好找来了伯父时代的老将、贝州刺史邢曹俊询问对策。

邢曹俊给出的意见是在崞口部署一万军队，阻断唐军的东进之路，然后以蚕食加渗透的方式逐步控制河北一带。

要说姜果然还是老的辣，邢曹俊提出的这种扩张方式是最令人防不胜防的。趁你不注意，就刨你两亩地，稳定住了，然后再来，每天占一点，步步为营，积少成多。朝廷也犯不着为了几个村的地盘发兵讨伐你。这一招虽然很耗时间，但是效果显著，特别是对田悦这种实力不是很强且朝廷盯得很紧的地方性军阀而言，最为稳妥。

然而邢曹俊刚把自己的想法说出，就立即遭到了田悦手下众将的一致反对。他们认为邢曹俊的计策过于浮夸，不够靠谱。就算真的如邢曹俊所言，假以时日河北二十四州都将归魏博所有，但隆中对搞到最后都因为时局变化而难以贯彻，谁能保证在魏博闷声搞扩张期间，天下不会发生什么大事件，影响计划的顺利完成。

当然，在这些将领心中，还有一个不能同意邢曹俊计策的理由，不过这个理由不太方便说出来。

既然将领们不愿意说,我就替他们说吧,这个心中暗藏的理由,就是军功。

这些将领们都是魏博军的中青世代,年纪并不很大,资历也相对有限,他们之所以能到如今这个位置,都是靠战场上打仗拼出来的,那真是每往上走一个台阶,都是血流成河,伏尸千里。那实在是不容易啊。

如果田悦采纳了邢曹俊的策略,以后魏博军的将领们就没有大仗可打,基本上就剩下了小打小闹。这不仅意味着他们无法进一步得到成长,锻炼能力,也意味着没有大功可立,没有迅速得到提拔的可能。这样一来,这些中青世代的将领们将会长期位居人下,受到像邢曹俊这样的老将的压制。

糟老头,你凭什么要断我前程!

客观地看,中青世代的将领们集体反对是有道理的,毕竟位子就那么几个,老的占住不走,年轻的还没有功劳可记,换成谁在那种形势下都不会保持沉默的。

利益,只有利益才是能够决定事情走向的关键。

此理亘古不变。

在田悦平素所亲信的扈崿、孟希祐等几个将领的坚决反对下,田悦拒绝了邢曹俊的建议。当然,他也没有再找其他人来商议对策,因为已然没那个工夫了。马燧等人率领的唐军已经在距田悦部队三十里的地方下扎了营寨,新的战斗即将打响。

此时,田悦收拢回麾下的兵马有两万多人,而来自淄青和成德的盟军也相继赶到了,分别驻扎在魏博军的东面与西面,三路人马首尾相应,在洹水流域严阵以待。

淄青那边派来的是大将卫俊,兵力为一万人。成德军那边派来的援军数量虽少,只有三千,但却是精锐的恒州兵。于是田悦再次有了底气,他派出部将王光进率领一支部队前进到漳水流域守住了那里的长桥,并筑月垒(半月形的防御工事)挡在了唐军的必经之路上,使得马燧无法轻易过河,对魏博军发起进攻。

其实马燧并没有打算立即发起进攻,因为他在等一个人。

建中三年(782年)正月,马燧所等的那个人终于到了。此人姓李名芃,字茂初,时任河阳节度使,此前一直是永平军节度使李勉手下的得力干将。马燧几经周折上奏皇帝要来了李芃,是因为他相信李芃是个特殊的人,能够帮助他取得这次作战的胜利。

马燧没有料错,李芃确实马上就将凸显出他关键性的作用来。有意思的是,这一作用的展现其实同李芃的聪明才智没有太大关联,而主要是与他的经验密切相关。

我们前面介绍过河阳城，相信大家还有些印象。这座城比较特殊，是由河中沙洲上的中潭城及河两岸的两座城一起组成的，河网水系复杂发达，且桥梁众多，样式齐全。李芃在任河阳节度使前，他的职务则是河阳三城镇遏使。

作为老河阳，李芃有着极为丰富的河域及桥上的战斗经验，而且他大半辈子都在打水匪河盗，应该算是军中水战方面的专家。马燧认定，要彻底战胜田悦，真正把魏博军打残，必须把这个人要过来，必须借助他的经验。

现在，人到了，马燧认为可以组织进攻了。

唐军要想打过去，先要做的是过去。面对一条大河波浪宽的局面，田悦相信马燧必定要花大力气征调船只才能渡河，但马燧却以实际行动告诉了田悦，我们蹚过去就成。

马燧没有开玩笑，唐军士兵真的是直接蹚过去的，没有用船。

因为马燧提前命人连夜赶制了数百辆以铁索相连的战车，并派兵将这些战车一起丢进了河里，再找来土囊夯实，于是乎，一道即兴而成的简易水坝就横在了河上。如此一来，下游的水量便减少了很多，可以让士兵们涉水而过。

听说唐军顺利地过了河，田悦有些吃惊，但并不慌张。因为他早就听说唐军军中缺粮，只要自己坚壁不战，唐军军粮一断，必定大乱，那时恰好可以伺机进攻，一举得胜。

田悦能够想到的问题，唐军的将领们自然也能够意识到。为此，李抱真和李芃一起找到马燧，向他询问此番只命令各军携带十天的口粮就深入敌境，究竟有何打算。

马燧是这样回答二人的：

"粮少利于我军速战速决。如今田悦一方坚守不出，就是意图拖垮我军。我如果分兵进攻其左右两翼，因为兵力单薄，恐怕未必能击破敌人，而田悦一定会发兵救援，如此一来，我军将腹背受敌。所以，我决定按兵法所言攻其所必救，直接全力进攻其营垒薄弱处，逼他出战。如果他出来的话，我保证一定为各位击败他！"

事已至此，军情紧急，也别无选择了，就狠狠地打一场吧。

在李芃给予技术支持打造的三座浮桥的帮助下，唐军顺利渡过了洹水，直抵田悦营前。转了一圈后，唐军的前锋部队发现，田悦此次的营寨比之前见到的坚固得多，基本没有破绽可寻，所以硬攻只好改为了挑战。

然而任凭唐军士兵从上午骂到黄昏，骂到嗓子冒烟，叫骂遍了田悦的三代亲属，田悦就是充耳不闻，躲在营中不露面，更不许一个魏博士兵出营。

田悦有自己的算盘，他算准了今天一天自己坚守不出，明日马燧一定还会派人继续来挑战，因而他趁夜埋伏了一万士兵，准备在明天偷袭唐军。

田悦在为明天的剧本做自己所需的安排调度，与此同时，马燧也在做同样的事。

半夜时分，马燧召集全军，令大家吃饱了饭，然后命令军士在鸡鸣之前擂起战鼓、吹响号角，全军振奋精神，沿洹水前进，一路开往田悦的大本营魏州（今河北省大名县）。

不过，在全军正式踏上征途之前，马燧又下了这样一道命令："敌人如果追来，各军就停止前进，严阵以待。"

奇怪了，那此行到底是要攻打魏州还是怎么着呢？

其实奇怪的并不只是出征的大部队，被马燧留在营垒里的一百名骑兵也有点搞不清楚情况，因为马燧给他们布置的任务如下：

一、继续擂鼓吹号，直到大军完全出发后，就离开营垒，藏匿在附近；

二、走之前抱上柴火，拿足火把，如果发现田悦的部队跟着渡河，就在敌军全部过河之后，烧毁浮桥。

骂死也不出战的田悦真的会主动前来追击吗？留守在营地的骑兵们有点不太相信马燧的预言。毕竟这一切听起来有点玄。但这一百人很快就改变了他们的看法。因为马燧率领大军出行后不久，田悦的身影居然出现在了浮桥上。

当从侦察兵处得知马燧率军奔袭魏州的消息时，田悦大吃一惊。不及多想，他立即率领本部兵及淄青、成德两镇援军，总计四万人一起渡河追赶。

田悦的打算是出其不意地率军掩袭马燧的后军，并乘风纵火，扰乱唐军上下，伺机取胜。由于这次行动是突袭性质，胜算很大，联军各部队皆奋勇争先，情绪高涨。

探知田悦终于出兵了，马燧十分兴奋。此时唐军已经行军到了十余里之外的一片草地，马燧闻讯当即下令唐军各部停止前行，原地待命。然后命令各部，就地斩除荆棘杂草，开辟出一块长宽各百步的阵地来。

阵地转眼间便开辟完毕，只见主将马燧亲自率领五千余名勇士在大阵的最前方列阵，静候田悦来袭。

田悦很快到了。不过可能是追得太急的缘故，联军的火把很多都熄灭了，而且士兵们还跑得有点喘。

正是时候。马燧发动了攻击。

没有思想准备的联军顿时大乱，被打了个措手不及。田悦见不对头，赶忙率军后撤，却惊讶地发现身后的浮桥竟然都被焚毁了。这就真的没办法了。

在河东军、神策军、昭义军、河阳军这唐军排名前五的四路军队的合击下，魏博、淄青、成德的叛藩联军终于完全崩坏了。

此战，唐军斩首二万余级，斩杀敌方大将孙晋卿、安墨啜，生擒三千余人，将淄青军消灭殆尽，叛藩联军"死者相枕藉三十余里"，"溺死者不可胜计"。田悦跑路的时候，身边只剩下了千余名骑兵追随，可谓惨极。

然而事实证明，没有最惨，只有更惨。田悦好不容易带人趁着夜色狂奔到了自己的老巢魏州，却吃了闭门羹。其麾下大将李长春审时度势，决定趁机归降朝廷，因此严令不得开门，他要等待唐军的到来，并送上田悦这个最好的归降大礼。

不过事与愿违，唐军直到天亮也没有追赶上来，所以最后田悦入城，李长春被杀，唐军一举荡平魏博的良机也就此失去。

关于为何没有乘胜追击，直捣魏州，事后官方给出的解释是此役讨伐的主要对象是不遵皇命擅自接班的李惟岳和李纳（淄青李正己之子，在老爹去世后，封锁消息，自领淄青镇军政），并非田悦，所以才几乎全歼了淄青军，而放了田悦一马。

这个消息一听就是用来忽悠的，不可真信。真实的情况其实是唐军将领之间，具体到个人，就是马燧与李抱真互相之间不对付，都担心对方会趁自己全力进军之时在背后捅刀子，所以谁都按兵不动，最终使得大好的机会白白丧失。

很遗憾，但是没办法，木已成舟，总不能把这两个忠于朝廷的大将也逼反吧。所以朝廷只能忍了。但是对于有些将领，朝廷是无论如何也忍不了的，比如李希烈那样的。

李希烈是在建中二年（781年）的八月才真正同梁崇义军交火的。两军交战的原因并非李希烈见朝廷贬谪了杨炎，他想开了开始进军，而纯粹是由于他遭到了梁崇义的主动进攻。

我们提到过，梁崇义是几个闹事的节度使里面最弱的一个，兵力、地盘都很有限，但是梁崇义先生本人却有着一颗渴望发展壮大的心。见李希烈迟迟没有动静，梁崇义决定先发制人。

他派兵南下进攻江陵，意图打通通往黔中和岭南的道路，向南方发展自己的势力。但是梁崇义的部队刚刚走到距离襄阳不远的四望山（今湖北省南漳县南三十里），就被守在当地的唐军打得大败而归。

梁崇义很生气，后果很严重。他出兵突袭了襄阳近郊临汉的一座唐军营寨，并将营中的一千多人杀了个干干净净。

梁崇义这下子可真的捅了马蜂窝了，因为驻扎在临汉的那一千多人都是李希烈的兵。

老子没去打你，你竟敢惹老子，还灭了老子一营的人！作死啊！

李希烈怒了。他决意出兵灭掉梁崇义，为被屠戮的士兵们报仇雪恨。

事实证明，李希烈发起怒来，是非常凶狠的。他亲自统兵以极快的进军速度沿汉水高歌猛进，第一战就一举大破梁崇义的部将翟晖、杜少诚，然后淮西军就如同狗皮膏药般贴住两个人不放，一路从蛮水追到了湨口又击破了一回。

翟晖、杜少诚真的是没有办法了，打又打不过，甩又甩不掉，最后只好向李希烈请降。

李希烈接受了二人的投降，不过他有一个条件，那就是他们必须统领本部人马返回襄阳，替朝廷招徕襄阳军民归降。

翟晖和杜少诚同意了，于是朝廷的宣抚政策终于传进了被梁崇义重重封锁的襄阳城。

这一下襄阳城彻底爆炸了，城内军民这才知道原来梁崇义已经被朝廷定义为叛逆。于是乎，大家都不干了，纷纷逃出襄阳，甚至连梁崇义军中守城门的将士也溜号了。

军心大乱，大势已去，梁崇义已然无力阻止，更无路可走。绝望之下他和妻子投井自杀，襄阳城由此不战而下。

进入襄阳后，李希烈做的第一件事就是下令把梁崇义的尸体捞了出来，斩首，送人头到长安报功。第二件事是将襄阳城中与梁崇义沾亲带故的所有亲戚都找出来，全部杀死。第三件事则是将参加过临汉之战的三千多襄阳士兵全部斩杀。

李希烈讨平了梁崇义，而且比李适想象中的还要干净利落，所以皇帝陛下极为高兴，当即加封李希烈为检校尚书右仆射、同中书门下平章事。

武将获得宰相的称号，这在当时可以说是一个至高无上的殊荣，从中可以看出皇帝陛下对李希烈的欣赏。

然而得到这一任命的李希烈却高兴不起来，他要的并不是这些虚头巴脑的荣誉，真正能让他提起兴趣的，唯有梁崇义留下来的这几州的土地和人口。可是朝廷却任命李承担任新一任的山南东道节度使，去接管襄阳。很显然，朝廷并不愿意将这片土地交给李希烈统领。

李希烈再次愤怒了，但这一次效果并不大，因为李承是个软硬不吃的人，李希烈想了各种方式都没有办法驱逐他。但是李希烈此时尚不敢公然反叛朝廷，只能在襄阳一带纵兵大肆劫掠一番，抢点钱财返回淮西。

李希烈的行径给襄阳一带造成了极为严重的破坏，让李承花了一年多时间才好不容易使襄阳恢复了生气。但事实证明，这只是李希烈一系列报复行动的开始，更大的风暴将在一年后袭来。

作为梁崇义在南线的盟友，从梁崇义军被李希烈军猛打，到梁崇义本人被迫投井自杀，淄青镇从始至终一点动静都没有，基本是全程旁观。但要说起来，这也不能完全怪淄青镇不讲信义，只能说梁崇义先生的运气实在太背，因为和梁崇义订立友好互助协议的李正己病死了，淄青高层一直忙着封锁消息，实在是腾不出手来啊。

当然，对于淄青镇的继承者李纳而言，最为紧要的事情同样是获得朝廷的认可，好名正言顺地统领一方。可是收到申请表的李适再次回答了"不"，这就没办法了，为了名分，李纳必须和朝廷死磕到底，迫使皇帝承认自己的节度使身份。

不过，李纳要比李惟岳精明得多，他很清楚自己不需要为此与朝廷公开翻脸，他只需要帮助李惟岳打赢这场"继承人战争"就可以了。只要李惟岳获胜，身份得到朝廷的认可，他自己的问题届时便可得到援例解决。

然而在北线战场的李惟岳的状况并不很好，因为张孝忠、王武俊这两位李宝臣昔日最能打的大将先后背叛了他。

最先甩掉李惟岳的，自然是张孝忠。这位仁兄是被范阳节度使朱滔的属下判官蔡雄直接劝降的。而为了实现进一步分化瓦解成德军的目的，李适表现得非常大度，不仅赦免了张孝忠以前的所有罪状，还下诏任命张孝忠为成德军节度使。

消息传到李惟岳处，李惟岳当场被吓住了。因为他很清楚张孝忠的能量，此人不但能打，而且十分了解成德军的作战特点和弱点，要和这样一个知晓自己底细的人作战，实在是一件容易让人抓狂的事。

但是李惟岳暂时还不担心与张孝忠交手的问题，直到建中二年（781年）年底，李惟岳的部队才真正与朝廷委派的讨伐军开打。

这可以说是这场战争最有意思的地方，明明挑起事端的是李适和李惟岳这两位仁兄，但这两位却迟迟没有打起来，倒是来帮忙助威的两位，一个被打得家底殆尽，一

第十二章 看不见的敌人 · 277

个更被直接灭掉了。实在是让人不觉长叹哪！

随着战事逐渐朝着有利于朝廷的方向发展，李适决定进一步向李惟岳施压。

建中二年（781年）十一月十五日，李适下诏免去李惟岳的一切官爵；同时无条件赦免归降朝廷的李惟岳部下将士，且给予一定的财物赏赐。

在朝廷的暗示下，幽州节度使朱滔和新任成德军节度使张孝忠加强了北线战场的攻势。

建中三年（782年）正月二十，朱滔与张孝忠联手攻克了由田悦部将孟祐（特来支援李惟岳的）驻守的束鹿（今河北省辛集市），随即乘胜进击，包围了深州（今河北省深州市），深入到了成德军的腹地。

此时得到消息的李惟岳立场再次发生了动摇，在掌书记邵真的建议下，他派自己的弟弟李惟简入朝代替自己向皇帝当面请罪，然后开始准备诛杀那些不从命的大将，亲自觐见李适。

李惟简刚刚上路，消息就传到了来帮忙的孟祐的耳朵里。这位仁兄是个坚定的田承嗣路线执行者，对朝廷从来没有一丝好感。为了阻止李惟岳毁掉李宝臣的基业，他秘密派人前往魏州，向田悦报告了相关情况。

田悦一听就怒了：老子若不是为你的事出头，何至于现在落到如此地步？！

于是，怒火中烧的田悦二话不说，派手下牙官扈崟来到成德镇，大骂李惟岳背信弃义，恩将仇报。

在李惟岳被人当面骂得狗血淋头、狼狈不堪时，李惟岳的判官毕华站了出来，表示有话要讲。

李惟岳很高兴，马上允许。他原以为这位仁兄是来替自己出头骂回去的，谁知，毕华一上来就说了这么一句："田尚书是因大夫之故身陷重围的，大夫一旦辜负了他，就显得太没义气了。"

得，傻眼了，这下傻眼了。敢情这哥们儿是来助攻的。

在这位毕华兄同样凌厉的言语攻势下，李惟岳那本就脆弱的心灵又遭受了一波沉重的打击，他被骂得抬不起头，背上冷汗直流。

"那事到如今，你们说怎么办吧！"

李惟岳终于勇敢地发出了怯生生的声音。

"大夫明鉴。魏博和淄青两镇兵强粮多，足以对抗天下之兵，且孟祐实乃骁将，王武俊更是善战，如今有此二将在，最后胜负尚难预测，您何必要匆匆出此下策，向朝廷俯首称臣呢？"

李惟岳素来就没啥主见，毕华的话又极具煽动性，于是，李惟岳决定按照扈岌的要求，斩杀邵真与魏博和好如初。

邵真就这么被抓来处死在扈岌的面前。随着邵真的被杀，李惟岳的选择仅剩下了唯一的一个——和朝廷死磕到底。

正月二十二，李惟岳派遣孟祐率军包围了束鹿，不久成德军与朱滔、张孝忠的部队在城下展开大战，成德军再次大败。这次战败导致的直接结果是李惟岳的大将赵州刺史康日知奉赵州归降朝廷。

康日知的倒戈对于李惟岳无疑是一个巨大的讽刺，所以他决定先拿出最精锐的部队清理门户，拿下赵州，并拿康日知的项上人头来教训那些蠢蠢欲动、打算背叛自己的人，让他们懂得，对我李惟岳也要绝对忠诚！

当然，攻下赵州还有很多其他的好处，比如重新提振军队的士气啊；向友军表达自己绝不降服的决心啊；改变有些一边倒的战况，以便徐图再战啊；等等。

要打康日知，李惟岳已经决意派出看家的牙兵出战，但在领兵的人选上，李惟岳却犹豫了。因为是解决成德军内部的问题，自然不方便派田悦那边的孟祐去，牙将卫常宁虽然能力很强，但有个问题——威望不高，除了能镇得住牙兵，其他部队基本不认这号人，所以有必要再找一个人当前敌总指挥。

这个人必须有威望、有能力、有经验，能确保旗开得胜。

能达到这一要求的，成德军中，只有王武俊，别无他选。

可是李惟岳并不想用王武俊。

王武俊个人能力太强，战功又多，还很受士兵爱戴，这样的一个人，以李惟岳的水平，是压不住的。对此，李惟岳心知肚明。但鉴于他的儿子王士真是自己宝贝妹妹的丈夫，而王武俊平常又表现得非常低调，所以一直忌惮王武俊的李惟岳才能一直忍着不下杀手。现在如果让他统领精锐，一旦有个二心，学习了康日知和张孝忠，李惟岳很确信自己必死无疑。

但事到如今，李惟岳也别无选择，在军中众将的劝谏下，李惟岳几乎是咬着牙宣布了命令。

令步军使卫常宁领步兵五千，兵马使王武俊率骑军八百同讨康日知！

当然，为了防止王武俊一时脑热犯错误，李惟岳留了个后手，那就是令王武俊的儿子王士真将兵宿卫自己府中，美其名曰委以重任。实际上大家都心知肚明，王士真守卫李惟岳的唯一方式，就是成为他的人质。

得知围攻自己的部队主将是卫常宁和王武俊，康日知意识到，自己这是真的把李惟岳给惹毛了。不过不要紧，康日知相信机遇往往会伪装成危机的样子来考验自己，只要能把握住那个点，自己不但没有性命之忧，而且还可以再立一场大功。

那个点就是王武俊内心压抑已久的委屈与不满。

事实证明，康日知派出的使者是够格的，他成功地引发了王武俊积压了多年的怨气。送走了康日知的使者，王武俊就找来了平日与自己关系不错的卫常宁道："我王武俊尽心于本使，忠心不贰，可大夫（即李惟岳）喜欢听信谗言，一直十分猜忌我。那种朝不保夕的日子长此以往，我岂有活路可走！所以这次用兵赵州，无论是否告捷，我都不会再回恒州去了！家中妻子儿女任他屠灭，我将北上定州投奔张尚书（指张孝忠）去也，岂能持颈就戮！"

卫常宁对王武俊的处境和选择表示理解和认同，但他并不赞成王武俊直接跑路的主意，他有更好的办法。

卫常宁建议王武俊直接倒戈，带领军队打回恒州，干掉李惟岳。如果事情成功，可以凭借此功，依据先期颁布的圣旨获得李惟岳的职位。假使事情失败，也不过是继续现在的选择，出逃在外，投奔张孝忠。

听了卫常宁这番话，王武俊豁然开朗，他决定一不做二不休，拼一把。恰好此时李惟岳派侍从官谢遵来到王武俊营中传达命令，王武俊便做通了谢遵的工作，让他充当内应，在约定的日期开启城门，放王武俊的部队杀入城中，拿下李惟岳。

约定的日子很快就到了，王武俊得到了约好的信号。在这一刻，长期的苦闷、恐惧和等待，最终化为了一声怒吼：

"跟我冲，拿下逆臣贼子李惟岳！"

由于谢遵和王士真之前的宣传工作干得太过出色，城内的许多士兵都很同情王武俊，躲在营里不出去，所以王武俊和他统领的数百骑兵如入无人之境，一举杀进了李惟岳的府中。

控制了府门及城门后，王武俊再次派人宣讲了一遍政策：今天只找背叛朝廷的李惟岳算账，有敢抵抗的，族诛不赦！

这下子所有人都不敢轻举妄动了，王武俊就这样轻松地控制住了局面，最后抓到了李惟岳。

实事求是地讲，王武俊虽说恨李惟岳，但他一开始并不想杀掉此人，毕竟这个人是老领导的爱子，又和自己有着姻亲关系，实在不太方便下手。然而卫常宁仅用了一句话就帮王武俊改变了主意，下定了决心：

"如果你真的将他送到京师面见天子，以此人的性格，他必定会把叛逆的罪过都推到你身上。"

这样的话，就只能送人头过去了啊。

于是，王武俊下令将李惟岳缢杀于戟门外。

既然首犯得到了处理，从犯自然也要以此为基准，迅速处置一下，以防有变。

于是，李惟岳的岳父郑华、心腹家仆王他奴等二十余人，全部参照李惟岳的标准被处理掉了，传首京师，成德军中忠于李氏一族之人就此被一扫而空。

从朝廷向李惟岳和前线的朱滔、张孝忠施压，到王武俊突袭恒州，诛杀李惟岳，仅仅过去了一个多月的时间，成德镇就如塌方般，瞬间土崩瓦解。此时此刻，李惟岳已死，其余党如杨政义、杨荣国之流纷纷以所守州县向唐军投降，北线战场可以说是以胜利告终。

中线战场上，田悦虽然凭借一出感人至深的哭戏获得了魏州全城军民的支持，稳定了军心，还召回了受到排挤的贝州刺史邢曹俊，委以重任，但短时间内还难以中和洹水大败的负面影响。在洹水之战结束的数日之内，魏博系的将领中便有守博州（今山东省聊城市）的李再春、守洺州（今河北省永年县东南）的田昂（田悦的堂兄）、守长桥的王光进先后归降了朝廷。

黄河以北地区，只有一个田悦还在困守魏州城。不过在马燧等人的大军围困下，当时的人无一例外地相信，田悦授首只是个时间问题。

南线战场那边孤军奋战的李纳其实也不大好受，两个月前，他的堂伯（李正己的堂兄）、徐州刺史李洧连声招呼都不打就秘密向朝廷请降了。等他反应过来，派部将王温与魏博军将领信都崇庆一起去攻打，打了二十多天也未能攻下。再增兵过去，却遇见了由宣武节度使刘洽、神策都知兵马使曲环、滑州刺史李澄及朔方大将唐朝臣组成的强大援军，一阵乱战之后，淄青与魏博的联军大败，被迫解围而走。

据载，这一战淄青军阵亡沙场者就高达八千人，这其中还不包括被撵到河沟里溺死的部分。从事情的后续发展来看，唐军并没有夸大战绩，淄青军的确兵力损耗严重，以至于李纳亲自给田悦写了封信，要求田悦派回在洹水之战中生还的淄青士兵，可见李纳真的是被打惨了。

更要命的是，黄河以南的各路大军已经完成了确保江淮漕运畅通的首要任务，现在已经开始合力猛攻李纳所在的濮州（今山东省鄄城县）了。对于势穷力蹙的淄青而言，败局似乎已经注定了。

此时朝廷上下一派乐观，因为大家实在没有悲观的理由。

无论从哪个角度看，无论让谁来看，这一仗都是稳赢不输的节奏。

最为兴奋的人说起来还是皇帝陛下本人，因为他基本上可以预见自己将做到父祖穷极一生都没能做到的事——彻底结束藩镇割据的状态，真正实现国家的统一。

平定藩镇之乱指日可待，天下太平的局面终将再现！

这一切都将在我李适手中完成！

然而他错了，命运之神其实只是打算跟他玩笑一下。在此之前，命运之神是在对李适笑，而接下来，他准备拿李适玩了。

大好形势的崩盘，是从北线战场上开始的，起因则是朝廷下发的一连串最新的任命。

这个引发事后一系列大事件的任命大致安排如下：

幽州卢龙节度留后朱滔，以功加为检校司徒、幽州卢龙军节度使，赐德、林二州；

成德军节度使张孝忠，因功正式拜为易州、定州、沧州三州节度使；

成德军兵马使王武俊，诛杀李惟岳有功，免罪，授检校秘书监兼御史大夫、恒冀都团练观察使；

赵州刺史康日知，反正及劝降王武俊有功，命为深、赵二州都团练观察使。

消息传来，有一半人表示不满，这其中最感到愤慨的，是朱滔。

自奉朝廷之命讨伐李惟岳以来，朱滔的表现可以说是极为给力的。他劝降了张孝忠，打下了束鹿，迫降了深州，功劳不小，可是朝廷给的实惠却很少。好不容易拿下的深州，被划给了康日知，表面上虽然有德、林二州作为补偿，但这两块地尚在淄青镇控制之下，不出兵去打是拿不到的，这明摆着是诱导自己继续与淄青开战，接着干活，是耍傻小子的节奏。

朱滔这一年已经三十七岁了，早就脱离了傻小子的行列，见此情况，自然是不干的。于是他学起了孙猴子，赖在了深州，表示如果朝廷不把深州划给自己，自己就不走了。

对于朱滔接手深州的坚决请求，朝廷只有一个回复：不行。

朱滔见朝廷非常坚持，也怕闹翻，便提出了一个替代性的补偿方案：将恒、定等七州所上缴的税赋转给自己，权作军费。

出来这么久，打了那么多仗，死了那么多兵，消耗了那么多粮饷，给点经济补偿总行吧。

朱滔认为自己的要求并不过分。

然而，朝廷却认为朱滔的请求十分过分。

打下个县城（即束鹿，深州是李惟岳死后主动投降朱滔的），你就要七个州的税收收入充作你的军费，倘若打下个大点的州，你岂不得伸手要朝廷全年的财政收入了吗？！

这个臭毛病不能惯，所以李适再度毫不犹豫地拒绝了朱滔的请求。于是，卢龙镇同朝廷的蜜月期至此宣告结束，接下来李适将体验到的，只有朱滔无穷的怒火。

王武俊同样不忿。以诛杀谋逆首犯李惟岳的功劳，王武俊本以为自己会真的如公告里承诺的那样，取代李惟岳执掌成德军，没承想，最后自己根本没捞到节度使的位子，而仅是封了个团练使，且连属于李宝臣故地的赵州和定州也丢掉了。

特别是当得知朝廷又下令将成德军的三十万石粮食送给朱滔，五百匹战马送给马燧，以犒劳这二位平叛有功之臣时，王武俊敏锐地觉察到了李适的预谋——朝廷不愿河北形成新的割据，因此不让曾经安史系统的降将继续担任节度使，甚至在有意削弱成德军的实力，掏空这股势力。

那么，一旦朝廷再拿下了田悦，成德军势必会跟着遭到清算，届时马缺粮少的成德军将只有任人宰割的份儿。

王武俊越想越担忧，终于，他坐不住了，找到了朱滔。

经过短暂的接触和试探，两个对现状最为不满的人一拍即合，决定携手给朝廷以颜色。

最黑暗的时刻就要来到了。

第十三章
绝处逢生

山重水复疑无路，柳暗花明又一村。这就是田悦获知北线战场近况后的感受，一如八年前同样被逼入绝境的田承嗣，田悦看到了转危为安的希望，甚至是翻盘的可能。

当然，要实现自救，他必须给王武俊和朱滔一个无法拒绝的理由。幸运的是，这个理由并不难找，因为只有八个字——鸟尽弓藏，唇亡齿寒。

朱滔觉得田悦说得没错。王武俊是借着自己所向披靡的势头才得以拿下李惟岳的，朝廷也的确是出尔反尔，自食其言，且在打着肃清河北藩镇的算盘，河朔三镇在这种形势下也只有抱团互助才可能杀出一条生路来。再加上朱滔对田悦开出的事成之后割让贝州的价码比较满意，因此他当即许诺田悦的亲信王侑，自己将会亲自领兵救援魏州。

同田悦方面达成合作协议后，朱滔当即派遣心腹判官王郅与田悦的亲信许士则一道前往恒州，劝说王武俊。

于是，又是一番慷慨激昂、煽风点火，王武俊也心动地参与了进来。就这样，河朔三镇第一次为了共同的利益，为了生存，达成了统一战线，并将朝着他们共同的敌人亮出雪亮的獠牙。

建中三年（782年）二月，一切看似风平浪静，实则暗涛汹涌，朱滔和王武俊都在厉兵秣马，积极备战，准备南下。一场大战即将开幕，但在开幕之前，这个河朔三镇联盟里又挤进来一个人。

这个人，大家都很熟悉了，就是淄青镇的李纳。

当时唐军在宣武节度使刘洽的统领下已经攻克了濮州的外城，距离破城擒拿李纳，只有一步之遥，所以内城的李纳被吓得直哭，被迫跑到城墙上当众痛哭流涕，恳请朝廷给个机会，让自己能够改过自新。恰好当时的河南汴宋滑亳河阳等道都统李勉有心劝降，前线的唐军才暂时减缓了攻势，让李纳缓了口气。

应该说，最开始，李纳是很有诚意谈投降的。

二月二十六日，他派属下判官房说带着他的亲弟弟李经和自己的儿子李成务入朝，面见皇帝，代表自己洽谈具体的投降事宜。

如若一切顺利的话，淄青镇将集体放下武器，实现有条件投降。

虽说是有条件的，但能够尽快结束战事，减少人员伤亡与军费燃烧，似乎也是一个值得接受的选择。所以，李适决定试一试。

但就在这时，李适身边的贴身太监宋凤朝告诉皇帝，李纳已然走投无路，朝不保夕，你不可以接受他的条件。

李适想了一下，接受了宋凤朝的建议，下令把房说等人囚禁了起来。

李纳得到消息后，就作出了一个清醒的判断：要想活下去，唯一的方法是拼个鱼死网破，以死求生。

所谓狗急跳墙，何况李纳先生能够办到的事情更多。

趁着唐军围城松懈之机，李纳跳出了被围困的濮州，逃到了郓州（今山东省东平县）。然后迫不及待地派人北上同田悦通气，表示愿与河朔三镇同呼吸，共命运。

事实证明，李纳是个说干就干的人，而且他也具备这样的实力。

李纳要收拾的对象是不久前以德州归顺朝廷的前部下李士真。他派大军开到德州边境，做出了要大举攻城的样子，迫使李士真外出求援。如无意外，李士真求援的对象，就是朱滔。

希望大家还记得，就在两个月前，李士真掌控下的德州和棣州已被朝廷划归朱滔统领。

果不其然，朱滔处很快就接到了李士真的求救。于是，老朱一面派遣大将李济时率领三千人马赶赴德州假装增援，一面谎称有军情要务商议，邀请李士真亲赴深州磋商。

李士真做梦也没有想到，朱滔反了，所以他就此一去不复返，德州由此被置于李

第十三章 绝处逢生 · 285

济时的掌控下，成了叛军的势力范围。

李士真对形势的迅速恶化毫不知情，深处宫中的李适更是如此。见马燧等将迟迟未能攻下魏州，心急如焚的皇帝陛下便下令给结束了北线战事的卢龙（朱滔）、恒冀（王武俊）、易定（张孝忠）三军，要求他们火速赶赴魏州，协同河东、神策、河阳等军一起进攻田悦。

接到指令的当天，王武俊就将传达诏命的使者扣了下来，转手送给了在深州的朱滔。

朱滔明白王武俊的意思，他趁机对帐下诸将作了一番造反动员，希望众人跟随自己击破马燧，解救田悦，确保卢龙的安全。

然而令朱滔意想不到的一幕发生了。他滔滔不绝地说了很久，说得口干舌燥，下面的将领们却丝毫没有同仇敌忾的意思，他们只是沉默，并用冷冷的眼光看着朱滔，看得朱滔浑身不自在。

朱滔发现在这场鼓动性演说中，始终只有自己一个人亢奋不已时，他停住了，他需要知道下面这些人都是怎样想的。

直到朱滔问到第三遍时，众将终于七嘴八舌地说出了真实的想法：

"我们幽州将士自从跟着安史造反南下，很少有人能够活着回到家里，那些留在幽州的孤儿寡母无不伤心欲绝，痛入骨髓，司徒（指朱滔）您何以忍心让弟兄们暴骨荒野？况且，司徒兄弟二人都深受朝廷宠信，如今将士们也都蒙受天子升赏，我们是真心愿求安稳，再也不敢有不轨的心思了。"

朱滔无言以对，只好假称是在替朝廷试探众将的忠心，匆匆宣布散会。

当这些不愿叛乱的将领各自回到营帐内休息的时候，朱滔下手了。

他不动声色地一口气接连诛杀了数十名不从命的大将，然后拿他们的家财来赏赐全军上下，以安抚余部并收买人心。

朱滔搞出了这么大的动静，别人想不得到风声都是不可能的。邻居康日知探知了朱滔的打算后大惊失色，赶忙派人禀报给了马燧。马燧得到消息，也很震惊，连夜派人快马前往长安，向李适作了详细的汇报。

听完汇报，李适作出了一个十分缺心眼的决定：温言安抚朱滔。

李适给朱滔的安抚，是一个通义郡王的爵位，外加三百户的租税。

说实话，每每看到这一页，我都很有想给李适先生写下一句"很傻很天真"的批注。

朱滔要的绝不是李适那里送出的几件衣服和公章（虽说是私人定制的限量版），以及那几百户的租税，他要的是更大的地盘、更多的人口，以及更长的延续。而这是李适无论如何也不会允许的，所以，只有一战，让获胜的一方决定一切。

于是，朱滔加快了谋反的步伐。他行动的第一步就是分兵配合王武俊进逼赵州，看住忠于朝廷的康日知。然后派姑表兄弟、涿州刺史刘怦率军驻守在要害之地，挡住不肯跟着一道造反的张孝忠。

部署好了后方，朱滔亲自统领两万五千人马从深州出发，向西南方向进军。按照之前的约定，他将与从恒州南下的王武俊会师，然后两家合兵一处，一起南下救援魏州。

起初一切顺利，但当部队行进至束鹿的第二天早上就出事了。有士兵意识到，朱滔此行并不是依据朝廷命令北还幽州，而是打算南下救援田悦。说得直白点，就是要造反。

自打跟着李怀仙投降朝廷以来，卢龙的士兵从未违抗过朝廷，要让他们就这样跟着朱滔反叛，是很难办的。

大伙一合计，造朝廷的反就是叛军，难免身败名裂，而造朱滔的反就是义军，说不定还有朝廷的赏赐可以拿，索性在此替朝廷除逆，干了朱滔，哗变！

朱滔的反应是比较快的，听到风声后马上就躲了起来。

朱滔的运气还是比较好的，由于平日里带兵的蔡雄与兵马使宗玚等将都在现场，几个人一拥而上，好说歹说，这才把士兵们的情绪安抚下去。

不过会师什么的暂时是干不成了。在士兵们的强烈要求下，朱滔不得不率军折返深州。

一到深州，朱司徒就变脸了，他将查访到的带头鼓噪的二百多士兵全部抓起来杀掉了。领头的没有了，而且还死得很惨，自然就没人敢再闹了。

于是，朱滔下令再度南下。

建中三年（782年）四月，朱滔与王武俊会师于宁晋，兵力总计为五万人。

得到消息，魏州城内的田悦来了精神，他打算以一场辉煌的胜利迎接援军的到来。

被派出作战的，是田悦的部将康愔。这位仁兄在魏博军中有一定的名气，也算一员骁将，只可惜他和马燧之间还有五个田悦的水平差距，所以带了一万兵马出去在御河上同唐军打了一场，结果大败，丢盔弃甲地往城里赶。

太丢脸了。在城头上看得一清二楚的田悦怒了，他下令紧闭城门，不许任何人入城。这下败退的魏博军就惨了，在身后唐军的追赶下，很多人被直接撵进了城外的深堑里，然后就再也没能爬出来。

唐军再次获得了胜利，但是一个令唐军将领深感不安的消息却传来了：马燧打算率军西归。

原来，得到王武俊派兵威胁赵州的消息后，李抱真唯恐自己的后方有失，便从前线抽调了两千兵力回去协防邢州。这件事让马燧知道后，当即人就炸了。

在马燧看来，如今正是应当齐心协力发起进攻、扫清残敌的关键时刻，可那李抱真却置国事于不顾，只在乎自己的领地，实在是太混账了。所以盛怒之下，马燧决定撂挑子不干了，留李抱真一个人收拾残局。

当真如此，不要说魏州围城战将功亏一篑，这两年的战果和心血也很可能付之东流。

所以，闻知此事的神策军将领李晟赶忙跑来求见马燧。

一见面，李晟就真诚地为马燧分析道："李尚书（即李抱真）是因为邢州和赵州相邻，担心后方有失会影响前线，这才分兵把守。末将以为这对大局并没有多大影响，更何况他麾下的精兵强将还都在此地。如果大王（马燧刚刚被封为北平郡王）现在仍要率军西归，那此处的国家大事将如何处理呢？"

马燧到底是一个正派的人，听完李晟的分析，当场醒悟了过来。

是啊，如果自己就这么走了，不仅会坏了皇帝陛下的大事，恐怕事后天下间也将没有他的存身之地。

马燧赶忙向李晟表示感谢，然后派人造好了一处营垒移交给李抱真部入驻。唐军的两位主将就此冰释前嫌，重归旧好。

马燧和李抱真的关系刚刚得到改善，朱滔和王武俊就杀过来了。为了保证作战顺利，朝廷也向两河前线加派了人手。

五月九日，李适下诏命令朔方节度使李怀光率领朔方军及神策军一部，共计一万五千人，赶赴魏州，增援马燧等部。

五月十四日，朱滔女婿、判官郑云逵及其弟郑方逵、参谋田景仙叛逃出卢龙军营地，向马燧投降。

截至目前，运气似乎还是在唐军这一方。然后，李怀光来了。

李怀光，本姓茹，渤海靺鞨人。他是当年郭子仪非常倚重的将领，在军中的威望很高，所以郭子仪退休后，他接过了郭子仪的权位，执掌朔方军。

平心而论，李怀光这个人优点很多：武艺高、很勇猛也很忠诚，为人直率、为将勤勉、为政公平，只有一个缺点，非帅才。其具体表现是刚到王莽河畔（唐军总营）报到，就开始咋呼：

"我这次奉诏前来，就不会养寇自重。现在恰好趁着敌人援军刚到，营垒未成，我们出兵攻击，一定可以灭掉对方！"

讲完这句，不等部下多喘口气休息一下，李怀光就披甲上马，带着亲兵冲杀进了朱滔的军营里。

朱滔做梦也没料到唐军高级将领中居然还有这么愣的存在，今天刚报到，下一秒就上战场了。猝不及防之下，卢龙军当场被斩杀一千多人，朱滔见局势不利，赶忙挥军后撤。

见朱滔全线败退，李怀光露出了得意的神色，而他的部下们见胜局似乎已定，也放松了警惕，开始争抢战场上的战利品。

就在唐军毫无防备之时，王武俊亲自带上赵琳、赵万敌等军中顶尖的骑将，统领两千精锐骑兵，从唐军侧翼冲杀了出来。

朔方军虽说久经战阵，但在没有预料的情况下，自然难免被冲成了两截。

这个时候，如果朔方军能立刻就地组织反击，是可以挡住成德军的骑兵的，而接下来的胜负也不好说。但问题是朱滔见身后人仰马翻，立刻率军掉头杀了回来，这下子朔方军就没有胜算了。

李怀光战败了，而田悦则趁乱决开了永济渠，用水淹了唐军营地。一夜间水深三尺，粮饷路绝，这下子马燧等部也没戏唱了。

马燧至此真的无计可施了，凭借着与朱滔家的姻亲关系，他派出使者措辞卑微地向朱滔致歉，恳请朱滔能够放他和各位节度使一条生路，让众人得以各自率军返回本镇。作为回报，马燧许诺回去后大家会一同上表给朝廷，请求将整个河北事务都交给朱滔全权处理。

朱滔有些心动了，于是他找来了王武俊商议。当然，为免不必要的麻烦，他省略掉了马燧许诺的那部分内容，而是改称届时马燧等将会向皇帝求情，免除所有人的反叛之罪。

对于这件事，王武俊的回答是："不行。"

王武俊的理由很简单：马燧等将都是国中名声在外的名将，如今这些人惬山一战，遭遇惨败，贻羞国家，自然没有脸面去见天子，当然更不用提厚着脸皮去向朝廷提要求。

因此，王武俊断言，马燧等人逃出泽国后不出五十里，就会再度拥兵来战。

虽然王武俊说得有理有据且坚决表示反对，但朱滔最终还是答应了马燧的请求。

七月，马燧与各路唐军通过朱滔让出的通路，涉水向西撤退，最终逃脱了危险地带，抵达魏县（今河北省大名县西南）。

不出王武俊所料，唐军撤到魏县后就停了下来，没有各自回归本镇，反倒是一心一意地继续与以朱滔为首的叛军为敌，并直接威胁着朱滔和王武俊的后方。

刚跳出危险地带就不认账，反过来找麻烦，马燧的这一行径实在太过缺德，但这却证明了李适并没有看错人。

客观地讲，李适确实在很多方面超过了他的老爹李豫，取得了足以让他的父祖为之赞叹的成绩，但有一点，他却始终没能超越他的老爹，这一点就是看人的眼光。

李豫时代虽然朝中不乏奸险狡诈之徒，更不缺厚黑学博士后级别的高手，但李豫从来没有真正被这些人牵着鼻子走过。反倒是皇帝陛下技高一筹，夹缝中求生存，最终将这些可能碍事的人一一除掉，其对人的观察与揣摩之准确，可以说是到了登峰造极的程度。因此，他一手提拔上来的刘晏、张万福等人都在自己擅长的领域内尽显其才，干出了一番大事业。

不过，要单纯论及对历史的影响力的话，李适亲手提拔的卢杞更厉害些，因为他差一点就提前终结了这个由李渊、李世民辛苦创建的伟大帝国。

卢杞这人，说他没有能力，那是不对的，无能的人坐不到他这个位子。说他有能力，那就是见鬼，毕竟自从他担任宰相以来，除了整人，就没干什么有利于江山社稷、为百姓造福的事情。所以，确切地说，他是个阴人，而且非常会阴人。

对于这一点，卢杞的同事、中书侍郎张镒是很有感触的。

因为不久之前他的好朋友左巡使郑詹就是被卢杞借事给整死的。

其实卢杞跟郑詹没仇，且压根儿就没想干掉郑詹。他老人家真正想除掉的人，是张镒。

是的，一直以来，卢杞都想解决掉张镒。可是张镒工作上一丝不苟，且跟军队那边关系很硬（以前当过永平节度使），想要扳倒他，难度很大。所以，在发现通过郑詹并不能把张镒拉下水后，卢杞决定找一个大人物下手，以便达到排挤走张镒的目的。

卢杞没等太久，就有大人物出事了。这个大人物是朱泚。

朱泚之所以出事，不是因为他自己，而是因为他弟弟，因为他的弟弟叫朱滔。

其实朱滔一开始谋反时，对于他的哥哥朱泚完全没有一点儿负面影响，因为几乎全天下的人都知道，这兄弟二人是有仇的。

因为这个长年待在长安城的哥哥，他才是真正的幽州节度使！

八年前，时任幽州节度使的朱泚为改善同朝廷的关系，自觉请求入朝觐见，由此来到了长安。不承想在他入朝后，以留后身份统摄幽州军务的弟弟朱滔有了想法，干净利落地干掉了一批老哥的亲信，然后逐渐消除了朱泚在军中的影响力，最终成功地将朱泚的部队和地盘私有化了。

当朱泚得知这一情况时，已为时晚矣。万般无奈下，他只得向当时的皇帝李豫申请留在京师，这一住就是八年。

在这漫长的八年里，朱泚没有一日忘记过弟弟对自己的无情出卖，所以他对朱滔极为愤恨，视同仇敌。

然而就是这个被朱泚恨得牙痒痒的弟弟，竟然在自己反叛朝廷之际给自己写了一封招呼一道"干大事"的密信。

当然，这封信并没有直接被送到朱泚手中，送信的使者刚刚走了一段路，就被我们的老熟人马燧的巡逻兵给抓了，这封信也被从其藏在发髻内的蜡丸里搜出。由于意识到事关重大，马燧第一时间命人将使者和书信一起押送到了长安。

我们有理由相信，此时在凤翔戍边的朱泚先生还蒙在鼓里。

当然，读到此信时，信的内容，的确让李适真正体验了一把心跳的感觉。

因为朱泚这些年来先后掌管过河西、泽潞行营以及泾原军，这些都是边防劲旅，现下他更是在军事要地凤翔带兵驻防。一旦他真的被朱滔说得心动，想要图谋不轨，对于朝廷而言，这是足以致命的威胁。

为不陷入被动，李适决定主动，他派人急忙赶往凤翔，召朱泚进京。

朱泚一到殿上，李适就命太监将马燧半路截获的密信交给他，让他好好看。

只看了前几句，朱泚已然面无人色。他相信只要皇帝愿意，只凭这封信就足以立刻将他处死。

然而李适并没有那样做，他告诉朱泚，自己完全相信他对此事毫不知情，也知道朱泚并无什么过错。但是，出于时局的考虑，他不得不就此免除朱泚凤翔、陇右节度使的职务，并把朱泚留在长安一段时间。

对于皇帝的这一决断，朱泚没有任何反对意见，也不敢有，毕竟这比被莫名其妙地拖出去砍了要好受得多。更何况，平心而论，李适待他不薄。为了安抚他，李适下令给他加实封一千户，又给了朱泚的一个儿子正员官做，还另行赏赐了良田、金银、绸缎和花园，并仍然保留了他幽州卢龙节度使、太尉、中书令的职务。

可是，纵使是一江春水也洗不尽朱泚先生的满腹牢骚，对于一个曾经的地方实力派而言，万亩良田也不如一块地盘，职务再多再高，也不如手中有兵马。失去了兵权的下场，只能是慢慢被人们遗忘，最后孤独地死在温柔乡，前面的郭子仪就是很好的例子。

相比于郭子仪，其实朱泚确实更有威胁，因为想当年他并不是一个人来的，跟着他一同入京的还有数千幽州兵，这部分幽州兵都是认人不认组织的主儿，除了朱泚，他们完全不愿接受他人的领导。考虑到幽州兵的感情，朝廷就琢磨着派一位朝中重臣前往凤翔镇抚，谨防出现哗变等安全事件。

皇帝的这个心思被卢杞察觉到了，于是一场阴谋即将上演。

一天议事已毕，卢杞突然主动请缨，前往凤翔镇抚留在那里的幽州兵。

这件事恰好说到了皇帝陛下的心坎上，所以一时间李适低头不语，陷入了思考之中。

见李适如预料中那样没有说话，卢杞赶忙说道："看来陛下一定是觉得臣的相貌太丑陋了，很难威服三军将士，那么此事最终如何定夺，还请陛下明示。"

是啊，就卢杞那张瓦蓝瓦蓝的丑脸，冲锋时可能还有点吓吓人的作用，要想让他镇住三军，绝无可能，总还是要找个仪表堂堂、很有官威的人去才行。

于是，李适自然而然地将目光移向了站在卢杞身旁的张镒。

没有对比，就没有伤害。张镒做梦也没有想到，受伤的竟是他。

"爱卿文武双全，名重内外，这凤翔、陇右节度使的位子非卿莫属了。"

日防夜防，到底还是中了卢杞的奸计啊。张镒一声长叹，只得奉诏上任去了。

成功排挤走了张镒之后，卢杞先是回味了几个月的独相时光，然后便主动向皇帝推荐了为人老实、便于操控的吏部侍郎关播跟自己搭班子。于是当年十月李适便任命关播为中书侍郎、同平章事，就这样，宰相大权事实上自此集于卢杞一身，妖风从此四起。

卢杞既然身为一个在历史上知名度较高的奸相,自然和他的前辈李林甫等人一样,把打击异己作为安身立命的第一要务。所以,卢杞独揽大权后,在朝中掀起的第一波风潮就是整饬那些有可能会取代自己的能臣以及可能会捅娄子的直臣。

在卢杞的努力之下,礼部尚书、太子太师颜真卿,国子祭酒、礼部尚书李揆,户部侍郎、判度支杜佑等人纷纷下课,朝堂之上能解决问题的能人和正直敢言的大臣就此慢慢被卢杞清除殆尽。乍看之下,朝廷里少了这么些人似乎并没有什么大碍,但事实上并非如此。这种局面所带来的巨大麻烦将会在不久的将来,在关键的节点爆发出来,它造成的负面影响几乎是致命的。

卢杞所带来的第二股邪风是压榨风,这股风不幸地波及了更多的人,而其中绝大部分都是老实本分的老百姓。

当时由于战争进行得旷日持久,京师国库内的钱财基本上快被用光了。据相关部门预估,每月的军费花费至少需要一百多万钱,而国库最多只能支撑四个月。户部侍郎赵赞对此无计可施,只好上报了主管领导,具体说来,就是卢杞。

卢杞的回复是,要钱我也没有,但是富商大户们有啊!可以找他们借一些来应急嘛!

全长安的富商大户这下子可倒了血霉了。他们被强制要求每家只可保留一万钱支持家用,其余的钱财都被自愿地借给政府,供应军需,待战事结束后,再由政府予以偿还。

由于征借时间短,可实际触达的范围有限,其中当然更少不了借此机会中饱私囊、敲诈勒索的行为。因此,最后统计下来,总共才搜刮来八十八万钱,比预期的少了很多。

这就不行了。给多少任务,你就得完成多少,不然前线缺粮少药,哗变了,这个超级大黑锅谁来背?!于是,为免被追究责任,城中开始出现因怀疑富商们隐匿财物、呈报不实而严刑拷打的现象,有的商人被打得受不了了就自杀。

但实践证明,想要一死了之,一了百了,是不可能的。倾家荡产也好,全家死绝也罢,凑不足钱来官就没了,你说我能怎么办?

所以,长安城就此陷入了一片混乱。人心惶惶不说,更重要的是民怨沸腾,老百姓对朝廷的好感度一直降到了李隆基出逃长安时期的水平。

可这还不算完,新一轮运动才刚刚开始。鉴于征来的钱财不足,负责借款的部门又想了一个有毒的办法。他们把人们存在借贷商行里的钱、粮食和布帛全部封扣,然后强行以政府的名义借走四分之一。到后来，事情越发恶劣，他们拿走了钱，索性就把存贮财物的商行一律查封，以免人们转移财物。

这样一搞，事情就闹得更大了，因为当时有很多人是把钱存在商行里吃利息的，现在商行、商人全被一举掏空，自然没有利息。更惨的是，有些人连本金也剩不下多少，连维持生计都成了问题。

卢杞成功地将一个繁华热闹的长安城变得一片狼藉，百业萧条。

终于，饱受欺压的长安百姓怒了。成千上万的百姓走上街头，四处围堵卢杞，向他讨要说法。由于不干的人民群众人数太多，而卢杞先生的容貌辨识度又非常之高（蓝脸），因此卢杞终究没能躲过去，让一拥而上的长安百姓给堵了个严严实实，无路可逃。

卢杞一开始还借着宰相的威势对高声控诉的群众好言安抚，但龌龊事就是龌龊事，再怎么包装也遮掩不住事情的本质。所以，最后连卢杞自己也感觉忽悠不下去了。眼见无法平息人们的怒火，卢杞也吓坏了，最后只好寻一个空当，拍马寻小路溜走了。

事情至此终于惊动了深宫中的李适，见外面闹得沸反盈天，怨气很大，李适只好下诏废除了这一政策，改从各道的两税税款和盐税上找补过来。

京师的风波虽然表面上平息了，但失去的人心却很难迅速恢复，而这一裂痕将成为促发接下来大崩溃的一大主要诱因。

战争打得如此旷日持久，这让李适也感到非常头疼，但既然已经选择了战争这条路，就是跪着走也要走完。在李适的字典里，在大唐天子的口中，绝对没有"妥协"二字。

不过两河战场上唐军新败，马燧他们能和朱滔等人保持隔河对峙的态势就不错了，一举讨平什么的，只能在晚上做梦的时候想一想，但千万别当真。

所以，指望不上灭掉河朔三镇，就只能寄希望在同淄青的战事上打破僵局，实现突破。

受到朱滔、王武俊惬山之战胜利的影响，一度被逼到绝境的李纳也否极泰来，转守为攻了。在魏博兵马使信都承庆的援助下，李纳统兵向宋州发起了进攻。虽说最后在守军的顽强抵抗下，李纳没有成功，但声势什么的是都回来了。所以淄青镇也摆出了打持久战的架势，一面派兵马使李克信、李钦遥分别驻守濮阳、南华（今山东省东明县），以抵御刘洽所部的唐军，一面派人前去淮宁拉拢李希烈。

李希烈对于割据一方一直以来都有着极为浓厚的兴趣。特别是在唐军大败惬山之后，李希烈就更加蠢蠢欲动了，大有立即同朝廷摊牌的势头。

虽说李希烈种种不臣的行径早就通过各种渠道传到了李适的耳朵里，但不知何故，皇帝陛下偏偏对他始终抱有一丝希望，用一些学者的话讲，是相信假以时日，李希烈很有成长为像郭子仪那样的帝国武力支柱的可能。

现如今，两河战事吃紧，淄青镇死灰复燃，但相较而言，一个李纳还是比田悦、朱滔加王武俊的组合好对付得多。因此，李适决定再给李希烈一个证明自己的机会，同时也给自己一个证明的机会。

建中三年（782年）七月二十三日，李适下诏晋升李希烈为检校司空，兼任淄青、兖郓、登莱、齐等州节度，支度、营田，新罗、渤海两蕃等使，并命令李希烈前往讨伐李正己（当时因李纳对外封锁了消息，朝廷还不知道李正己已死）。

很明显，朝廷这是吸取了梁崇义事件的教训，这样的任命事实上等于是提前答应了让李希烈可以合法地据有他所打下来的李纳的地盘。

当然，为了以防不测，李适也留了后手，他将曹王李皋任命为江南西道节度使、洪州刺史、兼御史大夫，派到洪州（今江西省南昌市）坐镇。这样一来，一旦李希烈不靠谱，想要搞事情，朝廷也好有个招架之力。

关于这个曹王李皋可以多说两句。这位仁兄很有能力，曾兵不血刃地平定了将军王国良的叛乱，到洪州上任后不久就破格提拔了数员大将，并组织起一支两万多人的军队，还打造出了一支舰队的雏形来，实在是厉害得紧。

顺便再说一句，被李皋提拔的那一拨人里，那个叫作伊慎的，此前就参加了讨伐梁崇义的战役。因其屡立战功，所以深受李希烈赏识，李希烈多次想方设法拉拢他，但都被伊慎给拒掉了。后来，李希烈知道他得到李皋的重用担忧不已，这就足以证明此人的水平了。再有就是被提拔为中军大将的王锷，想当年杨炎被贬为道州司马时曾同他见过一面，一见之下，惊为天人，说他很好，将来很强大，但当时的所有人都不相信，直到后来他单枪匹马，只身前往叛将王国良驻地，帮助李皋诱降了王国良，大家才信服了。而事后的发展将证明，他和伊慎一样，会成为李皋最为得力的干将，为抵御李希烈立下汗马功劳。

接到朝廷的命令之初，李希烈依旧表现得十分配合，带上所部三万人马就驻扎在了许州。接下来又和上次一模一样，到了地方，不开打，等着。不过这一次李希烈等的不是雨停，而是李纳那边的回复。

是的，在未知会朝廷的情况下，李希烈向李纳处派了使者。按照李希烈的对外说法，他此举的目的很正义，是旨在招谕李纳，令其放下屠刀，但其实李希烈派去的人只和李纳谈了一个话题：合作。

李希烈想同李纳一起演上一场戏，以达到自己的真实意图——袭取汴州。

李希烈的计划是假装要率大军攻打李纳，向汴州借道路过，趁守军没有防备，一举抢占城池。

这个计策相信了解历史的人仅用四个字就可以高度概括，对，就是假途灭虢。

假途灭虢之计看起来很简单，很容易被识破，但在历史上其使用率和成功率其实都不低。甚至当年三国名将周瑜都第一时间打算用这招解决荆州问题。

论计谋，李希烈或许算是个低配版的周公瑾。不过不要紧，统领汴州的李勉虽然没有诸葛孔明的那两下子，可也不是吃素的。他早就察觉到李希烈有问题，所以接到李希烈的要求后，一边在陈留囤积军需品，一边主动建桥清道来帮助李希烈和他的部队实现汴州城郊游。据说沿途的伙食供应都安排好了，就等淮宁军从汴州城外路过。

得知此事，被识破的李希烈恼羞成怒，派人大骂李勉。李勉那边却不为所动，甚至连搭理都不搭理，只是严加守备，准备见机行事。

李希烈这样的人，自然是不肯轻易善罢甘休的，更何况这次还没行动，就惨遭对方打脸，当然更是怒不可遏，非要打击报复才行。

于是，在李纳的帮助引导下，李希烈出兵断绝了汴州的粮饷通路。

李希烈的意思大致是，既然打不了你，就恶心一下你，至少让城内的守军跟上级闹点别扭。

不过他失败了，因为李勉带人凿通了蔡渠运道，用来接受来自东南地区的粮饷，这不仅没给汴州守军带来麻烦，反而促使汴州城的水利交通事业迈上了一个新台阶。

李希烈真的是气得不行了，但他拿李勉完全没有办法，只好把注意力转向了河北，而此时此刻河北地带也发生了一件惊天动地的大事情。

第十四章
惊天之变

除了伯父田承嗣外,田悦这辈子很少真心实意相信过什么,但现在,他相信了一句话,那就是团结就是力量。

愜山大战的胜利,让田悦清楚地看到了河朔三镇联手后的强大威力,所以他决定与卢龙(幽州)、成德(恒冀)将这种攻守同盟的关系维系下去,直到永久。

由于这次对自己的救援是朱滔带头组织,并以卢龙军为行动主体的,因此田悦十分感激朱滔,他派出使者主动表示愿意臣服于朱司徒,而且甘愿同王武俊一道尊奉朱滔为河朔三镇同盟的盟主。

出人意料的事发生了,朱滔拒绝了田悦的好意。他谦虚地表示,愜山一战之所以能够取得胜利全是王武俊的功劳,自己无德无能,更不敢倚老卖老,这个盟主还是让年富力强的王武俊来做吧。

这下轮到王武俊客气了,王大夫(王武俊兼任御史大夫)表示自己坚决不敢独居尊位,什么事情还是大伙儿一起商量着来为好。

于是,经由幽州判官李子千、恒冀判官郑濡等人一起商议,大家得出的一致意见是:谁也别谦虚客气了,大家索性一起称王,各自建立国家,但却仿效战国七雄旧例,不改年号,尊奉朝廷正朔,相互誓约连横以对抗朝廷。

这个建议一经提出就得到了朱滔、田悦、王武俊三位大佬的共同支持。

建中三年(782年)冬,十月庚申。河朔三镇在魏县筑坛,祭告皇天后土,宣布正式单飞。

朱滔称冀王，为盟主，以幽州为范阳府，作为大冀国的首府；

王武俊称赵王，国号赵，以恒州为真定府，为国都；

田悦称魏王，国号魏，改魏州为大名府，作为都城；

此外，三人又请李纳称齐王，国号齐，以郓州为东平府，作为齐国的都城。

四人之中，除了盟主朱滔自称为孤外，其余三人一律自称寡人。

四家就此歃血为盟，约定互相依靠，而一旦有人背盟投靠朝廷，剩余三家必将一起讨伐之。最后，本着团结一切可以团结的力量的原则，经过商议，朱滔等四人决定派遣使者给兵强马壮的李希烈送信，表示愿意臣服于他，并联名劝说李希烈称帝。

李希烈很是兴奋，所以他决定接受朱滔等人的建议，当然，只是部分接受。

十二月二十九日，李希烈自称为建兴王、天下都元帅，随即发兵进攻汝州。

镇守汝州的人，叫作李元平。

李元平，唐朝宗室子弟，时任汝州别驾、知州事（相当于今天的市政府秘书长、代市长），此人口才极佳，善论兵法，讲起战略战术，滔滔不绝，可以讲一天。

好吧，说得直白一些，这是个废物。

他之所以被派去驻防距离李希烈驻地最近的汝州，就是因为太能侃了。为了进步，他同宰相关播整整侃了一天，最后把关老头儿侃得仰天长啸、壮怀激烈，认定李元平是个出将入相之才。最终，在关播的极力举荐下，李元平得到了这份光荣的工作。

李别驾在当时还是个不太能对自己的实力正确评价的人。刚到任不久，他就四处招人大兴土木，修葺城墙，结果招来了几百个李希烈的细作也不知道。以至于李希烈就派部将李克诚带了几百名骑兵跑去攻城，便里应外合地轻松得手，还把李元平也顺手捉了。

李元平这种废物被俘并不足惜，麻烦的是汝州陷落，淮宁军气焰大盛，短时间内恐怕很难有人可以抵挡李希烈的锋芒。

事实也的确如此。拿下汝州之后，李希烈乘胜派遣部将董待名等人四处攻略邻近州县。不到一个月的时间，尉氏告破，郑州被围，李希烈的侦察骑兵一直向西前进到了彭婆（今河南省伊川县东北），东都洛阳宣布进入紧急状态。洛阳百姓人心惶惶，相继携家带口逃到城外的山谷里避难，东都留守郑叔则自知能力有限，主动率军退守西苑，中原之地眼看有易主之忧。

得到消息，李适实在是欲哭无泪。这个时候，就算是干掉瞎举荐的关播也于事无补，当务之急是解决问题。

就在这个火烧眉毛的时刻，卢杞站了出来，表示他有办法。他的办法是派人去向李希烈晓以利弊，并以忠正之言说服对方，阻止事态的进一步恶化。

当然，卢杞并不打算自己深入虎穴，他只是来提名的，他提名出使淮宁的人，是颜真卿。

消息传来，朝廷一片哗然。大家都说卢杞的内心比他的脸要险恶得多，因为现下这个形势，去了的人必定有去无回。如果李希烈那么好说话，他也就不会造反了不是？所以这绝对是个坑啊，且是要把颜真卿往死里坑。

然而，颜真卿的回复却出乎所有人的预料，他说："我去！"

有必要说明一下，这两个字绝不是一种气愤或抱怨的表示，就是字面上的意义，他愿意去。

情愿迎难而上，情愿深入险地，情愿以卵击石，情愿飞蛾扑火，为了那一瞬间的光明。

颜真卿知道，他有权拒绝，可以不出头，可以托病避祸患。但他还是接受了这个明显不怀好意的任务，踏上了生死难料的南下之路。

因为高中进士的颜真卿、举义兴兵的颜真卿、历经生离死别的颜真卿，始终都是同一个颜真卿，那个在书斋中确立了济世救民终生志向的青年，始终未变。

而这是他实现志向的一个机会，无论结局如何，他只打算坚持到底。

我相信，希望是不会死去的。我相信，在黑暗降临之际，总会有人勇敢地站出来，为了天下苍生，奋起一搏。今天，就让我来做回先驱者吧。

出发！

听说颜真卿要来了，李希烈十分紧张。说句实话，他还从未如此紧张过，因为李希烈很清楚，他即将见到的那个人是曾让杨国忠、安禄山、李辅国、元载、杨炎等一众猛人都吃过苦头的硬茬。

为了不至于一上来就在气势上被颜真卿压倒，李希烈想了个法子，见面时，他让自己的一千多号养子站满了厅堂，且都随身携带了兵刃，来为自己镇场子。

事实证明，这个架势只能镇住李希烈的心虚，而对颜真卿却丝毫没有什么效果。

面对李希烈那一千多眼露凶光的养子和上千把明晃晃的刀剑，颜真卿视若无睹。

他只是镇定自若地一步步走向大堂的正中，展开圣旨，开始高声宣读。

诏书上的话，应该并不那么中听，估计还有部分斥责李希烈的言辞。因为据史料记载，随着诵读声的不断传来，李希烈的养子们情绪越来越激动，很多人都直接拔出了刀剑，向颜真卿围了上去。

看这个态势，只需李希烈一声令下，颜真卿就将血溅厅堂。

可是颜真卿依旧站在那里，不慌不忙地继续宣读着手中的诏书，仿佛扑面而来的死亡威胁与他毫无关系。

诏书终于宣读完了，颜真卿也被完全置于一圈刀刃之下。看着周围手持刀剑的武士，颜真卿毫不畏惧。倒是一直在旁边观察着颜真卿一举一动的李希烈霍然站了出来，用自己的身体挡在了颜真卿身前，并大声呵斥众人退下。

李希烈的养子们被李希烈爸爸的举动搞得一头雾水，他们想了半天也想不出李希烈为何有此行为，但既然爸爸发话了，大家还是乖乖退下为好。于是养子们退了出去，颜真卿则被李希烈送往驿馆安置。

就这样，颜真卿活了下来，因为他的冷静、沉着以及勇敢。而李希烈也不打算向颜真卿下毒手，他看得很清楚，卢杞想借刀杀人，可他却不想被人当枪使。更何况，以颜真卿的声望，如果自己杀掉了他，必然会引发众怒，让自己成为众矢之的，那可不是闹着玩的。

李希烈不傻，这样利人损己的事情他是不会做的。不过，他也不打算就此放颜真卿回京。在李希烈看来，就算颜真卿这样的名人终究不能为己所用，扣在身边做人质也是不错的，所以颜真卿到底还是没能在有生之年返回长安。但这已经不重要了，他完成了自己的使命。

在此后将近两年的时间里，李希烈换着法子试图让颜真卿屈服，从软到硬，无所不用；威逼利诱，无所不及，但颜真卿软硬不吃。

在失去自由、生命时刻受到威胁的高压环境下，七十五岁的颜真卿凭着常人难以想象的意志力坚持了自己的信念，坚持到了自己生命的最后一刻。

兴元元年（784年）八月，李希烈因弟弟李希倩谋叛为朝廷所杀，迁怒于颜真卿，最终派人将颜真卿缢杀于蔡州（今河南省汝南县）。

冥冥之中似有定数，颜真卿遇害两年后，李希烈便兵败身死，而李希烈咽下最后一口气的地方，也是蔡州。至于具体发生了什么故事，那是后话了，我们届时再详说。

不得不说，卢杞这个对手真的是非常阴毒，颜真卿奉旨南下后仅仅过了四天，唯恐李希烈不下杀手的卢杞便成功劝说李适以武力解决李希烈。

为了确保讨伐李希烈之役不会再次打成持久战，李适任命名将哥舒翰之子、左龙武大将军哥舒曜为东都兼汝州行营兵马使，率领凤翔、邠宁、泾原、奉天、好畤行营共计一万余人为主力，在各道的协助下讨平李希烈。

哥舒曜这个名将之子是那种比较有能力的一类，再加上他曾长期担任李光弼的副将，年深日久的熏陶下，他的水平其实早已超过了一般的将领。

不过有一件事哥舒曜并没有预料到，那就是李希烈的部队在中原地带的肆虐程度已经远远超出了情报所反映的范畴。哥舒曜率领唐军刚刚行至郏城（今河南省郏县），就与李希烈的前锋陈利贞部遭遇了。

遭遇战是最能考验一个将领应变与组织能力的情景，而哥舒曜不负众望一举击败了敌军，交上了一份令人满意的答卷。几天后，他又再接再厉，乘胜收复了汝州，并生擒了李希烈任命的汝州刺史周晃。

哥舒曜的连战连胜使得李希烈声势受挫，迫使李希烈不得不把战线收缩回许州一带。

不过由于当时李希烈派部将封有麟占领了邓州（今河南省邓州市），并将联通江淮地区与长安之间的南道完全切断了，所以拿下汝州后的哥舒曜没有继续向南挺进。

不过没关系，因为在李希烈的南面还有早已有备而来的李皋。

李皋要配合北面的哥舒曜部协同作战，必须越过一个地方，这个地方叫作蔡山。

蔡山位于今湖北黄梅县的西南部，此处地势险要，易守难攻，由李希烈部将韩霜露等人把守。

虽说易守难攻并不等于攻不下来，但李皋却不打算来硬的。在进军蔡山之前，李皋先派人对外放出消息，说是要直取蔡山背后的蕲州（今湖北省蕲春县）。为了迷惑敌人，李皋特意把戏做足，亲自统领舟师溯江而上。

淮宁军得到消息，立即调配精兵尾随着唐军一路西行。

当舟师行至距离蔡山三百多里的地方的时候，李皋突然命令南岸随行的步兵全部登上战船，然后带兵顺流东下，以极快的速度返回了蔡山。

此时蔡山的精锐尽数出去追踪李皋了，留下来的主要是老弱病残，毫无抵御能力。更何况所有人都没有想到，唐军居然会绕了一大圈然后打过来，因此当唐军突然出现时，蔡山上的淮宁军方寸大乱，被打了个猝不及防。

李皋轻松地攻克了蔡山，然后他在这里等待了一天。

次日，在李皋的指挥下，唐军又顺利击破了回援的淮宁军，李希烈部署在蔡山的驻军至此全军覆没。

蔡山的潜在威胁解除了，李皋终于可以大显身手了。

事实证明，李皋的确厉害，一出马就攻下了蕲州，招降了守将李良。紧接着，他又率兵攻取了黄州，斩敌千余人。

李希烈南下江南拓展势力的计划就此被李皋无情地打破了。按照"福无双至，祸不单行"的传统套路，李希烈马上就将面临另一波沉重打击，这波打击来自淮宁军内部，但真正的策源人却是山南东道节度使李承。

早在两年前，李希烈纵兵洗劫襄阳的那一天，李承就着手对李希烈的部下进行秘密策反工作，经过锲而不舍的长期努力，朝廷取得的成绩，可谓卓有成效。

淮宁军都虞候周曾、镇遏兵马使王玢和押牙姚憺、韦清都成功被策反，并一直同永平节度使李勉保持着有效的联络，向朝廷源源不断地通报着淮宁军的最新动向及李希烈的最近打算。

战争期间，情报所能发挥的作用事实上比我们想象中的还要大得多，比如在著名的官渡之战中，作为弱势一方的曹操就是凭借许攸带来的情报，一把火烧了乌巢的袁军粮草，从而一举扭转战局，赢得了决定性的胜利。

不过周曾意识到他不光可以传递情报，他其实可以做到更多。因为他刚刚接到李希烈的命令，要求他同吕从贲、康琳二将率领三万人马前往进攻哥舒曜。

手中有兵马了，这就意味着周曾可以行至半路，突然杀个回马枪，统率部队回师偷袭李希烈，一举解决淮宁之乱。

周曾是这样想的，也是如此谋划的，但可惜的是他的计划败露了。

李希烈得到消息后，立即派遣部将李克诚率领三千骡军偷袭了周曾所在的襄城。周曾未加防范，当即大败，他和同谋的王玢、姚憺均被杀害，只有韦清以北上向朱滔请求援军为由成功脱险，跑到襄邑投奔了宣武节度使刘洽。

周曾等人的行动虽然并未付诸执行，但着实把李希烈先生吓得不轻，他毫不犹豫地召回了在进攻尉氏和郑州的部队，率军退回了蔡州，然后上疏给朝廷表示悔过。按照李希烈的意思是他之所以反叛，是受了周曾等人的蛊惑，现在周曾等人被自己察觉出奸谋伏诛了，而自己经过此事，已然悔过自新，愿意归顺，希望朝廷不计前嫌，能够宽宏大量地接受。

李适拒绝了，同样没有任何的犹豫。这么多事情发生后，他已经认清了李希烈出尔反尔的奸诈嘴脸。更何况如果赦免了李希烈，承认了他的谎言，这势必将严重损害朝廷的形象，让那些忠诚于朝廷、甘心冒着生命危险从事地下工作的人寒心。

看清了这中间的利害关系，李适决意彻底消灭阴毒的李希烈。

在下诏褒奖了周曾等人舍生取义壮举的同时，李适昭告天下，宣布了斩杀李希烈的赏格：

斩杀李希烈者，原为四品以上官员的，可获得李希烈身兼的所有职务（即检校司空，淮宁、淄青节度使等职）；五品以下的，获赏食邑四百户；而本就是平民百姓的，则可凭此功免除三年徭役赋税。

客观地讲，相应的赏赐还算比较实惠，所以心动的人不少。得到消息的李希烈则极为愤怒，他决定报复。

三月二十日，李希烈发起了报复性的军事行动，大举进攻安州（今湖北省安陆市），荆南节度使张伯仪统领所部与叛军交战，结果全军覆没，仅有张节度使本人侥幸逃脱。

得胜后的李希烈立即出兵襄城，以二万精锐部队将哥舒曜围在了襄城之中。而前来救援襄城的唐汉臣部与刘德信部均被李希烈的部队击退。

虽然以哥舒曜的水平守个把月没问题，但这么闹下去就没完了，势必又会打成一场持久战，而朝廷的经费我们讲过，已经见底了。

不能再拖了，否则朝廷就要宣告破产了。李适随即下令，出狠招，调兵。

于是，李适登基以来最大规模的援军出发了。

这支援军由皇帝陛下的次子、舒王李谟（不久改名为李谊）统领，以户部尚书萧复为统军长史，右庶子孔巢父为左司马，谏议大夫樊泽为右司马，其帐下诸将也是当时众人公认非常有才干的将领，史称"文武僚属之盛，前后出师，未有其比"，可以说是朝廷能够拿得出手的最佳阵容了。

考虑到这两年来李希烈手下的淮宁军一直在东征西讨，战斗经验想必是极为丰富，对付一般部队那是绰绰有余，所以李适派来跟着舒王打李希烈的，是非一般的部队——泾原诸道兵。

所谓"泾原诸道兵"，其实是一个统称，说的是以泾原镇为主的西北边军。这部分军队形成的历史比较复杂，但主要来源还是很清楚的，基本上是三家：安西、北庭和朔方军。

有老部队优良作风传统的继承，又长期镇边与回纥、吐蕃斗智斗勇，因此派这部分队伍去打李希烈，无论怎么看都是再合适不过的了。

这也充分表明了皇帝陛下不灭淮宁不罢休的决心。

但是李适做梦也没有想到，自己这一大胆狠辣的决定很快就将引出一个大麻烦，继而将整个帝国拖入一场前所未有的危机中。

建中四年（783年）十月二日，泾原节度使姚令言接到朝廷命令，随即率领泾原镇五千官兵出发，踏上了东征之路。

这一年的冬天很冷，天气还很不好，一直在下雨，泾原镇的士兵们冒雨急行军，这才在规定时间内抵达了东进路上的第一站——长安。

刚到长安，一个不是很好的消息就传来了：唐军在沪涧水惨败，死伤甚众。

被雨淋了一路，本就士气有些低落的士兵们这下心情更差了，很多人都预感到这场战争将比想象中的还要艰苦，说不定它会是一部分人的最后一战。但是，没有人因恐惧而颤抖，毕竟身为泾原镇的兵，生死对于他们而言早已看得淡了，这些士兵从入伍的那一天起，就做好了为国捐躯的准备。如果要说他们有什么要求的话，那就是吃顿饱饭、换上一件干净暖和的衣裳再上战场，少部分士兵则盼望着能让跟从自己一道参军的弟弟拿着朝廷赏赐的财物返回家中（按照惯例，藩镇部队离开本镇前往外地作战，朝廷是有额外的赏赐的），代替自己为家中年迈的父母养老送终，以尽孝道。

这些是士兵们最基本的要求，也是一个慨然赴死的战士最简单、最真实的愿望。然而，意想不到的情况出现了，一向体恤部队的朝廷给出了让所有人愤怒的回复：不要在长安城外逗留，继续前进！

这一命令意味着，朝廷的赏赐是没有的，进城休整是没谱的，热饭暖衣是没影的。饥寒交迫的将士们需要继续在寒风凄雨中赶路，尽快抵达下一个目的地。

大家很是失望，但考虑到战事紧急，他们还是决定服从命令听指挥，继续向前。

此时支持他们前进的，是一个极为朴素的念头：到了下一站，就能得到充足的补给，好好休息一下。

又是一天的艰苦跋涉，泾原军终于抵达了浐水，他们看到了奉皇帝命令在此准备犒劳三军的京兆尹王翃。

终于等到了，虽然有些迟，不过看来朝廷还是有安排的。

然而这种欣慰只维持了一分钟而已，下一分钟几乎所有人都满面怒容地掀翻了桌子。因为他们看到的是一桌桌简单到简陋的饭菜：一小碗糙米饭里面还带着壳，几小盘青菜没有肉，但目测酱菜汤管够。

两天的雨中跋涉，远达数千里的征途，九死一生的命运，这就是朝廷对于我们这些即将浴血沙场的将士们的礼遇吗？！

"真是欺人太甚，太不把我们当回事了！"

"谁爱去送死谁去！"

"我们即将战死沙场，却连口饱饭都求不得，什么世道！这让大伙儿怎么抵挡敌人的白刃？拿命吗！"

"听说琼林和大盈两座仓库内金帛珠宝堆积如山，不如我们自己去取来吧！"

所谓众人拾柴火焰高，更何况是怒火，众人你一言我一语，愤怒不满的情绪很快就传遍了全军，让泾原军集体丧失了理智。

形势已经大乱，满面怒容的士兵们已经纷纷重披铠甲，卷起袖子，操刀向长安方向挺进。

泾原军会闹出这么大的动静来，是任谁也没有预料到的。即便是看起来应该算作罪魁祸首的京兆尹王翃实际上也比较冤枉，他不过是执行命令而已，且全无克扣军饷、故意刁难之事。以当时朝廷的财力，确实是拿不出钱犒赏部队，而京兆尹这边的经费也很有限，估计上酒上肉也真是办不到啊。

但苦大兵不管这个，上阵杀敌就得要酒足饭饱，拿足抚恤金才行，不然一旦有个闪失，全家老小就只能喝西北风去了，谁会来管？

现在朝廷既然明目张胆地要把自己送到前线当炮灰，那就没什么好说的了，干进长安吧。

哗变的泾原军士兵不想多说废话，也表示没兴趣听废话，包括节度使姚令言的亲自出面解释。

他们只是把刚刚拜别皇帝闻讯前来安抚的姚节度使用刀架上，带着一起朝京师杀来。

四十二岁的李适自从懂事以来可以说见过不少大风大浪，经历了多次劫难，对付了无数刺儿头，但这种大规模的、直接以京城为目标的兵变还是第一次遇到。

毕竟还是年轻，听说这帮杀气腾腾的大兵最少一顿饭的工夫就杀到了，李适终于压抑不住心中的慌张，准备妥协。

不久之后，几个太监来到了乱兵面前，向在场众人传达了皇帝的意思，大致内容是这样的：

知道你们很辛苦，所以天子特命我等赏赐丝帛给众将士，每人两匹，领完的就回去吧！

这就是传说中的火上浇油。

本来就怀疑你吝惜钱财，不把当兵的命当回事儿，现在一口气便拿出了这些丝帛来打赏，这不更说明了朝廷还是有钱的，不过是在哭穷蒙人而已。

于是士兵们越发愤怒了。对皇帝的赏赐置之不理不说，还有人直接张弓搭箭射向几个太监。

看到射过来的箭矢，太监们吓得不轻，当即一哄而散，跑得远远的。乱兵们继续前进，眼看着就要抵达通化门了。

见乱兵们没有散，反而是离城池越来越近了，李适作出了一个极为错误的判断：赏赐没给够。

此时在李适看来也没有别的办法，既然一次没给够，那就来第二次吧，保证满足你们领赏的心理预期。

第二次李适真的是下了血本，他派人足足凑了二十车金银绸缎送到了城门口，但是已经全无作用了。

此时，乱兵已然杀死了第二波出城传诏的宦官，杀进了长安城内。声势浩大，势不可当。

可怕的其实不应该是乱兵入城，而是这伙人绝非真正的乱兵。

刚刚入城的那一刻，这群人就以一句响亮的口号宣告了他们并非乱来的乌合之众，而是一支有组织、有纪律、目标明确的反朝廷武装：

"百姓们不要害怕，以后不会再有人打着借钱的旗号强夺你们的财产了！也不会再有人向你们征收间架税、除陌钱了！"

我不知道这口号是谁提出来的，只觉得这人非常有水平，放在今天至少位至国际级大公司公关部总监。

因为这句口号真的是紧贴社会热点，直击长安居民的痛点，极具煽动性，而且还非常管用。

据史料记载，这个口号喊过几遍后，奇迹就发生了。原本惊慌失措、四散奔逃的长安百姓渐渐地恢复了平静，下一刻就切换到了看热闹的模式，沿街围观事态的进一步发展。

下一步，当然是继续冲了。哗变士兵的目标很明确，就是杀入宫中，揪出皇帝，说出个一二三来，否则绝不善罢甘休！

李适急了。他一面命令普王李谊、翰林学士姜公辅出宫前往丹凤门安抚乱军，一面紧急传令集合禁军，准备用拳头说话。

可是更让皇帝陛下意想不到的一幕发生了。他派人喊破了喉咙，却连一个禁军也没能召唤过来。

这倒不是禁军士兵们不靠谱，提前溜号了，而是因为他们早已不在人世了。

为什么会出现如此诡异的一幕？原因很简单，有人偷梁换柱，派人冒名顶替了派往前线后阵亡的禁军将士的身份，吃了空饷。

这位异常大胆吃禁军空饷坑了皇帝的仁兄，正是此前一直被李适视作心腹的神策军使白志贞。

不过现在这个时候，要拿他问罪也是不可能的了，因为乱兵已经将李谊和姜公辅晾到一边，砍开了宫门，争先恐后地冲进宫中，直奔李适而来。

堂堂大唐皇帝居然要独自面对一大波毫无理智的乱兵，这是要靠皇帝的威严加沉着冷静的应对才可以搞定的吧。说句实在话，李适是没有把握做到的，所以他选择了最为保险的处置方式——走为上。

在以窦文场和霍仙鸣为首的一百多名太监的护卫下，李适带着太子、诸王、公主及大小老婆们从皇宫北门仓皇出逃。

由于事发突然，情况紧急，传国玉玺是靠王贵妃藏在内衣里带出来的。后宫之中得到消息及时跟着逃出来的诸王和公主仅有三成，留下的王子皇孙则即将面临无比悲惨的命运。

跟着逃出的其实也提心吊胆，毕竟这会儿《葵花宝典》之类的武功秘籍还没编出来，太监这一群体除了个别人，总体的战力极弱，很容易一触即溃，所以皇帝的两个儿子不得不上场了。

普王李谊（由舒王改封普王）在前探路，太子李诵坐镇断后，两人各领一部分太监打起十二万分精神,保护着圣驾,专拣偏僻人少的地方走,但就是这样,还是在苑中碰上了人。

对方人马看起来有几十个,且全员携带了远程攻击性武器——弓箭,且已有好几个人警觉地拿出弓箭对准了带头探路的李谊等人。

看起来不用肉搏交锋,只需对方一阵齐射,这边的太监先头部队就将全军覆没了。

然而这一幕并没有发生,相反地,这群人在听到后方传来的"回避"的呼喊声后,立马干净利落地弃弓下马,恭敬地跪在路边迎候圣驾。

原来这些人并非乱军,而是一群在此打猎的人。为首的也不是外人,说起来他还算得上李适的亲戚,因为这位仁兄是郭暧的弟弟、郭子仪的儿子,时任司农少卿的郭曙。

郭曙的加入使得逃难中的皇帝终于有了一支说得过去的武装护卫,不过说句实话,要真的撞上了乱军,郭曙带的这支打猎小分队估计只有被打的份儿,所以一行人明智地依旧选择不为人知的小路向城外跑。

应该说,李适的运气并没有特别差,跑了一路,都没有遇到乱军。而且很巧的是,就在这一天,右龙武军使令狐建闲来无事正在军中训练士兵们射箭。他从回营的士兵口中得知了正在发生的一切,当即作出了一个无比正确的决定:"不要练了!全体都有,跟我一起前去护驾!"

令狐建虽然兵力不多,只有四百来人,但都是参加过战斗的老兵,平定叛乱什么的干不了,可稳定军心,抵挡一下乱军还是有把握的。所以皇帝当机立断,下令令狐建所部接替太子的位置,负责断后。

有将领护驾了,李适终于没有那么慌张了。然而就在皇帝陛下想要松口气的时候,一只手突然出现,死死地拉住了他的马缰。

"朱泚曾经当过泾原军的主帅,如今因其弟朱滔之故,被罢职在家,一直怏怏不乐。陛下未能推心置腹对待此人,现在就该立即派大将其杀掉,以除后患。否则,乱兵如果推举朱泚为主,后果将不堪设想。即便陛下不忍乱杀,也请派人召其前来同行!"

说这些话的人,是翰林学士姜公辅。从事后的发展来看,此人绝对是个人才,因为他居然在一片混乱之际一下子抓住了问题的关键,并对未来的事态发展作出了百分之百准确的预判。

可惜的是,此时此刻李适的心里只剩下了一个念头,就是尽快地安全逃离长安,什么朱泚,什么乱军,在这一刻都不再重要了。

"顾不上了！顾不上了（'无及矣'）！"

在一阵叫嚷中，皇帝陛下拍马绝尘而去。

于是，一出残局便不可避免地上演了。

实践证明，李适的运动神经充分继承了他的老爹，仅多半天时间，他就从长安跑到了咸阳。

按理说，到了咸阳应该安全了，但皇帝陛下却不这么看。为了帝国的长治久安、千秋万代，李适简单地扒了几口饭就再次上路了。

李适像脱缰的野马一般，一路马不停蹄地狂奔。在长安城中的大臣们则像无头苍蝇一样乱跑，四散奔逃：卢杞和关播这两位宰相是直接从中书省翻墙，夺路出城的；白志贞、王翃、御史大夫于颀、御史中丞刘从一、户部侍郎赵赞、翰林学士陆贽、吴通微等一大帮子大臣则是结伴而行，边走边打听，全速向西狂奔到了咸阳远郊，才追上了皇帝一行。

皇帝失踪了，宰相跑路了，朝中能说得上话的、稳定局势的大臣也早就被卢杞清除得一干二净，因此只一天的工夫，长安城就进入了真正的无政府状态。

乱兵们开始争相进入仓库，搬运里面的金银财宝，直到累得虚脱，再也搬不动为止；长安百姓也没闲着，立即从看客模式转换到了参与模式，乘机跟着入宫盗取仓库中的财物，通宵地往家搬。来晚了的，也不着急，干脆就地化身为半路劫道的，专拣疲惫的搬运队下手，且乐此不疲。

不过，长安百姓到底是首都居民，不乏政治觉悟高的。在乱兵冲入之初，便有一些坊（相当于今天的居民小区）的居民自发组织起来，抵御乱兵和暴民的侵扰。

看到偌大的一座长安城被搞得火光四起、一片混乱，姚令言坐不住了。他凭借昔日在士兵中的威信，开始号召将士们保持冷静，想办法维持好长安城的秩序，而乱兵们也意识到，这种乱成一锅粥的状态对于他们个人的人身及财产安全极为不利，因此越来越多的士兵打算听一下姚令言有什么高见。

姚令言的意见很简单，大家需要找个有水平、能服众的带头大哥，来把这项造反事业坚持到底，不然的话，一旦朝廷采取反制措施，派大将来讨伐，所有人都难逃一死。

这话很在理，不过，谁有这个资格并愿意带着大伙儿一起反抗朝廷呢？

姚令言的回答是：朱太尉。

所谓朱太尉，正是被废在家，正处于极度郁闷之中的朱泚。姚令言断言，只要众人一起推举朱泚出来主持大事，朱泚必定会出山的。

许多后人根据姚令言的这一举动，怀疑此人才是这次泾原兵变真正的幕后推手和始作俑者。因为叛乱发生后，这位仁兄第一没有想办法派人向朝廷传递消息，发出预警；第二没有找机会统率亲兵反正，反倒是主动为乱军们出谋划策，煽风点火，大有不把事态搞大不罢休的意思。所以姚令言背上叛乱主导者的嫌疑，不是没有道理的。

不管怎么说，事情的发展已经到了日益严重的地步，姜公辅最为担心的情况终于变成了现实。在姚令言及泾原军众将士的极力劝说下，朱泚欣然出山。

当晚，朱泚骑马从晋昌里的家中前往皇宫。一路上，泾原镇乱军沿途列队高举火把，以无比高涨的热情迎接朱泚升殿。

朱泚就此搬进了皇宫的含元殿里居住，并设置好了警卫，对外宣布将以太尉的身份"权知六军"，相当于代理全国武装部队总司令。

几天后，朱泚再次对外发布消息，要求留在长安城中的官员及士兵立即前往皇宫拜见自己，否则三日期限一过，没有来报到的人将格杀勿论。

消息一经传开，百官震恐，纷纷从山林宅院里出来前往拜见朱泚。

看到下面战栗着叩拜的大臣们，朱泚产生了前所未有的满足感和舒适感。

他终于明白了为什么古往今来那么多人都不惜性命要来争夺这个位子。这个位子实在是太有魔力了，它真的足以让任何人瞬间上瘾，不愿离开。

那就想办法延长坐在这里的时间吧。至于李适，就让他继续在外漂泊吧，外面的世界很精彩，虽然也可能很无奈，但我相信他会逐渐适应并喜欢这种生活的。当然，如果他就这么死在外面自然更好，那就一了百了了。

我知道你待我很好，你老爹也待我不薄，可在权力面前，从来就没有什么感情可讲，更何况大家都是为形势所迫，不得不一起对外演上这么一出君臣相得的戏。

就这样吧，永别了，我亲爱的皇帝陛下！

平心而论，大部分官员是不支持朱泚的，他们之所以来是因为一时半会儿找不到皇帝，实在无处可去。在得知天子逃到了奉天，且发觉有人一提出接皇帝回来，朱太尉的脸色就很不好看时，大臣们的心里早就如同明镜一般——真正要继续造反的人其实就是朱泚。

于是，看出了朱泚用心的官员们开始找机会溜号，逐渐逃离长安奔往皇帝所在的奉天县。

但要说没人愿意跟着朱泚干一票，那也是不符合事实的。

事实是，有很多在朝中一直受到卢杞打压的人都在朱泚这里看到了希望，主动跑来跟着朱泚干。在成为毫无廉耻的、遭到历史和后世唾弃的乱臣贼子之前，他们中的很多人曾经也品行端正满怀理想，立志匡扶社稷，拯救苍生于水深火热之中，并最终成为一个受到万世景仰的救世能臣。

但他们最终都放弃了最初的理想，在残酷的现实下，在你死我活的斗争中，在个人失意时，选择了屈服，屈服于更多的钱财、更高的权位以及更现实的利益。

在一片绝望的黑暗中，他们误以为无路可走，更无路可退，所以只能选择同黑暗偕行，一条道走到黑了。

只有另立新朝，拥立朱泚为皇帝，他们的利益才能得到保全并逐渐实现最大化。

那么，还等什么呢？

就这样，朱泚身边也慢慢聚集了一些比较有水平的人。这些人之中水平最高、最早加入，也最重要的一个，是源休。

源休是一个不同凡响的人，此人曾休过吏部侍郎的女儿，惹怒过权势熏天的杨炎，更给回纥可汗送去过被唐军袭杀的回纥高层遗体（其中有一个还是可汗的叔父），却皆能逢凶化吉，全身而退，你说这人厉害不厉害？

在厉害的源休的帮助下，朱泚的叛乱集团开始真正走上正轨，并不断发展壮大。

据说源休初见朱泚，上来的第一句话就是，"太尉当为天子"。

朱泚听了很是高兴，因为许多人都有这个想法，但源休是第一个主动明确提出来的。

更重要的是，以朱泚对源休的了解，他知道此人既然能说出这句话，就一定有了能够帮助自己实现这一目的的办法。

事实也确实如此。源休已然有了可付诸执行的全盘计划。

源休认为，当务之急是尽快稳定住京畿的动荡局势，并且使出逃的皇帝不敢轻举妄动，贸然回京。

要做到这一点，并不难，只要有充足的军力，任谁也不敢乱来。但问题是朱泚手中能用的就是哗变的泾原军这五千来人，再加上陆续从凤翔赶来的幽州兵旧部及投降的宿卫兵，撑死了也就一万多人，守住长安城各门都够呛，更不用说镇住城内蠢蠢欲动的各方势力或亲朝廷的边防诸藩镇了。

不过源休有办法，他可以帮朱泚把一万人的队伍搞出十万人的声势来。

源休的办法很简单，就是让泾原军的士兵每天深夜从苑门出城，次日白天再打扮成宿卫部队的样子，高举白旗，从通化门入城，招摇过市，直到抵达宫门外列队投降。

看起来浩浩荡荡、络绎不绝，但几天里来来回回就是那些人。

这招其实并非源休的专利，当年董卓进京时为了吓唬人就是这么操作的，而且成功了。

别看这招看似简单，好像易被识破，其实不然。在当时的那种环境下，是不会有人胆敢凑近去细看那一批批弯弓搭箭、手持长刀进城的士兵的。

所以，不只是长安居民，就连长安周边的藩镇节度使们都被唬住了，以为朱泚得到了泾原军和长安驻军的全力支持，一时间不敢轻举妄动。

很好，很好，暂时不会有人前来闹事了。这就可以进行下一步了。

下一步，按照源休的安排，是壮大叛军实力，团结一切对朝廷心存不满的势力，共同对抗朝廷。

朝廷里面平时过得最压抑，最有可能参与进来的，除了被卢杞坑害的文臣们，就是那些失去了权柄的武将。而这部分武将又可以分为两大类：一类是被部下赶出藩镇，失去一切权力，而后被朝廷收留，但只是负责吃白饭的前节度使们，如李忠臣；另一类则是曾立下赫赫战功，也没有犯过什么大错误，但出于国家政治需要，暂时被雪藏的大将，如张光晟。

一个是生活落差太大，无论如何都渴望东山再起一次；一个是仕途失意，郁郁不得志，急需证明自己存在的意义。因而，当得知朱泚想要代李氏自立的打算后，两个人便特意前来投奔，表示愿一起做成这份事业。

有道是福无双至，祸不单行，但这一次对于朱泚似乎是个例外。因为他收得李忠臣、张光晟这两员大将后不久，便又有两位将领主动来投。

这两人一个是凤翔镇将领张庭芝，另一个是泾原军将领段诚谏。两将原本奉命统率数千人马前去救援潼关，在半道上听说了泾原兵变、朱泚占据长安的消息，二人一合计，觉得跟着朱泚更有前途，便拥兵诛杀了领兵大将、陇右兵马使戴兰，带着所部兵将跑回了长安，投奔了朱泚。

形势似乎对朱泚越来越有利了。在源休的推荐及张庭芝、段诚谏的模范带头作用下，还真的让朱泚集结了一支志同道合的队伍。这其中有以文学知名的都官员外郎彭偃、以清廉俭朴出名的工部侍郎蒋镇及智勇双全的太常卿敬钅工。

这些人每个都称得上是一时才俊了，而如今他们无一例外，都被朱泚笼络到了自己手下，替他效力。不过，对于这样的公关成果，朱泚并不知足，他很快就有了新的公关目标。这个人在朱泚看来极为重要，因为此人曾担任过一个非常关键的职务——泾原郑颍节度使。

这个可能影响泾原军士兵的重要人物，就是时任司农卿的段秀实。

第十五章
殉道

  一直以来,朱泚都觉得段秀实和自己很像,一样有能力,一样受军队拥戴,一样遭遇奸人陷害(段秀实此前因公开反对杨炎修筑原州城的意见,遭到打击报复,才被征召入朝),一样被朝廷削去了兵权,所以他坚定地相信,段秀实和自己一样十分不满,特别想要报复这一切的不公正,为自己讨回公道。因此,他派出了几十个骑兵前往段秀实家中,请这位同病相怜之人一起来创业。

  朱泚的手下们到了段秀实家门口,却发现自己似乎很不受欢迎。因为段秀实家大门紧闭,任他们怎么叫门,都没人吭声。

  命令是必须执行的,无论段秀实家里出了什么事情,都得回去给个交代。活要见人,死要见尸。那哥儿几个就麻烦一下吧,帮咱翻墙进去瞧瞧究竟。

  于是几个士兵翻墙而入,打开了段秀实家的大门。

  段秀实知道,他不得不直面朱泚了,而这一去无疑必是永别。

  "国家有难,我怎能躲起来不出头,今当以死殉社稷,你们就各自想办法求生吧。"

  说完,段秀实没有犹豫,毅然决然地走出了家门。

  "段公来,吾事济矣。"

  见到段秀实,朱泚显得很是兴奋,故而高呼了这么一嗓子。

  对于段秀实,朱泚表现出了前所未有的礼贤下士状态,他热情地邀请段秀实坐到他身边,向他讨教未来的发展大计。

对于这一重要问题，段秀实是这样回答的：

"太尉本以忠义之名享誉天下，如今，泾原军因犒劳赏赐不够丰厚而发动兵变，致使皇帝出逃。赏赐不公，其实是有关部门的过错，天子怎么可能知道呢？太尉应该以此道理来开导将士们，告之以成败福祸，然后率众迎回圣驾，这才是天大的功劳啊！"

听完这番话，朱泚脸上的笑容逐渐凝固了，随即默然不语。

段秀实知道，朱泚是很反感这样的劝说的，但他还是讲了。因为他就是那样的男儿。

不过，段秀实虽然为人忠直，但并不傻，他不打算做无谓的牺牲，就这样浪费掉自己的性命，因而他很快装出顺从朱泚的样子来，并逐步取得了朱泚的信任。与此同时，段秀实还暗中说服了之前就跟自己交厚的左骁卫将军刘海滨、泾原都虞候何明礼及孔目官岐灵岳这三人作为自己的盟友，为了诛杀朱泚，迎回圣驾而不懈努力。但这里发生的一切，远在奉天县的李适并不清楚。

最初得知朱泚出山掌控了长安城的局势时，皇帝陛下十分欢喜。在他眼中，朱泚是个不错的臣子，所以李适相信距离自己返京的日子已经为期不远了。但下面的大臣并不这样看。当时有人上书给李适，直言朱泚已经得到乱兵拥立，已有不臣之心，因此他很有可能即将出兵来攻奉天，所以希望皇帝能够足够重视这一情况，早做应对的准备。

李适还没来得及回复，宰相卢杞就先怒了。他公开为朱泚辩护，称朱太尉为人忠贞不贰，群臣谁都比不过，又宣称如果就此诬陷朱泚参与了叛乱，那就会伤害了大臣的拳拳之心。最后，最狠的是，卢杞不知犯了什么病，竟然以自己全家人的性命为朱泚担保，咬定朱泚必定不会反。

李适同意卢杞的看法。而更令他坚定这种想法的，是一个小道消息。

这个消息的大致内容是朱泚已经派出军队前来奉天迎驾。

李适可以说是很开心的了。于是他命令赶来的勤王之师暂且在奉天城外三十里地扎营待命，先不要进城了。

消息传来，姜公辅急得不行，他火速进宫，向李适劝谏道："如今宿卫的军队很少，不可不慎之又慎。如果朱泚是真心迎驾，并不用担心宿卫军队人多；如果不是，那朝廷则有备无患。"

李适觉得姜公辅说得有道理，这才又下令让援军通通入城。

既然朝廷中有人对朱泚的忠诚度有怀疑，最好的办法当然是眼见为实，派个人去

第十五章 殉道 · 315

实地考察一下。于是在卢杞和白志贞的建议下，李适决定在大臣中间征集一名志愿者，前往长安一探究竟。

然而征集令下发了很久，都没有人表示愿意前往。这也难怪，毕竟朱泚造反的消息已经传得满城风雨，妇孺皆知。如果消息是假的，那还好说，但若不幸是真的，那就真的要命了。

就在一片沉寂中，有一个人挺身而出，表示愿意走一趟。

这个勇敢的人，叫作吴溆，时任左金吾大将军。说起来，他还是李适的亲戚，而且辈分非常之高。因为李豫是管他叫舅舅的，所以说，他是李适的舅爷。

虽说辈分大，但这位吴溆吴舅爷却为人谦和恭顺，一直低调做事，因而平日里很受人敬重。

谁也没想到，这么一个低调的人会在这个节骨眼上做出这么高调的事儿来。李适更是赞叹不已，所以他立即批准了吴溆的请求，派他回长安探听情况。

事实证明，吴溆绝非一时冲动才作出的决定，他是经过了内心的斗争和深思熟虑的。他深知此行凶险异常，因为他退朝回到家中后，对家人说了这样一番话：

"有道是食君之禄，当忠君之事。危难关头只顾自己，这不是忠臣之举。我身为皇亲，受先帝托付，并不是不知道此去必死，然而，满朝文武无一人挺身而出，这岂不是要令主上失望寒心吗？"

吴溆就这样带上诏书启程了。不出所料，朱泚果真反意已决，表面上虽然恭敬客气，将吴溆安置在馆驿好好招待，但实则杀心已起。最后，在派出泾原兵马使韩旻率领三千精兵西去偷袭奉天后不久，扯掉了最后一块遮羞布的朱泚命人将吴溆杀害。

得知源休向朱泚献计，打着接驾的旗号前往袭击奉天的那一刻，段秀实就意识到自己必须做出牺牲，拼死一搏。

他很清楚，以奉天守备之薄弱，以及卢杞等人的自以为是，一旦韩旻的军队抵达奉天，局势就基本上难以挽回，皇帝必然凶多吉少。所以当务之急，他需要想办法阻止韩旻到达奉天。

平心而论，这件事在当时几乎是不可能实现的，因为韩旻已然率军出城，而段秀实这边人手显然不够（未突破两位数，好吧，实际是算上段秀实始终只有四个人），想要设置路障阻拦行军或派人快马加鞭赶去报信儿都是成功率很低的。然而即便如此，段秀实依然没有放弃。他认真思考了一会儿，终于想到了一个办法，不过此计若要成功，他需要一个人的帮助。

岐灵岳接到消息后，以最快的速度赶到了段秀实那里。

他得知现在解除危机的唯一办法，是身为姚令言判官的自己前去盗用姚令言的官印，然后假传军令，让韩旻中途回师。

这几乎可以说是一个自我毁灭式的救援计划，虽然能够解救一时危局，但参与人等必将引火上身，丢掉自己的性命。

然而岐灵岳没有犹豫，他立即行动去了。可惜的是，姚令言真的是相当谨慎，官印基本上从不离身，岐灵岳到底没能窃得官印。

没有时间了，只有冒险试一下这一招了。

段秀实一手拿过自己司农卿的官印，颠倒过来就盖在了写好的军令上。然后他找来一个健步如飞之人，让他务必尽快追上韩旻，将军令交到韩旻手上。

送信的这位仁兄果然名不虚传，在骆驿（位于奉天东南郊）及时追上了韩旻所部，并按照托付送上了军令。

打开军令，看到最后的盖印，韩旻就蒙了，因为这不是他所熟悉的姚令言的印，而是他从未见过的印。出于文化水平的限制（提示：官印所用字体为篆书），韩旻实在是猜不出印上显示的到底是什么职务，至于韩旻的下属们都是比他还粗的粗人，更加指望不上他们。

因此，为了不出乱子，韩旻最终决定率军返回长安。

李适君臣就此逃过了一劫，但是，他们对此并不知情。

段秀实知道，如果计策成功，韩旻一回来事情必然穿帮。所以他找来了刘海宾等人，告诉大家，事到如今只能拼了。段秀实表示届时他将想办法直接袭杀朱泚，如若成功，一切自然好说，但如果失败，他也甘愿一死。因为他无论如何也不会当乱臣贼子的臣属，听命于叛贼。

在段秀实的感染下，刘海宾等人纷纷表示愿意与段秀实共进退。于是经过商议，几个人约定，一旦出现紧急状况，将由刘海宾统领所部作为主力应对，而由何明礼负责在外面接应。

段秀实等人下定决心要拼死一搏了，然而接下来发生的事情却出乎所有人意料。

首先，对于韩旻的突然折返，朱泚和源休自然是大吃一惊，他们几乎是气急败坏地责问韩旻何以擅自返回。

韩旻这回可真的完全蒙圈了。面对一脸怒容的朱泚，他吓得有些词不达意，眼看着就要结结实实地吃一次没文化的亏，被朱泚一怒之下下令拖出去斩了。一个看似毫不相干的人出场了，这个人就是岐灵岳。

只见岐灵岳突然站起身来，表示这所有的一切都是他一个人搞的鬼，与韩旻无关，更与其他人没有半毛钱的干系，要杀要剐，悉听尊便，但自己宁死也不会做叛贼逆党。

好，有种！那就遂了你的愿吧！

岐灵岳就这样被朱泚残忍地杀害了。为了保护朝廷，掩护他的伙伴，他作出了一个英雄般的决定。

然而，段秀实只比岐灵岳多活了一天。

段秀实看得很清楚，朱泚杀了岐灵岳后，虽然表面上没有继续追查韩旻撤军之事，但这件事绝对不会就此不了了之。在源休的怂恿下，他们一定会一查到底，以求将长安城中忠于朝廷的反抗势力连根拔起。所以，在暴露之前，必须先下手为强，果断采取行动。

段秀实深知自己无力除掉这股强大的反叛势力，但是，他相信自己还是有可能除掉朱泚的，以刺杀的形式。

这个刺杀朱泚的机会，段秀实很快就等到了，就在第二天。

十月七日，朱泚找来段秀实和李忠臣、源休、姚令言、李子平等一干亲信一起议事。段秀实应邀准时到场，并被安排到了朱泚的身边就座。

这也是惯例了，或许是因为感觉经历相似的缘故，朱泚对于段秀实极其亲热，很喜欢同他促膝交流。正是有了这样一个前提，无论是朱泚的亲信，还是朱泚的卫士，对段秀实都不敢怠慢，所以这一天段秀实才可以戎装上殿，而没有人敢阻拦。

不过虽说如此，段秀实依旧是不可能带着武器接近朱泚的，但他早有办法。

一开始，会议同往常一样，由朱泚率先发言，说明一下如今大伙儿面对的形势和当前的主要任务，然后是喊几句足以激励全体干劲的口号。总而言之，言而总之，就是告诉大家前途是光明的，未来是美好的，跟着我，没有错！

不过和以往不同的是，这一回朱泚没有凭空画饼，而是给出了一个更为具象的奋斗方向——称帝。

终于提出来了啊！源休等人极为激动，当即热烈地参与到这个议题的讨论中来。而段秀实似乎更为激动，他直接朝着朱泚快步走去，做出了好像是要向朱泚行君臣大礼的样子。

朱泚满面堆笑地看着段秀实快步向自己走来（提示：古代大臣朝见天子，就是一路小快步到跟前，然后再行三跪九叩大礼的），然而下一秒，段秀实的动作就超出了朱泚的意料。他突然暴起，抄手夺下了源休手持的笏板（大臣上朝时所持，多为象牙制品），抄起来就朝朱泚的脸上抢了过去。

事发太过突然，朱泚完全没能缓过神来。他只意识到自己的衣服被人狠狠地抓住了，然后就是脸上重重地挨了好几下，还被人往脸上吐了一口唾沫。

"狂贼！我恨不能把你碎尸万段！我岂能跟着你一起谋反！"

这熟悉的声音终于让被打蒙的朱泚恢复了心神。

朱泚到底是军旅世家出身，且身经百战，反应很快，挨了一下后，立马本能地护住了要害部位，但还是被打得满脸是血，不能不抱头逃窜。

见到朱泚要跑，段秀实连忙开始追击，却没能成功。因为本来应该接应他围攻朱泚的刘海宾被查出了靴中所藏的匕首，无法上前，而李忠臣已然反应了过来，挡在朱泚身前。

事已至此，是有心杀贼，无法成功了。

"我是不会与尔等一道谋反的，何不速速杀我！"

这是段秀实临死前发出的最后一声呼喊，也是他最后的愿望。

这一次，转折没有再次出现，段秀实当场死亡，享年六十五岁。

在这场实力悬殊的较量中，手无寸铁的段秀实，坚持到了生命的最后一刻，凭借着他的信念和勇气，履行了自己的承诺。

和段秀实一道奋战的刘海宾、何明礼也履行了各自的诺言，宁死不屈。

在段秀实被砍倒在血泊中的那一刻，朱泚才真正看清了这个叫作段秀实的人。这是一个没有私仇概念的人，他的心中只有公愤，即使是个人蒙冤被整，即使无权无势遭到冷落，只要于国于民有所裨益，他都毫无怨言，甘之若饴。

混迹军政两界数十年，经历了血腥的杀戮上位、至亲的冷酷背叛等种种风波的朱泚，在此之前从不相信在这个世界上，还存在义士这一种人。他原本认为自己能够利用段秀实对朝廷的怨气，能够凭许出的官位和利益收买这个人，能够将包括段秀实在内的所有人收为己用，然而他错了。

并非所有人都是利益至上，为了生存可以随时放弃原则和底线。这个世界上的确存在那么一群人，为了道义，为了理想，愿意坚持到底，绝不妥协。哪怕是付出生命，亦在所不惜。

朱泚这两个字早就同道义什么的不共戴天了。所以他自然无法完全理解段秀实们的选择，而这也注定，他终将被一群他无法掌控的人挫败，走向毁灭之路。十月八日，朱泚终于迫不及待地从白华殿搬到了宣政殿，自立为皇帝。定国号为大秦，改元应天。

紧接着，他迅速构建起了自己的领导班子：以姚令言为侍中、关内元帅，李忠臣为司空兼侍中，源休为中书侍郎、同平章事、判度支，蒋镇为吏部尚书，樊系为礼部侍郎、礼仪使，许季常为京兆尹，彭偃为中书舍人，洪经纶为太常少卿，裴揆、崔幼贞为给事中，崔莫为御史中丞，张光晟、仇敬忠、敬釭、张宝、何望之、段诚谏、张庭芝、杜如江为节度使。

以下还有若干不得志之人新官上任，算是终于扬眉吐气了一把。我本意想着让他们也趁这个机会，亮亮相，列个名，但发现篇幅实在过长，故而只能省略了。

总之，这份长长的名单说明了一点：在当时，大部分人还是很现实的，他们并没有段秀实那样的勇气，不打算杀身成仁，像段秀实那样的人毕竟还是少数。

朱泚反了，这下子天下已然皆知。奉天县更是进入了高度警戒状态，时时刻刻准备与来犯之敌决一死战。

其实李适在稍早之前就已经确认了朱泚反叛的事实，不过他却不打算在奉天城同来袭的朱泚军交战，因为皇帝陛下总感觉奉天城过于狭小，有些放不开手脚，所以他想要移驾凤翔。

听到风声，户部尚书萧复赶忙跑去进行劝阻。他的反对理由很简单：凤翔将士中有很多是朱泚昔日的部下，其中难免有与朱泚一条心的。如果移驾凤翔，很有可能是自投罗网。

然而李适铁了心要去大城市待着，任凭萧复如何苦口婆心，他就是认定了凤翔。

不过，为了给萧尚书一个面子，李适决定委屈一下自己在奉天县再多停留一天。

就是这一天的时间，拯救了大唐，改变了历史。因为第二天，就传来了凤翔发生兵变，凤翔节度使、同平章事张镒被杀的消息。而哗变杀死张镒的后营大将李楚琳果然在自立为节度使后，立刻投降了朱泚。

受此事件影响，陇州刺史郝通举城投靠了李楚琳。而商州的团练兵也冲动了一把，杀死了他们的刺史谢良辅，据城自守。

天下已然大乱，然而京师内新一轮的腥风血雨才刚刚开始。

在源休的建议下，朱泚派兵将留在京师的宗室子弟七十七人全部杀害。与此同时，又在城中大肆搜捕藏匿起来的朝臣，但凡被搜出者，一律难逃一死。而那些被迫接受朱泚授予的伪职的人更是生不如死，大臣樊系在替朱泚起草了登基文告之后，即喝药自杀。大理卿蒋沇好不容易逃出了长安，却在逃往奉天的途中，被朱泚军队抓获，被迫以绝食相抗争。

不过值得注意的是，朱泚并非像当年入京的安史叛军那样，肆意地胡作非为，其实他的政策是很有技术含量的。简单说来，他所做的一切就是消灭反对派，争取中间派，扩大自己的政治势力。为了做到凝聚力量，朱泚甚至不计前嫌，向他的弟弟朱滔主动伸出了橄榄枝。

一开始建秦自立的时候，朱泚给老弟开出的待遇是冀王、太尉、尚书令，但是朱滔那边反响不大。后来考虑到自己反正也没有儿子，索性就给了朱滔一个接班人的位子，遥立其为皇太弟。

果然，这个位子朱滔还是比较满意的，所以他接受了老哥的封号，并按照朱泚的要求出重金派人联合回纥，准备南下进攻魏州、贝州，对暂住于奉天的朝廷形成合围之势。

几乎与朱滔同时得到泾原兵变消息的，是在河北与叛乱诸镇对峙的李怀光、马燧等人。

得知长安再度沦陷，天子被迫流亡，李怀光、马燧无不痛哭失声。因为这意味着四年的精心筹备、上万将士的抛洒热血都将付之东流。但是已经没有其他的办法了，形势十分危急，只能弃卒保帅了。于是数日后，各军相继撤离了河北战场。其中，朔方节度使李怀光与神策都知兵马使李晟负责率部勤王，驰援奉天；河东节度使马燧则率部退回太原，死守大唐龙兴之地；河阳节度使李芃率部回到河阳（今河南省孟州市），昭义节度使李抱真领军退保临洺（今河北省永年县），以防朱滔等人趁机来攻。

马燧等人的行动十分迅速，后期的部署也可圈可点，但他们还是预判错了一点。那就是形势并非十分危急，而是万分危急。而就是这一小小的判断误差，后来引发了更多的乱子。

十月十日，朱泚亲率大军直指奉天县。

奉命率所部驻屯在梁山（今陕西乾县北），抵御朱泚先头部队的，是将军高重杰。

这位仁兄据说是很有点水平的，可是，他却遇到了比自己更有水平的对手——秦军大将李日月。

在李日月的迅猛攻势下，唐军战败，全军覆没，高重杰本人则英勇战死，秦军通往奉天的大门就此被叩开了。

由于之前的种种错误预判，诸镇勤王兵大部分距离奉天城不算近，他们不是还在远道而来的路上，尚未抵达，就是拜朝中某些人的瞎指挥所赐，被安排执行各种不切实际的围堵截击任务去了。此时，奉天城中的主力部队是由右龙武将军李观临时招募组建的禁卫军（五千余人）。这支部队站个岗、摆摆架势还行，真要打起来，估计也就最多坚持个把钟头。

好在上天似乎还没有终结唐朝的打算，就在秦军抵达奉天城下的前十几分钟，一支唐军回到了城下。

这支唐军是邠宁留后韩游瑰所部，总计三千人。他们原本被安排奔赴便桥（今陕西省咸阳市西南）设置阻击阵地，抵挡经乾陵来袭的叛军。但当部队行至醴泉（今陕西省礼泉县），就得到了秦军再过一夜即可开到奉天的情报。

巧合的是，得到这一重要情报后不久，部队就在醴泉与敌遭遇。这个时候，一般有两种选择，一种是就地构筑营垒，挡住来犯之敌，这样可以使敌军不敢越过营垒去进攻奉天；另一种则是当即折返回城中，进入城外已有的营垒，同守城唐军协同作战。

这两种方法都是可行的，但韩游瑰最终选择了后一种方案，因为多年的征战经验告诉他，目前的形势是敌强我弱，如果敌人分出一部分军队看住自己这批人，而带上大部队直扑奉天，以奉天城兵力单薄的架势，估计撑不了半天就陷落了。奉天一破，自己的部队也就失去了战略价值，毫无用处。因此，韩游瑰作出了一个极为明智的决定：立即返回奉天，保卫天子。

就算是死，也要同奉天城共存亡。

朱泚的部队是在韩游瑰部进驻城外营垒不久后赶到的。趁着秦军初到，立足未稳之际，韩游瑰立即率部向秦军发动了进攻。然后，被击败，被迫退入城内。

唐军战败的原因，我已经透露过了，因为他们的对手是水平极高的李日月。

就在韩游瑰边打边带部队撤进城中的时候，意外发生了。

奉天城东壅门的城门关闭得不够利索，训练有素的秦军士兵趁机尾随败军冲入了城门内。

形势可以说是异常严峻了。一旦让秦军控制住了东壅门，奉天城势必沦陷，朝廷也必将面临巨大的危险。

秦军士兵似乎也意识到了这是进城的良机，于是他们像发了疯一样向城门发动了猛攻。

看到东壅门的守军就快顶不住了，浑瑊带着唯一的预备队赶到了。

虽然双方兵力差距悬殊，但在浑瑊和韩游瑰两位高级将领的带领下，唐军毫无畏惧，与秦军死战。两军近万人在狭窄的城门内整整激战了将近一天的时间，却都没有停下来歇口气的意思，但由于敌军太多，唐军渐渐不支，在此千钧一发之际，浑瑊命令虞候高固将军中的最后秘密武器投入战场。

唐军的秘密武器是一群手持长刀的重甲勇士，他们在高固的率领下，以猛虎下山之势猛冲过来，大砍大杀，左砍右杀，反正是怎么砍都有。

在唐军重甲长刀兵的猛击之下，秦军终于稍稍被迫后退了。

不过，就算这些长刀兵再怎么勇猛，也不可能坚持太长的时间，所以还是需要有个办法将敌军彻底驱逐出城门。

办法很快就有了。有人提醒道，城门附近有几辆装着干草的车子。

于是，壮观的一幕出现了。几辆燃着熊熊烈火的小推车齐头并进，以万夫莫当之势，将秦军士兵通通逼出了城门一带。

一场异常激烈的城门争夺战终于以唐军的胜利宣告了结束。

然而，秦军的行动并没有结束。

当晚，秦军奉朱泚之命，在奉天城东三里安营扎寨。一完成安顿工作，朱泚马上下令西明寺僧人法坚修造攻城器械。为了赶进度，秦军就地取材，拆毁了佛寺，拿寺中的木材作为制造攻城用的木梯和冲车的原料。

消息传来，城中的韩游瑰乐坏了。因为他很清楚，寺庙里的木材大都比较干燥，所以只须准备好火攻，即可有效地应对这些攻城器械，瓦解敌人的进攻。

韩游瑰发觉了战斗中的可突破点，但是他却没能预测到战争的旷日持久。

第二天打响的战斗，其实只是朱泚对奉天城长达一个多月连续进攻的新开始。接下来的战事也远比所有人预想中的艰苦得多。

奉天城说到底不过是一座中小发达城市，城市规模有限，兵力有限，粮草有限，甚至连装备都有限，特别是在被秦军夜以继日地猛攻了大半个月后，奉天的极限似乎每天都要被突破。

于是乎，援军能否及时赶到，变成了这场本来毫无悬念的战斗的决胜关键。

幸运女神这次再次站了李适的队。建中四年（783年）十一月初，奉天城终于迎来了第一波援军。这波援兵共计一万余人，具体由四支部队组成，他们分别是灵武留后杜希全统领的朔方军、盐州刺史戴休颜（原为郭子仪部将）的盐州兵、夏州刺史时常春统辖的夏州兵以及渭北节度使李建徽带领的保大军（郭子仪朔方军后期发展的一个分支）。

不得不说，这支援军来得正是时候，当时唐军大将浑瑊虽然通过设伏兵的方式在漠谷成功射杀了最猛的李日月，但唐军的损失也越来越大，以至于连左龙武大将军吕希倩这样的高级将领也战死了。因而奉天守军的士气日益低落，现在好了，杜希全等人的援军到来，让城内的士兵们看到了胜利的希望。

在众人看来，这支生力军必将彻底扭转战场态势，秦军即将败退，胜利触手可及！

然而不久之后，他们就亲眼看到了希望的破灭，破灭在卢杞的手中。

由于当时朱泚的秦军已经对奉天城完成了合围，并在外围部署好了围点打援的部队，因此杜希全等人的援军不能直接开到城下，而是需要选择一点，破围而入。

于是，针对援军的入援路线问题，皇帝陛下召集文武群臣进行了意见咨询。

宰相关播和大将浑瑊的看法比较一致，他们认为漠谷道路狭窄，很容易遭到敌人的伏击，所以不如取道乾陵以北，沿陵寝外围的柏树林而行，最后在城东北的鸡子堆扎营，与城内守军互为犄角。

这样做的好处有很多，而且很明显，一是不容易被下套；二是遇到大量敌兵时可以迅速化整为零，躲入林中继续前进，保存实力；三是一旦成功便能吸引一部分敌人，减轻奉天城正面的防守压力。

然而，这样看上去毫无破绽的行军线路却被卢杞一票否决了。

而且，否决这个正确意见，卢杞仅用了一句话而已。

"假如援军从乾陵来，惊动了皇陵，谁来负责？！"

你担心惊扰到高宗皇帝，难道就不怕李氏江山在此毁于一旦吗？

听到卢杞的话，浑瑊终于坐不住了，他当即出列反驳道："自从朱泚率军围城以来，他的军士不分昼夜砍伐乾陵的松柏，如果说到惊扰，那先帝的陵寝早就被惊动了！现下奉天城危若累卵，各道援军迟迟未到，只有寄希望于杜希全他们，这支援军关系重大,若能安全到达指定地点,据守要地,击破朱泚的可能性就大大增加了!"

单纯从军事角度看,走乾陵的确是最保险、最合适的选择,没有之一。可是问题在于,正如卢杞所言,在乾陵行军涉及一个政治问题,如果处理不慎,很可能遭到他人诟病,影响李适做皇帝的威望。所以,李适内心深处宁肯冒一次险,让杜希全等人去蹚次雷,并让奉天城内的部队做好出兵接应漠谷的准备,也要坚持政治正确。

而卢杞接下来的话语,刚好触动了李适这条最敏感的神经。

"陛下用兵,岂可与逆贼相提并论!假如让杜希全他们从乾陵那边过,那可是我们自己人惊扰了先帝的陵寝!"

好吧,决定了。政治正确第一,其他的,就交给命运吧。

于是,一出悲剧就此无法避免地上演了。

十一月三日,杜希全等部奉命来到漠谷。

不出所料,朱泚早早就派兵在山谷中设下了埋伏。唐军进入谷中的队列刚刚有一半人,就遭到了秦军居高临下的猛烈进攻。虽说杜希全等将并未轻敌,且事实上早已判定此处必有伏兵,但在强弩、巨石的轮番猛击下,唐军最终还是无法抵敌,死伤惨重。

漠谷的战斗开始后不久,得到消息的皇帝立即下令城内守军出城接应。可是设想是美好的,现实却是残酷的。在城外秦军的全线阻击下,城内守军连续冲出几次都被打了回来。

当晚,杜希全等四部军队终于再也支撑不住,被迫退守邠州(今陕西省彬县)。

而获胜的朱泚则乘机要给李适一个下马威,并瓦解一下守军的军心,所以他派人将在漠谷缴获的唐军战利品全部陈列在奉天城下,让城内的官员军民登高远望免费参观。

果然,援军的溃败无疑是对城内士气的沉重打击。据载,奉天城内百官见状,无不相顾失色,守军士兵更是一个个愁眉苦脸,眉头不展。

多年的战争经验告诉朱泚,奉天城距离破城已然不再遥远,只须加班加点,再加强攻势,他便可以完成最为关键的一步,灭掉唐朝,取代李氏。

在朱泚的严令下,秦军士兵以惊人的速度在奉天城外挖出了一圈极深的壕沟,完全断绝了奉天同外界的联系。看样子如果不把城内守军困死饿死,朱泚是不会老老实实把地犁平的。

使用饥饿战法,团团围困,朱泚尚觉得做得不够绝,为了能够对奉天城内的兵力部署及防御设置情况实现更准确的掌控，朱泚将自己的中军大帐移到了乾陵之上，凭借着山势，他可以俯视城内的一举一动，并真正做到指哪打哪。

而事实上朱泚也的确十分丧心病狂了，他已经连续几天下令士兵们夜战，且认准了奉天城东北角集中兵力猛攻，将巨石和弩箭不分昼夜地射入城中。这一招已然造成了城内守军的大量伤亡，并给城中的官民带来了巨大的精神压力。据说皇帝陛下的心理负担更重，看着再也无能为力的浑瑊，急得直哭。

当然，光哭是于事无补的，哭完之后，该发生的事情注定还会发生，谁也逃不掉，躲不过。

此时此刻，奉天在重重围困中，粮尽援绝，士兵伤亡过半，城头却战火不熄，沦陷似乎已成定局。

大唐气数已尽，这几个字开始经常性地闪现在李适的脑海中，像梦魇一般挥之不去。李适自己没有办法，下面的文武群臣也显得无可奈何，所以皇帝陛下只能默默垂泪，不停地哭，不停地哭。

就在李适大哭的时候，一个大病初愈的人穿戴好了盔甲，踏上了征途，这个人将力挽狂澜，改变看似黑暗绝望的一切。

这个人的名字，叫作李晟。

在我们之前的文章里，李晟早就露过脸了。虽说不是啥关键性人物，但也算得上男三号层次的熟面孔。

其实，他出道的时间要比我提到过的早得多，大概在李晟十八岁那年，这位出身军旅世家的少年就提刀上了战场，投身于对战吐蕃的大战中。

据载，当时进行的那场战斗是夺城战，战况极其激烈。敌军之中更有一员猛将，有万夫不当之勇，此人守在城头，锐不可当，很多唐军士兵倒在了他的手上。眼看着部队攻势受阻，而敌人的援军随时可能赶到，在前线督战的河西节度使急了，他命人立即找来一位神射手，将那吐蕃猛将一箭狙杀。

于是众人一起推荐了李晟。而李晟的确不负众望，只一箭就将敌将射杀，三军顿时欢声雷动，士气大振，紧接着一鼓作气攻克了城池。

战斗完全结束后，李晟作为战斗模范得到了节度使的亲自嘉奖。

当时领导给他的评价是五个字："此万人敌也！"

顺便一提，这位节度使的名字，叫作王忠嗣。

王忠嗣向来是很有眼光的，不过这一次他只说对了一部分。事后的发展证明，李晟不仅仅是万人敌。

当然，王忠嗣之所以没有作出像以往一样精准的判断还是由于他和李晟相处的时间有限，因为事发后不久，听说李晟事迹的凤翔节度使高升就把李晟要了过去，任命为列将，留在身边重用。

说句实话，李晟在这个时候被高升要走，实在是再合适不过了。因为过不了多久，王忠嗣便将不得不去面对他悲壮的命运，他的部下们也会在一定程度上被卷入这场残酷的权力之争，并受到不可磨灭的心理影响，而这些是不可逆的。按照李晟当时的脾气性格，想要不受任何负面影响，很难。

所以说，当时看起来是王忠嗣割爱，送给了高升一个大人情，但事实证明，王忠嗣做的这件事，是送给大唐的一个莫大的人情。

在凤翔，李晟遇到了一群厉害程度不亚于吐蕃的对手——羌人。这群人体格强健，精于骑射，且作战勇猛，视死如归，有时剩下几个甚至一个人都敢继续奋战，其尚武之精神着实令人敬佩，所以这样的对手让唐朝边军吃过不少苦头。更令人想想就痛苦的，是叛羌。

所谓叛羌，顾名思义，是指原本依附于中原王朝，接受地方政府管辖，但后来反叛了的羌人族群。对归附的羌人，朝廷一般会发挥其所长，让他们参军报效国家，因而叛羌基本相当于受过唐军专业化军事训练的职业羌人部队，他们更狡诈、更强大，也更难以招架。据当时的某位军方人士记录，一般情况下，要消灭这样一支人数上万、训练有素的叛羌，中央政府往往需要调动三倍到五倍的兵力，有时甚至要动用更多。

然而李晟来了，难题变得容易解决了。所有闹事的羌人，不分部落、不分地域、不分水准，通通被李晟率部击破。

其实李晟用来作战的兵力很少，最多时也就一万来人，之所以每战必胜，大致有两个原因：

首先是策略因素。每每出兵，到地方后，李晟总是先不正面交锋，而是派出各种小部队，各种渗透敌后，不是放火烧营，就是阻断粮道，搞得在前面作战的敌人各种不安，完全静不下心来好好干仗。军心一乱，敌人的队伍自然就不好带了。然后有组织打无组织，自然是一打一个准。

其次是态度问题。李晟工作起来是非常认真负责的，但凡出动，把敌人打垮、打趴下从来不是他的真正目的，他要的是要么将对手彻底打怕，从此不敢出手，要么予以敌人真正的重创，让对方实力大损，只得休养生息，在数年内无力再战。

凭借着这两大与众不同之处，李晟连战连胜，在凤翔镇大放异彩，几年内就升职做了左羽林大将军。唐代宗广德初年李晟又凭借着击破党项的功劳，被授予特进的殊荣，成为国家级的高级将领。

对于朝廷的栽培、重用，李晟很感动。

像李晟这样的猛人真的被感动了，反映在行动上，就是猛打猛杀。

代宗大历初年（766年），李晟以区区千余兵力，击败了入侵灵州的吐蕃大军，生擒其帅慕容谷钟，解了灵州之围。不久，他又统兵前往盐仓，解救了因战败被吐蕃军围困的节度使马璘，威震三军。

这样剽悍的部下，马璘说实话是不敢用的，而朝廷则极其欣赏，所以马璘顺水推舟将李晟推荐入朝。李晟由此转入禁军系统，出任右神策都将，此后剑南抵御吐蕃，拔飞越等三城；河北讨伐田悦，乘冰渡洺水；战洹水，进军魏州，都有李晟和他统领的神策军的身影。

当然，这意味着李晟也同样经历了惨痛的㤭山之败。㤭山一役后，李晟一直在思考一个问题：如何打破战场上的僵局？

简单说来，要改变两军长期对峙的态势，最好的办法就是让大家都动起来。所以，李晟上书朝廷，请求率领本部神策军北上赵州，一为解救被围的深赵都团练使康日知，二为与位于更北面的义武军节度使张孝忠取得联系，相机进攻朱滔的老巢范阳，迫使王武俊等人不得不舍弃围城。

皇帝陛下对于李晟将战火引向叛军后方的建议极为赞赏，因此他不但给李晟又升了官（加授御史大夫），而且下令将神策军将军莫仁擢、赵光铣、杜季泚所部划归李晟指挥。

就这样，李晟率军北上，直扑赵州。不出所料，王武俊之子王士真得到消息，唯恐后院有失，赶忙率军撤围而去。

李晟在赵州停留了三天，在确定王士真撤围的消息后，他继续北上，与张孝忠的军队会师，准备攻取王武俊的老巢恒州。

要取恒州，在一般人的思维中比较直接，就是率兵去围城攻打就是了。但李晟的思维却不一般，他是属于思维比较跳跃的类型。他认为，要攻克恒州，最好的办法不是直接攻城，而是直接攻心，让恒州的叛军陷入被孤立的恐惧中，慢慢自行瓦解。为了达到瓦解的目的，势必要完全切断幽州后方与魏州之间的联系。

于是，在同张孝忠达成一致意见后，两人合兵一处，来到了清苑。

清苑就是今天河北省的保定市，守在这里的，是朱滔任命的易州刺史郑景济。

郑景济在朱滔军中称不上什么出名的人物，但李晟等人很快就意识到此人能被朱滔短时间内破格提拔，不是没有来由的。

这位仁兄十分硬气，死守不降，哪怕被打得收缩了防线，又被李晟决口灌了城，苦不堪言，但竟然硬是咬紧牙关坚持着挺了下来。而这一挺，田悦和王武俊派来的援军就到了。

唐军同敌人援军会战的地点是白楼，率先与敌交锋的是张孝忠的义武军。

作为张孝忠亲自组织训练的部队，不得不说，义武军的整体作战能力还有很大的提升空间。说得直白点，就是还差很多。

在叛军的全力攻击之下，义武军居然一触即溃，纷纷向后逃散。叛军见状大喜，立即发动全军追击。可是他们的追击没有持续多久，便迎头撞上了李晟和他的部队。

在惬山之战中，神策军的很多人都吃了不少苦头，有的还失去了自己的战友甚至亲属，他们满腔的怒火正无处宣泄，现在这些伤害过自己的仇敌居然主动送上门来，岂有不报仇雪恨之理？！

于是，他们齐刷刷地抽出了马刀，瞪着发红的眼睛，跟着李晟以万军不当之势向叛军士兵冲杀了过去。

战斗过程非常激烈，李晟的坐骑接连中了数箭，险些将他抛下马去，但唐军最终取得了战斗的胜利，迫使敌人的援军从哪儿来，逃回哪儿去。

这下子朱滔和王武俊都急了，他们赶忙带上全部家当，以极快的速度从魏博赶来，然后画了一个圈，将李晟的部队围在了里面。

现在战局变得有些复杂了：李晟和张孝忠的联军围住了清苑城，朱滔同王武俊军却又围住了唐军的兵营。

仗打到这个份儿上，河北战场完全成了一团乱麻。

好在李晟的思路很清晰，也很简单——甭管敌人来自城内还是城外，只要他们来了，就全力把他们消灭！

于是唐军一边继续猛攻清苑城，一边全力阻击朱滔和王武俊的军队接近城池。

第十五章 殉道·329

就这样，大家从新年的正月坚持到了五月，眼看外围敌军的攻势减缓，而守城的叛军已经有些疲态，胜利即将来临，李晟却突然病倒了。

李晟病得很严重，几乎是处于昏迷状态，完全不能处理军中事务，于是几个将领一合计，便带着李晟和部队退回了定州。

当李晟大病痊愈，他惊讶地发现，仅仅几个月的时间，局势竟然已经发生了天翻地覆的变化：泾原军哗变了，天子被赶到了奉天，朱泚摇身一变也成了叛党，哥舒曜丢了襄城，张镒丢了性命，整个帝国呈现一片风雨飘零之势，看起来势不能久矣。

就这样了吗？大唐就要在奉天画上句号了吗？

这个问题是当时很多忠于朝廷的节度使和统军大将都在思考的问题。但这其中并不包括李晟，因为他是行动派。

李晟得到朝廷入关勤王诏书的当天，就决意奔赴奉天救驾。但是，有人拦住了他。

拦住李晟的，不是朱滔或王武俊，而是张孝忠。

朝廷是不是快要撑不住了，这对于张孝忠而言并非头等大事。张孝忠只知道，如果没有李晟和他的神策军在，自己很快就会撑不住的。所以张孝忠特地派出一员亲信大将来到李晟营中，恳请李晟遵守当初的约定，留下来同自己一道对抗朱滔和王武俊。

听了张孝忠传来的肺腑之言，李晟没多说什么，只是当场解下了自己的腰带，送给了张孝忠的这位心腹大将。

有必要说明的是，李晟的那条腰带不是一般的腰带，那是玉带。玉带，只属于朝廷的一品大员，是身份与荣耀的象征，比今天的限量版皮带贵得多，也珍贵得多。

在将腰带交给那位大将的时候，李晟能够明显察觉到对方的激动。所以，李晟提出了自己唯一的请求：

"我欲西行，愿以此物为别，请将军为我说服大夫（指张孝忠），容我入关救驾。"

那人答应了。

事情的发展表明那位仁兄办事还是靠谱的，在他的极力劝说及李晟同张孝忠结为儿女亲家（李晟为儿子李凭娶张孝忠的女儿为妻，并把儿子留在了张孝忠军中）的条件下，张孝忠终于同意不再阻挠李晟，还派遣大将杨荣国率领六百名精锐士兵随李晟一道西行。

就这样，李晟得以率军迈出救援奉天的第一步。

在李晟带领下，神策军以最快的速度越过了飞狐（今河北省涞源县），进抵代州

（今山西省代县）。

在代州短暂休整后，李晟继续带兵一路南下，边行军边招募新兵。一个月后，神策军从蒲津（今山西省永济市）渡过黄河，进驻东渭桥（今陕西省西安市高陵区南）时，李晟手中的兵力已经由起初的四千人增长至一万多人。

虽然在不到一个月的时间里，兵力得到了增强，但李晟的头脑并没有发热。他很清楚，凭现有的兵力以及部队的战力，立刻出兵去和朱泚决一死战，只有一种可能——战死。

就这么战死，于事无补，反而会更有损士气，李晟自然是不会这么干的。打仗跟打战略游戏不同，士兵的整体素质不是只靠刷装备就能短时间内提升上来的，这需要长期艰苦的训练及实战经验的慢慢积累，是急不得的，更无法强求。所以纵使是李晟这样有办法的人，一时间也无计可施。

然而，就在李晟愁眉不展的时候，他得到了一个让他颇为振奋的消息：友军来了，而且不止一路。

是的，除了李晟外，还有四路援军几乎同时到达了关中一带：

朔方节度使李怀光率所部五万人渡过黄河，进抵蒲城（今陕西省蒲城县）；

原驻华州（今陕西省华县）的镇国军副使骆元光率一万余人进抵昭应（今陕西省西安市临潼区）；

河东节度使马燧在部署好太原一带的守备工作后，立即派儿子马汇和部将王权率五千人从太原日夜兼程奔赴关中，进驻中渭桥（今陕西省咸阳市东）；

李晟的同事、神策兵马使尚可孤得到奉天危急的消息后，果断放弃了征讨李希烈的任务，连夜统领所部三千人撤军回援，现已从武关（今陕西省商南县西北）进驻七盘山（今陕西省蓝田县东南）。

这几路援军虽说要开到奉天城下还有一定的距离和难度，但是要集中兵力进攻守备相对空虚的长安城，还是有可能成功的。

事实上，当时已然出现了相应的迹象，救援朝廷的联军所派出的侦察骑兵时常会现身于长安城的东郊，个别跑得远的都已经突进到望春楼（望春楼位于宫城禁苑东部，是唐代帝王祭天、迎春的重要场所）了。

唐军游骑胆敢来望春楼观望，这一举动明白无误地透露了这样一个信息：李怀光等人随时有可能对长安发起进攻。

为了探查唐军虚实，奉朱泚之命留守长安的李忠臣率先向城外的唐军发起了试探性的进攻。

李忠臣试探了很多次，结果发现结局是一样的，每次出兵都被唐军干净利落地击败，从无例外。

李忠臣有点慌，多年的战斗经验告诉他，所谓的十万援军很可能不是虚张声势，外面的唐军最起码得有七八万人。在朱泚将主力全部调去攻打奉天的情况下，李忠臣不认为自己能守住长安。因此，李忠臣赶忙派人到奉天向朱泚求救。

接到李忠臣的急报，朱泚深感不安。所谓的大秦领土其实也就是一座长安城而已，如果长安被李怀光等人攻克，自己势必将无路可退，更无处可逃。

当天，朱泚便抽调了一部分兵力返回长安协助李忠臣。同时，他集结了剩余的全部军力，向奉天城发起了最为猛烈也是最后一波进攻。

事到如今，朱泚已经没有任何退路了。他唯一的生路就是攻破眼前这座摇摇欲坠的破县城，抓获或者杀死李适，彻底断绝所有忠于唐室的人的念想，让他们完全失去继续战斗下去的理由。只有这样，他朱泚才能活下去。

不以胜利者的姿势而生，便以失败者的身份落寞。成王败寇，向来如此吧。

于是，奉天迎来了守城季以来最为艰险的时刻。

既然孤注一掷，朱泚自然不打算再留后手，他将法坚和尚为自己打造的几种攻城利器一口气全部投入了战场。

不得不说，法坚和尚实在是工程设计领域的天才级人物，他制造的云梯一登场就引发了城内守军的一片惊呼。据史料记载，法坚和尚设计督造的云梯，高宽各数丈，外部裹以犀牛皮，下装巨型车轮，可同时容纳五百名士兵。

由于这款云梯极为高大，像一栋可移动的城楼，所以一旦它被移动到城墙边上，攻城士兵爬城墙，也就是上个楼梯的事儿。更要命的是，因为木料上裹着的是犀牛皮，贼厚、贼皮实，唐军的檑木、火把和弓箭均无法对其造成实质性的损伤，所以奉天城的守军只能眼睁睁地看着几个庞然大物缓缓靠近城头，却无能为力。

以奉天城的情况，打巷战什么的基本不需要过多地考虑，城墙就是唯一的且是最为可靠的屏障。

因此得知这一情况，皇帝陛下紧急召见了主管城防的几位大臣和将领，向他们征询对付云梯的办法。

浑城和防城使侯仲庄发现，法坚和尚制造的云梯虽然动起来很是灵活，但是这却无法掩盖其体大沉重的缺陷，因此二人建议在云梯经过的地下开挖地道，并在地道内堆积大量干柴、松脂等各种易燃易爆物，以便找机会焚毁这些云梯。

神武军使韩澄凭借着与敌长期周旋的经验，准确地推测出敌军主攻的方向必定是奉天城的东北角。

于是，综合几个将领的意见，李适下令在城东北清理出一片长宽各为三十步的空地，并将膏油、松脂、柴薪等物大量堆积于此，静候朱泚来攻。

十一月十四日，清晨，南城突然遭到敌军的进攻。

敌军来势十分凶猛，且阵势很大，真可以说得上是锣鼓喧天，鞭炮齐鸣，军旗招展，人山人海。

这阵势吓坏了不少人，其中不乏朝廷大员，这些人几乎是发疯般先后跑到负责调兵统筹的韩游瑰处，让他安排守军全力抵抗，以备不测。

韩游瑰却十分镇定，他平静地告诉那些惊慌失措的大官，这是朱泚所施的疑兵之计，其目的正是想分散守军的注意力。

"朱泚主攻的方向，必定不在城南。"

说完这句话，他不顾众人的阻拦，坚定地率军赶赴城东北，因为他有十足的把握，那里即将上演一场前所未有的恶战。

韩游瑰预料得不错，在城南的战斗打响一整天后，更大、更凶猛的攻击阵势出现在了东北面。

那里不仅有成排的法坚和尚系列云梯，云梯的两翼还配备了輣辒车。

所谓輣辒车，是种用于运土填埋城墙外壕沟的木车，同时还兼备移动堡垒的功能。由于车子上面有装甲，下面才是士兵，所以城上投下的高空抛物无论是巨石、弓箭还是火炬、火把，都无法伤及躲在车里的秦军士兵。

特别是在法坚和尚的改造下，这批輣辒车抗击打能力更强，速度也更快。如无意外，这些士兵将安然无恙地背负土袋来到城边，然后迅速地填埋好壕沟，为云梯开辟好道路。

事实上，云梯和輣辒车下的士兵只是朱泚攻城三板斧系统的第一拨人。

第二拨是弓箭手，他们躲在云梯和輣辒车后面，一接近城池就不管三七二十一，一通乱箭向城上射去。他们不必理会箭有没有射中守军，因为他们的任务就是对着城头射空箭袋里的箭矢，射完就溜。

第三拨就是敢死队，等城头上打得筋疲力尽，突然冲上来这么一批不要命又能砍的生力军，估计任谁都抵挡不住。

这三招也算是卢龙军的看家本事了，无数号称坚城的城池就是这样被征服的。

朱泚相信，这一次的奉天城也不会例外。

当时在城东北坚守的唐军士兵们估计比较赞同朱泚的看法。

辰时时分，秦军的云梯车已经逼近城头，而此时守军惊讶地发现，原来朱泚早就做好了防备火攻的准备。云梯上面包裹的毛毯是用水浸湿过的，而且云梯的四周还悬挂了很多水囊，所以守军的火箭、火炬打过去，完全没有任何效果。

倒是城下敌军的弓弩手接连不断的射击给城头的守军造成了很大的伤亡。趁着守军躲避箭雨、抢救伤员之际，已经有少数敌兵登上了城头，迫使本就兵力不足的守军被迫立即与敌展开肉搏。

就实力而言，如果秦军的战斗力数值是十的话，奉天守军的战斗力最多是五，所以无论在谁看来，失守只是个时间问题。

得知敌人攻上城头的消息，李适紧绷了数月的神经，至此终于崩溃了。

皇帝陛下的泪水开始止不住地流出来，他一边哭，一边对群臣说道：

"朕背负着宗庙社稷，理应在此固守。爱卿之中如有家在长安的，可先去投降，以免家族受到牵连。"

大臣们这下子也终于绷不住了，纷纷痛哭着发言，表示宁死也不会背叛朝廷，去做贰臣。

既然如此，那索性豁出去了。

李适拿出一厚叠空白的委任状交到浑瑊手上，令他凭此招募敢死队员，战斗到最后。

"今日就此与君诀别！"

李适轻抚着浑瑊的背说道。

此时，皇帝已经泪流满面，哽咽着说不出话来。文武大臣们则就地跪倒了一片，开始虔诚地祷告。

浑瑊知道，接下来，就全看他的了。

望着缺衣少食，没有经过长时间的正规训练，且没有足够的铠甲用来防身，只能凭借血肉之躯与敌军拼死一战的守军们，浑瑊恭恭敬敬地向他们下拜，然后，用尽全身力气，发出了一声震耳欲聋的怒吼：

"战斗！直至最后一人！"

满脸鲜血，箭矢着身，却仍进战不辍，奋勇杀敌的浑瑊，用他坚守的背影告诉了他背后的所有人——即使没有援军，即便全军覆没，毫无希望，我也打算坚持到底，坚持到最后一人。

在浑瑊的激励下，本已精疲力尽陷入绝望的守军们，开始逐个站起身来。他们披上牺牲了的战友的战甲，拾起了掉在地上的武器，追随着浑瑊发起了反冲锋。

就在城头再次开始激战的时候，城下地道里的唐军也开始忙碌起来，经过连续作业，他们已经成功地让云梯车的一个轮子陷入了地道中，使其无法继续前进。此时，一丈多深的地道里已经堆积了五六尺厚的马粪（易燃物），而风向刚刚逆转，正是放火破敌的大好机会。所以，侯仲庄和韩澄不再犹豫，适时下令点燃了马粪。

于是，令人深感震撼的一幕出现了。在呼啸的风中，地下的烈焰喷薄而出，引燃了云梯车，而城头的守军见状，开始将松脂、油膏、火把、火炬不停地扔向云梯车。

火借风势，风助火威！本就相邻不远的几辆云梯车顿时陷入一片火海，耀眼的火光将每个士兵的眼睛都映成了红色。

浑瑊则趁机统领部队发起了新一轮反攻，一时间，杀声震天。

在熊熊的烈火与崩坏的云梯车及被灼烧的士兵们的惨叫声的多重感官刺激下，秦军士兵们怯了。他们违背了朱泚的命令，全部后撤。

在冲天的火光前，朱泚也无奈了，他只能接受攻城部队溃败了的事实。但他仍不打算放弃，毕竟还有时间，而他的兵力还有很多，再重新集结，鼓舞士气后，晚上他还可以卷土重来。

城内的唐军似乎早预料到了这一点，见到秦军败退，城内守军乘势同时打开三个城门，全力追杀败军。皇太子李诵的亲自督战，更使得士兵们气势高涨。就这样，在唐军的全力反击下，秦军完全崩溃，伤亡惨重，死伤达数千人。

这点兵力损失在财大气粗的朱泚眼中算不得什么，因此按照既定计划，朱泚当夜又重新组织了一次进攻。

这次夜战的激烈程度不亚于白天。秦军射出的流矢甚至直接钉到了距离李适只有三步远的地面上，吓了众人一跳，不过好在惊险也就到此为止了。有受伤不下火线的浑瑊等将军的身先士卒，有皇太子李诵为受伤将士的亲自包扎，更有皇帝陛下开出的实封五百户食邑的优厚赏格，守军们所爆发出的战斗力远远超出了朱泚的想象，当然，也超出了秦军士兵们的心理承受程度。于是，前线秦军再次溃退。

然而朱泚仍不死心，他半夜又下令赶制了一辆升级版的云梯车。按照朱泚的要求，这辆云梯车要由铁片包裹，且尽量提升速度。如无意外，当这样的云梯车制成之时，也就是奉天城沦陷之际。

因为经过前一天的猛攻，奉天城已近崩溃，这一点已是不争的事实。很明显，它再也经不起一次猛烈的进攻了。

不过朱泚已经失去了最后的机会，因为李怀光率领的数万援军已经从蒲城直奔泾阳（今陕西省泾阳县）而来，用不了一天，唐军序列中最强的朔方军就将出现在城郊，与城内守军会合。

这是朱泚得到的最新消息，也是李适从张韶处得到的确切消息。

这位张韶是李怀光麾下的兵马使，为了坚定守军的信心，让奉天城的大家再咬牙坚持几天，李怀光特地命他身着百姓衣服，混入城内报信。

刚好当时秦军攻城正急，在四处抓百姓往城墙边运土填埋壕沟，张韶便被拉了过去。

在运土期间，张韶瞅准了一个机会，以百米冲刺的速度越过壕沟，直奔城下，并成功同守军接上了话，继而被拉上了城墙。

不过张韶这样做的代价也是很大的，当他到城头上时，身上已中了数十箭，好在这位仁兄命大，没有一箭射中要害部位，因此他才得以见到皇帝，并将藏在蜡丸之内的奏表亲手交到了皇帝手中。

李适见表大喜，兴奋之余，他当即命人抬着张韶去向守城将士们通告这一喜讯。得知朔方军即将赶到的消息，城内顿时欢声雷动，守军士气大增。

事实证明，李怀光是很守时的。

十一月二十日，他率领朔方军在醴泉（今陕西省礼泉县）击败了守在那里的秦军，然后高歌猛进，直奔奉天。

朱泚自忖以现有的兵力和实力，他是无论如何也无法击败李怀光的，事到如今，奉天城自己也未必有把握攻陷，所以收兵返回长安对于朱泚而言是唯一靠谱的选择。

十一月三十日夜，朱泚统兵悉数退入长安，奉天之战就此结束。

此战朱泚率领全部主力，拼死攻击一座县城近四十日，用尽了各种手段，尝试了各种攻城器械，但最终仍旧败在了仅有少数正规部队守城的奉天城下，铩羽而归。

朱泚实在想不通，为什么兵力更强、势头正劲、拥有完善的攻城技术及强大的攻城器械的自己会输给那一万多陷入绝境的唐军，会败给困守孤城的浑瑊、毫无大略的李适。

他并不知道，他的真正对手，并非城中的守军，也绝非浑瑊和李适，真正让他止步于奉天城外的，其实是一种信念。

即便粮尽援绝，孤身一人，也要坚持下去。

为了最初的承诺，以及心中的坚守。

奉天城的将士们凭借着坚守迎来了奇迹，然而李适却做好了放弃的准备。

在他看来，之所以会有这一个半月的凶险遭遇，都是因为自己过于自以为是，太过固执，不懂得妥协所致。所以，李适决定吸取教训，改弦更张，重新调整国家的各项大政方针。

不过在此之前，朝中的大臣们认为还有更为重要的事情需要处理，比如清君侧、诛奸佞。

那么，谁是朝中的奸佞呢？

对此，救驾的头号功臣李怀光早有定论。在他赶赴关中勤王期间，有三个人的名字一直是李怀光骂不绝口的。这三个人分别是宰相卢杞、度支使赵赞以及神策军使白志贞。

李怀光认定，天下大乱全是这三人所为，所以他早就放话出来，称自己见到皇帝后，一定会请求圣上处死他们。

诛除奸佞，惩治卢杞一伙，这个号召是没错的，而且还是当时很多人的心声，但是明目张胆地喊出来，就是李怀光的不对了。毕竟当时卢杞虽是众矢之的，却尚未完全丧失皇帝的信任，指明要他的脑袋，还是十分有难度的。

更要命的是，此时此刻，李怀光的这番话已然传到了赵赞等人的耳朵里。

李怀光刚刚立下大功，皇帝肯定会对他言听计从，倘若李怀光执意要找麻烦，这个事儿结局如何，还真不好说。

不过赵赞相信，卢杞是有办法的，所以他带上了相关责任人王翃（就是负责犒赏泾原军的那位仁兄），一道上门拜访了卢杞，向他请教应对之法。

第十五章 殉道 · 337

听到赵赞转述的李怀光的话，卢杞也吓坏了，他深知事态严重。

卢杞十分确信，只要李怀光首倡发难，朝中必定有人予以响应，对自己的弹劾势必在短时间内迅速形成风潮，那样一来，在强大的舆论压力下，即便皇帝并不想追究自己的责任，也不得不采取措施，以平息众怒。

不过卢杞的确是卢杞，他的狡诈不是吹出来的，在思索了片刻后，他就有了办法。

卢杞的办法很简单，就是不让李怀光进城面圣，当然，他的理由很正当：李怀光很厉害，敌人非常畏惧他，所以，如果命他率军乘胜收复长安，则可一举击破敌人，收到势如破竹的效果。如果就此让他入朝的话，则必然要耽搁数日，并给敌人足够的时间从容布置防守事宜，那么长安城恐怕就难以轻易收复了。

卢杞对李适个性的揣摩简直达到了炉火纯青的地步。他十分清楚，长安城才是李适如今最为关切的要点，所以，提议让李怀光直接收复长安，皇帝绝对不会拒绝。

不出卢杞所料，李适对这一提议完全没有抵抗力，他当即下诏命令李怀光率军进驻便桥，与李建徽、李晟以及神策兵马使阳惠元会齐后，一起收复长安，先不必入城觐见。真是比卢杞儿子还听话。

接到诏命，李怀光怒了。

千里迢迢，不避艰险地跑来护驾，赶走了朱泚，饭不请吃一顿也就算了，连皇帝的面都见不到，这也太不够意思了吧。

李怀光虽然满怀怨怒，但他还不敢抗旨不遵，只得统兵离去。

不过，李怀光人是走了，可并没有遵照诏令直接前去进攻长安。他先在鲁店（今陕西省乾县东南）待了两天，而后又跑到了咸阳。

进驻咸阳后，李怀光就不动了。不仅不主动去追击敌军，就连送上门的、立足未稳的敌人，李怀光也没有发兵迎战的打算。因为他现在全身心地投入在另一件事上，这件事就是弹劾卢杞及其同党。

李怀光弹劾卢杞的奏表是在十二月初送到皇帝的案头的。

没等李适喘口气，整理一下思路，李怀光第二封弹劾的奏表就到了，而且这一封比上一封骂得更狠，爆料也更丰富。

李适有些震惊了，他从来不知道，卢杞居然瞒着自己做下了这么多惊天动地的恶事。

当然，更令皇帝陛下震惊的，是李怀光源源不断送来的奏表，痛骂卢杞系列的第三封、第四封、第五封、第六封、第七封很快就到了。而且送奏表的人还提到了，李怀光先生正在闭门创作第八封，用不了多久，就会给皇帝陛下送过来。

其实，李怀光先生大可不必辛苦地遣词造句了，因为他的一系列奏表已经在短短几天之内，引爆了整个官场和舆论。朝廷上下已然纷纷传抄，大家基本上是人手一份，平日里讨论的话题也变为了是否有看最新的骂表更新以及相关感想。

这个时候，那些平日里就对卢杞看不惯的大臣自然也不甘人后，他们自发地组织起来，共同上表，斥责卢杞。甚至某些不会写字的藩镇大将，也来凑了把热闹，让手下判官搜集了很多卢杞的黑材料，编了一个黑材料集，送了上来。

看着满桌的文书和罪状，这下子李适彻底怒了。

十二月十九日，李适批示卢杞及其同党的最终处理意见：卢杞贬为新州司马，白志贞贬为恩州司马，赵赞贬为播州司马。

同时，为了给李怀光一个交代，李适还下令处死了被李怀光弹劾的亲信太监翟文秀。

不久之后，依旧主持政务的宰相关播也在中外舆论的声讨中被李适下令免职，贬为刑部尚书。在奉天事变中表现卓越的翰林学士、祠部员外郎陆贽和金部员外郎吴通微则得到了李适的重视，相继升了职。

朝中奸党得到了肃清，德才兼备的大臣获得了任用，现在一切都在有条不紊地逐渐恢复正常。

不过李适似乎认为，所做的一切还远远不够，因此他作出了一个让所有人大感意外的决定——作检讨。

是的，你没有看错，而我也没有写错。

堂堂大唐帝国的皇帝，九五之尊加一言九鼎的天子，要拿自己开刀，或者说得更直白一点，是开骂。

皇帝公开向全天下人检讨自己，痛斥自己所犯的错误，这其实是早有先例的。想当年，汉文帝、汉武帝、魏文帝，乃至李适的祖先唐太宗李世民都曾这么干过，但论及对历史的影响程度及知名度，李适这一次可谓后来居上，他发布的这篇检讨（史学专用名词为"罪己诏"）的社会轰动效果仅次于刘彻晚年的那篇《轮台罪己诏》。

在这篇新年第一天的第一份诏书里，李适对自己登基以来的种种不当作为进行了深入细致的自我批评。他公开表示，被乱兵追着跑到奉天，是他的责任；丢掉了祖宗

第十五章 殉道 · 339

宗庙，是他的责任；藩镇接连反叛，是他的责任；用人不当，也是他的责任。总而言之，言而总之，是他，是他，都是他，都是皇帝陛下的责任。

可以说能把自己说到如此地步的，向前看五百年，再往后看五百年，真的没谁了。而且由于这篇检讨采纳了非常务实的陆贽的意见，进行了极为认真的润色，所以整篇文章言辞极为恳切，态度极为谦卑，无论是感染力还是穿透力都属上乘。个人认为做品牌故事的公关人士或传媒圈的朋友可以找来看看，绝对能学到不少干货。

当然，作为危机公关的精品公关稿，这篇诏书除了行文语言、认错态度值得拿出小本本作笔记外，另一个知识点也极为重要，那就是关注人们所关注的最核心、最现实的利益问题。

借用起草人陆贽的原话就是："使人人各得所欲，则何有不从者乎！"

是的，与其讲是非曲直，煽动情绪，不如把利益关切点与责任担当说得明明白白，只有这样，才能真正地挽回错误，收拾人心。

在我看来，李适做到了。

实践证明，李适的这篇《罪己诏》果然影响极大，效果明显，传播开后，上到李抱真、李晟这样的大将，下到基层的小军官和普通士兵，全都被感动得稀里哗啦的。更厉害的是，连王武俊、田悦、李纳这三位反对派看到李适的诏书后都深受触动，相继主动派人上表谢罪，并表示愿意无条件取消自己的王号。

这下子，朝廷的对手只剩下没有回头路的朱泚、朱滔兄弟，以及自恃兵强马壮的李希烈了。

李适的这招柔情攻势的确是一个相当高明的方法。一道《罪己诏》帮助他以最小的代价挽回了人心，并有效地打击了对手。

不过，朱泚做得也不差。事实上，他还领先了李适一步。

为了争取人心，朱泚先生不但不惜厚赏将士，而且还对在奉天的皇帝追随者们发起了温情攻势，留在奉天的群臣的家眷每月都能够从朱泚那里按时领到如数发放的俸禄，而哥舒曜和李晟带出去作战的神策军和皇帝禁卫六军将士的家属们，朱泚也照样发给口粮奉养着。

他甚至还严词拒绝了焚毁唐朝陵庙的建议，并不再强迫那些不愿意为自己效力的人出任自己的官职。

可以说，无论怎么看，朱泚都算很仁义了。但是即便如此，朱泚似乎也无法摆脱大唐叛臣的身份污点，获得全天下的认可。

为了改变这一不利的局面，朱泚自己想了一个办法——改国号。

当李适在奉天将新一年改元为兴元元年的同时，在长安的朱泚宣布把国号由秦改为汉，自称汉元天皇，改元为天皇元年。

在我们今天看来，朱泚的想法是不可理解的，难道你换了个马甲，就可以把自己洗白了吗？

可是在当年，情况确实如此，因为朱泚这一次是根据自己封地的所在地（遂宁）确定的国号，这就意味着他承认自己本是唐朝臣子的身份，而且愿意以一个尊奉和继承者的资质来代替李适接管天下。

既然朱泚做出了这样谦逊的姿态，外人就不好再继续揪着朱泚的旧事不放了。更何况，当时自恃功高、骄横跋扈的泾原乱兵密谋刺杀朱泚的事情，一度闹得满城风雨，所以朱泚敏锐地抓住了这个机会，将他自己与泾原乱军划清了界限。

有道是新年新气象，随着李适和朱泚相继改换年号，天下的形势也跟着步入了一个新阶段。对于这二人来说，新的局势变化都是他们万万没有预料到的。

第十六章
意外之外

仅靠怀柔和拉拢，是无法夺取天下的。要取代李氏，定鼎江山，到底还是要靠金戈铁马。

对于这一点，朱泚有着清醒的认识。

与此同时，朱泚也很清楚，目前以自己手下的幽州兵和神策团练兵（非正规的神策军），最多只能守住长安，想要征服全国，估计只能在梦里。所以，朱泚需要帮助，特别是自己的弟弟朱滔的帮助。

实事求是地讲，朱滔是很乐意帮忙的，因为他的老哥没有儿子，厚黑水平也远不及他，所以忙到最后，这份家业早晚会是他的。

因此，朱滔也可谓下了血本。他砸了大把钱请来了回纥酋长达干及其手下的三千精骑，还迎娶了一名回纥女子做老婆，并承诺事成之后，会将回纥骑兵参与攻下的城池里的人口、财物全部奉上，作为报酬。

由于朱滔开出的条件极具吸引力，不但回纥人来了，塞北之地一些叫不出族群名称的胡骑武装也加入了进来。大家都有一个共同的美好梦想——杀进中原，好好地抢一票。

兴元元年（784年）正月初五，在会齐了回纥等部族骑兵后，朱滔领军抵达了永济（今河北省馆陶县北）。

此时的朱滔可谓信心十足，壮怀激烈，事实上，他也的确该当如此。因为在他的手中，有五万大军，两万匹战马，千辆战车，再加上回纥盟友提供的骑兵、骆驼以及其他各种物资，放眼天下，真的是望不到敌手。不要说张孝忠的义武军，就算李怀光的朔方军、李晟的神策军、马燧的河东军这三大劲旅，也完全不在他眼里。

不过，考虑到当初有福同享、有难同当的盟约，朱滔并不打算独自南下，他到永济不久，就派大将王郅前往田悦处，邀请田悦一道出兵去中原一带转一转。

令朱滔意想不到的是，田悦对于这一提议一点都不感冒，他推脱部队连续征战，情绪一直不稳定，为免出现兵变，所以不便出征。

当然，田悦反复强调，他本人是非常愿意跟随五哥（即朱滔）一起南下走一趟的，而且为了弥补自己的歉意，他已命令大将孟祐率领五千步骑做好了随时出发的准备，只要招呼一声，人马马上就到。

这番说辞说给别人听，还有可能糊弄过去，但想要糊弄朱滔，可就不要想了。要知道，朱滔先生之所以能有今天，在很大程度上就是因为有这么一身炉火纯青的忽悠本事，因而他老人家反糊弄的本领也超乎寻常。从田悦的回话中，朱滔敏锐地判断出田悦十分不情愿伸脚蹚这趟浑水，而且似乎田悦早已另有打算，至于这个打算显然是不太适合他朱滔了解的。

"田悦逆贼！昔日他身陷重围，命悬一线，我为救他，不惜背叛天子，舍弃兄长，发兵日夜兼程来援，这才让他侥幸逃过一劫。他许给我贝州，我推辞不取；尊我为天子，我辞绝不受。如今却忘恩负义，闭门不出，让我白跑一趟不说，还坏我大事，真是可恶至极！"

面对这样的怒骂，田悦的使者、司礼侍郎裴抗等人并不出声，因为他们说白了不过只是管礼仪的官员，这些方针政策方面的事情，他们完全不了解，也不参与，更不用说有对外声明权了。

虽说讲政策不行，但赔礼道歉却是裴抗们的专业，所以这些人只是安安静静地杵在那里，看着朱滔先生发飙，然后做出十分抱歉的样子来。

这么一来，朱滔连骂街的心情都没有了，只得挥挥手让他们走人。

一腔怒火不发泄一下还是不行的，于是朱滔决定化愤慨为力量，立即开战。

他命令部将马寔进攻宗城（今河北省威县）、经城（今河北省南宫县南）；另一部将杨荣国进攻冠氏（今山东省冠县），同时又引导回纥军队将馆陶驿站洗劫一空。

朱滔的军队顺利地攻下了这三个本归魏博军统属的目标，然后又在魏州大摇大摆地走了一圈。然而耐人寻味的一幕出现了，田悦对城外发生的一切充耳不闻，只是命人关好城门而已。

朱滔更为愤怒了。在他看来，田悦对自己的无视，是性质更为恶劣的赤裸裸的挑衅，所以他决定暂缓南下，先收拾一下忘恩负义的田悦，确保自己后方的安全再说。

于是他命令马寔率领五千人马驻扎在冠氏，看住魏州的田悦，而他自己则亲领大军包围了贝州（今河北省清河县），随即决水灌城。

朱滔着实出手够狠，好在担任贝州刺史的还是邢曹俊，这位老将确实很有能耐，居然硬是顶住了朱滔军队的乘势围攻，击退了来犯之敌。

贝州虽说靠着邢曹俊坚守住了，但其他地方可就没有这么好运了。魏博下辖各县都不同程度地遭到了范阳军队和回纥军队的破坏，武城（今山东省武城县）还被攻陷了。朱滔就此打通了德州（今山东省陵县）和棣州（今山东省惠民县）之间的通道，将运送军粮的效率提升了一倍以上。

事到如今，田悦不能不出手了。

然而，当田悦出兵与朱滔的军队交手了几次后，他才真正意识到之前闭门固守的选择是非常明智的。因为连年征战的魏博军，实力已被严重削弱，动起手来完全不是范阳军的对手，每一次都被打得大败而归，伤亡过半，以至于整个部队的士气日益低落，完全丧失了精气神。

对此，田悦深表忧虑，但是没过多久，他便再次振奋了起来。因为田悦得到了一个非常重要的消息：皇帝为了对自己的归附表示肯定，特地任命给事中孔巢父为魏博宣慰使，派他来到魏州对魏博军将士予以慰问。

田悦对孔巢父这个人早有耳闻，他听闻此人能言善辩且博古通今，如果他能出面帮自己鼓舞士气，那么情况将会大为好转。

孔巢父没有让田悦失望，应田悦要求，他给魏博军的将士们做了一场极为正能量且非常激动人心的即兴演讲，把包括田悦在内的魏博军全体都鼓舞得热血沸腾，心潮澎湃。

于是田悦当即决定，要好好请孔巢父吃一顿饭。意外，就是在这场饭局上发生的。

孔巢父是朝廷特使，又帮了大忙，田悦理所应当亲自出席款待。为了显示自己这边的热情周到，田悦又特地找来了魏博的高层作陪，这其中包括魏博军的高级将领、田悦的重要幕僚，以及田承嗣的儿子们。

作为田承嗣的第六子，时任魏博兵马使的田绪也接到了邀请，欣然前往。

别看田悦是一方节度使，后来又做了魏王，但其实这个人非常地节俭，穿的衣服、吃的饭，都质朴简单到有些吝啬的程度了。因而，本来喜欢吃吃喝喝的田绪好不容易赶上了这么一个机会，就多喝了几杯，于是这就喝大了。

一般人喝大了，难免会表现出两大特点：第一是头大，第二是胆大。

田绪这次更可谓是将这两大特点演绎得淋漓尽致。

他一回家就因为一点小事打死了自己的侄子。

看到满地的血迹，田绪的酒一下子醒了大半。

"仆射必定会杀了我的！"

这句话说得没错。田悦对常常无事生非的田绪早就完全失去了耐心，只不过是碍于田承嗣的恩情才一直不忍下手，一般最多就是鞭笞一顿了事。但是这回田绪越界越得过猛了，直接杀了人，而且杀的还是田家自己人，所以就算田悦不发声，相信也会有人劝田悦采取更为严厉的手段予以惩戒。

田绪知道，他很可能依旧不会死，但很可能会就此失去兵权和自由，这对于他来讲，同被判处了死刑并没有什么不同。

想到将是一片昏暗的未来，田绪的酒气再次腾起，他带着几十名亲兵，就奔着田悦府上去了。

他不是去自首认罪的，而是去灭田悦的。

田绪认定，事情到了这个地步，不反就不成了，索性趁机干上一票。如果成功了，自己就能取代田悦成为魏博之主，过上自己想要的生活；失败的话，也无所谓，反正他已经没有更多可以失去的了。

就这样，田绪带着一脸杀气，挺剑直入田悦府门。

此时，田府的宴饮刚刚结束不久，田绪的两个弟弟刚刚从府门里出来，迎头就撞到了田绪。

一见田绪的样子，兄弟俩就意识到六哥又喝高了，他们本以为田绪只是像往常一样耍耍酒疯而已，谁知，田老六突然吼了这么一句："仆射妄自起兵，反叛朝廷，险些让田家灭族。他还喜欢拿金帛去收买天下人心，却从不给同族兄弟！"

不等两个弟弟做出进一步的反应，田绪突然二话不说，当头就是两刀，砍掉了两个弟弟的脑袋。随即继续前进，一直闯到了田府的大堂里。

由于田绪和亲信们是翻墙进来的，且当夜田府大宴，警备松懈，因而田绪轻而易举地就见到了喝得不省人事的田悦。

这就不用再客气了，田绪挥刀就砍，当场结果了田悦的性命。

手刃田悦后，田绪似乎意犹未尽，随后又杀害了田悦的母亲及妻子。

至此，杀红了眼的田绪完全陷入了疯狂，第二天一大早，他就开始了新一轮的杀戮。

最先遇难的是田悦的心腹许士则和蔡济，他们是被田绪假传田悦的命令骗来的，刚刚进门，就被人砍倒在地，死得不明不白。

而后遭殃的是长期为田悦站岗的亲信将领刘忠信，他被田绪诬陷勾结行军司马扈崿谋叛，刺杀了田悦，被激怒的士兵们一拥而上，乱刀砍成了肉酱。

田绪看似轻而易举地取代了田悦的位置，控制住了局势，但事实上并非如此，因为那个叫作扈崿的人还活着。

由于前一晚扈崿也喝得酩酊大醉，所以他起晚了，没能去节度使府议事，所以幸运地躲过了一劫。当他急忙赶过来的时候，则目睹了刘忠信被不明真相的士兵乱刀砍死的一幕。

多年的工作经验告诉扈崿，出事了！而唯一能够拯救自己性命的办法就是获得士兵们的拥护与保护。于是，他赶忙跑到军营，召集营中的士兵们，组织大家一道平定叛乱。

扈崿到底是田悦的亲信，在军中颇有威信，三言两语之下居然当场赢得了超过三分之一士兵的支持。

消息传来，田绪大惊失色，出于畏惧，他带了几百亲兵从北门跑出了城，打算就此躲起来。谁知跑出去没几步，背后便烟尘四起，一支部队以迅雷不及掩耳之势猛追过来。

田绪真的害怕了。这要是被扈崿的人追上，他必死无疑不说，而且还会死得很惨。所以田绪快马加鞭，拼尽全力向远方狂奔。不过他身后的人似乎也不甘示弱，一路穷追不舍，一边追赶好像还一边高声呼喊着什么。

终于，在一阵激烈的追逐赛后，气喘吁吁的田绪听清了后面的呼喊。

"节度使须郎君为之，他人固不可也。"

啥？居然不是扈崿派来的追兵，而且还让我当节度使？

田绪有点蒙。

为了搞清楚情况，他派人询问了对方的身份。

对方的回复是这样的两个名字：邢曹俊、孟希祐。

放心了。

这二人都是田绪的老爹田承嗣一手提拔起来的将领，对田承嗣感恩戴德，他们无论如何都是不会伤害自己的。于是田绪和二人见了面，最终大家商议的结果是迎田绪回到节度使衙署，共推他为魏博留后，代替田悦执掌魏博。

这件事情听起来极其荒唐，十分不可思议，但却是魏博军唯一可行的选择。田悦已死且无子嗣，田承嗣在世的儿子中年纪最长的、能压得住阵的，也就一个田绪了。

所以，是谁杀了田悦已经不重要了，重要的是稳住魏博内部的局势，让魏博不至于被其他虎视眈眈的藩镇吞并，并让魏博军继续掌握在田氏一族手里。

这对于邢曹俊、孟希祐这样的田氏臣子而言是他们的使命，也是他们所知道的最为重要的事情。

就这样，田绪又回来了。他志得意满，意气风发。

"我乃先王之子，能站到我这边的，重重有赏。"

事实再度证明了，金钱才是这个世界上威力最大的武器。在重赏的诱惑下，扈崿发现自己的手下已经不听使唤了，而他们看自己的眼神也和除夕前夜瞅向猪圈的老农一样，满是期许与兴奋。

第二天，扈崿被人绑来献给了田绪，随即被以谋害田悦的罪名立即处死，传首三军。

现在距离最后的大功告成仅有一步之遥。

这最后的一步就是朝廷的认证。

为此，田绪找到了孔巢父，表示希望他能够向朝廷汇报魏博的最新领导层变动，并争取尽快得到朝廷的正式任命。

孔巢父答应了，他写好了奏表，并派人送往朝廷。

虽说孔巢父表现得很是配合，但田绪和邢曹俊等人内心依旧十分忐忑。说到底，天下虽乱，大唐却依旧是讲法治、讲程序的，是彻头彻尾的法治社会。不要说合法地杀掉一个节度使级别的朝廷大员了，就是要合法地杀掉一个普通人，也是很难的。更何况，这次魏博发生的事情性质极其恶劣，群众反响很大，造成的社会恐慌及不良影响也是前所未有的。

以李适对藩镇素来严格要求的行事作风来看，皇帝陛下一定会一查到底，追究责任。如果要追究责任，处分、免职、流放都是不够的，唯一能够消除负面影响的方法，就是杀人偿命，处决田绪。

因此，田绪不可能不紧张。事实上，他也做好了最坏的打算，大不了就是投靠朱泚、朱滔，同朝廷死磕到底，拼个鱼死网破。

然而，接下来的形势发展却完全超出了田绪等人的意料。对于田悦死亡的具体情况，朝廷半个字都没有多问，直接就正式委任田绪为银青光禄大夫、魏州大都督府长史兼御史大夫、魏博节度使，承认了田绪的合法地位。

之所以会出现这样让人不解的一幕，其实并不难解释，只有两个原因。

第一个原因：经历了奉天之难后，李适的心态、思想确实都发生了巨大的转变，不再走咄咄逼人、永不妥协的风格了。

第二个原因：此时此刻的朝廷不想再多找麻烦，因为李适君臣正面对着一个很大的麻烦。这个大麻烦的名字，叫作李怀光。

李怀光一直都不太高兴。他自以为作为郭子仪般的救国功臣，自己本应得到朝廷的最高礼遇、皇帝的百依百顺以及天下万民的无限敬仰。谁知结果却仅是被派去继续对付朱泚，而他提出的诛杀卢杞等三位奸佞的要求也被打了折扣，最终卢杞等人只不过遭到了贬谪。

李怀光人很直，却并不傻。他看得出来，皇帝下令驱逐卢杞等人并非出于自愿，这就意味着卢杞等人尚有出头之日，而一旦风头过去，卢杞再回朝堂，自己必然会死无葬身之地。

这使得李怀光深感不安。

加上他反对借助吐蕃的军队来收复长安，坚决拒绝在皇帝的诏书上署名同意，致使吐蕃方面无法走程序发兵，因此李怀光同朝廷的分歧越来越大。

于是，这位奉天救驾的第一功臣终于决定走上一条与之前完全相反的道路，走向了极端。具体说来，是他主动派人去了长安，找朱泚沟通了合作事宜。

世上没有不透风的墙，李怀光派人同朱泚联络的消息不久便被上报给了李适。

得到消息，皇帝陛下表示难以相信。他怀疑是别有用心之人在中间挑拨离间，于是为了安抚李怀光，李适决定加授李怀光为太尉，增加他的食邑，并赏赐给他铁券一张。

李适万万没想到，正是这一示好的举动彻底地激怒了对方，让李怀光义无反顾地走上了造反的道路。

李怀光接到铁券的第一个念头就是"把它扔掉,把它扔掉"。

因为在李怀光眼中,这是绝对的不祥之物。

李怀光会有这样的想法,其实也是很正常的。因为据后世统计,唐玄宗之后的几十年间拿到这张铁券的人十有八九都由于各种原因被朝廷干掉了(如仆固怀恩、梁崇义),剩下的一两个漏网之鱼下场也不是很好,不是被别人干掉(如阿史那承庆、李怀仙),就是晚景凄凉(如郭子仪、李光弼)。所以,对于亲眼见证了这一幕幕的李怀光而言,铁券实在是大大的不祥之物。

李怀光是靺鞨人,为人可以说是非常直爽,毫不虚伪的。说喜欢,就是喜欢;说不爽,就大家都要不爽。

于是,当着皇帝使者的面,李怀光抬手就把御赐的铁券狠狠地扔到了地上:

"圣人(唐朝人对皇帝的敬称)是在怀疑我李怀光吗?向来都是担心人臣要谋反了,皇帝才赏赐给铁券;李怀光我又没有谋反,如今却赏赐给我铁券,这是想逼我反吗?"

这下使者傻眼了,愣在原地,显得不知所措。

倒是李怀光麾下的朔方军将领有人看不过去了。

"太尉看到了敌人却不让我们出兵攻打,对待天子使臣不敬,这是真的要谋反吗?即便太尉你的功劳高过泰山,但一旦自甘堕落,则会自取灭族之祸,予人富贵,对你有什么好处?所以我今天一定要以死抗争!"

发言的,是朔方军左兵马使张名振。

要说郭子仪不愧是忠义之士,他一手带出来的人也大多对朝廷忠贞不贰,宁死也不愿做逆党。

听到站在军营大门口的张名振这番高声疾呼,李怀光的语气暂时有所缓和。

"我当然不会造反,只是因为敌人兵势正强,我军还需要养精蓄锐,等待出战的良机罢了。"

为了稳定军心,消除所谓的"误会",李怀光当天即命众人加固咸阳的城墙,等待迎接天子一行入驻。

然而,朝廷还没迁过来,没过几天,李怀光便统兵进驻到了城中。

如果真的有心要收复长安,为何要拔营入城?显然,这是瞒天过海之计,李怀光其实早就另有打算了。

张名振终于忍无可忍，他直接找到了李怀光，当面怒斥对方的不轨之心。

"张名振已经疯了！"

李怀光的脸上现在只剩下了杀意。

在他的指令下，张名振被拉下去当场处死。

消息传来，全军震惊。

最先做出反应的，是李怀光的养子、右武锋兵马使石演芬。

此前他已经听到了李怀光同朱泚相勾结谋反的风声，现在李怀光的种种作为及张名振的死已然可以让他断定李怀光的确有问题。于是，石演芬当机立断暗中派门客部成义赶赴奉天，向朝廷报告李怀光谋叛的消息，并请求朝廷尽快正式免去李怀光的都统职务。

石演芬考虑得很清楚，朔方军不乏张名振那样忠于朝廷的将士，一起来的其他部队也没有叛乱的打算，一旦李怀光被朝廷罢免了职务，他就丧失了统御诸军的指挥权，朝廷如果想要收拾的话，就会很容易了，只需一小股禁军带上逮捕文书即可搞定。

然而事情的发展再次出现了意料之外的情况，石演芬的门客部成义抵达奉天后，并没有去见皇帝，而是见了另一个人——李璀。

李璀是李怀光的儿子，他此前曾向李适主动进言，请求防范自己的父亲，但在生死关头，他却最终选择了家庭。所以李怀光通过李璀知晓了石演芬的行动，然后杀害了他。石演芬的死激怒了朔方军内部不少将士，可在李怀光的淫威下，无人再敢公开违抗李怀光的命令。

愤怒的火苗只能暂时默默地燃着，等待着燎原的那一刻。

以最小的代价迅速处置李怀光的路似乎已然完全走不通了。但李怀光事实上还不打算立即走上扯旗造反的路，因为在李怀光身边，有一个让他颇为忌惮的人物。如果不先处理掉此人，这么上路是很不安全的，而且李怀光深信自己若不先发制人，早晚会栽在这个人手上。事后的发展表明，他还是有些先见之明的。

这个让李怀光感到如芒在背的危险人物，就是我们的老朋友——李晟。

李晟是少数较早觉察出李怀光可能有问题的唐军将领之一。更为难能可贵的是，李晟敏锐地意识到，一旦李怀光要反，他必然会第一时间兼并其他同朔方军一道驻扎在咸阳的部队。所以，为免事态进一步恶化，李晟多次上书朝廷，请求朝廷同意自己将部队移驻至东渭桥。

经过认真思索，并听取了从咸阳前线回来的翰林学士陆贽的建议，李适终于下达了一个无比明智的命令：同意李晟的移防请求。

李晟的速度依旧很快。接到命令之后，神策军在他的带领下只用了不到半天时间就完成了移防东渭桥的行动。

这下脑子再不灵光的，也能预感到有事情。何况李怀光这样接替郭子仪位置的人，自然也有所察觉。

不能再拖延了，必须加快进度，尽早做个了结。

李怀光是这样想的，陆贽和李晟也是同样的想法。

李晟走后，还与李怀光驻扎在一起的部队只剩下了鄜坊节度使李建徽部及神策行营节度使阳惠元部。这两位带兵的将领远没有李晟精明，又不及李怀光狡猾，所以待在那里是很危险的。

有鉴于此，陆贽建议趁着李晟移防之机，借口李晟兵力太少，担心受到朱泚的进攻，虎口拔牙，调出李建徽、阳惠元这两路孤军，防止李怀光吞并这两路军队。

皇帝陛下觉得陆贽的话有一定的道理，但未免过分刺激到李怀光，他拒绝了陆贽立即调走李建徽、阳惠元所部的建议，主张先缓个十来天再行动作。当然，他并不知道，正是由于自己这一刻的犹豫，导致这两路唐军的覆灭。

不过客观地说，李适的想法还是有一定道理的。毕竟接下来的路应该如何走，对于李怀光该作何处置，皇帝陛下心里还没个谱。

好在皇帝陛下没有主意，李晟却是有的。

在东渭桥驻扎停当后不久，李晟便上表建议朝廷早做好应对准备，保持通往蜀地道路的畅通，并提议任命赵光铣等三人为洋州、利州、剑州三州刺史，让他们各自率领五百人马把守住各关键位置，以备不测。

提前做好最坏的打算，并向着最好的方向努力，这无论怎么看，都是不会错的。

但这时，皇帝陛下又暴露出除了容易走极端外的第二大弱点——犹豫。

他不确定李怀光是否真的会不惜名节同朱泚同流合污，也不相信朔方军会将矛头对准自己，向他们的皇帝宣战。

只有一点，李适还是很清楚的，那就是李晟实在是个靠谱的人，关键时刻靠得住。

正是这个看法，挽救了唐朝，挽救了社稷，并同样挽救了李适自己。

既然靠得住，就要给予认可，让可靠的人好好干。

于是，兴元元年（784年）二月二十四日，皇帝下令晋升李晟为河中、同州、绛州节度使。

而仅仅过了一天，李适又追加诏书一道，加授李晟为同平章事。

在李晟获得帝国军人的最高荣誉——"使相"身份的当夜，李怀光发动了蓄谋已久的兵变。

李怀光之乱就此正式拉开了序幕。

不出陆贽等人所料，李怀光带领叛军出营的头一件事就是趁夜偷袭李建徽和阳惠元部的驻地，李建徽和阳惠元猝不及防，都被迫逃出了军营。

李建徽运气还行，在一片混乱之中，最终逃出保住了性命。而阳惠元就没有这么走运了，他在逃往奉天的路上被李怀光的追兵捉到了，随即遇害。

李建徽、阳惠元都不在了，李怀光作为军职最高的将领，轻而易举地接管了二人遗留下来的部队。

现在，李怀光终于可以纵兵进入他一直渴望进入的奉天城，并亲眼见见李适了。不过这一次，他不再打算采用臣子仰望天子的视角，他要成为高高在上的那一个，去俯视一切，包括李适。

李怀光对于一举拿下奉天城很有信心，因为他早早便在城内布置下了棋子，且不止一颗。

李怀光的第一颗棋子是他的部将韩游瑰。

韩游瑰当时人在奉天城里，而且掌握着兵权，所以此人是一个极为关键的人物。只要他能够把奉天的城门在适当的时机打开，李怀光就能不费吹灰之力地攻占城池，拿下皇帝。

在前两次的秘密沟通中，韩游瑰对于自己提出的合作意向似乎很感兴趣，于是李怀光第三次向奉天秘密派出了使者。

这一次，李怀光的使者还没有见到韩游瑰就被守门的士兵当场逮捕，送到了朝堂之上。

然后使者见到了皇帝陛下，以及韩游瑰。

韩游瑰是好端端地站在那里的，所以，很明显，李怀光被耍了。

没错，李怀光送来第一封信后不久，李适就从韩游瑰那边接到了，此后皇帝陛下都是李怀光密信的第一读者，因此他对于李怀光的突袭策略了如指掌。但有一点李适是没有料到的，那就是李怀光从来都是一个谨慎的人，他很喜欢双管齐下，所以在派人联系韩游瑰的同时，另一个人也悄悄混进了奉天城中。

混入城中的是李怀光的部将赵升鸾，依据计划，二月二十六日这天晚上，李怀光的另一名部将达奚小俊将带上一支小部队在乾陵四处放火，以制造混乱，诱使城内前来救火，赵升鸾作为内应，趁机采取行动。

然而李怀光万万没想到，他无比信任的部下赵升鸾，入城后的第一件事不是低调地找个地方躲起来，等待夜幕降临，而是在光天化日之下高调地跑到浑瑊那里自首去了。

据说李怀光得到消息，一口老血直接就喷了出来。

靠山山倒，靠人人跑。没办法了，只有靠自己了。

李怀光原本打算亲率大军去突袭奉天城，但他很快就听说皇帝在浑瑊的劝谏下已经启程逃往梁州（今陕西省汉中市）。

李怀光乐了。

说实话，他最担心的情况就是像朱泚遇到的那样，凭城固守，打死也不出来，只能爬城墙硬上。那样的打法不仅最浪费时间，而且变数也很大，搞不好就会重演朱泚困于城下，被勤王之师包围的一幕。

现在出来了，就好办了。

只须派出骑兵快马加鞭追上西行的队伍，打散护驾的禁卫军，皇帝便可手到擒来，江山便可归于掌握之中。

有鉴于此前的经历，李怀光意识到派一个人出去办这事很可能会出问题，所以他将这次极为关键的追击任务交给了孟保、惠静寿、孙福达三位将领。他相信，如果有人相互制约着，肯定没人敢放水，私放李适。

然而李怀光却遇到了史上最为尴尬的情况，三个部下集体放水。

孟保等三将统领的精锐骑兵本来是能够截杀到李适一行的，但这三人好歹是出身于郭子仪的朔方军，长年受到郭子仪忠君爱国思想的熏陶，因而虽然身不由己，可并不想做叛徒，于是三个人一合计，决定回去谎称没有追到，即便就此丧失统兵权，也认了。

说来也巧，当他们追到鳌屋的时候，和诸军粮料使张增不期而遇。

三人知道张增是心向朝廷的，便边猛给张增使眼色，边叫嚷着将士们都还没吃上

第十六章 意外之外 · 353

早饭，饿得紧。

张增随即会意，及时转入了忽悠模式：

"从这里往东走上数里，有个佛寺，那便是我的存粮之所，诸位可去那里先饱餐一顿。"

于是三将带着部队直接朝东而去，沿途之上，三个人故意放纵士兵四处劫掠，这才为皇帝和随行百官顺利进入骆谷争取到了宝贵的时间。

当然，由于士兵们都参与了抢掠，个个满载而归，一路上发生的种种，自然不会有人多嘴，而孟保等三人也的确只受到了全部撤职的处分，没有被进一步追究。可孟保们还是料错了一点，那就是他们并非唯一的一支追兵。

我说过了，李怀光喜欢做两手准备，这样的关键任务，自然也不会例外。

在孟保率军东去的时候，另一路追兵紧追不舍，直奔骆谷而去。

这支追兵很负责任，可到底还是晚了一点，当他们追过去的时候，皇帝刚刚进入骆谷。李怀光的这支追击部队随即同奉浑瑊之命殿后的侯仲庄部发生了激战。追随皇帝的部队毕竟是在奉天血战中历练过的，对付人数有限的追击部队绰绰有余。于是李怀光的追兵被击退，李怀光捉拿皇帝的计划由此也宣告彻底破灭了。

皇帝西逃蜀地，关中群龙无首，这一幕幕情景似乎又重现了安史之乱之初的局面，但这一次局势似乎更为严峻。因为郭子仪、李光弼那样忠诚而有能力的名将不在了，朔方军直接反叛了，河东军则跑回了太原，举目四望，能依靠的力量基本没有。

由于蜀地这几十年来也是多遭战乱，所以从骆谷一路行来，沿途根本没有预备好的粮食供李适一行食用，因此扈从的群臣及将士无不饱受饥饿与疲惫的双重折磨，苦不堪言。

所谓国难思良将，家贫思贤妻，这句话不是没有道理的。走了一段路后，皇帝陛下突然想到李晟曾经建议自己要确保通往蜀地道路的畅通，不禁发出了一声长叹。

长叹后，李适召来了浑瑊，问了一个很重要的问题：

"渭桥在叛贼的腹地，敌我两军兵力差距悬殊，你觉得李晟能成功破敌吗？"

浑瑊回答："李晟忠义不贰，以臣估计，一定能够破贼。"

李适点点头。

他即刻找来了李晟麾下大将张少弘和浑瑊的部将上官望，让二人想方设法前往东渭桥，传达自己的口谕，加封李晟为尚书右仆射、同平章事，准许他便宜行事，伺机收复长安。

李晟是泪流满面地接受皇帝的最新任命的，从这一刻起，李晟已下定了决心——誓死收复京师，迎还圣驾。

虽然眼前的一切都在告诉他，这是非常困难的，但李晟还是决意放手一搏。在接下来的一个多月里，修好了城池、造好了武器、备好了粮草、整好了军队，在孤军位于朱泚、李怀光两股叛军中间，内无粮草、外无援军的险恶处境下，竟硬生生地创造了奇迹，把手下的神策军锻造成了一支士气极高，且兵精粮足的模范军。

一时间，统兵有方的李晟成了关中地区的一座抗战灯塔，驻扎在邠宁的韩游瑰，留守在奉天的戴休颜，驻扎在昭应的骆元光以及守备在蓝田的尚可孤均派人表示愿意接受李晟的指挥，李晟由此军威大振。

李怀光当然很不愿意看到现在的这一幕，所以他决定出兵攻打东渭桥，拔掉李晟这颗钉子。谁知，李怀光的命令下达后，却没有一个人响应。军中将士们的普遍态度是讨伐朱泚，绝对竭尽全力，但要袭击友军，那是宁死不从。

没办法了，李怀光只好宣布先回到河中（今山西省永济市），待观察天下的形势之后再作决定。

得到李怀光回师河中的消息，最开心的人不是李晟，也不是李适，而是长安城里的朱泚。

起初朱泚十分害怕李怀光会经不住部下的劝说来攻打长安，所以每次与李怀光写信交流时，朱泚总是尊称李怀光为兄长，甚至还约定同李怀光平分关中一带，各自称帝建国，永为友邦。

现在得知李怀光主动撤军，而且沿途之上其部下士卒不断逃散，朱泚立即作出了一个极为精准的判断——李怀光要完蛋了。

于是写信立马改为了下诏：

"朕知道你军中人心不附，可速归于朕之帐下，入卫长安。"

接到这样的征调诏书，李怀光简直恼羞成怒，但他不敢进攻长安，自断后路，更担心部下哗变或遭到李晟进攻，所以除了忍气吞声地烧毁营垒，闷声继续东进外，李怀光别无选择。

当然，李怀光是不会把一腔邪火压在自己肚子里的，所以他把所有的怒火都发泄到了沿途的州县上，泾阳、三原、富平，这些县城在李怀光军过境后变得鸡犬不留。

李怀光和他的部下们以实际行动向世间证明了,曾经辉煌一时、战功赫赫的朔方军现今并不是无能的,至少他们还能欺凌手无寸铁的平民。

不过朔方军中倒不是所有人都丧失了身为军人的底线,神策军将领孟涉和段威勇行至富平,就拥兵三千一举脱离了李怀光,跑去投奔李晟了。

与此同时,韩游瑰在邠州城中将领高固、杨怀宾等人的帮助下趁夜以小股骑兵袭杀了李怀光的亲信张昕,夺回了邠州城的控制权。

要知道,李怀光的儿子和大部分朔方军将士的家眷都在邠州城里,邠州城的变故无疑是对李怀光的迎头重击。

但李怀光先生毕竟也是位重量级选手,遭此一记重击还不至于立即倒下,他以惊人的统御力硬是把剩余的部队带进了河中城,然后派部将赵贵先在同州(今陕西省大荔县)构筑好了防线,又命部将符峤袭占了坊州(今陕西省黄陵县)。

李怀光在这一片,基本就是土皇帝了,但他最多也只能做到这种程度了。正如朱泚所料,自李怀光正式决定退兵的那一刻起,他实际上已经相当于宣布正式退出了主舞台,所以李怀光的结局也只剩下了一种:观望自守,直至最终被灭。

李怀光指望不上了,朱泚只能将希望寄托在自己的亲弟弟朱滔身上,相信他能够打开局面。

此时此刻,朱滔正在统兵全力进攻魏州并围困贝州。他是在获悉田悦被杀、魏博军内部大乱的消息后,以最快的速度赶来的。他的目的很明确,就是趁乱吞并魏博军,称霸华北。而从当时的局势来看,朱滔完全有成功的可能。

魏博军上下这个时候已经知晓了田绪刺杀田悦的真相,军心动荡,而为了巩固自己的位子,田绪又一口气杀死了田悦的亲信薛有伦等数十人,军镇中的中高层几乎被扫荡一空。因此,面对朱滔大将马寔的猛攻和招降,田绪只得选择好言相向,遣使向朱滔乞求恢复田悦时的盟约。

眼见魏州危在旦夕,逃入山南道的皇帝十分上火,因为一旦朱滔控制了河北,再转头和长安的老哥朱泚联手,大唐帝国就真的要重蹈永嘉之乱的覆辙,偏安一隅了。

现在只有一个人可以阻止朱滔,挽救一切,而这个人不是李晟,不是浑瑊,更不是马燧。

这个人只能是王武俊。

王武俊是不喜欢朱滔的,甚至可以说很是厌恶。

对于这一点，长期与王武俊打交道的昭义军节度使李抱真有着很清楚的认识，事实上此前同王武俊的几次接触，李抱真也正是以这一点为基础展开的。

如今得到皇帝陛下的授意，李抱真又一次向王武俊处派出了使者。

对于眼前这个名为贾林的使者，王武俊是再熟悉不过了。因为从第一次接触开始，这位仁兄就一直负责此事，而他的胆略和口才，都给王武俊留下了极为深刻的印象。

所以王武俊安安静静地坐在自己的位子上，等着看贾林又要说些什么。

既然是老熟人了，贾林也不客套，上来就开门见山：

"朱滔此行的目的就是吞并整个魏博，这一点，司空您应该看得很清楚吧！"

王武俊默默地点了点头。

"如今正值田悦被害，魏博内部人心不安，无法团结抗敌。倘若十日之内我们不去救援，那么贝州、魏州一定会被朱滔占领。这事想必司空也是知道的。"

王武俊再次点头表示明白。

"一旦朱滔吞并了魏博，他的兵力至少会增加数万人。张孝忠见贝州、魏州已失，按照他的性格，想必一定会向朱滔称臣的。如此一来，朱滔纠集三道之兵，再加上回纥的支援，进逼常山，司空要想保全自己的家族，您觉得可能吗？"

王武俊听到这里，脸上的表情已经有些不自然了。但他没有打断贾林，而是等待对方把话讲完。

贾林似乎也没有停下的打算，只听他继续分析道：

"常山陷落了，昭义军只得退保山西，这样一来，河朔之地就全都落入朱滔之手了，司空哪里会有立足之处？所以，不如趁着贝州、魏州尚未被朱滔攻下，与昭义军合兵一处，协力击破朱滔。朱滔如果被击败，关中的叛军也就无从依托了。长安势必能被顺利收复，待天子返回京师论功行赏，众将之中论及功劳，谁能比司空更大呢？这可是天下无双的功绩啊！"

王武俊被彻底说动了，他喜滋滋地邀请李抱真跟自己会师，共同解救魏博，讨平朱滔。

四月二十八日，王武俊率军进抵南宫县东南，按照约定，李抱真从临洺（今河北省永年县）率军北上，两军在相距仅有十里的地方各自安营扎寨。

毕竟两边在不久前还是打得你死我活的对头，现在突然成了平叛的友军，还做了邻居，一时间角色的转换还是比较难做到的。而这就需要军中高层，特别是主将们起

第十六章 意外之外 · 357

个表率作用，彻底化解彼此间可能存在的猜疑。

于是第二天，李抱真就表示自己打算带上几名骑兵去王武俊的军营里见王武俊一面。

此话一出，李抱真的部下们立即爆炸了。他们纷纷挺身而出，劝阻李抱真不要身涉不测之地，拿自己的性命和战事冒险。

李抱真想了一下，觉得有一定的道理。他挥挥手招来了行军司马卢玄卿，让他集结好军队。

见部队集结完毕了，李抱真深表满意。

"我此行关乎天下安危，如果我一去不回，统领军队的事情就拜托你了，你一定要激励将士们替我报仇雪耻啊！"

说完，李抱真爽朗一笑，拍了拍卢玄卿的肩膀，策马而去。

得知李抱真在军门外求见，王武俊深感意外。他当即传令各营进入警戒状态，严阵以待。

然而，当他看到李抱真和其身边屈指可数的几个护卫时，王武俊意识到自己有点过于紧张了。

见到王武俊那边戒备森严的样子，李抱真并不介意。他谈笑自若的样子，倒是搞得王武俊相当不好意思。

于是，王武俊赶忙将李抱真请进了自己的营房，宾主二人开始就时局并双方共同关心的问题深入交换了意见。

但在此期间，又有一件事情出乎王武俊的预料。

那就是当李抱真谈及国家多年来遭受的兵祸灾难，几任天子先后蒙尘时，竟然说得情不自禁，抱住自己失声痛哭。

看着泪流满面的李抱真，王武俊也受到了情绪的感染，热泪盈眶。

此时此刻，在王武俊的心中有着两个截然相反的判断。

判断一：此人就是个戏精，来这边就是演出戏，好拖自己下水。

判断二：这个人是个忠义之士，他表现出的一切都是出于真情实感，他的确愿意为了国家而牺牲自己的一切。

到底哪一个才是李抱真的真面目，王武俊短时间内还看不出端倪，所以他决定多留李抱真一会儿，再仔细观察一下。

于是谈话结束后，经王武俊提议，两个人先拜了把子，然后一起吃了顿晚饭。

用餐期间，李抱真表现得很是高兴，这一高兴就喝得有点多，最后是连路都走不稳了，更别提骑马返回自己的营帐了。

因此，当晚喝醉了的李抱真就没有回去，而是在王武俊那里睡了。

事实证明，李抱真是一个醒着比睡着了更安静的男人。但在震耳欲聋的鼾声中，王武俊终于被彻底打动了。

第二天一早，吃了定心丸的王武俊再次向李抱真保证，自己将会尽全力击破朱滔和他的回纥人盟友，为十哥（即李抱真）赴汤蹈火，在所不辞。

隔阂什么的至此烟消云散，彻底翻篇了。昭义军遂同王武俊军联营前进。

五月四日，联军进抵贝州境内，随即在距离贝州城仅有三十里的地方安营扎寨。

朱滔早就得到了王武俊同李抱真联手的消息，为了不至于陷入被动，他赶忙召回了围困魏州的大将马寔，将全部主力都聚集在了贝州城下。

现在所有人都很清楚，河朔地区的未来走向就要靠即将发生的这场战斗决定了。是朱滔一战完成对河朔三镇的统一，自立门户，还是回归原状，继续作为大唐管辖下的藩镇，全看接下来的这十天了。

因为王武俊要来了。有人劝朱滔说，千万不要同擅长野战的王武俊当面争锋，而是要打阵地战，先发制人，抢占有利地形，扎好营寨，然后派回纥骑兵切断对方的粮道。最终就是要以坚固的防御工事和来自德州、棣州源源不断的军粮消耗掉王武俊一方的锐气和粮草，直至战胜对方。

朱滔认为这个主意不错，但美中不足的是，这样打赢了并不怎么威风，所以一时间他陷入了犹豫。

就在这个关键时刻，一个消息帮助朱滔作出了决定，这个消息的内容是：马寔率军赶到了。

明天出战！

朱滔不再犹疑不定了。他相信，凭借久经战阵的幽州兵和凶猛善战的回纥军，就是野战交锋，他也不会落下风。

然而，朱滔刚刚作出这一决定，耳旁便有一个声音响起：

"士兵们冒着酷暑行军，现在已经非常疲惫了，请求大王准许将士们休息三天，之后再战。"

发言的，是马寔。

可不等朱滔对马寔的话做出回应，另一个人也发话了：

"大王是要攻取东都的，现在遇到区区小敌就显露怯意，此后将何以长驱天下呢？"

这次发言的，是朱滔的常侍杨布。

一般说来，主战者是很容易获得大家支持的，这一次也不例外。

杨布的主张立即就得到了将军蔡雄及朱滔深信的术士尹少伯等人的支持。

就连回纥军的统领达干也跟着激动了一把，表示他们回纥与邻国作战经常是五百骑兵就能打数千，且同秋风扫落叶一般。而为了报答朱滔一直以来的礼遇和优待，他们明天一定会利用好唐军立足未稳这一最好时机，一举消灭王武俊的骑兵，令其匹马不返。

朱滔被说得很是兴奋，当即重申军令，要早打大打明天就打，让王武俊为他的单方面背盟付出惨重的代价。

五月五日，战斗开始。

朱滔一方派出的大将是马寔、卢南史，列阵在二人身后的，则是清一色的骑兵。

值得一提的是，打头阵的这部分骑兵并非幽州骑士，而是回纥骑兵和契丹骑手，其战斗力自不必多说，基本上都是职业级到专家级的水平。

王武俊和李抱真这边的阵容看起来就寒碜了许多。

出面迎战的，是王武俊麾下骑将赵珍，犄角压阵的，则是李抱真的部将王虔休。两人背后的部队以步兵为主，骑兵部队一眼望去不过三五百人（其实只有三百）。

在驰骋草原多年的回纥骑兵眼里，对面那样的对手，根本不必先射一波箭进行扰乱，直接冲过去砍就成了。

于是，回纥、契丹骑兵互相使了个眼色，便纵马飞驰而来。

当回纥和契丹人的骑兵临近王武俊骑兵阵地的时候，还没来得及挥刀，对方的队形竟然自行解体，其骑兵纷纷以最快的速度向两翼退去。

回纥、契丹的骑兵们见状无不面露喜色，因为多年的战斗经验已经告诉他们，步兵方阵在骑兵的反复冲锋面前是不堪一击的，如今成德军的骑兵临阵脱逃了，让昭义军的步兵完全暴露在了骑兵面前，这仗基本上已经稳赢了。

所以众人一脸兴奋地继续猛冲，并毫不费力地在昭义军的步兵方阵上冲出了一个缺口，直抵阵后。

接下来，只须按照经验，利用好速度的优势反复冲击步兵队列，对方势必会被冲得七零八落，最终全面崩溃。

然而，当回纥骑兵准备策马回头再度发起冲锋的时候，王武俊突然带着他的骑兵出现了，并向尚未从兴奋中回过神来的回纥人发动了迅猛的攻势。

回纥人被打了个措手不及，而就在他们转过头来迎战王武俊的那一瞬间，他们背后的桑树林内突然又有一支骑兵杀了出来。

这支人数有五百的精锐骑兵是由恒冀兵马使赵琳、赵万敌两员悍将统领的，他们已经奉命在林子里埋伏很久了，一直等待的，就是回纥人再回首的那一刻。

于是再回首，恍然如梦。崩溃的一方分分钟变成了回纥和契丹人。

实践证明，骑兵崩溃起来比步兵更具灾难性。

被杀得大败而逃的回纥和契丹的骑兵们先冲乱了朱滔手下的幽州骑兵，然后所有的骑兵又融成了一股洪流，直接冲垮了朱滔的步兵。

这次真的是兵败如山倒，你跑我也跑。

任凭朱滔喊破了喉咙也无法制止了。

在恒冀军、昭义军的联手追击下，朱滔大败，上阵的三万人被斩杀了一万多，砍跑了一万多，最后带回德州的，仅剩下了八千人。将领方面还损失了朱良祐、李进两员大将（被唐军抓了俘虏）。

回纥军也吃了大亏，有三百骑兵当场被生擒，数十年来战无不胜的招牌也算彻底砸了。

唐军获得了决定性胜利，缴获了大量的辎重、牛马及军械铠甲，唯一美中不足的是，由于起雾的缘故，他们没能全歼朱滔军，最终还让朱滔逃回了自己的大本营幽州。

但这对于当时的朝廷而言却是一个天大的利好消息，因为这至少意味着收复长安的时机终于到了。

五月二十日（《旧唐书·李晟传》称五月三日），李晟在驻地举行了隆重的阅兵仪式暨誓师大会，公开宣布将出兵收复长安。

随后，李晟亲率大军出现在长安城的通化门外，在耀武扬威地展示了一番军容后，扬长而去。在此期间，朱泚的守军一直缩在城内，不敢出战。

李晟已经看得很明白了，叛军军力有限，只有固守之力，且已完全丧失了出城一战的实力及勇气。所以他要做的,就是主动发起进攻,光复京师。

五月二十一日一大早,李晟召集众将,召开了第一次军事会议,会议的议题只有一个:从哪个方向入手攻城。

这个问题似乎答案很明确,大部分(注意这个词)主张就根据长安城的布局来,从南向北平推。也就是说先攻克外城,待占领坊市之后,再向北搜索进攻,扫清宫室中的残敌。

"不对!"

李晟笑着摇了摇头。

"先夺取坊市的看法是不对的。城中街巷狭窄,加上住着居民,如果敌人设下伏兵迫使我们进行巷战,百姓受到惊扰,必定四处逃散,这样的局面将会对我们十分不利。如今,敌人的重兵聚集在苑中,如果我们以宫苑为重点发起进攻,直捣敌人的腹心,敌人在毫无防备下一定会溃败。如此一来,皇宫不会遭到战火破坏,坊市也不会受到骚扰,这是上策。"

不愧是李晟,果然想得周到,众将纷纷点头,表示同意。

既然计划制订好了,那就别废话了,赶紧进攻长安吧。

但李晟又一次发话了:

"现在还不行!

"我们若要一战必胜,现有的兵力还很不足,难以一举击溃叛军,必须等待各地援军赶来。"

于是李晟当即找来了传令兵,让他们拿上自己的亲笔书信前往浑瑊、骆元光、尚可孤等部驻地,邀他们一道克复长安。

五月二十五日夜,李晟先行出发,率军一路推进到了长安光泰门外的米仓村(今陕西省西安市东北),这才停下来扎营。

不过,营房还没修建完毕,城内就有人出来"欢迎"了。

领头的是朱泚帐下猛将张庭芝和李希烈的弟弟李希倩。他们估计是打算趁着唐军立足未稳兼行军疲惫之际,捡个便宜,所以一上来这支叛军便直抵唐军营栅外,高声挑战。

敌人在外,打还是不打,这是个问题。

毕竟连夜赶路过来,又初来乍到,贸然出击,没有完胜的把握,但如果龟缩不出的话，势必会影响士气，助长敌军的嚣张气焰。所以，这很难办啊。

李晟并不觉得难以定夺，他的意见很明确：打！

"我正担心敌人拒不出战，如今他们竟然冒死前来，这是上天在帮助我们啊！"

于是，李晟当即派出兵马使吴诜、康英俊、史万顷、孟涉等一众骁将领军杀出。

当时跟着李晟部同来的，还有来自华州的唐军，他们驻扎在北面，势单力薄。叛军发现了这一点后，便集中兵力向那里发起了猛攻。

李晟得到消息，立即派遣部将李演、孟华率领精锐赶往救援。

李演没有辜负领导的期望，经过力战，他大破来犯之敌，还乘胜带兵反杀进了光泰门。

光泰门的一番激战中，唐军再次击败了对手，将敌兵一口气赶入了白华门内。

由于兵力有限，敌人援军不断到来的缘故，虽然李演没能占领光泰门，但此次夜战，着实令朱泚一方损失惨重，据说当夜城中哀号不断，痛哭之声不绝于耳。

在稍事休息后，五月二十七日，李晟力排众议，再次出兵，猛攻光泰门及禁苑北部。

战斗持续了近一天时间，两军各有伤亡，唐军依旧占据着优势，最终再次击败了敌人。

但久经战阵的将士们都很清楚，这种优势是暂时的，不可能持续太久，如果援军再不到，一旦部队锐气耗尽，必定难免全线溃败的结局。

五月二十八日，好消息传来，援军终于赶到了。

除了浑瑊统领的西路军因为路程过远（从今天的汉中来），尚未抵达，其他的如骆元光、尚可孤所部、商州兵、华州兵都到齐了。

这对于李晟而言，不是很好，而是刚刚好。

因为前一天晚上，李晟已经命人秘密凿塌了禁苑的北墙，开出了一条宽约二百步的路来，所以一大早就打过去，正是时候，运气好的话，说不定就可以一鼓作气拿下长安。

可等到李晟带兵到了地方，才发现原来拆墙队遇到了巨大的阻力，没能全面完工。

原来唐军拆墙队开路开到一半时被发现了，不过朱泚的部队估计是被打怕了，就没敢出头进攻。他们只是把苑内的大树砍倒了若干棵，然后一起堆到了路上，并以树堆、木栅栏作为掩体，用弓箭来阻击唐军。

由于叛军的顽强抵抗，唐军的步兵部队久攻不下，伤亡却越来越大，如此拖下去，后果不堪设想。

李晟在前线目睹了战事的胶着,所以他立刻叫来了主管步兵的部将史万顷:

"你怎敢纵敌猖狂至如此地步?!此战如若有失,我一定会先杀了你!"

史万顷全身不禁颤抖起来,他很清楚,李晟一口唾沫一颗钉,从不玩笑。

今天如果冲不进去,死的就真是自己了。

史万顷豁出去了,他亲自充当先锋,带着亲兵上阵冲锋,经过一番苦战,最终打开了突破口。

见步兵得手,王佖、李演率领骑兵部队立即从缺口中杀入,直接将剩余的敌军冲了个七零八落。

事已至此,一般说来,接下来就是追歼残敌,打扫战场了,可是守在此处的姚令言等人却爆发出了超出李晟预期的抗击打能力。

姚令言估计也很清楚,他算是一切的始作俑者,朱泚一完,他绝对活不了。因此,在唐军冲入后,姚令言边打边退,一直退到了苑内的险要位置,继续组织部队负隅顽抗。

而张庭芝和李希倩也果真不负骁将之名,带领叛军屡败屡战,交锋十余回合,从禁苑打到了白华门,愣是不肯束手就擒。

事实上,叛军的表现还不止如此。

就在决胜军使唐良臣、右军兵马使赵光铣、义武军兵马使杨万荣、左步军使孟日华等将率领步骑部队协同作战,打得正专注的时候,背后突然烟尘大起,有上千叛军骑兵从唐军背后疾驰而来。

这个时候叛军到来,着实是件很危险的事,特别是骑兵。因为如果敌人内外夹攻,令部队陷入腹背受敌的境地,叛军能翻盘也说不定。

姚令言在死命抵住了唐军冲击的同时,竟然还能派出骑兵迂回到后路发动反攻,这件事是李晟万万没有想到的。

但此时此刻,李晟不准备多想,他只知道这个关头该他上阵了,所以他不再犹豫,拔出了马刀。

"相公来了!"(特别注明:相公是当时对宰相的敬称。)

在一片兴奋的呼喊声中,李晟一马当先,带领麾下的百余骑对冲锋而来的叛军骑兵发起了反冲锋。

榜样的力量是无穷的，更何况这个榜样还是正一品的高级指挥官！

在李晟的带头猛冲下，敌军骑兵由吃惊转为惊恐，最终纷纷溃逃。

唐军各部则乘势发起了新一轮的总攻，以万夫不当之勇杀入敌阵，大砍大杀。

在唐军爆发式的攻势下，叛军眼中的希望之光渐渐暗淡，终至不支，败退而去。

仗打到这个地步，败局显然已定，朱泚深知大势已去，赶忙在余众的簇拥下从长安西门仓皇出逃。

经过一波三折的苦战，李晟终于驱逐了叛党，光复了国都。

这无疑是值得大肆庆祝一番的喜事，但李晟却没有工夫庆祝，因为刚刚入城，他有许多事要忙，比如救治伤员、安抚百姓、维护治安、追歼敌军，等等。

特别是最后一件事，非常重要，所以李晟特意将率领骑兵追赶朱泚的重任交给了办事最靠谱的兵马使田子奇。

其实朱泚跑不了太远的，因为就在李晟收复长安的当天，浑瑊统领的西路军在戴休颜和韩游瑰等军的配合下攻克了咸阳。听说朱泚率领叛军向西面逃窜，浑瑊贴心地安排了部下分兵把守各个要道，全力截杀朱泚。

获知咸阳被唐军收复的消息后，朱泚便打算逃到吐蕃去，可是他的手下一路逃亡一路减员，等跑到泾州时，留在朱泚身边的就只剩下一百多名骑兵了。这么个兵力，往吐蕃赶，不要说途中遇到唐军，就是山贼土匪也够呛。

更令朱泚感到伤心的是，他任命的泾州守将田希鉴居然关闭了城门，不让他入城歇息。

追随朱泚走到这里的，有很大一部分是姚令言手下的泾原军，而他们的家眷大多在泾州城内。如今有家归不得，将士们十分愤怒，而朱泚部将宋膺的厉声喝止又进一步加剧了泾原军的反感。所以，当队伍走到宁州彭原县西城屯时，朱泚的部将梁庭芬联合朱泚的心腹朱惟孝预谋射杀朱泚。但朱泚反应很快，听到外面的动静不太正常，立马就跑路了。

朱泚躲过了针对自己的谋杀，却由于过于慌乱，失足坠入了一个废弃的地窖里。等他从昏迷中苏醒过来，他惊奇地发现，自己已经被人五花大绑，囚禁了起来。

这条路至此算是走到头了。

朱泚当即作出了人生中最后一个准确的判断。

当天，朱泚被部将韩旻等人乱刀斩杀，其首级被送往朝廷将功补过。

朱泚死了，姚令言跑到了泾州，源休和李子平逃到了凤翔，但都没有躲过命中注定的那一刀。

再加上此前在长安被擒获处斩的李希倩、敬钅工、李忠臣、张光晟、蒋镇、乔琳等人，朱泚集团至此被一网打尽。

兴元元年（784年）六月四日，在梁州的李适接到了来自李晟的捷报，皇帝陛下当即喜极而泣。

不容易啊！实在是不容易啊！

是的，朱泚被消灭了，京师被收复了，圣驾可以不用"西狩"了，这一切都来之不易，但战争还远未结束。

北方还有李怀光、朱滔，南方还有李希烈和李纳，以上四位都不是省油的灯，还等着朝廷出面去收拾。

但是李适心中的喜悦却怎么也收不住了。

六月十日，李适下诏晋封李晟为司徒、中书令，同时也给配合作战的骆元光和尚可孤等人升了官，并正式任命田希鉴为泾原节度使。

五天之后，第二波封赏开始。

浑瑊被加为侍中，韩游瑰、戴休颜同样享受到了加官晋爵、荣誉表彰等不同程度的嘉奖。

六月十九日，李适及大臣们从汉中动身，开始踏上回归长安的路。

一切由此开始转变。

第十七章
重启

兴元元年（784年）七月十三日，李适君臣回到了长安。

此时距李适离开长安已有八个月之久。

这实在是令李适惊心动魄的八个月啊。在这八个月里，天翻地覆，颠沛流离，他李适差一点就成了亡国之君，曾经威震四海、威服四夷的大唐帝国险些毁在了他的手上。

就在一个月前，重归大明宫对于李适而言还是不敢奢望的遥远之事，然而，这一刻他却已然重新坐在了宝座之上。

声势浩大的护驾军队，数十里猎猎迎风的旌旗招展，夹道欢迎的满城百姓……

一幕幕景象只要一闭上眼就会重新浮现在脑海，宛如梦境。

但事实是，他李适确实回来了。

一切似乎恢复了原样，并将沿着旧有的轨迹继续行进。

可大家很快意识到，实际上绝非如此。回来的李适并不是之前的李适了。因为他做了一件之前的李适打死都不会做的事情——主动向藩镇提出妥协。

兴元元年（784年）七月中旬，皇帝的特使抵达了河中。他此来是发布任命李怀光为太子太保的诏书，并代表皇帝陛下对朔方军将士予以安抚慰问，宣布免除全军上下的罪责，全部官复原职，不予追究。

简而言之，参与谋逆这事儿就算翻篇了，不会有人秋后算账，所有人都可以把心放回肚子里，继续为国效力，保家卫国了。

这对于失去了盟友的李怀光而言，无疑是个天大的好消息。但是当见到那位皇帝特使时，李怀光原有的喜色马上消退了。大惊失色之下，他竟然张口就叫道："怎么会是你？"

这个世界上还存在能把李怀光吓到如此地步的人吗？

答案是肯定的。

因为来者实在是大名鼎鼎、轰动一时、闻名遐迩、妇孺皆知了。

此人就是孔巢父。

四个月前，这位仁兄出使魏博，没过两天就发生了田悦被乱刀砍死并灭门的事件，震惊了天下。

现在，这一刻，这个扫把星就站在自己面前，这难免让素来迷信且多有忌讳的李怀光感到全身不适。

不过，人在屋檐下，不得不低头，且先看朝廷怎么个说法吧。

于是，李怀光按照罪臣的标准，自觉自发地脱下了官服，换上了平民百姓的衣服，跪倒在地，默默听候特使宣布惩处结果。

见到李怀光如此，孔巢父似乎觉得理所应当，既不温言安慰也不上前制止，只是自顾自地宣读诏书。

等诏书宣读完了，李怀光的亲军集体怒了（主要由来自铁勒族浑部落的人组成）。因为按照诏书里的安排，李怀光除了一个太子太保的虚职外，其他的所有职务全被取消，基本上等同于被剥夺了一切职权，提前勒令退休。因此，李怀光的部下中当场就有人发起了牢骚，为主将抱不平。

可孔巢父依旧没有搭理。

不但没有搭理，他还当众喊了这么一句要命的话：

"太尉军中谁可代替他领军？"

正是这句话，真的要了他的命。

话音未落，怒不可遏的李怀光的士兵们一拥而上，把孔巢父和随行的中使（即太监）唉守盈给砍死了。

作为礼尚往来，目睹了这一切的李怀光也没有搭理，而是直接回到了自己的大营重新部署军队，开始备战。

平心而论，以孔巢父的情商和话术，当场被人砍死，并不足惜。可惜的是，皇帝陛下好不容易妥协了一次，竟然出师不利，被人打了脸。

既然无法和平解决，那也没有办法了，只好诉诸武力了。

兴元元年（784年）八月，朝廷下诏以浑瑊为朔方行营兵马副元帅，领军讨伐李怀光。

浑瑊不愧是浑瑊，十分厉害，出征不久就拿下了被李怀光控制的同州。但是李怀光也不是水货，特别是到了生死攸关的时刻。他派出精兵强将顽强阻击唐军，竟然将浑瑊的部队挡在了同州一线不得前进一步。

真是奇了怪了，浑瑊已然拿出了看家本领，挖坑耍诈，能用的都用了，但李怀光军还是一次又一次地打退了唐军的进攻，把战斗拖到了深秋。

朝廷方面有些着急了，因为这一年年景不太好，许多地方遭了旱灾和蝗灾，赋税缴纳得很困难。而且京城刚刚收复，修墙铺路、奖励将士都是不小的开销。所以，在经济基础的影响下，朝中许多大臣上表请求赦免李怀光。

李适拒绝了。他并不是要再次钻牛角尖，而是因为他很清楚地认识到，维系朝廷同李怀光的羁绊早已荡然无存，即便现在停火，谁也无法保证李怀光会安安生生地在河中过完下半辈子。所以李适认定，与其留下不可知的后患，不如勒紧裤腰带咬咬牙坚持一下，一鼓作气地斩草除根。

而且李适相信他目前有这个条件，因为除了派去防备吐蕃的李晟和同李怀光交战的浑瑊外，他还有一员名将没有动用。这个人就是河东的马燧。

于是，歇息了一段时间的马燧得到了皇帝的诏命，他得知自己被委任为奉诚军及晋、绛、慈、隰节度并管内诸军行营副元帅，将与浑瑊、骆元光同心协力讨平李怀光。事实证明，李适没有看错人。马燧不但忠于朝廷，而且还很有水平，几乎是一出手就改变了局势。而更令人匪夷所思的是，他靠的还不是计谋和勇猛，而是仅靠了几个使者以及几封信。

是的，没有攻城，没有用计，马燧就凭着一纸文书让晋州、隰州和慈州相继归降。这其中，晋州的守将还不是外人，而是李怀光的亲妹夫。马燧是怎么做到的，没有人知道。大家只知道马燧的下一个目标是绛州。

九月十五日，马燧亲率步骑总计三万人，进抵绛州。

到了城郊，先不攻城，只是扎好了营帐，然后分兵。

马燧分兵攻略的目标有三个，分别是夏县、稷山和龙门。这三个地方距离绛州不远，可以说是绛州的外围要地，因而马燧先出兵扫清了这三处，然后才开始围攻绛州。

一开始马燧的部下们都觉得浪费时间，可当绛州攻城战打响后，他们才发现主帅这一招实在是高。

心怀希望地作战与孤立无援地作战，这两种心态对于守军而言绝对有着天壤之别。在看不到希望的情况下，守军的战斗意志更容易泯灭，因此马燧军仅用了半个多月就攻破了外城。丢掉外城的当晚，李怀光任命的刺史王克同就与大将达奚小进一起弃城逃走了。

绛州就这样被攻克了，而且唐军还意外地收降了四千多士兵。

攻下绛州后，马燧这一路唐军更是势如破竹，一路收复了闻喜、夏县、万泉、虞乡、永乐、猗氏六县，并降服了叛将辛竑及其所部五千人。

在接下来的宝鼎战役中，唐军临阵射杀了叛军大将徐伯文，取得了斩首万级的大捷。这一切的一切表明，距离同李怀光的最终决战已经不再遥远。

为了坚定皇帝陛下将讨平李怀光之战进行到底的决心，马燧还亲自从前线跑回了京城一趟，表示只要再给自己一个月的时间，自己一定可以平定河中。

李适同意了。他下令度支部门预支一个月的充足粮饷给马燧，保证好前线的后勤补给。

对于皇帝陛下的信任，马燧十分感动。于是贞元元年（785年）七月，马燧与浑瑊、骆元光、韩游瑰等将会师，继而继续出击，兵锋直指长春宫。

长春宫是隋唐时期皇帝经常驾临的重要行宫。想当年，高祖李渊起兵入关中，下长安，总指挥部就设在这里。后来，李世民、李隆基当了皇帝后也常来，来此地巡视，慰问边防官兵什么的。因此，长春宫的宫城修得异常坚固，再加上此城三面悬崖，东临黄河，十分险要。因而若要强攻的话，必然会旷日持久且伤亡惨重，更有将这座百年古城摧毁的可能。

有鉴于此，马燧决定以非暴力手段拿下长春宫。

凭什么？

就凭他马燧这两个字。

作为曾全程经历过八年安史之乱、李灵耀之乱以及现在这场二帝四王之乱的军中宿将，马燧的威名早就享誉天下，就连高原上的吐蕃人都知道，李适一朝武将堪称杰出者唯三人而已：马燧、浑瑊以及李晟。而马燧又是这三人中成名最早、资历最老、人脉最广的一个。所以马燧相信只要他亲自出面，开诚布公地劝降守将并为其做担保，守将一定会有所动摇。

事实证明，马燧的想法是有谱的。当时驻扎在长春宫的，是资历较老的朔方军，指挥官是徐廷光。此人对马燧素来有些敬畏，因此当马燧出现在城下，高声呼唤自己的名字，要求上城对话时，徐廷光没说几句就不由自主地拜了下去。

这就好说了。

照例，马燧先讲了一通朝廷的政策，如只办首恶、胁从不问，反正来宽、抗拒从严，等等，然后把形势摆在徐廷光面前：顽抗到底，死路一条。

最后就是激以忠义了，毕竟朔方军是郭子仪一手带出来的部队，朝廷一直以来的军事砥柱，忆往昔光辉岁月，是有共鸣的。

当然，个人以为，马燧之所以能够成功，最后的一个结尾场景也起到了十分重要的作用。

据史料记载，当时马燧是这样作最后陈词的："如果你们认为我说得不够诚恳，也罢，现在你我间隔不过数步，你们大可以用弓箭射我！"

说罢，马猛人自己掀开衣袍，挺胸面对着城上，作视死如归状。

徐廷光彻底被马燧折服了，他当场感动得痛哭流涕，伏地不起，城楼上的士兵们也无不泪流满面，心悦诚服。

长春宫就此不战而降。

八月，马燧移兵于焦篱堡。当夜，太原堡守将吴冏得到消息，很自觉地弃堡而逃，他的部下们则悉数归降。

于是马燧兵不血刃地率军渡河，列阵于河中城下。此时，唐军的总兵力已经增至八万人，而李怀光的部队已经逃散得不足两万，胜负基本毫无悬念。

唐军完成对河中城的合围当天，李怀光的部将牛名俊杀死了李怀光，宣布投降。而李怀光的长子李琟则在无比绝望的情况下，杀光了所有的弟弟，然后自尽。李怀光一门就此族灭。

此前，河北的朱滔已经在王武俊的猛攻下一蹶不振，主动向朝廷上表请罪。而上表后没多久，朱滔就病死了。朱滔死后，他的位置被亲信将领刘怦接替。刘怦上任没过三个月，也死了，他的儿子刘济紧接着承袭了节度使的权位。

从朱家到刘家，从刘家老爹到刘家儿子，短短一年之中，幽州治丧两次，换了三个领导，自然是没有力气折腾了。北方战事至此完全结束，而这一次真的是恢复和平了。

现在只剩下南方的李希烈了。

对于李希烈而言，泾原兵变是他人生中一个极为重要的转折点。趁着泾原军将皇帝赶出长安的机会，李希烈不仅攻陷了一直在围困的襄城，还接连击败唐军，成功地将自己的势力扩张到了中原地区。

对比看起来一天不如一天的大唐，他的大楚是蒸蒸日上的节奏。因此李希烈很确信，用不了多久他就将走上人生的巅峰。

应该说，李希烈的预感是比较准的，他的确将走上自己人生的巅峰，但是志得意满的李希烈似乎遗忘了两件非常重要的事：

一、高处不胜寒；

二、登顶之后，只要没做山顶洞人的想法，紧接着就该下山了。

第一个帮助李希烈下山的，是镇守宁陵的唐军将领高彦昭。正是这位仁兄凝聚全军，死战宁陵，最终守住了城池并大败李希烈，迫使楚军逃归襄邑，短时间内不敢再战。

第二个帮助李希烈下山的，则是他的老婆，不，确切地讲，应该是李希烈强娶来的妾室窦氏。

窦氏是个不寻常的女人，自打从汴州被强掳入门，她不哭不闹不上吊，不怒不笑不多话，仅是在出家门前，给家里留下这么一句话："别难过，我能诛灭此贼！"

事后的发展表明，她没有说大话。

由于这个姓窦的女孩太过漂亮，又寡言少语，属于今天所谓的高冷类型，所以她很讨李希烈喜欢，很是得宠。以至于到了后来，李希烈基本上对她百依百顺、言听计从。

应该说，漂亮这个词还不能完全概括窦氏，因为她不但脸好看，而且脑子也好使，属于一点即通的类型。所以渐渐地，她凭借李希烈的宠信，开始参与李希烈集团内部高层的密谋，且能通过枕头风改变许多政策的走向。

不过窦氏并不打算通过唐军之手为自己雪耻复仇，她之所以参与李希烈的决策，是为了物色一个可靠的帮手。

经过认真观察，她找到了这个合适的人选。

此人名叫陈仙奇，行伍出身，为人果敢有谋，虽然文化程度不高，但是对于忠君爱国的将领如郭子仪、李光弼一向推崇备至。

发觉了这一情况，窦氏便多次为陈仙奇美言，使得陈仙奇获得了李希烈的重用。巧合的是，陈仙奇的老婆也姓窦。于是窦氏主动结交陈仙奇的老婆，两个人最后成了无话不说的闺中密友，而陈仙奇也慢慢得知了窦氏的暗中协助，以及她的所有计划。

贞元二年（786年）三月，等待已久的机会终于到来了。

由于楚军在战场上开始出现了节节败退的迹象，再加上李希烈先生有一次吃了太多的牛肉，所以就病倒了。

人病了，就要看医生。于是医生来了，稍作诊断后，立刻给开了药方。

但李希烈做梦也没有想到，这个医生早就被陈仙奇暗中买通，因此他的汤药里被加了一些致命的毒药。

喝完药的当天，李希烈就不行了，最后还没来得及交代后事，李希烈先生就不明不白地死掉了。

李希烈一死，他的儿子立即采取了措施，封锁了消息。这位仁兄是比较狠的，他打算诛杀所有不服从自己的大将后，继续做楚国的皇帝。但他唯一没想到的是，他的想法已经被窦氏通过给陈仙奇送桃子（内含帛条密信）的方式捅了出去。

于是，李希烈的儿子被陈仙奇等将带人砍死了。愤怒的将士们一不做二不休，顺手又灭了李希烈满门，然后将他们一家的首级全部函封献给了天子。

至此，持续时间长达两年零四个月的李希烈之乱也被平定了。

结束了，一切都结束了。

虽然从建中二年（781年）到贞元二年（786年）只有六年时间，但对李适而言却像是过了六十年那样长，他的精力基本上被耗尽了。所以接下来的近二十年时间，听起来很长，但对李适而言只是一眨眼的工夫。

当他再次睁开双眼的时候，他已经卧在了病榻之上，而死神也即将降临在他的头上。

贞元年前的皇帝岁月，对于李适来说是不堪回首，外加一声长叹，但对于贞元期间的作为，李适个人还是比较满意的。

比如，他召回了传奇人物李泌入朝为相，主持国家大政，让朝廷政治恢复了清明与稳定；又比如，他在李泌的建议下北交回纥，南和南诏，西结大食、天竺，实现了对宿敌吐蕃的外交孤立，为大唐的恢复建设创造了较为有利的外部环境；再比如，他终于断绝了起用卢杞的想法，使一代奸相没有再出来为乱，最终死在了贬所。

李适这辈子犯过不少不可饶恕的错误，也做过一些正确的事情，但这一切对于现在的李适来说都已经不再重要了，此时此刻，他只有一个愿望，那就是见一见自己的儿子——太子李诵，他对自己这个体弱多病的儿子有着太多不放心，还有许多事情要交代。

但是李适最终也没有等到太子，因为太子李诵同样由于病情较重而无法入宫。

贞元二十一年（805年）正月二十三日，李适带着诸多不舍驾崩于会宁殿，终年六十四岁。

李适，在位二十六年。登基之初，大有图强复兴之雄心，故而用杨炎为相，行"两税法"，严控宦官，澄清吏治，使大唐颇具中兴气象。可这位将做个至圣至明的天子当作毕生夙愿的男人，到底还是失败了。因为他并不真正了解这个世界的复杂，也不知道仅靠猛打猛杀是解决不了所有问题的。所以虽然贵为皇帝，有着更强大的改变世界的力量，但他依旧被现实磕碰得头破血流，直到心灰意冷，不得不放弃理想，慢慢沦为这个世界的看客。

对于李适，我是理解的，因为在曾经的我的身上，在现在的我的周围，类似的情景依旧在不断上演。

曾经想要改变全世界，到最后回首才发现，我们一路奋战不是为了改变世界，而是为了让我们不被世界所改变。

在去改变这个世界前，他还远未做好准备，便已欣然出征。

只能说，这个人很勇敢，但也很天真。

李适离世了，他走得很不放心。这也难怪，此时的太子李诵也已四十四岁了，而且身体状况很差（中风），搞不好的话，即位典礼和葬礼就要一起办了。于是，宫中以俱文珍为首的几个大太监准备另立皇帝，抢占拥立之功。

而原本受到传唤，要入宫草拟遗诏的翰林学士郑絪和卫次公也被宦官们拦住了，他们被告知皇帝已经驾崩，现下对于要立谁当皇帝这件事情，禁中正在讨论，暂时还没有一个定论，因此不要着急了。

皇帝由谁当这种国家大事，无论如何都不应该让一群太监来敲定，这又不是东汉，更不是太监当家做主的时代，所以仅凭这句大逆不道的话，把这群太监直接拉出去砍了都没问题。但是，现场却非常安静，没人表示反对。

老狐狸们都很清楚，这群宦官不是好惹的，他们现在重新掌握了禁军的兵权，如果真被逼急了，很有可能会大开杀戒，因此保持沉默虽然不是最好的选择，但至少是不坏的选择。

幸好，不是所有的人都信奉明哲保身的，入宫的大臣里还有一个敢玩命的：

"皇太子虽然患病，但却是嫡长子，深得朝野拥护。即便情况真的不允许，也应当拥立广陵王（李诵长子李淳），不然的话，天下必将大乱！"

在卫次公的怒斥之下，吃硬不吃软的太监们不敢再多说什么，只好答应会按规矩办事。

于是，当天在郑䌹、卫次公等一干大臣的强力支持下，太子李诵强撑病体登上九仙门。在这里，他接见了各位禁军将领，完成了最为重要的稳定军心的工作。

次日，身着丧服的太子李诵在宣政殿召见文武百官，同时宣布了先帝的遗诏。按照遗诏的内容，正月二十五日，李诵在太极殿登基即皇帝位，是为唐顺宗。

平心而论，李诵是一个好皇帝的苗子。他为人谦恭、礼贤下士，又文武双全、老成持重，更兼之有长达二十六年的太子生涯，这期间他亲身经历了藩镇的叛乱、大将的倒戈，也耳闻目睹了朝廷大臣之间的倾轧与攻讦，真正了解了这个世界的复杂与黑暗，所以在政治上，他其实比他的老爹李适更为成熟，更懂得隐忍和妥协，却也更能信任与他一路走来的伙伴。

当时的很多人都对这位太子殿下寄予厚望，认定他继位后一定能一扫阴霾，重启这个帝国，让大唐真正重获生机。

事实上，李诵也一直为此而秘密努力着，不断积蓄着拨云见日的力量。可是，人算不如天算，贞元二十年（804年）九月，一场突如其来的"风病"击倒了他，让他瘫痪在床的同时，更丧失了说话的能力，形同废人。

李诵的病情并没有因为他的身份改变而有所好转。作为一个生活不能自理的人，他的饮食起居全赖牛昭容和随身太监李忠言的照顾，不要说处理繁杂的政务了，就连简单地在诏书上盖个玉玺的印儿都难。

所以，宫中的宦官们一致认为，这样的皇帝不能对他们已有的特殊利益构成威胁，甚至还要倚重自己，将国家大事的决策权也慢慢转交到他们手上。

然而他们没过多久就发现，他们错了，大错特错。

看似废掉了的皇帝居然将庞杂而琐碎的政事处理得一丝不苟，井井有条，甚至连李适留下来的一些烂摊子也开始得到思路清晰的整治，逐渐回归了正轨。

于是一时之间，朝廷内外无不感恩戴德，兴高采烈。

原本欢欣鼓舞的太监们开始集体慌乱了，他们意识到那个整日躺在帘帷之中的陛下有着强大的能量。

不可否认，李诵是个意志力极强的人（不然也当不了二十六年的储君），而且比较有主见。但是新手上路，要让他一下子就做到这种程度，陛下一个人是办不到的。

他之所以可以近乎完美地完成诸多政务，完全是因为他李诵和李适不同，他从来都不是一个人在战斗。

早在东宫的时候，李诵就一边低调做人，一边不露声色地构建自己的班子。经过长达十余年的观察和努力，他的身边逐渐聚集了一批精英。在这群精英中，有十个人通过了层层筛选，进入了太子的核心智囊团，而在这十人之中，又有两人最受太子倚重。

由于这二位都姓王，又同为待诏，所以为了方便区分，东宫中人约定俗成地分别称呼他们为棋待诏王先生、书待诏王先生。

棋待诏王先生，名叫王叔文。这位仁兄出生在山清水秀的越州山阴，也就是今天的浙江绍兴。虽说绍兴师爷这个特殊的历史群体享誉天下、打出品牌还是八百多年后的事情，但是王叔文同学作为先进人物，已经凭借着自己的满腹经纶与特殊技能（下围棋），冲出地方，走向朝堂，并且获得了陪伴太子读书这样一份极为有前途的工作。

实话实说，李诵起初并没把王叔文视作什么人才，毕竟堂堂太子殿下，身边的能人异士不会少，而李诵所谓的下棋爱好，本来就是一种韬光养晦的手段而已。所以自进入东宫以来，王叔文只是被当作一个对弈的玩伴，且多他一个不多，少他一个不少。

然而一次内部对话，改变了这一切。

一天，李诵关上大门同自己的诸位侍臣谈到了一个十分敏感的话题——宫市。

所谓"宫市"，是一种宫廷直接对口市场的采购方式，它由李适倡导施行，一改宫廷里需要的日用品由官府承办，向民间采购的旧制，改为由太监直接办理，现场购买。这听起来更为实际，减少了许多不必要的中间环节，还提高了效率，但其实却是唐德宗李适统治时期最为令人发指的弊政，没有之一。

因为这群太监每次出去采购，都是不怎么付钱的，拿几百钱买下人家价值数千钱的物品都是常事，跟奉旨打劫没什么分别，因此闹得是民怨沸腾，骂声一片。

对于这种情节恶劣、影响面广、群众反响强烈，且严重影响社会和谐稳定的政策，谏官们是屡屡上书劝谏，申请立即叫停，但李适就是不听。许多大臣鉴于当时宦官势力太大，不敢得罪，所以只好保持沉默或说些违心的话。

可是，公道自在人心，关起门来的时候，大家的不满就彻底爆发出来了。几个素来以家国为己任的东宫官员开始竭力痛批宫市制度的种种弊端，痛骂仗势欺人的死太监们，且越骂越起劲。

不得不承认，这几位仁兄的口才很好，很有煽动性，所以骂到最后，太子殿下义愤填膺，拍案而起，表示自己这就进宫面见皇帝，竭力叫停宫市弊政。

李诵的慷慨表态当即得到了现场的一片掌声，众人纷纷称赞太子爱民如子、有仁君圣主之风，只有一个人保持了沉默，这个人就是王叔文。

等到政事闲扯会散场，大家纷纷告退时，李诵特地把王叔文单独留了下来，他想知道王叔文当时不表态，到底是有什么话想说。

王叔文当即回答道：

"太子侍奉陛下，除了照顾皇帝的饮食起居，保证日常问安之外，不该过多干预其他事。皇帝在位的时间很长，如果有小人从中离间，说殿下在收揽人心，我在想，殿下将怎么为自己辩解呢？"

听君一席话，吓得我冷汗流。

李诵当即会意，向王叔文郑重行礼，表示感谢。

对于把自己从悬崖边上拉回来的王叔文，李诵十分感激，而他也慢慢发现王叔文不仅是个围棋高手，此人心思缜密，见识独到，很有自己的一套，于是李诵开始重用王叔文，把他作为自己的心腹和智囊。而王叔文也没辜负领导的期望，全力帮助太子秘密收罗天下英才，组建智库班子，将东宫的人才事业搞得有声有色。

李诵就此更确信，王叔文是绝对可以委以重任的，他一生都会效忠于自己，并能帮自己很好地治理国家，开创太平盛世。

事后的发展表明，李诵的判断只断对了一半。

书待诏王先生，名叫王伾，杭州人。

此人和王叔文相比，无论是志向能力，还是学问见识，相差得都不止一个档次。而且据史书记载，他的相貌也长得很对不起朝廷（"貌寝陋"），还不会讲官话，只懂家乡话（吴语），所以按道理，这样的王伾应该远不及王叔文受重视。但现实却是恰恰相反的，李诵同他的亲密程度远远超出了王叔文。

这一点仅从两位王先生的活动范围就能看出区别来。

王叔文每天来东宫上班，都是要经过严格安检的，且有些地方，如太子本人的寝殿及女眷的居所是不能随便接近的。

可王伾就不同了，这位老哥在东宫是纯刷脸的（辨识度较高，不易乔装），可以不经批报随意出入东宫不说，在东宫之内也是想去哪里就去哪里，轻松自如。

为何看起来水平更为逊色的王伾倒更能得到领导的赏识呢？这是一个令许多人深感不解的问题。

起初，我对此也想不明白，后来拿来王伾先生的个人材料，认真仔细地分析了一遍，发现了王伾确实有得到李诵重视的理由。因为此人有一个非常特殊的能力——传达。

王伾能够通过简单的沟通，将领导的需要有效地传达给下面。而到了后期，他的这种本领更是炉火纯青，根本不需言语交流，仅需观察微表情就能精准地明白李诵的意思，进而把工作交代下去。这项本领将在不久之后发挥极其重要的作用。

王叔文和王伾是李诵智囊团最为核心的两个成员，此外，李诵的智囊团还有次核心的骨干两人，重要成员八人，是一个总计多达十余人的团队。

鉴于这个团队中的大部分人都将在接下来的一连串大事件中扮演非常重要的角色，因此这里我们也简单地让他们亮个相，让大家好歹先有个印象。

首先要介绍的，是李诵班子中地位仅次于二王的两个人。

这两位兄台虽然在当时名声远不及王叔文、王伾，但当几百年后，王叔文、王伾，乃至李诵的名字都被掩埋在历史的黄沙中，被无数人遗忘的时候，几乎所有的中国人都记着这两人的名字，更有甚者，对于他们的生平如数家珍。

因为这两位的名字分别是刘禹锡、柳宗元。

即使再过八百年，我相信，这两个人的名字也会同他们的作品一样熠熠生辉，带给我们这个民族永不褪色的鼓舞与抚慰。

刘禹锡，字梦得，彭城人，唐代宗大历七年（772年）生，据说家里祖上很牛。

那么具体牛到什么份儿上呢？

按照刘禹锡自己的说法，他是大汉宗亲之后，和著名的刘备先生拥有一个共同的祖先——中山靖王刘胜。

其实对于刘备先生本人到底是不是刘胜的后代，我一直是比较怀疑的，却缺乏考证的勇气与实力（毕竟刘胜有一百二十多个儿子），所以既然刘备和刘禹锡都愿意给刘胜做后代，出于本人意愿的考虑，他们说是，那就算是吧。

虽然我说不清楚刘禹锡的祖先情况，但刘禹锡的情况我还是理得清的。

刘诗人出身儒学世家，他的祖父刘云、父亲刘绪都做过地方州县级的官，官职虽不高，但到底是少经战火摧残，相对富庶的江淮，所以刘禹锡不用捡煤核、拾柴火，是在丰衣足食的环境下长大的，而且家教良好，读书很早。

刘诗人本人也天资聪颖，勤奋好学，所以十九岁就在两京士林中小有名气，二十岁时已经考中了进士，又登博学宏词科（为解决科举后等待入仕所产生的问题而设置的一种难度更高的加试），继而被当时的淮南节度使杜佑（即撰写出《通典》的那位史学"大牛"）看中，招入幕下出任记室。

跟着杜佑在地方上摸爬滚打了几年后，他便跟着杜佑回到了朝中，出任监察御史。

刘禹锡回来的时候，恰好遇到王叔文在组建团队。王叔文早就听闻刘禹锡精于古文，文采超凡，于是便主动找到了他，邀他入伙。

当时皇帝年事已高，而太子的位子很稳，如无意外，太子必将在不久之后顺利继位。现在只要点个头就能和太子拉上关系，这样飞黄腾达的机会，刘禹锡自然不会错过。

就这样，刘禹锡成了太子智库班子中的一员。他进入班子后不久，便在里面遇见了一个熟人——柳宗元。

柳宗元，字子厚，河东人。他生于唐代宗大历八年（773年），比刘禹锡小一岁，却是刘禹锡同榜的进士同学，加博学宏词科同学，后来一样在地方干了几年后被召回朝中，担任监察御史一职，于是两个人又在机缘巧合之下成了同事。

像刘禹锡这种年少成名、才华横溢的天才级人物，看得上的人并不多，但柳宗元绝对算一个。

因为论家世，刘禹锡是中山靖王刘胜之后（待查），柳宗元也不弱。柳家是正儿八经的"河东三著姓"之一，河东柳氏的后人（有家传族谱为证，如假包换），他的曾伯祖柳奭是唐高宗一朝的宰相（中书令），老爹柳镇当过唐肃宗的太常博士，后来又跟着郭子仪在朔方军工作，最终官至侍御史。母亲卢氏的娘家则是大名鼎鼎的范阳卢氏，同样也是世代为官的大族，所以这样的家族背景自然让刘禹锡不敢怠慢。

当然，打铁还需自身硬。最为关键的是，柳宗元本人也厉害得很。据说柳宗元从小就聪慧绝伦，尤其精通诗歌，下笔如有神。尚未成年之时，他的文章就已经是众人传阅的经典范文，深得推崇。

才华相仿，资历相当，年龄也差不多，又是同学兼同事，柳宗元毫无疑问地很快得到了刘禹锡的认可，成了他的朋友。

这里多说一句，在当时的御史台里，经常一起聊天、交流思想的其实是三个人，同刘禹锡、柳宗元为伍的兄弟自然也不是等闲之辈，他的名字叫作韩愈。

柳宗元是在他和刘禹锡共同的朋友——吏部郎中韦执谊的引荐下，结识王叔文，继而被纳入团队的。这位韦执谊韦兄也是个人物。

此人从小就非常聪明，长大后更是颖悟绝伦，随便一考就进士及第。由于面试时表现得过于优秀，考官认为这样的人才送到下面锻炼简直是浪费人家的生命，就大笔一挥任命为右拾遗。不久，因为在任上业绩过于突出，时年二十出头的韦执谊便更进一步，被召为翰林学士，直接跟着皇帝陛下混。

李适对于这位才华横溢的年轻人非常看重，经常拉上他与裴延龄（继卢杞后李适最宠信的大臣）、韦渠牟（当时的著名诗人）等人一起在宫中作诗唱和，后来就连李适开生日宴会都需要韦执谊出席作陪。

而就在李适那年的生日宴会上，韦执谊第一次有机会同太子做近距离的深入接触。

通过那次接触，韦执谊结识了王叔文，并很快同王叔文成了无话不谈的挚友。他也借此机会了解了太子殿下的志向和器量，决意和那些志同道合的战友一起辅佐好太子，革除长期以来的政治积弊，削平割据的藩镇，除掉专权的宦官，重启大唐盛世，还天下一个朗朗乾坤！

除了王伾、王叔文、刘禹锡、柳宗元、韦执谊这五个人外，同样怀有匡扶社稷、建立千秋不朽之功业大志向的人还有：

韦执谊的密友、深通《春秋》的朝中名士陆淳（后因避讳唐宪宗李淳之名而改名陆质）；

贞元十四年（798年）进士、贞元十五年（799年）博学宏词科的合格者，侍御史吕温；

汉中王李瑀之孙，贞元十五年（799年）进士，被韦执谊、王叔文尤其看重，目之为管仲、诸葛亮之俦的李景俭；

宰相韩滉的同族侄儿，尚书司封郎中韩晔；

能决断大事，深为王伾和王叔文所倚重的户部郎中韩泰（字安平）；

记忆力超群、过目不忘的河中少尹陈谏；

王叔文的老朋友、畅晓历史的尚书都官员外郎凌准；

精通吏事、廉洁奉公的虞部员外郎、盐铁转运使、扬子院留后程异。

这群人来自不同的地方、不同的家庭，操着不同的乡音，有着不同的经历，但是为了共同的理想，他们聚集在了一起，聚集在了李诵手下，积蓄着力量，等待着机会。

现在，机会终于到来了。

李诵终于登上了皇帝的宝座。

那么，是时候变革一切了。

且让这个帝国在我们的奋斗下再次走向辉煌！

宫门再次开启的那一刻，他们昂首挺胸地走向了大明宫。

"陛下！臣等有表启奏！"

第十八章
革新

永贞元年（805年）二月十一日，李诵下令晋升吏部郎中韦执谊为尚书左丞、同平章事。

就这样，朝中的宰相增加到了五位，而韦执谊则成了宰相班子中最为年轻的一位。

在当时的政事堂中，司空兼同平章事杜佑比较开明，他是站在李诵这一边的。尚书左仆射、检校司空贾耽年纪比较大了（时年七十六岁），所以不怎么管事。中书侍郎、同平章事高郢和门下侍郎、同平章事郑珣瑜都是刚直不阿的类型，不用担心受到太多的掣肘。因此，在王叔文等人看来，全面推行革新政策的条件差不多具备了。

在当时看来，确实如此。

奉旨留在翰林院的王叔文负责对军国大事作出裁决，刘禹锡、柳宗元负责给王叔文提供建设性意见，王伾负责进宫传达沟通，李诵负责点头摇首，李忠言（皇帝的贴身太监）负责以皇帝的名义下诏颁布，最后再由宰相韦执谊带团队紧抓落实。这一整套程序环环相扣，而且也经过了实践的检验，可谓运行良好。

那么推行起新政来，估计也是水到渠成的事情了。

于是，永贞元年（805年）二月，王叔文和韦执谊迫不及待地开始了新政的试水工作。

按照不破不立的老规矩，第一件事是杀鸡儆猴。

被拿来客串鸡这一角色的，是当时的京兆尹、嗣道王李实。

这位仁兄原本就不是李诵这边的人，此前又为了讨好先帝坚决反对给京兆百姓减免赋税，还一度对欠下税款的百姓严刑拷打，造成了多人伤亡，搞得天怒人怨，因此对这个众矢之的的目标下手，是再合适不过的了。

二月二十一日，朝廷突然下诏历数京兆尹、嗣道王李实的种种罪过，宣布将其贬为通州长史。

消息传开，京城欢声雷动，大批百姓自发怀揣砖头瓦块去为李实送行。

李实虽说为人不咋地，但做人很机灵。他从耳目那里得知了这个消息，便从小路仓皇逃出了长安。当然，他从此一去不复还，最终死在了虢州。

惩治李实一事，让京城民心大快。而接下来的戏码则是令天下大悦了。

二月二十四日，一直卧病宫中的皇帝陛下在毫无预兆的情况下驾临丹凤门，宣布大赦天下。

新皇帝登基宣布大赦，这已经是自大唐开国以来的惯例了。不过这一次，绝对是个例外，因为新皇帝宣布的内容，还包括如下几点：取消百姓所拖欠的两税，停止除正规进贡之外的其他杂项特供，取消宫市和五坊小儿（为宫廷采办打猎用品的一群人）。

这还没完。

二月二十五日，朝廷明文宣告取消盐铁使每月的进奉钱，此后这笔所谓的"盈余款"将回归正常赋税系统，不再进入皇帝个人的腰包。

三月一日，皇帝又下令释放三百名宫女以及六百名掖庭教坊女，让她们回归普通人的生活。

据说几个政策一经公布，举国欢腾，比过年还高兴，甚至有人作词谱曲，把朝廷的给力之举编成了流行歌曲来传唱。

凭借着这几项举措，新皇帝和王叔文等人获得了广大百姓的好感，也争取到了一部分锐意进取的大臣的支持，进一步革新的前景一片光明。

仅做到如此地步，还是不够的。对于这一点，王叔文等人有着清醒的认识。他们要推行的革新是改天换日，重塑整个帝国的革新，而绝不是简单的亡羊补牢，所以他们需要保证改革的措施能够得到真正的贯彻落实，从长安走向帝国的各个角落，落到实处。

这无疑需要得到地方的大力支持，而且需要有一大批具备能力和经验，又与朝廷一条心的人来具体操办。

很明显，以王叔文为首的现有团队规模及能量，远不足以实现这个目标，朝中的大臣们也是以观望为主，想要指望他们突然奋起配合，估计要等到黄巢起义了。

问题看上去很是棘手，但王叔文自有办法。

"请陛下起复这些人吧！"

王叔文说的这些人，指的是唐德宗晚年因一些小错被贬谪的大臣，这份"罪臣"的名单很长，上面的名字有忠州别驾陆贽、郴州别驾郑馀庆、杭州刺史韩皋、道州刺史阳城等人，他们都是非常忠直能干的大臣，特别是陆贽，这个人之前提过，但没有仔细介绍过，总之是很厉害，厉害到后来唐宪宗时的贤相权德舆把他与西汉名臣贾谊相提并论；而我们熟悉的苏轼先生更是对他推崇备至，认为他是"王佐""帝师"之才，口才、智谋要超过西汉的大"牛人"张良。

王叔文显然是识货的，他十分清楚这些被先帝强行致仕的老臣们的价值。

于是，他提议立刻将这些经历过大风大浪，精于权谋又熟悉官场政策运作的"罪臣"召回长安，主持新政的具体操作工作。

后世的许多研究者一致认为，如果陆贽真的能加入进来，这场革新的情况将会大有不同。

可惜的是，陆贽以及阳城两个人都没能回到长安，因为在诏书到达前，这两位老臣就去世了。

天不假年啊！但这也是没有办法的事情。

王叔文等人虽然深表遗憾，但是他们不会停下推动革新的脚步。

为了尽快掌握相应的权力，确保革新万无一失，皇帝继位后不久就给两位王先生都升了官。

殿中丞王伾先被升为左散骑常侍（依旧保留翰林待诏的职务），再被晋升为翰林学士。

苏州司功王叔文则被任命为起居舍人、翰林学士。

有必要说明的是，这个翰林学士与李白先生担任过的翰林供奉（也有史书记作翰林待诏）是完全不同的两个官职。翰林学士虽然也是由唐玄宗李隆基设置，最初出自翰林院，主要工作同样是写写写，但他们从事的不是文化娱乐方向的写作，而是政府公文的写作。具体说来，是起草诏命，相当于皇帝的秘书或助理。

到了后来，翰林学士的含金量进一步提升，这其中最为关键的一步发生在唐德宗李适遭遇泾原兵变逃亡梁州期间。

当年国家处于危难之中，宰相们却除了跟着跑来跑去，没啥解黎民倒悬之苦的妙计，倒是当时的翰林学士陆贽（就是之前介绍过的那位猛人），不仅智谋过人，而且能力突出，因此遇到什么大事，李适往往找陆贽来商量应对之策。久而久之，由于陆贽节奏带得太好（当时号称"内相"），翰林学士就又分割了宰相的部分职权，能够参与国家军政机密事务的决策，并且还拥有了自己独立的办公机构——学士院。

到了李诵这会儿，翰林学士已经成长为一股宰相和权宦都要争取的势力，因为他们不仅直接负责草制宣诏，还能够影响方针大政的决策。

现在李诵将王伾、王叔文放在这个位子上，用意很明显，就是要让翰林学士同掌管着南衙十二卫的宰相形成统一战线，实现与掌控北衙禁卫军的宦官们的实力对抗。

自从王伾、王叔文当上了翰林学士，他们立即成了京城里最炙手可热的人物。两人的住处，甚至连同两人的亲戚朋友家都天天高朋满座，车马盈门，有些大老远来拜见二人的竟一连几天登门都无缘得见。

有意思的是，因为来拜码头的人太多，两人住处附近的旅店或酒店的住宿费也跟着水涨船高，一人一晚的留宿费用居然飙升到了一千钱。

众星捧月之下，王伾、王叔文由最初的淡定理智也开始渐渐变得得意忘形。据记载，在他们的小圈子内部，志得意满的哥儿几个进入了互捧模式，互相称颂对方为伊尹、周公或管仲、诸葛亮，认为天下虽大，但称得上英才的，尽在此间，其他人并不足道。所以，王叔文们开始随心所欲地使用手中的权力，他们可以因一个念头决定对任何一个人的提拔或者打压，视朝廷的既定程序于不顾，又能本着"举贤不避亲，举亲不必贤"的原则，将素有来往的人全部升官，甚至一天之内接连提拔好几个人。

当时有一个广为流传的说法，大致意思是，只要王叔文那帮人有人说某人可以当某官，不出几天，那个人一定会出现在相应的位子上。

而这个说法绝非玩笑。

王叔文等人的大肆封官许愿帮助他们发展了势力，收获了许多朋友，但他们却失去了更多人的人心。当然，此时此刻，被权力冲昏了头脑的王叔文们并没有认识到这一点，更何况，他们现在正盯着更为重要的东西——国家的财政大权。

推行新政这个事情，少不了要花钱的，而笼络官心、民心，稳定军心，争取更多人对新政的支持，也需要有充足的公关经费，所以务必掌握财权，才能保证新政不会因缺钱而中途废止。但是，以王叔文或王伾的资历，尚不足以坐上相关部门的领导位子。韦执谊那边政务繁忙，也不便接手财政工作，所以事情似乎又陷入了困顿。

就在众人毫无头绪的时候，有人提议让杜佑上。

杜佑素来以博学多才而闻名，又有过相关工作经历（曾任江淮水陆转运使、户部侍郎）。更重要的是，他同刘禹锡有着师徒之谊，忠于皇帝，比较好把控。所以，几个人一拍即合，决定让杜佑以宰相的身份兼管财政，令王叔文作为他的副手，实际掌控一切。

这样做众人肯定服气，王叔文也不至于太显眼，还能学到东西，何乐而不为？

于是就这么愉快地决定了。

三月十七日，朝廷下诏任命杜佑兼任度支使及诸道盐铁转运使。两天之后，又以王叔文为度支、盐铁转运副使，辅佐杜佑。

大家能够坐到这个位子上来，且没有被人赶跑，自然都是褪了毛比猴还精。王叔文他们的这点小把戏，当然逃不过大多数人的眼睛，然而大部分朝臣都选择了沉默。因为这些大臣很清楚，俱文珍一伙儿绝对不会坐视王叔文一派继续壮大，他们此时必然在策划着反攻。

俱文珍的确没有闲着。自打王叔文们建议罢停宫市和五坊小儿的那一日起，俱文珍就明白，王叔文他们迟早会把刀架在自己的脖子上。他没有想到的只是王叔文一伙短时间内势力的发展居然可以如此迅速，而且竟然还有那么多的官员敢跳出来，旗帜鲜明地反对宦官干政。

真是岂有此理！难道太监就是好欺负的吗？！

作为太监们的带头大哥，俱文珍深感愤怒。

由于手里好歹有军权，王叔文等人出于忌惮，目前暂时不敢直接亮底牌，可俱文珍也意识到以自己的身份，他没有足够的理由，去采取强硬手段除掉王叔文等人。

于是，俱文珍选择了等待。他知道，要扭转目前的被动局面，他必须继续等待。

那些初尝权力滋味的文化人一定会抵挡不住大权在握所带来的种种诱惑，犯下不可挽回的错误。

俱文珍相信自己的这一判断。

王叔文们没让俱文珍失望，很快，他们就露出了经验不足的破绽，整了不该整的人。

挨整的，是时任御史中丞的武元衡。换句话讲，就是刘禹锡、柳宗元等人的顶头上司。他受到王叔文等人整治的原因很简单，就是四个字：不给面子。

鉴于当时武元衡才能很高，且又是王叔文一派大多数伙伴的领导，掌握着朝中舆论，王叔文是极想把此人拉进团队的。但是，出身高贵的武元衡（武曌堂弟的后人）似乎打心眼里瞧不上这群政治暴发户，很不感冒。他不仅严词谢绝了王叔文的入伙邀请，还在刘禹锡想要进步的路上稳稳地客串了一次拦路石的角色，彻底断绝了刘先生出任仪仗使判官的梦想（武元衡本人就是山陵仪仗使，有一票否决权）。

不上道，没关系。不让上道，那就不好意思了。

于是，王叔文等人就合伙摆了武元衡一道，把武元衡赶出了御史台，贬为太子右庶子，相当于让他提前退休了。

如果说王叔文等人同武元衡之间还算是书生文士的意气之争的话，那他们同侍御史窦群间的问题只能用以下几个字形容：都是吃饱了没事干，撑的。

这一回惹事的依旧是王叔文一派的资深刺儿头，柳宗元和刘禹锡。这两位未来著名的文化人在年轻的时候似乎精力过于充沛，几乎是看谁不顺眼就打击谁，而窦群恰好是一个绝佳的目标。因为这位仁兄平素就比较孤傲，常常看不上同僚，也不愿和人多打交道，所以很多人都不喜欢他。而柳宗元和刘禹锡更是如此，以至于一来二去之下，两方三人火花四溅，柳宗元和刘禹锡共同向团队动议，让窦群滚蛋。

眼看着窦群就要跟着被踢出御史群了，有一个意想不到的人站出来为窦群说话了。

这个人正是团队中职务最高的韦执谊。

韦执谊一针见血地指出，窦群这个人不好惹，还是不要动他为好，不然把他惹急了，很可能会闹出大乱子来。

应该说，韦执谊看人还是蛮准的，因为史官最终给窦群的盖棺定论是这样一句话："性狠戾，颇复恩雠，临事不顾生死。"

翻译成现代汉语，大致意思是生性狠辣，睚眦必报，做事豁得出去，敢玩儿命。

这么一个人，自然是退避三舍为好，要不然就是学习李林甫的风格，直接干掉就是了。

可惜，王叔文等人既不肯息事宁人，又不敢痛下杀手，所以只有等待人家反攻的份儿了。

韦执谊虽然制止了王叔文，但窦群似乎并不领情，他不但依旧我行我素，不知收敛，还直接盯上了王叔文。

趁着一次碰面，窦先生给王叔文撂下了话："去年李实恃宠而骄，权倾一时，您不过是一个侧着身子走在路边的江南小吏而已。如今，您已经坐到了和当年李实差不多的位子上，这可要考虑下路边是否还有像当年您那样的人了。"

这话说得再露骨点，差不多就是孙猴子的那句名言了："风水轮流转，明年到我家。"

在王叔文等人还没想到窦群会怎样行动时，窦群弹劾刘禹锡的奏表已经送到了皇帝的书案上。

在这份奏表里，窦群将刘禹锡骂得非常狠。他以十分恶毒却不失优美的文字把刘禹锡成功地塑造成了一个败坏朝纲、十恶不赦的奸佞小人，让所有读者都有一种读罢立即让刘禹锡滚蛋回家的冲动。

好在，皇帝陛下龙体不适，不方便看这么言辞激烈、容易激动的奏表，所以王叔文就代为阅读了。读完之后，即便是王叔文本人也不禁冒了一头冷汗。

不能让这个人继续留在朝中了。王叔文作出了这样的决断。

可关键时刻，韦执谊再次阻止了他。

"窦群素有敢言之名，如若将他贬官，以后谁还敢指出我们新政中的错误呢？"

面对韦执谊的质问，王叔文妥协了，他放弃了惩治窦群。然而他并不知道，政治斗争从来都是你死我活、永无宁日的，唯一消停的方式只有死亡或被彻底遗忘。因此，在王叔文重新寻思他个人的斗争底线时，他的对手已经制订好了斗争方案。

俱文珍曾和他的同伙、同样身为大宦官的刘光琦、薛盈珍等人讨论过对付王叔文等人的事宜，但研究来研究去，几个专业文盲的一致看法是没办法，目前只能等——等皇帝死。

这个办法看似不靠谱，其实却是眼下看来最为有效的。因为皇帝一直病重，丝毫没有好转的迹象，除了隔三岔五被人搀扶着驾临金銮殿，让群臣见证一下天子尚在之外，剩下的时间完全是在病榻上静养。

俱文珍虽然不是医生，但根据常识判断，他也知道这样的病人是活不了多久的。

那么机会来了。

如果抢先一步拥立太子，找到新的靠山，面对气息奄奄的皇帝，王叔文等人不就不敢乱来了嘛。

这个想法得到了所有大太监的一致认可，于是俱文珍等人开始积极推动册立太子这件国家大事了。

俱文珍等几个资深太监经过严格筛选，最终将他们的赌注押在了李诵的长子李淳身上。

李淳，生于大历十三年（778年）二月十四日，李诵长子，时为广陵王。

俱文珍等人之所以会选择李淳，是因为他们看到了李淳身上几个比较突出的优势。

优势一：皇帝长子，且年富力强。

这一年，李淳已经二十八岁，心智比较成熟，在李诵为数众多的儿子中（李诵共有二十七个儿子，当时还有二十三个在世），有着先天的年龄优势。

要知道，李诵虽然是有正妻的，但他和正妻萧氏之间并没有儿子，再加上由于萧氏的母亲郜国公主涉嫌行巫蛊之事，触怒了皇帝。李诵当时为了不受到牵连便主动与萧氏离了婚，后来萧氏被当时的皇帝下令处死，李诵也就此没有再立正妻，直到他做了皇帝，也依然如此。

所以，按照传统，李淳这个皇长子就占据了先天的优势，是毋庸置疑的皇位第一顺位继承人，而大多数文官也都是倾向于站在皇长子一边的。

优势二：在于李淳的老妈和老婆的家人都很有点来头。李淳的母亲王氏的祖父是英武军使王难得。这位老兄相信有些人还有印象，当年他老人家先跟着哥舒翰在积石大破吐蕃，后追随郭子仪征战相州，可谓立下了汗马功劳，因此在唐军中颇有威望。而李淳的妻子家就更厉害了，因为他的老婆姓郭。

没错，这位广陵王妃郭氏正是郭子仪的孙女，她的父亲是驸马都尉郭暧，母亲是代宗长女升平公主。如果较真地论起辈分，李淳应该算是娶了自己的长辈做老婆，于理不合，但鉴于唐代的风气比较开放，谁也没把这当回事儿，所以其实也没啥了。重要的是，郭子仪的名字在他老人家去世二十多年后依旧好使，别说是朔方军一系，就是河东军、神策军诸将也都要给面子的。

有母亲和妻子如此强大的家世作为后台撑腰，李淳可以说是早就打通了部队这一关，而这或许也是那些与李淳年纪相仿的弟弟不敢明目张胆地同李淳争夺储君之位的重要原因，竞争起来的危险系数实在是太大了。

优势三：就是李淳本人聪明睿智，自带领导气质，也懂得感恩，如果拥立他成功继位，他是不会亏待所有拥立者的。

李淳的优势很突出，同样地，他的缺陷也比较明显。

第十八章 革新·389

首先，他的母亲王良娣明显年龄大了（时年四十二岁），年老色衰，这就等同于在复杂的内宫斗争中丧失了战斗力。而事实也证明，当时皇帝最宠爱的人是牛昭容而非李淳的母亲王良娣。一旦整天伺候皇帝的牛昭容近水楼台先得月，把皇帝侍奉得高兴了，一举转正当了皇后，那可就大大不妙了。

其次，牛昭容本人似乎也有这个打算。她和皇帝身边的太监李忠言貌似已然结成了巩固的政治同盟，将立太子一事牢牢地封印在了皇帝陛下的脑海深处。而王叔文、王伾等人显然也不会蠢到自毁长城，得罪牛昭容与李忠言，因而一些大臣请求早立太子的奏表根本就无法呈送到李诵面前，李淳的进阶之路也就由此止步不前。

最后，也是最重要的一点在于，正沉浸在大权在握快感中的王叔文一派是决计不愿意再看到另一个权力核心出现的，况且他们平素就与李淳没有多深的交情，一旦李淳上位，哥儿几个就不是过期品，而是废品了。至于政治圈的废品的最终下场，一般而言都不会太好。因此，李淳想要登位，就必然同王叔文等人发生不可避免的正面冲突。

因此，王叔文等人与牛昭容、李忠言结盟，广陵王李淳与俱文珍等太监结盟，相互对抗已然成为彼此的必然选择。

文臣、后宫、宦官、宗室，这四股势力将交织成一个死亡的绳结，参与其中的所有人都被迫动用他们的所有资源并殚精竭虑去相互拼杀，失败者会被套上绳结绞杀示众，成为这场危险的权力游戏的牺牲品，而最终的成功者则能争夺到这个世界上最为诱人的事物——大唐帝国的最高权力。

唯有最为坚忍、最为狡猾、最为团结、最具实力的一方方能获得最后的胜利。

实事求是地讲，至少在当时看来，王叔文一方的胜算是比较大的。不过，俱文珍等人当然不会甘心放弃权力，被人收拾掉，因此他们几个大太监立刻行动了起来。

俱文珍同样深知翰林学士的重要性，好在翰林学士并非仅有王叔文和王伾两个，所以在俱文珍的威逼加利诱下，李程等几个翰林学士加入到了俱文珍的阵营中来。

事情比俱文珍们想象中的好办得多。几位大太监也意识到，原来文官集团并非铁板一块，对于王叔文等人心存不满的人原来有很多。

于是俱文珍等人再接再厉，向李诵施压，要求皇帝召见翰林学士郑絪、卫次公、李程、王涯入金銮殿，起草册立太子的诏书。

其实李诵对于自己的长子李淳谈不上不喜欢，只不过是碍于牛昭容的面子，才迟迟没有吱声，现在面对郑絪递送上来的"立嫡以长"的纸条，李诵再也没有拒绝的理由了。

只见皇帝陛下微微点了点头，表示同意。郑絪等人赶忙抓紧时间起草诏书。就这样，像是在同王叔文等人赛跑一样，三月二十四日，也即王叔文取得国家财赋大权的第六天，俱文珍将广陵王李淳扶上了太子的宝座。

就在这一天，李淳正式改名为李纯，而这个新名字在不久的将来将会撼动整个四海。

太子的册立大典是四月初六在宣政殿隆重举行的。

看到太子殿下仪表堂堂、气宇轩昂，文武百官无不面露喜色，欢欣鼓舞，唯有一个人例外，那个人不用我说，相信大家也猜得到，就是王叔文。

他的心里很清楚，宦官集团同太子集团已然实现了强强联合，而这对于他们的革新无疑是一个巨大的隐患。说句不吉利的话，一旦李诵龙驭上宾（即死掉了），新皇帝必然会在太监们的怂恿下废止新政。

所以结论是：无论他们的新政搞得如何风风火火、有声有色，最终都将归于失败！

"出师未捷身先死，长使英雄泪满襟！"

王叔文悲从中来，不由自主地吟诵出这句诗来。

失策啊，真是失策啊。竟然被一群死太监抢占先机，抄了底，现在真是回天乏术了。

但有人并不这么认为，这个人就是韦执谊的岳父、时任太常卿的杜黄裳。

李纯成为太子，这件事已经是既成事实，无法改变了，但是，这并不意味着王叔文等人没有同太子改善关系的余地。他的建议是由韦执谊出面，率领百官请求太子李纯监国，代替卧病中的皇帝主持朝政。

这一招应该叫作以退为进，看似主动放弃了大权，将命运交到了别人手里，实则是种下了希望的种子，通过主动示好，为新政留下一线生机。

然而，听了岳父大人的这番话，韦执谊脸上有的只是一副惊讶之色。

"您老人家刚刚得了一个好官位，为何就这么急于开口谈论禁中之事呢！"

这句话隐含的意思是，这事不用你多嘴。

老泰山一下子就怒了，他毕竟不是一般人，也是正经的进士及第，而且想当年在朔方军中当郭子仪的幕僚时，郭子仪那样的牛人都对自己恭敬有加，你这小兔崽子是什么意思？！反了你了不成！

于是杜黄裳也急了：

"我杜黄裳身受三朝皇帝的恩德,你以为给我一个官做就能收买我了吗?"

言罢,老头吹着胡子,拂袖而去。

韦执谊虽然不打算听从岳父的话,助太子提前掌握实权,但岳父的建议多少还是触动了他。经过认真思考,韦执谊认定革新派现在的处境极其不利,他们急需在太子身边安插一个眼线,探知到太子的一举一动。

这个艰巨的任务,韦执谊交托给了自己的亲信陆淳。通过一番运作,他让陆淳改名为陆质,并以太子侍读的身份进入东宫,借机化解革新派同太子间的隔阂。

韦执谊没有看错陆质,陆质的确是一个靠谱的人。进入东宫后不久,他就找了一个机会提到了韦执谊等人,想要趁此机会减轻太子对韦执谊等人的厌恶之情。

可还没等陆质开口,一声怒喝就打断了他:

"陛下是令先生为寡人讲解经义而已,为何还要干预其他的事情?"

陆质闻言顿时吓得魂不附体,惊恐告退。没过多久竟然病倒了,最后居然病死了。

韦执谊到底还是看错了李纯。这位太子殿下其实是个很有主见的人,不太容易受到他人言语的影响,而且他对自己的对手和朋友分辨得很明白,完全没有妥协的意思。

与太子实现和解这条路已然走不通了,经过智囊团连续数日的紧急磋商,大家一致认为这个时候最好也最保险的做法是将军权收入囊中。只有军队在手,敌人才不敢轻举妄动,新政也才不至于被人动动笔杆子就一笔消除。

五月初三,王叔文以皇帝的名义任命右金吾卫大将军范希朝为左神策、京西诸城镇行营节度使。不过数日,他又任命团队中的骨干成员度支郎中韩泰为范希朝的行军司马。

范希朝可称得上是当时的名将了,此人曾以节度使的身份在振武镇统兵十四年,威震边塞,时人多将他比作西汉名将赵充国("希朝近代号为名将,人多比之赵充国"),名气那是相当地大。而且他此前还曾在左神策军中任过职。王叔文由此认为,让范希朝执掌京西的神策军不但合情合理,还能不引发俱文珍的警觉。当然,更重要的一点在于,这一年范希朝的年纪不小了,许多事情不能亲力亲为,很容易被韩泰所控制。一旦两三年后范希朝去世了,韩泰就能顺理成章地掌握驻扎在京西的最为精锐的神策军的兵权,成为革新派的立足资本。

可是俱文珍并不是傻子,事实上,就连傻子也看得明白,这是王叔文故技重施,拿赚取财权的一套来套兵权。

兵权对于俱文珍这些太监们而言绝对是立身之本加权力之源，自然是不可能让王叔文轻轻松松夺去的。事实上，王叔文也夺不去，因为军队有军队的一套规矩，他们效忠的对象不会仅凭一纸诏令便轻易改换。别说韩泰没戏，就是曾在神策军混过的范希朝这样的老将，也是没戏。所以，俱文珍并不惊慌，王叔文的这一招只是恰好提醒了他，是时候拿王叔文本人开刀了。

五月二十三日，在俱文珍等人的胁迫下，皇帝下诏任命王叔文为户部侍郎、度支副使、盐铁转运副使。

考虑到处理财政事务很是烦琐，且工作量极大，诏书中体贴地宣布免除王叔文原有的翰林学士职务。

这一招明升暗降很是阴毒。相当于变相地把王叔文踢出了核心的决策圈，同时废掉了他坐镇翰林院把控全局的能力。

对于这一点，王叔文显然有着清醒的认识。

接到正式的命令后，王叔文几乎当场吐血，大呼：

"叔文每日要去翰林院商议公事，如今没了这一职务，就没办法再去了！"

是的，唐朝官员讲究的就是不在其位，不谋其政。王叔文被免了翰林学士的职，便无权再进入翰林院，更别说继续参与决策、起草诏令了，而王伾这个人无论是能力还是胆识，都比不上王叔文，难以在翰林院中继续起到统筹全局的作用。

情况异常紧急，一向不抛头露面的王伾终于坐不住了。他立即出面，上书皇帝，请求皇帝陛下收回成命，保留王叔文翰林学士的职衔。

就在当天，他得到了反馈消息："所请不允。"

事情如果不成，大家用不了多久都得完蛋！王伾完全豁出去了，又作表一篇，并动用了各种人脉，让自己的奏表直达皇帝面前。

事实证明，这一招还是很有些效果的。据说皇帝看了奏表，犹豫了一下，最终决定给王伾一个面子。那就是允许王叔文每隔三五天可以进到翰林院一次，但皇帝还是坚决地免除了王叔文翰林学士的名分。

看来皇帝陛下虽说被控制了，但还是站在自己这一方的。

王伾再次放心了。

可王叔文却感到异常恐惧。他敏锐地察觉到俱文珍要采取行动了，不过由于长期轻视宦官和疏于观察研究，王叔文等人并不清楚俱文珍将采取怎样的攻势，但他们很快就知道了。因为俱文珍很快就出手了，而且是以一种他们意想不到的方式。

但是，在此之前，有人抢先向王叔文本人发起了进攻。

这个人名叫羊士谔，时任宣歙巡官，兼职非传世著名诗人，当时因公事来到长安，不知是受人指使，还是诗人的豪放特质大爆发，居然在大庭广众之下公开批判王叔文。

羊士谔到底是进士出身，言辞很是尖锐，他到底具体说了些什么，史书上没有详细写，我也不知道，但估计是骂了王叔文，以至于一向以文化人自我定位的王叔文竟勃然大怒，打算以皇帝的名义下诏斩杀羊士谔。

虽然王叔文此时不再是翰林学士，但找个机会和由头收拾下羊士谔这样的小官，还是绰绰有余的。

眼见着京师闹市就要挂"羊头"了，韦执谊站了出来，否定了王叔文的这一决意。

要是在一般情况下，韦执谊一反对，王叔文肯定会有所退让，从长计议，可这一次是个例外。

王叔文看来是真的被刺激得出离了愤怒，虽然退了一步，但依旧坚持要乱棍将羊士谔打成"羊肉酱"，以杀一儆百。

韦执谊还是不答应。

最终的结果是，韦执谊扛住了王叔文的压力，仅将羊士谔贬为偏远地区的县尉了事。

因为羊士谔的事，王叔文与韦执谊这对曾经亲密无间的同道中人，关系开始产生了裂痕。这无疑令本就面临强敌的革新派团队压力倍增。鉴于王叔文和韦执谊都是很有自己想法的人，团队中的其他人实在不敢贸然说和，因此大家只能寄希望于时间来消弭两个人的隔阂，让二人言归于好。

可是，时间不一定是解决所有问题的解药，也有可能是一剂毒药。

就在羊士谔事件尘埃尚未落定之际，另一件事情的发生彻底摧毁了王叔文和韦执谊间的友谊。

在一个多月之前，剑南西川节度使韦皋派他的心腹刘辟来到长安，与王叔文秘密见面。

韦皋此次是让刘辟传话，或者说得更确切一点，是做笔交易。

韦皋虽说身在西川，却时时刻刻关注着朝廷的所有动向。他深知王叔文的革新遇到了瓶颈，而军队是王叔文实现破局的唯一方式，也是革新一派不被人灭掉的最佳保障，所以，韦皋提出，同王叔文结为政治上的同盟。他表示愿意成为王叔文的外援，为革新派鼓与呼，使得俱文珍等人投鼠忌器，不敢悍然动用神策军影响朝政。

不过，作为交换，韦皋希望王叔文能够动用自己在朝中的影响力，帮他谋取东川（治所梓州，今四川省三台县）和山南西道（治所兴元府，今陕西省汉中市）的地盘，使三川之地全部归于自己的掌控之下。

当然，作为有着大志向的人，韦皋不仅传来了软话，同时也传来了硬话：要是王学士不识时务，不愿乖乖合作的话，他会采取必要的手段予以报复。

实事求是地讲，韦皋的确拥有这样的政治能量。自他坐镇西川以来，连素来咄咄逼人的吐蕃人都不敢在他的辖区乱转，想必俱文珍等太监是不敢轻易触韦皋这个霉头的。

达成这次合作，对于革新派和韦皋而言，是件典型的你好我好大家好的事情。

然而出人意料的是，王叔文竟然拒绝了。

因为这项对双方有莫大好处的合作，其实严重损害了朝廷的利益，对于日益恶化的藩镇割据局面是一种纵容。

掌权后的王叔文虽然为人处事与之前多有不同，但难能可贵的是，他骨子里依旧还是那个忧国忧民、心怀社稷的书生。这样一笔可能遗患后世、流毒千古的交易，王叔文无论如何都不可能同意。面对韦皋赤裸裸的威胁，王叔文怒发冲冠，他决意采取最为决绝的拒绝方式，来展示自己绝不妥协的立场——叱斩来使。

王叔文要杀刘辟，韦执谊不让。原因很简单，刘辟不仅仅是韦皋的心腹密使，他还是朝廷命官，而且职务还不低——剑南支度副使。

这种级别的干部，不经皇帝点头御批，走过一连串复杂的司法程序，是杀不了的。王叔文更不行。更何况韦执谊坚决不同意就此与韦皋彻底闹掰，于是当时这件事就暂时搁置了下来，刘辟也暂时滞留在长安，等待着王叔文等人进一步讨论的结果。

谁知不久之后就发生了羊士谔的事，且闹得满城风雨。

待在长安的刘辟听说了这件事以及羊士谔被贬官的结果，他预见到朝廷内的斗争一触即发，王叔文也不太可能妥协退让，便不声不响地溜号，逃回了成都。

针对要不要派人追杀刘辟一事，王叔文和韦执谊之间再度发生了激烈的争吵，两个人的关系终于走到了崩溃的边缘。

第十九章
崩溃

韦执谊近来的压力非常大，因为很多人在骂他。

这也是没办法的事情，毕竟他是宰相，坐在这个位子上从来都比较招口水。更何况，他还是革新一派放到最前线抛头露面的人，自然会受到更多的弹劾，甚至是无端的指责。

一开始，韦执谊还不太在乎，摆出了一副任人评说，我只做好我的事的态度，闷头干自己的。但到后来，他发现这样是不行的，因为他的身份是宰相了。

宰相，是百官的表率，待人接物理应公正有度，不偏听偏任，这样才能树立好威信，并有效地管理好文武群臣。因此，出于职业生涯规划的考虑和对朝野舆论压力的顾及，韦执谊开始有意识地逐渐淡化他同王叔文关系过于亲近的事实，还多次在公开场合表达了自己对王叔文部分政策的不认可。

当然，韦执谊并不打算洗手不干，拆伙走人，他还是很讲感情和方式方法的。每次同王叔文出现意见相左的情况时，他都会在事后私底下派人到王叔文那里致以歉意，表示自己不敢违背当年的盟约，如今这样做只是曲线协助，用不那么显眼的方式来成就大家的大事。

说这些话时，韦执谊是很真心实意的。然而表忠心的真话重复得太多了，听起来难免会显得有些假。

时间长了，王叔文对韦执谊产生了深深的怀疑，他开始认为韦执谊是个忘恩负义的小人，过了河就拆桥，吃饱了饭就骂厨子。

于是，假疏远变成了真破裂，王叔文和韦执谊自此彻底分道扬镳，并很快转化成了彼此的仇敌。

所谓福无双至，祸不单行。老话有时候灵验得真是让人不服不行。

这边王叔文和韦执谊刚刚闹掰，那边麻烦就到了。

给王叔文找麻烦的人，不是俱文珍的党羽或盟友，而是被王叔文严词拒绝的韦皋。

韦皋先生真的是一个说到就能做到的人，说要给王叔文找麻烦，麻烦马上就到。

他派人快马兼程，星夜赶路，从西川送来了两份文书，这其中一份是奏表，是给皇帝陛下的，另一份则是给太子殿下的亲笔信。

在给皇帝陛下的奏表中，韦皋是这样说的：

"臣得知陛下积劳成疾，而又日理万机，所以龙体迟迟不能康复。因此，臣在此斗胆请您下诏暂令太子监国，待陛下圣躬痊愈，再令太子回到东宫。因为臣位兼将相，所以今日所言，也实乃职责所在啊。"

而在给太子殿下的亲笔信中，韦皋就很直接了：

"圣上效法高宗皇帝，将国家大政委托给臣下处理，并信任有加。可惜的是，所托非人。王叔文、王伾、李忠言之流，虽身负重任，却任意赏罚，败坏朝纲，拿国家的钱财结交权贵，公然结党操控朝政。臣实在担心会祸起萧墙，危及太宗皇帝开创的基业，毁掉这个国家啊！

"臣着实希望殿下即日启奏皇帝，斥逐群小，使朝政重回正轨，这样四海才能重获安宁。"

厉害，实在是太厉害了。韦皋着实是个人物。虽然身在千里之外，但他对于朝廷的熟悉程度比长安城中的官员并不差。不仅如此，他还敏锐地判断出除了卧病中的皇帝，王叔文基本没有可以倚仗的后台，甚至他还直接抓住了解决王叔文及其伙伴的唯一关键——太子李纯。

只要太子掌握了实权，不用他韦皋亲自出手，王叔文一定会被忌恨他的那帮人整得死去活来，这仇也就报了。而借此机会，他又可以同未来的皇帝拉近关系，提前给领导留个好印象。真可谓一举多得。

事实证明，韦皋不是唯一打得一手好算盘的人。韦皋上奏恳请太子监国后，荆南节度使裴均、河东节度使严绶等人也先后上表，言辞恳切地请求皇帝陛下为长远考虑，命太子理政，同时暗讽王叔文等人祸乱朝政，危及社稷。

此时此刻，俱文珍可乐坏了。他完全没想到藩镇一方会加入到自己这边来。现在，一条以反对王叔文为主要政治诉求的统一战线已然隐隐形成，王叔文纵使有通天的本领，恐怕也难以挽回既定的败局。

王叔文估计并不认同俱文珍的看法，他相信自己是有力量力挽狂澜的。他的这股子自信就源于不久前布置下的那颗棋子——韩泰。

意识到形势严峻后，王叔文紧急秘密地找来了接管禁军的韩泰。

他希望通过韩泰和禁军来威慑各方的反对势力，至少先把这股针对自己的浪潮压下去。于是他授意韩泰携范希朝以商议要事的由头，将禁军中的各位主要将领叫到奉天的指挥部，然后采取雷厉风行的措施，切实建立起对禁军的完全指挥，以备必要情况下的不时之需。

事实证明，王叔文又天真了一把。

禁军的军官们可没有朝中的读书人好说话。范希朝和韩泰在奉天城的指挥部里坐等了多日，却连个禁军小军官的影子都没有见到。堂堂神策军总指挥，就这样被部下集体放了一回鸽子，只能同韩泰干坐着面面相觑，范希朝一代名将，也真的是晚节不保啊！

其实禁军的将领们并不是没接到召集令，也不是没有采取任何行动，只是在看风声。事实上，早在范希朝和韩泰从长安启程，赶赴奉天等人的时候，将领们的信使恰好进城。

这些将领们一起起草了一封密信，而收信人正是俱文珍。

在信中，众将表示他们得到了朝廷的命令，即将带着军队听从朝廷的指示，归属于范希朝。

当然，这只是表面文章。如果这些人真的那么听话，就不会有这封信了。

所以，他们的真实用意是请示他们心目中真正的领导，希望领导能表明态度，指示怎么办。

接到这样的信，说实话，俱文珍也大吃一惊，他做梦也不会想到，王叔文竟敢这么干。

既然对手已经做了破釜沉舟的准备，俱文珍也不打算客气了，他当即致信禁军诸将："绝对不能把军队交到别人手上。"

手里有枪，心中不慌。看来无论什么时候都是颠扑不破的真理啊。

得到俱文珍的回复，禁军将领们瞬间都有了底气，纷纷将范希朝的命令扔进了垃圾桶。

在奉天连续等待了数日的韩泰意识到，不会有人来了。于是，他只好单骑返回长安，向王叔文汇报这一情况，并帮王叔文另作打算。

然而不等王叔文想出应对之策，一个更为致命的打击就降临到了王叔文的身上。

就在这一年的六月，王叔文得到了一个不幸的消息——他老娘病危了。

此时，王叔文想到的第一件事还不是立即请假，回家照顾娘亲，他的第一反应是担心起团队。因为这直接关系到革新派未来的前景。

王叔文是认真的，也是正常的，绝非受刺激过度。

他看得很清楚，照目前的局势，他一走，革新派就失去了主心骨，朝廷中也不会再有人能镇得住那帮跃跃欲试的反对派。所以他走后，很可能就再也回不来了，革新派也只剩下被人除掉这唯一的结局。

这是王叔文无论如何都不愿意看到的，于是他决定找对手进行一次谈判。

六月十九日，王叔文在自己家中摆了一桌丰盛的酒席，他邀请了翰林院诸位要好的学士同僚、宫中当红的太监李忠言，以及俱文珍。

酒宴开席前，按照惯例，须得由主人家说几句话，并为诸位来宾祝酒。

于是王叔文站起身来，恭恭敬敬地对在场的所有人饱含深情地说道：

"家中母亲病重，但因为叔文身负家国重任，一直不能亲自侍奉汤药，现在，我决定请假回家侍候母亲。叔文自入朝为官以来，也算得上尽心竭力，不避危难，所作所为都只是为了报答皇帝陛下的隆恩。可一旦去职还乡，我担心各种诽谤必将纷至沓来，不知届时在座的诸公中，哪位能体察我的苦心，肯出面为我说一句公道话？"

王叔文说的这句话，看起来是说给大伙儿听的，但他讲最后几句时，眼睛只盯着俱文珍。

王叔文的意思表达得很清楚无误：我认栽了，麻烦我在家的时候高抬贵手别黑我。毕竟大家同朝共事，都是有身份的人嘛。

这番真情告白如果说给别人听，可能或多或少还会引发一定的情感共鸣，但是对方可是俱文珍。

作为在后宫中摸爬滚打、经历了数十年钩心斗角生活的人，俱文珍早就养成了从来不相信任何人的生活习惯。在他看来,王叔文就是在演戏,其目的是麻痹自己,好为革新派争取到足够的时间,以便东山再起,置自己于死地。而他是从来不会留给敌人任何卷土重来的机会的。

因此就在现场,俱文珍也完全不给任何人任何面子,跟王叔文对话可谓火药味儿十足,有一句顶一句,搞得王叔文无话可说,一干人等连顿饭都没吃好。

王叔文是真的拿俱文珍没有一点办法了,朝中的局势发展早已脱离了他的掌控。事实上,他对于自己的命运也无法掌控,因为他不得不走了。

六月二十日,王叔文母亲病逝的消息传来。这意味着,按照祖制,王叔文必须丁忧。

所谓"丁忧",就是无条件地放下手上的所有工作,回到老家去为去世的父母守孝,休丧假,期限通常为三年。跟现代意义上的休假不同,丁忧可谓是件苦差事。

因为在此期间,你的行为自由会受到诸多限制。比如在吃上,最开始的三天你是没得吃,必须饿满三十六个时辰,以表现当事人很伤心,没胃口。而三天之后,也不能大鱼大肉,而要粗茶淡饭,还严禁饮酒,直到期满。

在穿上也有讲究。丧事期间要披麻戴孝(今天很多农村地区依旧保留了这样的传统),不许穿漂亮的衣服,也不得洗澡。

住,不能住家里,只能住野外。通常就是在坟前搭个茅草房(草庐),睡在草席上,枕在砖头上,而且期间不能过夫妻生活。

出行时更有严格的限制,出入不准走正门,上下不可行中阶,遇见所有喜庆活动都要回避,躲得越远越好。

此外,还有不能听音乐,不能贴春联,不能嫁娶等种种你想象不到却要严格遵守的限制。总之,是足以把今天的人直接逼疯的。

对于官员而言,丁忧让他们尤为痛苦,因为这会让他们的仕途受到极大的影响。

毕竟朝中的官位是一个萝卜一个坑,你不在的时候你的坑就会有人占,等你好不容易受完苦回来了,你可能会惊讶地发现,自己暂时失业了。

官做得好好的,却一下子被打回原形,蒙受了巨大的事业损失,这放在谁身上都受不了。

于是,考虑到官员们的心情及政府工作的效率与持续性,历朝历代的朝廷开始想方法将丁忧对当事人及工作开展的影响降到最小,于是乎夺情制度就应运而生。

夺情的全称应该是夺情起复,即夺其哀情,令其复职。

这一制度旨在帮助广大官员们化悲痛为动力，好好干活，别误了国家大事。

此制一出，官心大悦，朝廷的政务也不怕耽误了，所以很快成了国家定制。

到了唐朝的时候，国家已经建立了比较完善的夺情制度。一般情况下，丁忧者在回籍居丧百日，行完"卒哭"之礼后，朝廷就会出面命其夺情起复，回来继续干活，虽然回朝后在服装及出席活动方面有一定的限制，但夺情者的职务和权力基本不变，一切该咋来还咋来。

因而王叔文离开之前，王伾等革新派人士已经商量好了将为王叔文申请夺情，让他尽快回来主持斗争工作。

对于团队成员的帮助和关怀，王叔文深表感动。他当即表示会以最快的速度处理好家里的事，然后返回长安，重整旗鼓，消灭掉叛徒韦执谊以及那些阻挠新政的人。

当然，事后的发展表明，这一切只不过是说说而已。

自王叔文离京那日起，王伾便开始了倒计时。不得不承认，失去王叔文的日子比想象中更加难熬，面对反对派的攻势，王伾和团队的其他成员常常感到力不从心、焦头烂额。

好在王叔文家里的事情办得很顺利，王伾没有等待太长时间就得到了消息："处理已毕，只欠东风！"

王伾知道，自己玩命努力的时候到了，新政的成败以及自己这群人的成败，就全看王伾这次能否按计划落实夺情了。

为了保证夺情起复一帆风顺，王伾先同宫中支持新政的几位宦官打好了招呼，然后，他找到了另外一位至关重要的人物——杜佑。

这是一个很聪明的举动，因为杜佑是三朝老臣，德高望重，而且他还是王叔文的直属上级（杜佑当时兼任度支盐铁使，王叔文是其副使）。如果由他出面或者附议，让王叔文夺情起复，肯定会很有说服力，而此事成功的概率也会大大增加。

面对王伾诚恳的请求，杜佑沉默不语。

他知道一旦自己开口应允，势必会在朝中掀起一场腥风血雨，所以，他不愿表态，也不能表态。

更重要的是杜佑早已看得明白，王叔文、王伾不会成为这场斗争的最终赢家，真正笑到最后的早就注定另有其人。

既然终究难免失败，何必让更多的人卷入其中，受到伤害呢？

于是杜佑不再沉默，直截了当地作出了回答：

"此事素来都是天子定夺，非我所能为，必须启奏陛下，竭力争取，方能有一线机会。"

这句话基本上是句实话，但仅限于前半部分。

杜佑到底还是心地善良，他不愿见到王伾等人完全陷入绝望之中，因而给出了一条唯一有点可能的路。

王伾有些振奋了，虽然他没能得到杜佑的全力支持，但他却自信自己找到了一条更靠谱的康庄大道。

从杜佑家回来，王伾就立刻把自己锁在了屋子里，他将自己的天才智慧与毕生所学全部挥洒糅入了眼前的这篇奏表中。

这篇奏表可以说是王伾这辈子写得最为用心的文章了。此文言辞优美，感情充沛，洋洋洒洒写出了夺情起复王叔文的种种好处，以及革新政治对于兴复大唐的伟大意义，足以令所有观者看得热血沸腾加热泪盈眶，恨不得立刻召回王叔文，委以这些爱国知识分子重任。

应该说，在渲染气氛、引发冲动这方面，王伾的文章近乎完美，但是，他却犯了一个极为严重的、不可饶恕的错误。那就是临时起意，单方面增加了筹码。

因为在文章的最末，王伾不但申请让王叔文官复原职，还进一步提出起用王叔文做宰相，且总领禁军！

本来就不想让那个人回来，居然还妄想一回来就同时掌握相权和军权，这真的是有些异想天开了。

据说俱文珍看到这里，都被王伾的天真给气乐了。

不要说俱文珍不会答应这样痴人说梦般的请求，就连韦执谊想必也不会动一点恻隐之心，所以，王伾这篇漂亮的文章送上去后便如石沉大海，杳无音信，连个漂亮的浪花也没见着。

王伾并不甘心，他再度挽起袖子，又写了一道奏表送上。这一次，他也学乖了，在奏表中只字不提让王叔文入朝做宰相的事，只是说王叔文家里丧事已然办妥，这个人是个人才，让他丁忧在家太久，是国家的损失，因此建议朝廷任命王叔文为威远军使，挂平章事的职衔，继续为国效命，为皇帝陛下排忧解难。

这个要求看起来并不过分，但无论是俱文珍还是韦执谊都不上套，依旧是不予任何回应。

革新派终于开始慌乱了,这群由纯粹的青年读书人组成的团队在此时此刻终于暴露了从政经验不足、立场不够坚定的缺陷,各自相继放弃了继续坚持的做法,转而为自保积极奔走起来。

看着完全走向崩溃的团队,王伾很是悲痛,但他没有作声。

时至今日,让大家相信自己,相信王叔文,相信新政还有希望的那些说辞显然不太有说服力。所以,为了挽回局面,王伾决意用最后的行动,为挽救团队再拼一把。

王伾一连向李诵呈送了三道奏表,极言革新不可半途而废,贤臣不可废弃在家,力邀皇帝陛下亲自出面,开启新政的新局面。

卧病中的李诵很有可能看不到这些奏表,王伾是知道的。

然而,他仍旧不愿放弃哪怕是微乎其微的机会。

这是他能做的最后的事情,也是他的最后一搏。

那一天,王伾坐在翰林院中等待了很久很久,直到院子里变得空荡荡的,夜幕也降临了,他还是没能等到一个结果。

是不会有结果了。

王伾知道的。

当夜,王伾大叫一声,中风瘫倒。

次日,他被人抬回了家中。

此后,翰林院再无革新派。王伾、王叔文的身影再也没有出现在这里。

二王倒下了,革新派势力至此一蹶不振。本着趁你病要你命的厚黑学原则,反对派乘机发起了攻势,他们先将革新团队中最为机警的仓部郎中陈谏任命为河中少尹,赶出了长安。然后,一面在李诵耳边大造舆论,指控王叔文一党擅权乱政,一面向李诵进一步施压,要求尽快令太子监国理政。

贞元二十一年(805年,当时尚未真正改元永贞)七月二十八日,李诵在命太子监国的诏书上盖下了自己的玺印。

当天,太子李纯在含元殿东朝堂接受文武百官的拜贺,正式宣布监国。

同时,对朝中的军政班子进行了快速的调整。

太常卿杜黄裳(韦执谊的老丈人)被任命为门下侍郎,左金吾大将军袁滋被委任为中书侍郎,兼同平章事。原宰相郑珣瑜改任吏部尚书,高郢调任为刑部尚书,都不再担任原有的宰相职务。

这是第一步。

八月初四,第二步启动。

这一天一大早,一份诏令便从翰林院送出。不出一顿饭的工夫,诏书中的内容便震惊了天下:皇帝宣布退位了!

自即日起李诵将不再是皇帝,他的身份改成了太上皇。今后坐在皇位上的人将是监国的太子李纯,但凡新旧皇帝发出的命令内容有冲突者,均以新皇帝为准。

说起来,李诵的退位不仅仅是突然,还应该说是彻底。发布诏书的第二天,太上皇李诵就主动迁居到了皇城外的兴庆宫,只留下了两个走程序层次的命令:

第一,宣布改元"永贞",作为这一年的年号;

第二,立李纯的母亲良娣王氏为太上皇后。

这意味着,李诵要么完全失去了人身自由,被俱文珍等人控制了起来,要么彻底相信了反对派对王叔文等人的栽赃宣传(其实有一部分内容也是事实,不过被夸大了而已),已经完全心灰意冷,不愿再继续参与政治。

无论是哪种情况,都说明革新派最后的依靠已然不在。

所以接下来的一幕,已无悬念。

八月初六,最新的人事变动命令传来——贬左散骑常侍、待诏王伾为开州司马、户部侍郎王叔文为渝州司户。

这样的结局,没有超出大家的预料。不过有一点还是很耐人寻味的,那就是这份所谓的"诏命"发布在太子李纯正式登基前。

换句话说,下达这一命令的人,是李诵。

对于李诵在职期间的这最后一道诏书,有很多人认为是假的。因为大家普遍相信,此时此刻李诵已经被软禁并架空了,俱文珍或李纯完全可以假借李诵的名义发号施令,而不必有所忌讳。更何况,以常理来看,清除朝中革新派这种公然排除异己的事儿,自然还是用太上皇的马甲完成比较合适。

其实我也希望这道命令不是真的出自李诵,因为如果这真的是李诵的本意,那整场"永贞革新"将成为一个彻头彻尾的悲剧。

这证明这位一心一意咸与维新、锐意进取变革的改革者,在他人生的最后阶段,放弃了所有的努力,否定了曾经的理想,选择了向现实屈服。

王叔文、王伾以及曾经的韦执谊，所有人的汗水和泪水都将失去任何意义。

那将是比杀死所有革新派更为残忍的事情。

但是，真实情况到底如何，我们已然不得而知。我们知道的，仅是革新派几个人的结局。

鉴于接下来要出场的人物相对较多，鉴于他们受的苦将会很多，更鉴于不想有人说我是来凑字数的，所以我决定尽量有主次、简洁明了地交代下革新派各自不同的结局。

最早迎来结局的，是王伾。

他本来在长安时就中了风，身体可以说是彻底垮掉了。在经历了一番山高路远的折腾后（王伾被贬谪的地点在今重庆市开州区），终于再也支持不住了。所以到了开州不久，王伾便病死在贬所。

王叔文被贬的地方距离王伾不远，他过去赴任的时候，也被险恶的地势折腾得七荤八素。好在王叔文身体还不错，挺了过来，且还在新工作单位立住了脚，开始了新生活。

王叔文的前途可以确定是完全被毁了，就算他在渝州的基层干出花儿来，也注定不可能再有出头之日，出将入相。

然而出人意料的是，王叔文竟然不以为意，到了贬所后不久便全身心地投入到了繁杂琐碎的基层工作中，仿佛几个月前京城里发生的那些大事与他毫无关系。

王叔文似乎想彻底遗忘过去，低调地在蜀地过完自己的余生。可李纯却不打算给他这样的恩惠。

在新皇帝看来，王叔文不仅是一个祸乱朝政的小人，更是一个险些害了自己的罪臣，于是在为老爹送丧后不久，李纯便派人来到渝州，送王叔文追随先帝一道上路。

元和元年（806年），王叔文被赐死于家中，年五十四岁。

二王被贬之后，革新派的其他主要成员也无一幸免，逐一遭到了残酷的排挤打击。

韩泰留给俱文珍的印象比较深，所以，他先被贬为抚州（今江西省抚州临川区）刺史，再被贬虔州（今江西省赣州市）司马，然后就被留在了俱文珍等大太监的黑名单上，一直不得重用提拔，直到许多年后，俱文珍等人死了，这个"能决大事"的韩安平才重新发光，先做漳州刺史，再迁郴州刺史，最后官至湖州刺史。所任三州皆有美名，善终。

陈谏，因为当初被外调河中时就敏锐地觉察到了终会有此一天，所以当得知自己被贬为台州（今浙江省临海市）司马时，倒也泰然自若，简单收拾了一下就出发了。由于此人政治嗅觉极其灵敏，所以反对派找不到什么把柄，最后也平安地做到了循州刺史，在履新通州时去世，也算善终。

下一个是韩晔，他先被贬为池州刺史，然后是饶州司马，但毕竟是前宰相韩滉的同族侄子，因此没有受到更多的刁难，官至永州刺史而卒。

再下一个是程异，这位仁兄可以说是革新派"八大金刚"中混得最好的，因为此人本来就精于"吏事"，懂经济，能参谋，也搞得了监察工作，是个多面手（当初王叔文估计也是看上了他这一身的本领），因此一开始虽然被贬到了郴州（今湖南省郴州市）做司马，但没两年就在盐铁使李巽的力荐下得到"弃瑕录用"，先从侍御史干起，几年间就做到了检校兵部郎中、淮南等五道两税使。程异这个人也很上道，每每提及当年往事，都是深表后悔，在深刻反省了年少轻狂的错误后，他踏踏实实地做了不少铲革江淮财赋弊政的好事，给当地的老百姓带来了不少实惠，也可以说是不忘初心吧。

程异的事迹我们这里就不多讲了，直接讲到下一位——治史出身的凌准。

作为王叔文的老朋友兼同事（翰林学士），凌准受到的打击很严重，直接被贬为连州（今广东省连州市）司马，发配到了当年谁都不爱去的岭南地区。而他的身子骨也没有王叔文那么硬朗，因此过去的第三年就死在了贬所。

不过，此人虽没能成为一个成功的改革家，却成了一个合格的史学家。他所写的《邠志》，成为后代研究朔方军的最重要史料。

再就是既在意料之外，又在情理之中的人物了。对的，他就是韦执谊。

虽说后期这位仁兄同伙伴们翻了脸，但俱文珍却比较较真儿，硬要追究一下韦执谊以前的错误，于是贵为宰相的韦执谊也没能逃过一劫，甚至可以说被整得更惨，直接被贬到了海南岛，去做崖州（今海南省三亚市崖州区）司马，开垦热带雨林去了。最后适应不了当地的湿热气候，竟病死在了那里。

好了，所谓的"二王八司马"中，有八个人的事情已经交代清楚了。

剩下的，是两个人，刘禹锡和柳宗元。

他们两个被留在了最后，并不仅仅是因为这两人我们最熟，也最有名，而是因为他们两个人的情况比较特殊。

为什么这么说呢？先简单举个例子你就明白了。

在记载唐朝人事迹的官修史籍《旧唐书》里，王伾、王叔文以及其他的六位司马，是搭伙儿挤在一个传记里的，而在他们共同的传记里面，还有老对头李实以及更为大名鼎鼎的卢杞。

这里面的隐含意思是，在当时史官的眼中，王伾、王叔文和卢杞等人是一样的，都是奸险狡诈、祸国殃民的罪臣。

可是，在这个传记里，唯独没有刘禹锡和柳宗元。

他们两个是和曾经的好朋友韩愈以及同时代的其他著名诗人（如张籍、孟郊）在同一个传里的。

而在当时及后世的评价中，外人对刘禹锡和柳宗元这段历史的大致评价也是：少不更事时被别有用心的王叔文忽悠了，以致被小人所误。

总之，这两个人被定义为误入歧途却值得教导并挽救的好青年。

之所以会有这样的印象，在我看来，除了刘禹锡和柳宗元的确是才华过人外，更重要的是他们在团队中始终充任的是参谋或顾问的角色，只参与定计决策，不负责具体执行，更不用抛头露面充当先锋。所以，两个人在团队内的存在感虽然很高，但在外人看来却没有那么重要。

这样的假象能够让许多人产生错觉，却瞒不过俱文珍这样的当事人。他很清楚，所谓的"二王、刘、柳"才是革新派的核心，甚至于连韦执谊这个宰相在当时很大程度上都受到刘禹锡和柳宗元的影响，因此对革新派一直恨得咬牙切齿的俱文珍一开始并不打算轻饶二人。

可是他很快发现，他不饶还不行。因为这两个家伙诗文写得实在太好，名气实在太大，为了博得一个爱才宽厚的好名声，俱文珍硬是忍住了，没动手，最后只是下令将刘禹锡贬为连州（今广东省连州市）刺史，将柳宗元贬为邵州（今湖南省邵阳市）刺史了事。

这对于当时的二人应该算是一个很不错的结果了。然而二人还没到达各自的贬所，中途便又生变故。

原来这一年的十一月，他们曾经的伙伴韦执谊终于没能扛过昔日政敌的轮番打击，被贬崖州。

要知道，韦执谊是当时宰相的爱婿，后来还曾幡然醒悟，与王叔文一党公开划清

第十九章 崩溃 · 407

了界限。这么一个人,一个宰相,一下子就被贬到最偏远的地区做了基层公务员,可刘禹锡、柳宗元等人还是一州的刺史,这样一对比起来,似乎对于王叔文的那些同党有些过于宽容了吧。

于是,一部分吃饱了没事干,且心理极其阴暗的大臣申请参照韦执谊的标准,把刘禹锡等八人再贬一遍。

这个建议深得俱文珍之心,而皇帝陛下也不介意,所以十一月十四日,朝廷再度下令,贬刘禹锡为朗州司马,柳宗元为永州司马,其他没贬作司马的,一律按照统一标准,贬为司马。

与此同时,俱文珍凭借他对皇帝的影响力,让皇帝明确表示对此八人"逢恩不原"。也就是说,即便日后有大赦,跟这八个人也半毛钱关系没有,朝廷反正是不会原谅他们的。

好了,有了这样一道命令,刘禹锡和柳宗元的前程就算到此为止了。

这对于身为读书人,一心想要经世济民的刘禹锡和柳宗元来说无疑是一次极其致命的打击。不过,如若二人就这样被一举击垮,变得一蹶不振,今天的我们就不可能知道他们的名字了。

在被贬的十年期间,刘禹锡和柳宗元在孤独与折磨中各自得到了前所未有的升华。他们不仅在贬所安下了家,游历了山水,了解了民间疾苦,感受了种种最真实的悲欢离合,还先后找到了自己的精神寄托(刘禹锡是道教、柳宗元是佛教),开始在哲学的高度思考人生及这个世界。这让两个人诗文的艺术高度和思想境界取得了突飞猛进式的发展,最终站在了他们那个时代的巅峰,并深刻地影响了后世(古文运动)。

在不知不觉之间,一心一意做学问的刘禹锡和柳宗元已然名满天下。

这下子长安的宰相们坐不住了,他们一致认为,将这两位当世文坛的领军级殿堂人物丢在偏远地区,实在是暴殄天物啊。恰好有程异被起复,且表现良好的例子在先,于是在当时宰相的推动下,刘禹锡和柳宗元接到了诏书,回到了阔别已久的长安城。

本来朝廷是打算将这二位留在京城加以重用的,但不巧的是,当年两个人的死对头武元衡这会儿混得不错,坚决不同意重新起用二人,再加上生性疏阔的刘禹锡先生留京游玩期间,即兴写了一首名为《元和十年自朗州至京戏赠看花诸君子》(《全唐诗》作"十一年",是传写之误)的诗,其中诗句刺到了几位执政大员的痛处。

因此,经高层激烈争论,决定同时尊重双方的意见,即量才使用,却不留京重用。

具体的操作方法是：安排刘禹锡和柳宗元出任较偏远地区的刺史。

于是，刘禹锡被任命为播州刺史（后在裴度、柳宗元等人帮助下改派连州刺史），柳宗元被任命为柳州刺史。

十年的光阴好像是一个轮回，把刘禹锡和柳宗元带到了最初遭到贬谪时的情景，这一次，两人依旧没有犹豫，也没有怨言，简单地收拾了下行李就分别了。

临别前，两个同经生死共患难的朋友双手紧握，久久不曾分开。他们约定如有可能，十年之后的这一天，再次在这里会面。

然而，两个人都没有想到，此次告别最终成了他们的永别。

四年后，一代文豪柳宗元在柳州因病去世，享年四十七岁。

唐文宗太和二年（828年），时任和州（今安徽省和县）刺史的刘禹锡终于再次奉诏入京，根据朝中朋友透露的消息，这一次他终于算是熬出头了。朝廷经过研究决定，要将他留在长安，出任主客郎中一职。

又回来了，实在是不容易啊。这一眨眼的工夫，就又过去了十四个春秋，但当年约定再会的好友却永远无缘再见了。而巧的是，这一年正是柳宗元去世的十周年。

当年的同伴好友，如今皆已不在，偌大的长安城中，只剩下刘禹锡一个人在漫步闲游。

从昔日的风华正茂，到今日的垂垂老矣，回望这二十余年，真是岁月催人老！

他见证了这个帝国的重新复苏，又目睹了辉煌的再次淡去。王图霸业，在时间的洗礼下似乎变得更加模糊。

鬼使神差地，刘禹锡又来到了玄都观。

当年那句"玄都观里桃千树，尽是刘郎去后栽"，虽说让刘禹锡大快胸臆，但平心而论，也让他吃了不少苦头。

按理说，这一次，刘禹锡该学乖了。至少在影响前途的关键时刻，应该保持低调，再低调。但如果真的如此，他就不是白居易所称颂的"诗豪"了。

豪情一起，便至万丈。

他要将满腔的愤懑、丧友的哀愁、身世的浮沉，以及看开的荣辱，全部凝练进短短的几句诗中。

提起笔来，刘禹锡开始写了，写下的是寂寞，也是承诺：

百亩庭中半是苔，桃花净尽菜花开。

种桃道士归何处？前度刘郎今又来。

昔日的朋友都不在了，当年的敌人也离开了这个世界，甚至连万寿无疆的皇帝在这短短的十四年间也换了四茬。

唯一不变的，是这份坚持的不屈。

继续斗争下去吧！这个世界，还是很有意思的。

第二十章
明理之人

新皇帝李纯并不是一个食古不化、因循守旧的人，他本身也不大喜欢俱文珍、刘光琦那些太监头头儿，对于宦官干政更是深恶痛绝。

事实上，从骨子里讲，他同王叔文、刘禹锡等人一样，是个有远大抱负的人，他的理想甚至可以说同革新派大致相同，那就是实现大唐帝国的伟大复兴，重振朝廷的威势。

不过，虽说身处同一个世界，心怀同一个梦想，但李纯是不大可能和王叔文等人成为好朋友的。因为他同王叔文等人在观念层面上有着不可调和的巨大分歧，这种分歧集中体现在李纯绝对无法认同的两个问题上。

第一，是主体地位问题。

王叔文等人自上台以来，就摆出了一副朝廷大事一把抓的势头。他们看起来是对皇帝恭恭敬敬，早请示，晚汇报，但其实是把高高在上的皇帝当作集权下令的工具。对于革新派而言，他们能想到的最和谐的事，就是皇帝陛下在皇位上好好待着，不去插手政务，平时露个面见下大臣们，遇事点点头，这就可以了。至于国家大事，完全交给政事堂和翰林院处理，他们更专业。

王叔文等人倡导的治国方式，很有点传说中的垂拱而治的意思。但显然，李纯绝非适用人群。而如果不是中风不能理政，李诵估计也难以长期容忍这样的做法。

毕竟这不是君主权力向来受限的欧洲，大唐的皇帝们更不是软弱的日本天皇，所以大权旁落这种事情，注定只是暂时性的非常态，而李纯确信，他的出现才使国家重新回到了正轨。

这是第一点，却不是最重要的一点。

最重要的是第二个问题，方式方法的问题。

李纯很确信，按照革新派的作风行事，只会把国家越搞越乱。王叔文那些人办事过于一根筋，还特别难搞，不会妥协转弯。他们推行新政时雷厉风行、不顾一切的精神诚然可贵，可在大多数利益相关者眼中，王叔文们简直就是一群神经病，为了自己的所谓成绩而猛砸别人的饭碗，着实是丧心病狂、可恶至极。

所以王叔文等人在位越久，颁布的政令越多，社会矛盾就会越发激化，整个国家也就会越发动荡。毕竟宦官执掌禁军、藩镇割据自立、官员贪污腐败这些问题都是冰冻三尺非一日之寒，王叔文们打算一口气咬碎这一块块坚冰，难免要崩到牙的。而这也是永贞革新失败的最关键原因。

李纯就不同了，他面对这些坚冰，不是用牙去咬，而是靠舌头去舔的。他深知，对于这个庞大的国家而言，循序渐进、层层深入式的变革才是最为有效和稳固的。为此，他需要更多的时间，以及更多的能量——超过皇帝本人的能量。

更多的支持，更多的追随，只有这样，才能实现自己梦寐以求的中兴夙愿。

坐在皇位上，望着下面恭敬拜伏在地，实则各怀心思的大臣和宦官们，李纯只是微笑。

他知道，现在还不到动手的时候，目前有更为迫切和棘手的事情需要解决，这件事就是他的父亲、太上皇李诵。

元和元年（806年）正月初一，皇帝陛下亲自带领文武百官跑到了兴庆宫中。

李纯此来有两件事要办。

第一是照例向太上皇拜贺新年；第二则是向太上皇进上尊号。

这也是老规矩了，为表现皇帝陛下恪守孝道，太上皇退休后生活幸福，新皇帝会在新年之际或其他重要的节庆点（比如太上皇和皇太后的生日）隆重地奉上尊号，无论真心假意，该走的程序还是得走，尊号还得听起来吉祥如意。

李纯这次送给老爹的尊号可以说是非常吉利的，全称是应乾圣寿太上皇。而所谓的应乾圣寿，大致相当于万寿无疆、永远健康，很有点意思。

可讽刺的事情发生了。太上皇李诵接受这个尊号不过半个多月，就猝然离世了。

种种迹象表明，李诵很可能并非寿终正寝。

当时和后世的许多人都坚信，李诵是被人谋杀的。至于凶手是谁，那就众说纷纭了。到目前为止有几种说法：一种说法认为是他的儿子李纯为免日后执政时有人掣肘，指使人杀害了他（当时由皇帝亲自出面向全天下公布太上皇的病情，这一情况的确是很反常的）；另一种说法认为是俱文珍等太监对太上皇恨入骨髓，趁李诵病情加重，结束了他的性命；当然，也还是有人坚定地主张李诵就是病死的，如大文豪韩愈在他执笔的《顺宗实录》里就摒弃了所有的阴谋论，并由此奠定了官方的主流意见。由于皇帝的实录毕竟是官方第一手的原始档案，在其影响下，《旧唐书》《资治通鉴》等书便采用了病逝说。

事实上，对于李诵的死因，也就只有后世的历史学家或学者表示关注了。因为他虽然当过皇帝，但当的时间实在是太短，只有一百八十六天。而在如此短暂的时间里，由于身体原因，大部分时间皇帝陛下还是位于幕后，曝光率极低，因此李诵在历史上的存在感也非常之低。许多史籍讲到他这里，大都只讲永贞革新、永贞内禅、二王八司马、俱文珍，李诵这个名字最多只是作为历史背景，起到一个烘托紧张气氛的作用。

原因很简单，他只当了三个多月的皇帝，还是躺在自己的寝宫内当的。

所以，李诵的故事再一次为我们强调了拥有一个好身体的重要性。不然，即便成了能够统治天下的人，也难免会拿到一个悲剧的剧本，最后被人彻底遗忘。

然而唐顺宗李诵的人生倒也不是完全失败的，毕竟他在唐朝众多皇帝中还是极有特点的一位，而且特点还颇为鲜明。

首先，他是做过最长时间太子的皇帝，他做太子的时间长达二十六年。更厉害的是，做了这么多年的太子，居然还能转正做皇帝，这在太子报废率奇高的唐朝，不能不说是一个奇迹。

其次，他是唐朝在位时间最短的皇帝兼太上皇，而这两个身份的任期时长，加起来不过只有八个月。

再次，他是唐朝唯一一个在退位做太上皇时才拥有自己年号的皇帝。因为贞元二十一年正月唐德宗李适死了，八月，他就被宣布退休了。都没来得及以皇帝的身份过个新年，就不干了，自然谈不上新年改元用自己的年号。不过，好在对于思维灵活的中国人而言，什么样的问题都能得到解决，经过朝臣商议，新皇帝拍板，贞元二十一年（805年）二月以后被追认为永贞元年，至于新皇帝李纯的年号元和，则等到这年过完了，再正式换上。于是，李诵成了中国历史上少有的，拥有自己年号的太上皇。

最后，李诵是唐代二十一位皇帝中死后一次性获得谥号字数最多的人。

谥号，说起来类似于今天的军功章，是用来表述帝王功德的。

想当年，开创大唐三百年江山的唐高祖李渊的最初谥号是"大武皇帝"，属于二字谥；而开启贞观之治的唐太宗李世民则是"文皇帝"，是一字谥。到后来，唐朝已故皇帝初次加谥号，基本上形成了规范，大多为四字谥，少部分特例则是五字谥，而顺宗是第一位初次就获得了长达七个字谥号的唐朝皇帝，虽说不是后无来者，但绝对是史无前例了。

不过，以上的这一切，对于李诵而言并没有什么意义，甚至可以说是很无趣。

但这就是历史，或者说，这就是现实。

在无趣中创造出点滴有趣，或许才算是真正精彩的人生。

在我看来，李诵做到了。

他曾经在战乱中仗剑断后，曾经在围城中身先士卒，曾经为了理想去信任，去坚持。他可能是一个并不很成功的皇帝，但他却是一生并不那么失败的李诵。

他的精彩会有人记住的。

至少那些同他并肩战斗过的人会记得。

太上皇去世了，李纯并不特别哀伤。这倒不一定是他同老爸的关系不好，而是因为太上皇卧病已久，再怎么说，心理准备还是有的，所以他迅速地处理好了太上皇的后事，随即投身到一个更为麻烦的事务上。

带来麻烦的人，是个熟人，他就是当年奉韦皋之命，进京秘密会见王叔文的刘辟。而麻烦的起因说起来还是同韦皋有关。

一年前的永贞元年（805年）八月，就在长安城中的官员们欢庆新君登基时，蜀地陷入了一片悲痛的气氛之中。

原因很简单，备受蜀地人民爱戴和崇敬的西川节度使、南康郡王韦皋因急病抢救无效，永远地离开了大家，享年六十一岁。

韦皋虽然并不干净且野心勃勃，但不可否认，这是位"牛人"。他在西川坐镇二十一年，威服南诏、连败吐蕃，累计破敌四十八万，擒杀敌军将领一千五百人，斩首五万余级，缴获牛羊二十五万，收器械六百三十万，如此赫赫战功，就连李晟、浑城也望尘莫及。加上他对待军中士兵十分之好，婚嫁死丧给予全额公费报销，对治下百姓则恩威并施，后期基本上是每三年免除一年的赋税，因此，蜀地所有人说起韦皋，全都服气。以至于到了宋代，他老人家的画像被当成了地方上的土地神，得到家家户户的祭祀与供奉。

正是因为韦皋这个人过于厉害，所以他一死，整个国家的局势都受到了相当大的影响，南诏、吐蕃的蠢蠢欲动暂且不说，就连韦皋的部下都有些不淡定了。而在韦皋的旧部中，最有折腾想法和能力的人，就是刘辟。

作为韦皋生前的头号心腹，刘辟在韦皋死后，不仅迅速接管了韦皋的军队和地盘，还同时继承了韦皋的野心。他要完成韦皋也未能实现的目标，执掌三川之地。

将蜀地全部归于自己掌控之下，这是一件很有难度的事情。朝廷里的人不是傻子，大家都很清楚，蜀地很容易画个圈自成一国，当年的公孙述、刘备都是那么干的，因此朝廷一开始就将蜀地分成了剑南西川、剑南东川及山南西道三镇，以防别有用心之人在此割据闹事。

刘辟想掌控三川，但他不想造反，因为他效法学习的对象一直都是老领导韦皋，他也想像韦皋那样只搞事实上的割据，号令一方，身后还能流芳百世，得到朝野的一致称颂。

在刘辟看来，大丈夫当如是哉！

所以，韦皋死后，刘辟虽未经朝廷同意就自立为留后，但不久后还是老老实实地派出使者前往长安，申请得到朝廷的正式认可。

朝廷当然不会买刘辟的账，虽说西川军镇将领们所上的奏表里，说得真的好像刘辟不当节度使，他们便会心痛得无法呼吸，丧失活下去的勇气一样。

但皇帝陛下视若无睹，几乎当场把这些奏表扔进了废纸篓里。

李纯立场坚定地否决了刘辟的申请。

几天后，中书侍郎、同平章事袁滋便被委任为剑南东川、西川、山南西道安抚大使，受命即刻入川，接手蜀地一应要务。

当然，大凡新君登基，总要树立起一个宽厚的仁君形象，一上来就动枪动刀的，说到底不是庆祝开张之道。

所以，对于想要走河朔风的刘辟，李纯决定还是尽量用和平手段处理掉。

于是，刘辟接到了朝廷的征召，命他入朝担任给事中。至于韦皋留下的西川节度使的位子，将由宰相袁滋接任。

很快，一个月过去了，事情似乎毫无实质性的进展。刘辟没有来长安，袁滋也没有去成都。这么长的时间，这么个结果，只能说明一件事，这两位都不愿意奉命行事。

刘辟是早晚要收拾的，袁滋则是要立马收拾的。

新皇帝李纯到底是有点脾气的人，见袁滋迟迟不敢上路，终于怒了，他直接下达了谕令："再不去，就走人。"

袁滋没说的，马上明白地跟皇帝讲："我不去。"

于是袁滋当天就被贬为吉州刺史，赶出了京城。

西川，对当时的朝中官员来说，已经是公认的死亡之地了，某些人宁可不做官，也不去西川找死。有鉴于此，李纯也不便勉强，毕竟人心如果就此弄散了，接下来的事情就更不好干了。

于是，李纯一方面加山南东道节度使于𬱟为同平章事，借机强化山南东道同朝廷的黏性，一方面任命刘辟为西川节度副使，暂时代为行使节度使的职权，加以安抚。

到了这个地步，年轻的李纯开始对是否出兵讨伐刘辟产生了犹豫。眼前的这一幕同当年成德的李惟岳事件简直一模一样，而几十年前，正是由李惟岳引头，引发了一连串的大事，险些将这个帝国拖入万劫不复的境地。

一切会再次重演一遍吗？李纯有点不敢继续想象下去了。

正在他犹豫不决之时，大臣韦丹只用了一句话，便坚定了李纯征讨西川的信念："今释辟不诛，则朝廷可以指臂而使者，惟两京耳。此外谁不为叛！"

是啊，如果放任刘辟不管，恐怕日后朝廷也就只能在长安、洛阳说话算话了。

朕是大唐的皇帝，不是两京的天子。

收拾他！

永贞元年（805年）十二月，李纯任命韦丹为东川节度使，秘密整顿军备，准备对刘辟采取军事行动。

此时此刻，远在成都的刘辟并不知道皇帝已经打定了主意要讨平自己。倒是朝廷对他的任命让他误以为李纯决意妥协了。

事实证明，刘辟是个给他三分颜色，就准备开染坊，做国际贸易的主儿。

元和元年（806年）正月，他公然上表，要求朝廷批准自己统领三川之地。

对于这种蹬鼻子上脸，完全把皇帝当儿子使唤的做法，李纯非常愤怒，所以他很快便给出了明确的官方答复："休想。"

刘辟笑了。这个答复早在他意料之中，事实上，他也不完全寄希望于朝廷的同意。在他看来，只要形成了占据三川之地的既成事实，再利用蜀地的有利地势挡住朝廷的讨伐部队，拖上个几年，朝廷也就不得不承认自己的地位了。

既然打好了如意算盘，刘辟当即悍然出兵，进攻东川，竟然一举把东川节度使李康围困在了梓州（今四川省三台县），进退不得。

听说东川的一把手被围了，李纯真急眼了，他当即下令：开会！

一场高层的战事决策会如期举行，如预期中的一样，朝廷大多数人都认为不能打。

因为蜀道难，难于上青天，而军中又没有像邓艾那样厉害的武将，所以战端一启，大家都认为很难平复，甚至可能旷日持久，重蹈德宗朝的覆辙。

事情又走到了十字路口，李纯深感为难。

派兵出去打，的确不能保证胜利，但如果不打，忍气吞声的话，朝廷的威势必将一落千丈，沦落到东周天子的水平。

"臣以为，刘辟不过一狂妄书生而已，朝廷大军一到，彼必俯首就擒！"

在这关键时刻，站在李纯这边发言的，是宰相杜黄裳。

他不但旗帜鲜明地支持李纯对西川用兵，还为此战提名了指挥官——神策军使高崇文。

根据杜黄裳的说法，高崇文有勇有谋，可当大任，只要能够将军务完全交托给他，且在军中不设置监军，刘辟必定成为朝廷的阶下之囚。

对于宰相的说法，李纯十分认可，于是朝廷确定了最后方针——出兵。

应该说，这次李纯作出了一个正确的判断：必须尽快遏制住刘辟的野心，一旦他吞并三川成功，实力大增，必定变本加厉，到时受到波及的就不只是西川，而可能会是整个天下。

所以，打比不打好，早打比晚打好，在川内打比在川外打好。在危险事态初露端倪但尚不严重的时候，迅速出手解决问题，避免更不好收拾的局面出现，这才是真知灼见之举。

顺便一提，杜黄裳不是朝中唯一一个目光如炬、力劝李纯用兵的人，在大臣之中，有位名不见经传的翰林学士，他也坚决请求皇帝尽早出兵讨蜀。这个人虽说此时并不为人所知，但在不久的将来，他的名字将会震动天下，因为这位翰林学士叫作李吉甫。

元和元年（806年）正月二十三日，李纯宣布出兵。

唐军的行动计划是分三波走。

第一波是五千人组成的前军，由左神策行营节度使高崇文统领，作为前锋，其任务是逢山开路，遇水架桥，同时击破刘辟的阻击兵力。

第二波是两千人组成的次军，由神策京西行营兵马使李元奕率领，他们的任务是掩护先头部队的侧翼和后方安全，并消灭川军的散兵游勇。

第三波是来自于山南西道的地方部队，这一路由节度使严砺统领，主要任务是充当向导带路并为前方部队提供支援和辎重。

相关的部署安排传来，整个唐军高层震惊了。军中的那些宿将名将本来都以为这次征蜀的统帅会由自己出任，结果谁都没料到，最后的统帅人选竟然是没有多少人听过的高崇文，所以不少人都露出了非常吃惊的表情，表示完全不敢相信。

难道朝廷不打算一仗获胜了吗？

在高崇文出征前，说句实话，没有多少人相信他能够打赢这场仗。对于这一点，高崇文本人也是知情的。但是他似乎没受什么影响。

接到命令不久，他就带上所部五千人马从驻屯地长武城出发了。而他的部队从得令到上路，居然只用了三个小时。更令人感叹的是，高崇文的部队行军整齐有序，短时间内不但装备武器带得齐全，连粮草辎重都做了妥善安排。

后来的事实证明，正是他所拥有的这样一支素质优秀的军队，切实保证了战争的胜利。

从关中出发的两路唐军一路出斜谷，一路出骆谷，行动都很迅速，向着同一个目标梓州全力挺进。

然而不等两路军队实现会师，一个令大家颇感沮丧的消息就传来了：刘辟攻陷了梓州，还生擒了东川节度使李康。

这下麻烦了，此次出兵的第一任务就是解救梓州之围，现在城破了，李康也被捉了，该如何是好呢？

对于这个问题，大家的看法各不相同。

山南西道节度使严砺的做法是自寻目标，量力破敌。所以二月初，他便率部攻克了刘辟治下的剑州（今四川省剑阁县），并斩杀了刘辟任命的刺史文德昭。

高崇文在经过思考后，也作出了自己的决定，他决意继续沿既定路线走下去，收复梓州。

高崇文的突然到来让刘辟的部将邢泚深感突然,他完全没想到唐军竟会在李康和梓州这两个目标全部失掉的情况下继续挥军前进。惊慌之下,邢泚弃城而逃。唐军就此轻易地收复了梓州城。

这只是运气好,运气好而已,高崇文反复地告诉自己和他的士兵们。他相信未来的战斗将会异常艰难,因此他希望所有人都能做好心理准备,迎接接下来的大战。

不过,暂时还没有大战,因为一个人帮助了高崇文,这个人就是跑路了的邢泚。

不战而逃是很丢面子的事,而且很有可能会危及性命。所以,邢泚逃回去之后就一通说,大致内容是高崇文很会打仗、很厉害,神策军很猛、很强大,云云。

拜邢泚的卖力宣传所赐,刘辟开始感到害怕了。他越想越觉得自己很可能招架不住高崇文,于是一咬牙,就把俘虏的李康从牢里放了出来,派人送到了高崇文那里。

刘辟的潜台词很简单:之前是我一时脑子进水犯了傻,现在想明白了,大哥就给个改过自新的机会吧!

对此,高崇文的回应是一个举动——按军法,处决李康。

虽然李康并没有投降,是坚持到城破才被俘的,相比那些弃城而逃的将领不知靠谱了多少倍,但城池毕竟还是丢了,丢了就要负责任,负责任就要按军法处置。所以,高崇文以败军之罪诛杀了李康。

要知道,李康是堂堂一镇的节度使,不是啥小鱼小虾,他一死,三军震动,三川各州也感受到了明显的震感。

高崇文要的就是这样的效果。因为他要用这个人的脑袋,去告诉所有人,去告诉刘辟:这里没有退路。

不是战败身死,就是凯旋。

此时,朝廷已经下诏剥夺了刘辟的所有官职。换句话说,现在还继续跟着刘辟干的,就是叛军,杀无赦。受这一消息影响,川军内部产生了极大的分裂,相当一部分士兵选择了拒不服从刘辟的命令。整个局势开始向有利于朝廷的方向发展。

但就在前线摩拳擦掌准备一举荡平西川时,一个坏消息传来,夏绥军镇反了。

夏绥军镇是在他们的节度使韩全义被召入朝廷后反了的。带头反叛朝廷的,是韩全义的外甥、知夏绥留后杨惠琳。

杨惠琳并不是打算效法朱滔,取代入朝觐见的亲戚,自己做节度使。事实正好相反,他同舅舅的关系很好,之所以突然来这么一手,是因为他得到了一个确切的消息,说是宰相杜黄裳认定韩全义过于无能,且桀骜不驯,因此打算让韩全义提前退休,以右骁卫将军李演为夏绥节度使。

韩全义打仗是不怎么样,但他却是个很有心计的人。临出发前,他便预料到朝廷很可能要对自己动手,于是他安排了外甥做留后,并嘱咐众将,一旦消息确实,就拥兵据守,同时上表谎称是迫于士兵们的压力,不得已而为之。

韩全义坚信,在朝廷对西川用兵的时候,李纯必然不敢冒两线作战的风险,与夏绥镇开战,让朝廷回到德宗初年兵戈四起的境地。他本想通过遥控夏绥来要挟朝廷,跟李纯讨价还价。谁知,皇帝陛下根本就不接受任何人任何形式的要挟。

他原本打算给韩全义一个太子少保的闲职,让其养老的,现在看来是完全没那个必要了。

没多久,李纯便直接勒令韩全义致仕,并采纳河东节度使严绶的奏请,诏令河东军与天德军合击杨惠琳。

平心而论,夏绥军的素质真的低到令人发指,天德军还没上,仅是严绶帐下的牙将阿跌光进、阿跌光颜兄弟(出自河曲游牧部落,很猛)出面,就把谋叛的夏绥军打得落花流水。最后,夏绥军实在是撑不住了,夏州兵马使张承金当机立断,出手干掉了杨惠琳,把他的首级送到了长安,宣布归降。

夏绥镇的叛乱就这样被平定了,李纯很是高兴。接下来,朝廷终于可以集中精力,彻底解决西川的事务了。

为了激励高崇文和前线将士,李纯下令任命高崇文为东川节度副使,知节度事。

对于皇帝陛下的厚爱,高崇文深表感动,立即带领部队向大山深处进发。他在冥冥之中预感到川军正藏在山林中的某处养精蓄锐,准备以逸待劳,阻挠朝廷大军进抵成都。

高崇文的直觉可以说是非常准的。刘辟此时命令军队在鹿头关、万胜堆一带(今四川省德阳市北)修筑了八座营寨,派重兵布防,企图借助地形优势和坚固的堡垒,消耗掉唐军的锐气,拖垮高崇文等人。

高崇文识破了刘辟的企图,自发现川军的驻屯地后,他就派出部队对万胜堆发起了持续不断的猛攻,并取得了八战八胜的战绩,将刘辟的八座营寨一个接一个地攻克,继而乘胜拿下了万胜堆。唐军就此推进到了鹿头关。

鹿头关建于鹿头山上，此处距成都只有一百五十里，但却是"扼两川之要"，易守难攻。高崇文第一次攻打鹿头关时，虽然顺利地击破了两万守军，可由于天降大雨，山路湿滑，最终不得不选择中途放弃。

不过现在情况不一样了。高崇文部拿下了鹿头关东面更高的万胜堆，不但往下一望，敌人境况尽收眼底，而且还断了关内的粮道。

到了这个程度，战事基本上就算是结了。川军就算再有能耐，再效忠刘辟，也做不到饿着肚子挺到底。更何况，在德阳和汉州的川军都已经被高崇文派出的偏师击败了，他们再无援兵。

已经打不下去了，只好投降。

八月初，刘辟麾下守绵江栅的将领李文悦率先带着所部三千人投降了。紧接着，鹿头关的守将仇良辅也举城归降。

高崇文终于打开了长驱直入锦官城的通道。

当然还不止于此，鹿头关的归降，不但让高崇文一下子获得了两万俘虏，还抓到了刘辟的儿子刘方叔和女婿苏强（跑来监军的）。

啥也别说了，事到如今，摆在刘辟面前的退路只剩下了一条——跑路。

跑路的目标完全不用多想，只有一个，就是吐蕃。毕竟吐蕃高层中有不少人拿过刘辟的好处，因此刘辟的避难申请一递交过去，就立马得到了吐蕃方面的批准。

如无意外，最晚到九月底，刘辟将带着西川的民脂民膏从容逃入吐蕃，就此过上衣食无忧、花天酒地的生活。而那时，唐军只能望云兴叹，目送刘辟奔向新的幸福生活。

高崇文决意不让这样的事情发生。在攻克了成都，获悉了刘辟将要叛逃吐蕃的消息后，他找来了部将高霞寓、郦定进，给二人下了死命令，无论如何，无论付出什么代价，都要把刘辟带回来。

高霞寓和郦定进得令之后不敢怠慢，立马倍道兼程猛追刘辟。功夫不负苦心人，他们最终在羊灌田（今四川省彭州市西北）追上了刘辟，并击溃了他身边的亲兵。

见形势不大妙，刘辟就直奔岷江去了。他可不是要投江自杀，而是打算投江自救。可是一拥而上的唐军士兵，终结了刘辟先生企图打破唐代自由漂流纪录的幻想，把刘辟从汹涌的江水中硬生生地拖了回来。

刘辟束手就擒了，他的亲信卢文若沉江自杀了。其手下大将邢泚因归降后又搞小动作，被高崇文处斩了。另一位亲信、馆驿巡官沈衍因是始作俑者被依律处决。至于剩下的西川官员，高崇文一概不问。虽然他们或多或少都有问题，而高崇文本可从中获得更多的利益，但高崇文还是坚持就此停手。

就这样吧，让军府官员继续按照韦皋时的旧例运作，让西川百姓继续安居乐业，让川中的士兵们再次将矛头对准边境外的入侵者，这才是我此行的目的啊！

十月七日，获得捷报的李纯一脸笑容地下达了任命高崇文为西川节度使、严砺为东川节度使的命令。

二十二天后，刘辟被押解到长安，皇帝当即下令将刘辟与所有族人、党羽全部斩首。

西川的叛乱至此宣告平定。

元和二年（807年）正月，辛卯。

皇帝李纯亲自驾临圜丘（地位相当于明清时期的天坛），主持了这一年第一场祭天仪式。

仪式之后，皇帝随即宣布大赦天下。

看着欢呼的臣民，沐浴着温暖的阳光，李纯的脸上露出了自信的笑容。

经过这次考验，李纯已经能够确认，他和他的团队能够让这个国家变得更好、更强，至少比那些人强。

新皇帝一出手就干净利落地平掉了夏绥、西川两处藩镇，这件事的确在广大藩镇中间掀起了轩然大波。众节度使认识到，他们将要面对的是一个同当年的李适一样有志平抑藩镇、强化朝廷权威的天子，更要紧的是，这个天子比李适有更强的能力及更靠谱的团队，足以应对一般藩镇的小动作，乃至公然叛乱。这让河朔系之外的诸藩极为震恐，于是大家纷纷主动上表，请求入朝，以示绝无违逆朝廷之意，愿做皇帝陛下的乖宝宝。

身在润州（今江苏省镇江市）的镇海节度使李锜也跟着凑了回热闹，命人写了一封内容差不多的奏表，送到了长安。

李锜的奏表是九月初送上去的，而就在当月，他就得到了朝廷的回复，两个字：同意。

李锜的一口老血差点喷出来。明明那么多人上表入朝，为啥偏偏选中了老子？！

原因很简单，朝廷一直在盯着您老人家啊，李锜高叔祖父。

李锜和当今皇帝是一家人，而他的辈分要比李纯高出四个等级，因为他是李渊祖父李虎的八世孙、淮安王李神通玄孙的儿子。但是，在李纯眼中，他同样是个臣子。

而李锜这个臣子当得显然有点不够格。

自出任润州刺史兼浙西观察、盐铁转运使以来，李锜私自在朝廷征税的基础上设立了不少杂税，每年从地方上搜刮了不少钱。此人不仅擅长捞钱敛财，更善于向上行贿，他行贿的对象说起来更为厉害，因为那就是当时的皇帝李适本人。

逢年过节通过向唐德宗李适进献大量奇珍异宝，李锜获得了皇帝的宠信，并借此机会将全天下的漕运纳入了自己的控制之下。

要知道，无论哪朝哪代漕运都是富得流油的一块肥肉，它作为经济运转的主要途径，堪与盐政并称为古往今来天下第一坐地收钱的营生。

李锜将这么一块肥得没边的业务做成了独家垄断，基本就等于在家里开了个印钞厂，想怎么花就怎么花。

以公款饱私囊，自然是不能忍受的。

于是贞元末，有浙西平民崔善贞上书朝廷揭露李锜横征暴敛、贪污腐化的种种罪行。然而，检举信还没送到长安，崔善贞就被李锜指使人杀害了。

李锜本以为杀掉一个正义敢言的崔善贞就可以堵住知情人的嘴，殊不知朝廷的监察部门也不是饭桶，他们早就掌握了关于李锜的翔实的黑材料，只不过碍于李锜同皇帝的特殊关系，才迟迟没有采取行动。

接下来发生的事再次证明了这一点。

唐德宗李适刚死不到两个月，朝廷就一纸诏令提拔李锜做了镇海节度使，但与此同时不声不响地解除了他盐铁转运使的职务。

李锜不是傻子，像这种明升暗降的把戏，他见得多了，而且他本人也常用。于是，被断了主要财路的李锜开始变得暴躁起来，把邪火都发在了自己下属身上，致使不少人家破人亡。

在李锜变本加厉的折腾下，很多镇海军府中的官员宁肯回家种地也不再在军中待了。一时间"官愤"很大，"官不聊生"。

对于这些最新的情况，朝廷也同样掌握了。不仅如此，从刑部郎中杜兼到宰相李吉甫大家都直言不讳地指出李锜必然造反，于是乎李纯不得不采取一些行动了。

李纯先试探着派人去润州召李锜入朝任职，可派出了三拨使者，得到的回复都是一样的："生病了，去不得。恳请延后再说。"

李纯到底年轻，而且当年也不可能让李锜去医生那里开个诊断书快递到长安来，所以李纯只好询问宰相郑绚的看法。郑绚是写公文出身的，对于谋断方面是抓瞎，好在他虽然不行，却知道谁行。

"请陛下听听武元衡的看法吧！"

"不可！"

这就是武元衡的基本看法。

那么为什么不可呢？

且听武平章事慢慢道来。

"李锜是主动申请入朝的，朝廷既然已经允许了，那就该按照朝廷的法度来。现在李锜一再称病拖延，不肯入朝，我们就更不能让他决定最终的去留。毕竟陛下新登大宝，天下都在瞩目着您，如果让奸臣得以由着其性子来，那么朝廷的权威何在？陛下又将如何号令天下呢？！"

好！决定了，让他速来！

李锜很紧张。他已经意识到了，自己将成为第三个折在新皇帝手中的节度使。但是，李锜不打算就此向命运屈服，他打算抗争一下，比如，演一场戏。

元和二年（807年）九月的一天，军中照例发放冬季所需的军服，作为刚刚被李锜任命为留后的原判官王澹出现在现场，陪同皇帝的敕使（一位太监）一道见证这一幕。

就在王澹和敕使一边检查新军服的质量，一边探讨部队建设等话题时，一群武装到牙齿的乱兵突然冲进了会场，并迅速控制住了局面。

既然是士兵哗变，一定是有具体要求的，而只要能满足他们的基本条件，一般情况下，他们是不会随便伤人性命的。王澹对这一点有着清楚的认识，因此他简单安抚了一下身边吓成振动模式的敕使，便准备出列同乱兵的带头人交涉。

恰在此时，一声暴喝突然平地响起：

"你王澹是个什么东西，竟敢擅自主持军务！"

不等王澹开口作答，对方已然乱刀齐下，将王澹当场砍为肉酱。

实在是太乱来了，就算是哗变，也应该有点底线吧。军中大将赵琦看不过去了，勇敢地上前理论。然而他也没来得及开口说话，便同样被乱刀砍死。

目睹了全过程，所有人都惊呆了。因为眼前发生的一切超出了他们的理解范围，他们实在是想不通，这群乱兵到底要唱哪一出。

倒是敕使公公没有乱跑，他站得很直，原因很简单，此时此刻，一把明晃晃的钢刀正架在他脖子上，而持刀的那位嘴里骂骂咧咧的，做出要砍敕使的样子。

在此千钧一发之际，李锜赶到了。他一声怒喝震住了全场，由此救下了敕使公公。

敕使公公的命是保住了，但真的吓得不行，说什么都不愿意再在润州多待一秒了。

对此，李锜表示十分理解。同时他也婉转地向敕使表示，希望皇帝陛下可以理解，不是我不想尽快入朝面圣，而是手下的人有部分心智不正常的，怕出事啊。

敕使走了，李锜笑了。

他的目的达到了。安排亲兵假装乱兵，杀掉军中唯一可以替代自己的王澹，给朝廷的敕使营造出一种非自己不可，否则震慑不住的印象。这出戏很划算，很完美。

但是，骗不过朝廷。

一个月之后，李锜就接到了来自长安的任命书。文件中明文晋升李锜为尚书左仆射，同时以御史大夫李元素为镇海节度使，统领浙西。

演不下去了，反！

十月，李锜密令驻守在辖区五州的心腹镇将各自杀掉他们的刺史，据城而守。同时派出牙将庾伯良统兵三千，修筑石头城，作为进战的堡垒。

李锜自以为计划做得天衣无缝，殊不知，各州的刺史们也不是吃素的。

李锜想要造反的事早已是天下公开的秘密了。一发觉驻军那边出现异动，常州刺史颜防马上行动了起来，假称自己奉诏升任招讨副使，竟然反杀了镇将李深。

然后他即刻传檄苏、杭、湖、睦等四州刺史，告知他们相关情况，并让各位刺史做好准备，准备联合起来进讨李锜。

湖州刺史辛秘是比较猛的，他早就暗中招募了数百乡勇，得到风声后，就带着这群人夜袭了镇将赵惟忠的军营，把赵惟忠给干掉了。

苏州刺史李素的运气就差了些，他被镇将姚志安的兵击败了，自己也被叛军所俘虏，绑去送给李锜，好在还没到地方，李锜就完蛋了，也算是有惊无险，增长了些实战经验。

剩下的两州则被李锜的人得手了。镇将丘自昌、高肃分别占据了杭州、睦州，各以数千兵力把守住了城池。

李锜真的反了。朝廷马上做出了应对。

首先，还是宣布剥夺李锜的一切官职，只不过这一次又多加了一项，那就是将他踢出宗室的名单。

其次,任命淮南节度使王锷为招讨处置使,统领诸道士兵,讨伐李锜。

最后,就近征发宣武、义宁、武昌兵,并调淮南、宣歙兵出宣州,江西兵出信州,浙东兵出杭州,一起围殴李锜。

朝廷的讨伐军一时半会儿是来不了的,对于这一点了解得很清楚的李锜决定先发制人,攻下最为富饶的宣州。

被派出打宣州的,是兵马使张子良、李奉仙、田少卿,总兵力为三千人。接到突袭的命令后,这三人二话不说就动身了。之所以不说话,是因为他们早有默契,知道李锜是折腾不了多久的,所以他们转身就去找了另一个人——牙将裴行立。

裴行立虽然是李锜的外甥,但他是个明事理的人,知道这么跟着闹下去,全家都得被拉出去砍了。所以,他和张子良等人一拍即合,决定趁夜杀回城中,擒拿李锜谢罪。

做通了士兵们的思想工作后,当夜张子良等人便带兵杀回了润州,裴行立作为内应也按时打开了城门,并给士兵们带路,直冲李锜所在的军府。

得知张子良举兵,而裴行立还给带了路,李锜大怒。但生气是无济于事的,所以下一秒李锜先生就光脚跑到了楼下,藏了起来。

按理说,这个时候,李锜应该很是惊慌,但事实是,并没有。

因为李锜还有底牌,还是两张。

李锜的底牌是他引以为傲的两支私人部队。

第一支部队叫作"挽强随身",这是一支由精于箭术的士兵组成的武装。每个人都开得强弓,说是神箭手并不为过,虽然不晓得能否一支羽箭消灭一个敌人,但估计战斗力不会很差。

第二支部队则是完全由游牧民族士兵组成的,号为"蕃落健儿",是一等一的骑射劲旅。

有这些人在,即便不能力挽狂澜,突围出去还是完全没问题的。

事实上,此时此刻,李锜的部将李钧正带着三百"挽强随身"来找寻李锜。

绝对不能让他们碰面,裴行立很清楚,这些"挽强随身"都是李锜的养子,完全听命于李锜,一旦他们找到了李锜,会不惜一切代价送李锜出城,那样的话,局面就会变得复杂许多。

所以,绝对要阻止"挽强随身"。

裴行立想到的办法很简单，也很实用——打埋伏。

所谓箭术再高，也怕砍刀。一场激烈的近身肉搏战后，本就习惯远距离作战的神箭手部队被打得七零八落，四散奔逃，带队的李钧则被当场砍死，李锜引以为傲的"挽强随身"算是完了。

而"蕃落健儿"的处境也好不到哪里去，毕竟这是城市里的战斗，以骑兵为主的"蕃落健儿"根本无法发挥应有的威力，因此只能干着急加瞎转圈，对战局发展于事无补，相当于也废掉了。

于是李锜终于绝望了，他的家人跟着全部哭了起来。李锜的左右随从见状，也不再犹豫，立即将李锜绑了起来，送到了城外。

十一月，李锜父子被押解到长安，皇帝陛下亲自驾临兴安门，将这个大辈儿宗亲痛骂了一顿。

骂完了，李纯御笔亲批："父子一同腰斩。"

登基两年却以雷霆万钧之势连平三个强藩，这样的成就已经不能用运气好来简单概括了。事实上大家也都看到了，皇帝虽说年轻，但处事老到，且从善如流，而在这样的皇帝身边，文有武元衡、李吉甫，武有高崇文、严砺，俨然已经具备了做更多大事的条件。因此几乎所有人都相信，这只是开始。

李纯也是类似的想法，但他并没有盲目乐观，因为夏绥、西川、镇海仅是小角色而已。后面还有更长的路要走，还有更大的事要做，还有更强的对手要面对。那可是让祖父一度灰头土脸、狼狈不堪的真正强敌啊。在正式交手之前，李纯还须默默积攒自己的力量，准备着真正的较量。

那一天不会太遥远的。李纯知道。